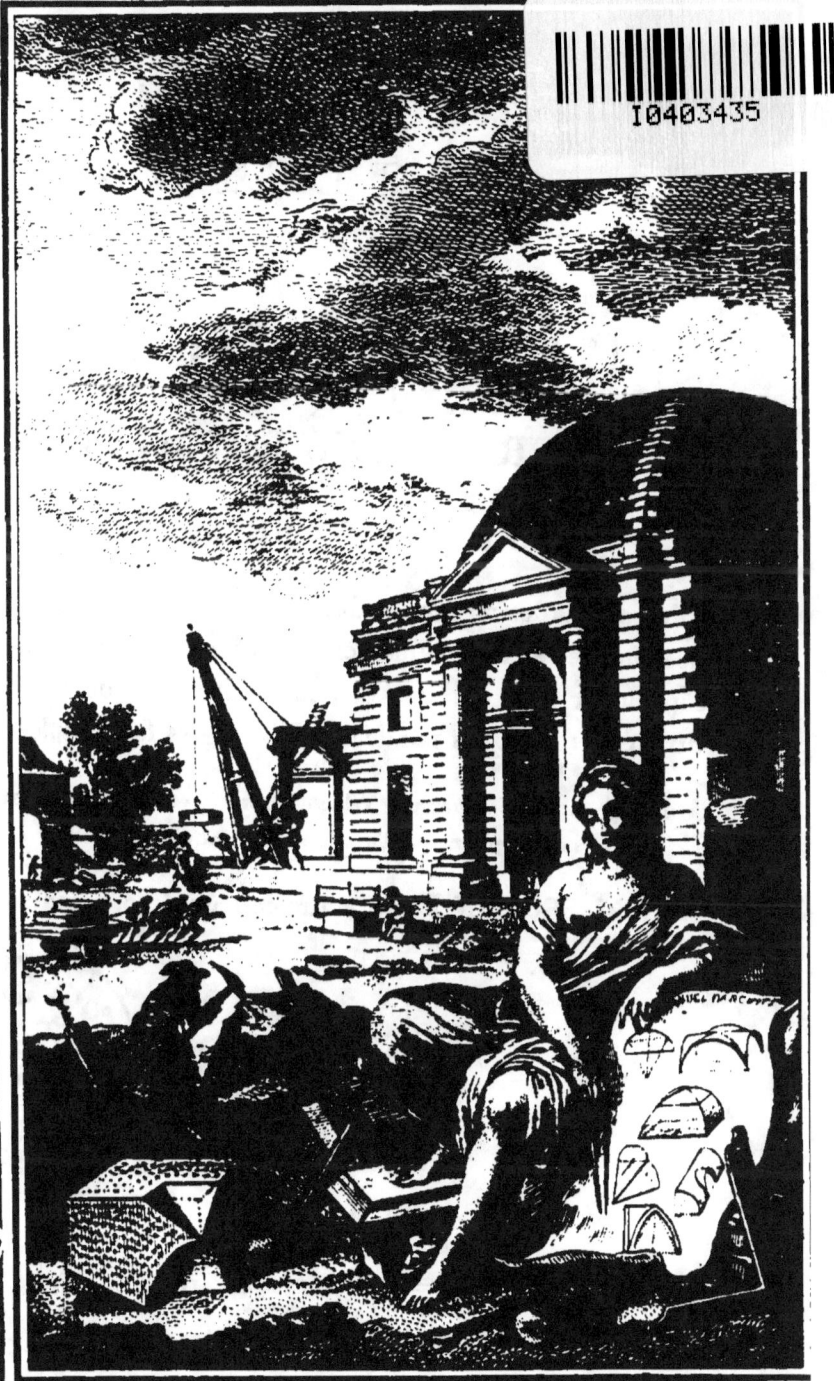

MANUEL

D'ARCHITECTURE,

OU

PRINCIPES

DES OPÉRATIONS PRIMITIVES

DE CET ART,

Où l'on expose des méthodes abrégées, tant pour l'évaluation des surfaces et des solides circulaires que pour le développement des courbes, et pour l'extraction des racines quarrées et cubiques par de nouvelles regles fort simples.

Cet ouvrage est terminé par une Table des quarrés et des cubes, dont les racines commencent par l'unité, et vont jusqu'à dix mille.

Par M. SEGUIN l'aîné, entrepreneur de bâtiments.

 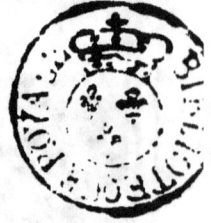

A PARIS,

Chez Didot fils, = Jombert jeune, rue Dauphine.

M. DCC. LXXXVI.

AVEC APPROBATION, ET PRIVILEGE DU ROI.

AVERTISSEMENT.

L'on trouve chez le même Libraire les Leçons élémentaires d'arithmétique et de géométrie de M. Mauduit, Professeur de l'Académie Royale d'Architecture. Cet ouvrage est d'un genre propre à inspirer aux éleves en très peu de temps l'esprit de cette science.

L'Errata est à la page 304.

PRÉFACE.

L'Architecture peut être considérée comme le premier des arts; elle comprend nombre de sciences, telles que la peinture, la sculpture, la perspective, la méchanique, le toisé, etc. etc. mais sa perfection dépend particulièrement d'une connoissance assez étendue de la géométrie et de la numération.

La distribution et la décoration, qui en sont l'objet principal, sont soumises aux combinaisons des mesures et aux évaluations des étendues. Ces évaluations, dont les parties les plus intéressantes ne sont connues que de quelques géometres, et sont presque ignorées des Architectes et des personnes employées aux travaux, sont indispensables, non seulement pour la distribution, mais encore pour la Statique, ou l'art d'opposer les forces, pour les Toisés et les réglements des mémoires, et pour quantité d'autres parties : aussi devroient-elles fixer l'attention du public.

C'est cette partie si intéressante que j'ai entrepris d'exposer au jour d'une maniere ingénieuse et assez simple pour être à la portée de tout le monde. Je lui ai donné le titre de *Manuel d'Architecture*, pour faire connoître que ce traité ne comprend qu'une des parties de cet art renfermée dans un volume portatif.

Les Auteurs qui ont produit des traités sur ce sujet ont donné des méthodes trop éloignées de la vérité pour ne pas induire en erreur ceux qui en ont fait usage jusqu'à présent : leur intention étoit, à la vérité, de réprimer les contradictions qui avoient causé jusqu'à eux des débats continuels, et d'établir une sorte d'uniformité dans les manieres d'opérer ; mais ils n'avoient pas fait une étude assez approfondie de la géométrie pour donner à leurs traités la précision que le toisé méritoit.

Ce n'est qu'après avoir reconnu la fausseté de leurs opérations que je me suis appliqué à chercher les vrais principes des choses, et à en déduire des méthodes faciles qui puissent approcher de l'évaluation autant que le calcul peut le permettre et que la pratique peut l'exiger.

Les Auteurs dont on vient de parler avoient leur mérite, mais pour d'autres parties que celle dont il est ici question : les édifices qu'ils ont fait construire leur ont acquis une réputation assez connue. Peut-être même leur grande occupation ne leur permit pas de s'appliquer, autant qu'il auroit été nécessaire, aux traités qu'ils ont produits. Quoi qu'il en soit, je prie le lecteur de me permettre d'exposer un de leurs principes qui leur sert de fondement au toisé de toutes les voûtes ; et lorsque j'en aurai fait connoître l'erreur, l'on sera persuadé que ce que j'avance est vrai.

Voyez dans l'architecture-pratique de M. Bullet, page 37, proposition VIII, où il est dit : *La surface d'un solide elliptique est à la surface d'une sphere inscrite dans le même sphéroïde, comme le grand axe est au petit.* Il emploie cette regle dans le toisé des voûtes en cul de four, page 197, et il dit : *Les voûtes en cul de four, dont le plan est rond et la montée surbaissée, ou demi-ovale, seront mesurées, en multipliant la circonférence du plan par la hauteur perpendiculaire du milieu de la clef jusques sur la naissance de la voûte.*

Cette expression ne produit aucun louche ; elle est très claire : ainsi, prenant pour exemple une voûte en cul de four de 28^P de diametre et de 6^P de montée, la circonférence du plan, dans le rapport de 7 à 22, sera 88^P, qui étant multipliés par 6^P, le produit est 528^P superficiels.

Mais un cercle de 28^P de diametre, suivant le même rapport, doit produire 616^P superficiels.

Il en résulte, par la méthode de M. Bullet, que le plan auroit 88^P superficiels de plus que la voûte ; ce qui est impossible.

Il dit à la fin de la même page, que *les reins ne doivent être comptés que de trois toises l'une ;* ce qui fait entendre que l'on doit ajouter à la surface de la douelle un tiers en sus du produit. Or l'on vient de trouver par sa méthode 528^P superficiels, et, en y ajoutant le tiers, l'on aura 704^P pour le tout.

Présentement, supposons que la même voûte ait 1^P 6° d'épaisseur : si l'on multiplie 704^P par 1^P 6°, l'on aura, suivant M. Bullet, 1056^P cubes.

Or, suivant les principes de la géométrie, le cube de cette voûte, en y comprenant les reins, sera égal au produit de 616ᴾ multipliés par 7ᴾ 6ᵖ; ce qui donne d'abord 4620ᴾ: le vuide, étant une demi-sphere surbaissée, sera égal à la surface 616ᴾ du plan multipliée par les deux tiers de la hauteur 6ᴾ; ce qui donne 2464ᴾ, qui étant ôtés du total, reste 2156ᴾ pour le cube de la voûte et des reins: d'où il suit que, par la regle de M. Bullet, l'entrepreneur perdroit réellement 1100ᴾ cubes; ce qui fait plus de la moitié de la masse existante.

Examinons présentement la regle de M. Ginet, éditeur du traité de M. Desgodets, en rapportant cette regle à la même voûte. Suivant l'opération qu'il en donne, page 163, et qui est très fatigante, l'on trouvera qu'une voûte en cul de four de 28ᴾ de diametre et de 6ᴾ de montée produira 647ᴾ; ce qui ne donne que 31ᴾ de plus que la surface du plan.

M. Ginet prétend aussi que les reins reviennent au tiers du toisé de la voûte; ainsi, en ajoutant le tiers à la surface 647ᴾ, l'on aura 862ᴾ 8ᵒ, qui étant multipliés par l'épaisseur 1ᴾ 6ᵒ, le cube sera 1294ᴾ, tandis que les regles géométriques donnent 2156ᴾ cubes: il en résulteroit encore une différence de 862ᴾ cubes à la perte de l'entrepreneur.

Si l'on calcule la même voûte par le principe que j'ai suivi pour les voûtes surbaissées en ellipse, l'on trouvera 802ᴾ 9ᵒ superficiels; ce qui excede de beaucoup les quantités précédentes: mais la surface de la douelle ne doit point entrer dans le calcul de la solidité d'une voûte, et ne doit servir que pour estimer le parement seulement.

Je n'insisterai pas davantage à faire connoître les erreurs des deux Auteurs dont on vient de parler; ce que l'on a dit est plus que suffisant pour faire naître une juste défiance des principes défectueux exposés dans leurs traités.

Il y a environ trois ans que j'ai présenté le manuscrit de mon ouvrage à M. Delespée, Architecte du Roi et premier Expert vérificateur de Sa Majesté; il lui parut si attrayant, qu'il m'en donna des marques d'estime en prenant la peine d'y faire plusieurs observations qu'il me communiqua par écrit. Il me fit connoître à M. Mauduit, à qui j'ai présenté mon ouvrage, d'après le récit que lui en a fait

M. Delespée: son inclination à rendre service à la patrie lui a fait prendre la peine de le lire, et de me faire aussi ses observations.

Le desir que j'avois de m'instruire pour me rendre utile au public m'a décidé à lire aussi un ouvrage de M. Mauduit que je n'avois jamais eu l'occasion de voir: je veux parler de ses leçons de géométrie et d'arithmétique, dans lesquelles j'ai trouvé beaucoup d'ordre et de clarté: l'étude que j'en ai faite m'a été d'un grand secours, et n'a pas peu contribué à la perfection de mon traité.

Ces leçons ont un avantage particulier; leur lecture seule, faite avec attention, suffit pour saisir l'analyse des propositions: elles ne se bornent pas à la géométrie élémentaire, elles s'étendent beaucoup au-delà; et pour les rendre plus à la portée du lecteur, et plus faciles à saisir, il rapporte à la numération la plupart des opérations géométriques; et je puis dire que de tous les traités de géométrie que j'ai étudiés, celui dont je parle m'a fait le plus de sensation.

Personne n'a entrepris de désabuser le public sur l'usage adopté du toisé des voûtes par leurs douelles, en supposant même que les douelles fussent toisées avec la rigueur géométrique. Les Architectes prétendent que le prix des voûtes est établi en conséquence de cette maniere de toiser; ce qui ne peut avoir lieu, en considérant la variation que produisent ces sortes de toisés selon la grandeur des diametres qui n'ont aucun rapport avec les épaisseurs: c'est donc un abus que l'on pourroit réprimer sans préjudice; car la Loi n'entend pas que l'on paie plus ou moins de matiere que la chose n'en contient.

Quoique le *Manuel d'Architecture* ne fasse pas un gros volume, il ne laisse pas d'avoir une extension suffisante pour l'usage auquel il est destiné, et de comprendre beaucoup de choses, mais en abrégé: ce qui me fait espérer que, le public daignant l'accueillir favorablement, son suffrage sera la récompense des soins et du temps que j'ai employés en sa faveur.

Pour rendre ce traité le plus complet possible, il m'a paru convenable de commencer par les regles-pratiques de la numération sur ce qui concerne les mesures usitées dans l'Architecture : ainsi je commence par l'addition des mesures, la soustraction, l'évaluation des surfaces et des solides, la division des mesures et l'extraction des racines quarrées ; je donne ensuite le toisé des bois quarrés et des bois en grume, avec une table pour les bois en grume, et une autre table pour le nombre de carreaux, briques, tuiles, etc. qu'une toise peut employer ; c'est ce qui compose la premiere partie du traité.

La seconde partie comprend l'évaluation des surfaces, principalement de celles fermées par des lignes courbes, une table des segments de cercle, par laquelle l'on peut trouver en un instant la surface d'un segment et la longueur de son arc par la seule connoissance de la corde et de la fleche : elle renferme aussi les méthodes les plus exactes pour décrire les ovales et les anses de panier à trois et à cinq centres, et pour trouver les longueurs de ces courbes ; l'on y fait une remarque sur la différence de l'ellipse et de l'ovale que l'on prend souvent l'une pour l'autre ; je fais une application de ces courbes à la construction des corniches circulaires ; l'on y donne aussi une table pour trouver la circonférence d'une ellipse par la seule connoissance de ses axes.

Dans la troisieme partie je donne des méthodes pour le toisé des murs dont les parements sont à plomb, et pour la levée des angles au cordon ; j'y donne la maniere de toiser les puits engagés dans les murs, et différents moyens pour la division des hauteurs des étages.

Le toisé superficiel des voûtes fait le sujet de la quatrieme partie ; l'on y trouvera des méthodes pour les voûtes cintrées en anse de panier et pour celles cintrées en ellipse, et pour les voussures depuis 30 degrés jusqu'à 90 degrés : cette partie comprend aussi le toisé superficiel des voûtes sphériques et en pendentifs, de celles gothiques ou en arc d'ogive, avec plusieur tables pour les voûtes cintrées en ellipse.

Dans la cinquieme partie je donne différentes méthodes pour le toisé-cube des mur en talut, des terrasses, des voûtes de différentes especes et de celles gothiques, avec des comparaisons qui font connoître les erreurs que produisent les méthodes ordinaires des toiseurs.

a 4

La sixieme et derniere partie de ce traité comprend les méthodes pour l'extraction des racines quarrées et cubiques; j'y ai joint de nouvelles méthodes très expéditives que je n'ai trouvées dans aucun traité, par lesquelles l'on peut en une heure extraire plus de racines qu'on n'en pourroit extraire en huit jours par les regles ordinaires; et pour donner encore plus de facilité, je termine mon traité par une table des quarrés et des cubes dont les racines vont jusqu'à dix mille. L'on peut se fier à ces tables que j'ai eu soin de vérifier plusieurs fois sur les épreuves avant de les livrer à l'impression.

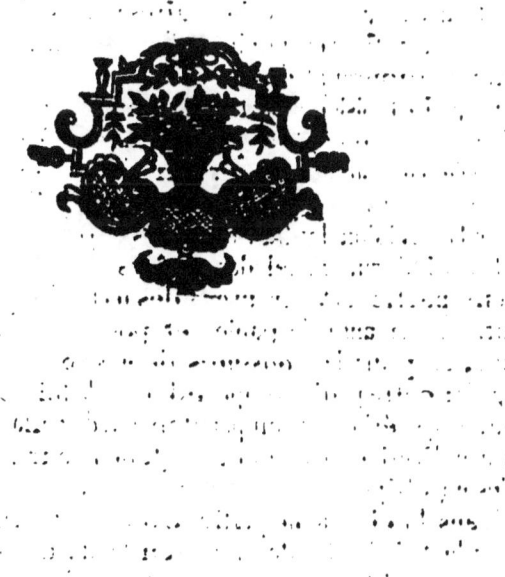

TABLE

DES MATIERES

contenues dans ce volume.

PREMIERE PARTIE.

DEUXIEME PARTIE.

Du toisé des surfaces planes.

TROISIEME PARTIE.

Des murs considérés dans leur étendue superficielle.

QUATRIEME PARTIE.

Des voûtes considérées dans leur étendue superficielle.

CINQUIEME PARTIE.

Du toisé cube de la maçonnerie et de la fouille des terres.

SIXIEME PARTIE.

MANUEL

MANUEL
D'ARCHITECTURE.

PREMIERE PARTIE.

Des mesures et calculs usités dans les bâtiments.

La mesure ordinaire dont on se sert dans les bâtiments, se nomme *toise* : elle se divise en six parties égales, que l'on nomme *pieds* : chaque pied se subdivise en douze parties égales, que l'on nomme *pouces* : chaque pouce se subdivise encore en douze parties égales, que l'on nomme *lignes* : chaque ligne se subdivise en douze *points* : chaque point en douze *prismes* : chaque prisme en douze *secondes* : chaque seconde en douze *tiers* ; et ainsi de suite à l'infini.

Dans la pratique de l'architecture, l'on est obligé d'exprimer les quantités en abrégé, pour éviter de la confusion tant sur les plans que sur les mémoires des ouvrages ; et l'on ne peut se dispenser de se servir de signes pour comparer les grandeurs dans les opérations géométriques. C'est pour cela que l'on donne ici les expressions abrégées ;

A

S A V O I R:

ᵗᵒ signifie *toise.*

ᵖ signifie *pied.*

° signifie *pouce.*

ˡ signifie *ligne.*

ʹ signifie *prisme.*

ʹʹ signifie *seconde.*

ʹʹʹ signifie *tierce.*

ᶻᵛ signifie *quarte.*

   ainsi des autres à l'infini.

+ signifie *plus.*

— signifie *moins.*

× signifie *multiplié par.*

÷ signifie *divisé par.* L'on se sert aussi des signes $\frac{4}{3}$ et 4 (3, qui signifient 4 divisé par 3.

= signifie *égal.*

$\sqrt{}$ signifie la racine quarrée, et $\sqrt{3}$ veut dire
racine quarrée de 3 ; de même que 5 $\sqrt{3}$ veut
dire 5 fois la racine quarrée de 3.

CHAPITRE PREMIER.

De l'addition des mesures.

L'ADDITION des mesures se fait comme l'addition ordinaire, en observant de placer les quantités de même espece les unes sous les autres, et en
commençant par les quantités de la plus petite
espece. Si les quantités sont composées de toises,
pieds et pouces, l'on ajoute d'abord les pouces,

et l'on retient autant de pouces que la colonne des pouces contient de fois douze ; le surplus s'écrit sous cette colonne : l'on ajoute ensuite la colonne des pieds avec le nombre de pouces que l'on a retenu, et l'on retient autant de toises que cette colonne contient de fois six ; le surplus s'écrit sous cette colonne : ensuite l'on ajoute les unités des toises avec le nombre de toises que l'on a retenu, puis l'on finit l'opération comme dans l'addition ordinaire.

Exemple. . . . . . . $\left\{\begin{array}{lll} 36^{\text{to}} 5 & 5^{\circ} \\ 23 & 2 & 6 \\ 47 & 1 & 11 \\ 37 & 5 & 10 \end{array}\right.$

Somme. . . . . 145to 3^{p} 8°

A l'égard des quantités superficielles, l'on est dans l'usage de les réduire en toises quarrées, demi-toises et pieds quarrés. Suivant cette réduction, il faut 36^{p} pour une toise, et 18^{p} pour une demi-toise ; quant aux pouces, il en faut douze pour un pied, parcequ'ils sont des pouces de pied quarré. Ainsi pour faire une addition composée de toises quarrées, demi-toises, pieds quarrés et pouces de pied quarré, l'on commence par la colonne des pouces, et l'on retient autant de pieds que cette colonne a de fois 12 ; l'on fait ensuite l'addition de la colonne des pieds en y ajoutant ce qu'on a retenu, et l'on retient autant de demi-toises que cette colonne contient de fois 18 ; l'excédent s'écrit au-dessous : l'on ajoute le nombre des demi-toises que l'on a retenu avec

la colonne des demi-toises, et l'on prend la moitié de la somme; si le nombre est impair, l'on
écrit une demie sous cette colonne: l'on ajoute
ensuite le nombre des demi-toises retenues avec
la colonne des unités de toises, et l'on finit l'o-
pération comme à l'ordinaire.

$$
\begin{array}{l}
\text{Exemple.} \dots\dots \left\{
\begin{array}{llll}
4^{\text{to}} & \tfrac{\cdot}{\cdot} & 7^{\text{P}} & 8^{\circ} \\
7 & \tfrac{\cdot}{\cdot} & 17 & 9 \\
8 & \tfrac{\cdot}{\cdot} & 15 & 10 \\
16 & \tfrac{\cdot}{\cdot} & 16 & 7 \\
\end{array}\right.
\end{array}
$$

Somme. $\dots\dots$ $\overline{38^{\text{to}} \tfrac{\cdot}{\cdot} \quad 3^{\text{P}} \quad 10^{\text{P}}}$

De la soustraction des mesures.

La soustraction se commence, comme l'addition, par les quantités de la plus petite espece.
Si les quantités données sont composées de toises, pieds, pouces et lignes, l'on commence par
les lignes; si le nombre supérieur des lignes est
plus foible que le nombre inférieur, l'on emprunte un pouce sur la colonne des pouces: ce
pouce contient douze lignes que l'on ajoute au
nombre supérieur des lignes, puis l'on ôte de la
somme le nombre inférieur, et l'on écrit le reste
au-dessous: l'on passe ensuite à la colonne des
pouces; et si le nombre supérieur diminué d'une
unité est moindre que le nombre inférieur, l'on
emprunte un pied sur le nombre supérieur des
pieds: ce pied vaut douze pouces que l'on ajoute
aux pouces supérieurs diminués de l'unité, et
l'on retranche de la somme le nombre de pouces
inférieur, puis l'on écrit le reste au-dessous: l'on

passe ensuite à la colonne des pieds; et si le nombre supérieur diminué de l'unité que l'on a empruntée est moindre que le nombre inférieur, l'on emprunte une toise sur le nombre supérieur des toises: cette toise vaut six pieds que l'on ajoute au nombre supérieur des pieds diminué de l'unité, puis l'on ôte de la somme le nombre de pieds inférieur, et l'on écrit le reste au-dessous, après quoi l'opération se finit à l'ordinaire.

$$
\begin{array}{l}
\text{Exemple} \ldots \ldots \ldots \left\{ \begin{array}{cccc} 42^{\text{to}} & 3^{\text{p}} & 4^{\circ} & 3 \\ 14 & 4 & 11 & 6 \end{array} \right. \\
\text{Différence} \ldots \ldots \quad \overline{27^{\text{to}} \; 4^{\text{p}} \; 4^{\circ} \; 9^{\text{l}}}
\end{array}
$$

Lorsque les quantités proposées sont composées de toises, de demi-toises et de pieds quarrés, on les dispose comme ci-devant. Si le nombre de pieds de dessus est moindre que celui de dessous, l'on emprunte une demi-toise qui vaut 18ᵖ, desquels l'on retranche le nombre de pieds de dessous, et l'on ajoute le reste avec les pieds de dessus: s'il n'y a point de demi-toise au nombre de dessus, l'on emprunte une toise qui vaut deux demi-toises; et comme l'on a déja emprunté une demi-toise, il n'en reste plus qu'une, de laquelle l'on ôte la demi-toise du nombre inférieur, s'il y en a, et il reste zéro; et s'il n'y en a point, il reste une demi-toise que l'on écrit: enfin l'on finit la soustraction comme à l'ordinaire.

$$
\begin{array}{l}
\text{Exemple} \ldots \ldots \ldots \left\{ \begin{array}{ccc} 37^{\text{to}} & \frac{1}{2} & 11^{\text{p}} \\ 28 & \frac{1}{2} & 15 \end{array} \right. \\
\text{Différence} \ldots \ldots \ldots \quad \overline{8^{\text{to}} \; \frac{1}{2} \; 14^{\text{p}}}
\end{array}
$$

A iij

CHAPITRE II.

*De la multiplication des mesures, et des diffé-
rentes opérations usitées dans les bâtiments.*

L'on sait que la multiplication est une opération par laquelle l'on prend autant de fois un nombre que l'on nomme multiplicande, qu'il y a
d'unités dans un autre nombre que l'on nomme
multiplicateur, et que le résultat de ces deux nombres en donne un troisieme que l'on nomme produit. Mais comme, dans la multiplication des mesures, les unités principales du multiplicande sont
de même espece que celles du multiplicateur, il
est indifférent de prendre pour multiplicateur celui des deux nombres que l'on veut. Pour abréger
le calcul, l'on prend pour multiplicateur le nombre qui a le moins de chiffres.

EXEMPLE Ier.

Longueur,	36to 3^p 4°
Largeur,	8 o o
Produit,	292to 2^p 8°

Pour multiplier la longueur 36to 3^p 4° par 8to,
il faut dire: 8 fois 4° valent 32°, ou 2^p 8°; j'écris
8° au produit, et je retiens 2^p: 8 fois 3^p valent 24^p;
j'y ajoute les 2^p que j'ai retenus, et j'ai 26^p ou
4to 2^p; j'écris 2^p au produit, et je retiens 4to:

8 fois 6 ^{to} valent 48 ^{to}, qui, avec 4 ^{to} retenues, font 52 ^{to}; j'écris 2 ^{to} au produit, et retiens 5 dixaines: 8 fois 30 valent 240, ou 24 dixaines auxquelles je joins les 5 dixaines retenues, et j'ai 29 dixaines que j'écris au produit. Je trouve que 8 fois 36 ^{to} 3 ^{p} 4 ^{o} me donnent un produit de 292 ^{to} 2 ^{p} 8 ^{o} que je considere comme une quantité uniforme de 292 ^{to} 2 ^{p} 8 ^{o} de long sur 1 ^{to} de large.

Dans le second exemple, où le multiplicateur est composé de toises et de pieds, je multiplie d'abord par le nombre de toises comme dans l'exemple précédent.

Je considere ensuite les 36 ^{to} 3 ^{p} 4 ^{o} comme le produit de cette dimension par 1 ^{to}; et comme 1 ^{p} n'est que la 6 ^{me} partie d'une toise, le produit de 36 ^{to}

EXEMPLE 2me.

Longueur,	36 ^{to}	3 ^{p}	4 ^{o}
Largeur,	8	1	0
Pour 8 ^{to}	292	2	8
Pour 1 ^{p}	6	0	6 8
Produit,	298 ^{to} 3 ^{p} 2 ^{o} 8 ^{l}		

3 ^{p} 4 ^{o} par 1 ^{p} ne doit être également que la 6 ^{me} partie de ce nombre ; ce qui donne 6 ^{to} 0 ^{p} 6 ^{o} 8 ^{l}. Pour y parvenir, je prends d'abord le 6 ^{me} de 36 ^{to} qui est 6 ^{to} que j'écris au-dessous: ensuite le 6 ^{me} de 3 ^{p} n'est point ; mais 3 ^{p} valent 36 ^{o} qui, joints avec 4 ^{o}, font 40 ^{o}: le 6 ^{me} de 40 ^{o} est 6 ^{o} pour 36 ^{o}; j'écris 6 ^{o}, et il reste 4 ^{o} qui valent 48 ^{l}: le 6 ^{me} de 48 ^{l} est 8 ^{l} que j'écris, et j'ai 6 ^{to} 0 ^{p} 6 ^{o} 8 ^{l} pour le produit de 36 ^{to} 3 ^{p} 4 ^{o} par 1 ^{p}. Je fais l'addition de ces deux quantités, et j'ai 298 ^{to} 3 ^{p} 2 ^{o} 8 ^{l} pour le produit de 36 ^{to} 3 ^{p} 4 ^{o} par 8 ^{to} 1 ^{p}.

Comme les dimensions au-dessous de la toise se subdivisent de 12 en 12, l'on n'a seulement (lorsque l'on veut prendre le 12 ^{me} d'une quantité)

qu'à poser les mêmes chiffres en les éloignant
d'un rang; c'est-à-dire, mettre les pieds au rang
des pouces, les pouces au rang des lignes, etc.
et lorsque l'on veut prendre le 6ᵐᵉ d'une quantité,
l'on double les chiffres en les reculant d'un rang;
comme l'on vient de dire.

Dans l'exemple 3ᵐᵉ l'on fera les produits de 8ᵗ et de 1ᵖ comme dans l'exemple précédent; ensuite l'on multipliera le produit de 1ᵖ par 5, et l'on aura 30ᵗ 2ᵖ 9° 4ˡ pour le produit de

Longueur,	36ᵗ	3ᵖ	4°		
Largeur,	8	5	8.		
Pour 8ᵗ	292	2	8		
Pour 1ᵖ	~~6~~	~~0~~	~~6~~	~~8~~	
Pour 5ᵖ	30	2	9	4	
Pour 1°	~~0~~	~~3~~	~~0~~	~~6~~	~~8~~
Pour 8°	4	0	4	5	4
Produit,	326ᵗ	5ᵖ	9°	9ˡ	4ˡ

5ᵖ, et l'on barrera les chiffres du produit de 1ᵖ.
Pour avoir le produit de 8°, l'on fera celui de 1°
en prenant le 12ᵐᵉ de celui de 1ᵖ; ce qui donnera 0ᵗ 3ᵖ 0° 6ˡ 8ˡ que l'on multipliera par 8, et
l'on aura 4ᵗ 0ᵖ 4° 5ˡ 4ˡ, puis l'on barrera les
chiffres du produit de 1°; enfin l'on fera l'addition de tous les produits, et l'on aura 326ᵗ 5ᵖ
9° 9ˡ 4ˡ pour le produit de 36ᵗ 3ᵖ 4° par 8ᵗ
5ᵖ 8°.

Lorsque le multiplicateur est composé de plusieurs chiffres, l'on peut abréger l'opération
comme on le voit dans l'exemple 4ᵐᵉ.

L'on mul-
tipliera d'a-
bord $347^{to} 2^P$
$7°$ par 5to,
et l'on aura
$1737^{to} 0^P 11°$
pour premier
produit; l'on
multiplierale
même nom-
bre par 10, et

EXEMPLE 4me.

Largeur ;	347to	2^P	$7°$
Longueur ;	575	0	0
Produit de 5to	1737	0	11
Produit de 10to	3474	1	10
Produit de 70to	24320	0	10
Produit de 100to	34743	0	4
Produit de 500to	173715	1	8
Produit de 575to	199772to	3^P	$5°$

l'on aura un faux produit de $3474^{to} 1^P 10°$ dont
on barrera les chiffres; l'on multipliera ce faux
produit par 7, et l'on aura $24320^{to} 0^P 10°$ pour
le produit de $347^{to} 2^P 7°$ par 70; l'on prendra
10 fois le produit de 10to, c'est-à-dire 10 fois
$3474^{to} 1^P 10°$, et l'on aura $34743^{to} 0^P 4°$ pour
le produit de 100to, duquel l'on barrera les
chiffres; l'on multipliera le produit de 100to par
5, et l'on aura $173715^{to} 1^P 8°$ pour le produit de
$347^{to} 2^P 7^P$ par 500to; enfin l'on fera l'addition,
et l'on aura $199772^{to} 3^P 5°$ pour le produit de
$347^{to} 2^P 7°$ par 575to.

Cette opération est d'autant plus facile, que le
produit d'un nombre par 10 donne les mêmes
chiffres avancés d'un rang vers la gauche, et que
le nombre de toises provenant du produit des
pieds se pose tel qu'on l'a trouvé, à la place du
zéro qui seroit à droite.

REMARQUE.

Comme l'on est dans l'usage de réduire toutes
les dimensions en pieds quarrés, et ensuite de

diviser par 36 le nombre des pieds pour en faire des toises quarrées et des pieds quarrés, il est nécessaire de connoître les multiplications faites par pieds, pouces, lignes, etc. et les méthodes abrégées pour réduire les produits en toises quarrées : c'est ce que l'on connoîtra par les exemples ci-après.

Multipliez $15^{P} 7^{\circ} 8^{l}$ par 8^{P} en commençant par les lignes, comme l'on a fait ci-devant, et vous aurez $125^{P} 1^{P} 4^{l}$ de pied quarré.

E x e m p l e 5ᵐᵉ.

Longueur,	15^{P}	7°	8^{l}
Largeur,	8	0	0
Produit,	125^{P}	1°	4^{l}

Suivant le sixieme exemple l'on multipliera $15^{P} 7^{\circ}$ 8^{l} par 8^{P} comme dans l'exemple 5ᵐᵉ, ensuite pour 7° l'on fera le produit de 1° en prenant le 12ᵐᵉ de $15^{P} 7^{\circ} 8^{l}$,

E x e m p l e 6ᵐᵉ.

Longueur,	15^{P}	7°	8^{l}
Largeur,	8	7	0
Produit de 8^{P}	125	1	4
Produit de 1°	1	3 7	8
Produit de 7°	9	1	5 8
Prod. total,	134to	$2^{P} 9^{P}$	8^{l}

et l'on aura $1^{P} 3^{\circ} 7^{l} 8^{l}$ que l'on multipliera par 7, et le produit sera $9^{P} 1^{\circ} 5^{l} 8^{l}$; puis on barrera les chiffres du produit de 1°, et l'on fera l'addition.

Dans l'exemple 7me je multiplie d'abord 358 par 5, ensuite le même nombre par 10. Pour avoir le produit de 7°, je prends le 12me de 358 pour le produit de 1°, et j'ai 29P 10° que je multiplie par 7; ce qui

EXEMPLE 7me.

Longueur,	358P	0°	0¹
Largeur,	15	7	8
Produit de 5P	1790	0	0
Produit de 10P	3580	0	0
Produit de 1°	29	10	0
Produit de 7°	208	10	0
Produit de 1¹	2	5	10
Produit de 8¹	19	10	8
Prod. total,	5598P	8°	8¹

me donne 208P 10°, et je barre les chiffres du produit de 1°. Pour avoir le produit de 8¹, je fais celui de 1¹ en prenant le 12me du produit de 1°, et j'ai 2P 5° 10¹ que je multiplie par 8; ce qui me donne 19P 10° 8¹, et je barre les chiffres du produit de 1¹; je fais ensuite l'addition, et je trouve 5598P 8° 8¹ pour le produit de 358P par 15P 7° 8¹.

Méthode pour réduire des pieds quarrés en toises quarrées.

Une toise quarrée contenant 36P quarrés, il est évident que, pour réduire en toises quarrées un nombre de pieds quarrés, l'on n'a qu'à diviser ce nombre de pieds par 36; et le reste, s'il y en a, sera en pieds quarrés. Mais pour abréger dans la pratique, l'on prend deux fois le 6me du nombre proposé; ce qui revient au même. Par exemple, supposons que l'on veuille réduire 889P quarrés en toises quarrées, l'on prendra le 6me de ce nombre, et l'on aura 148 $\frac{1}{2}$; l'on prendra encore le 6me de 148 $\frac{1}{2}$, et l'on aura 24 $\frac{25}{36}$, c'est-à-dire que 889^p quarrés valent autant que 24to quarrées et $\frac{25}{36}$ de toise, ou 25^p quarrés équivalant $\frac{25}{36}$ de toise.

Méthode pour réduire des toises quarrées et pieds
quarrés en toises, pieds, pouces, etc. linéaires,
c'est-à-dire sur une toise de largeur.

Soit, par exemple, 8to $\frac{1}{2}$ 15^p 11° que l'on veut réduire en quantité linéaire : les toises étant quarrées sont censées avoir une toise de largeur, et ne doivent point être transformées : ainsi l'opération ne doit se faire que sur 0to $\frac{1}{2}$ 15^p 11°, ou 33^p 11°; ce qui est très facile.

Prenez le 6me de 33^p 11°, et vous aurez 5^p 7° 10^l de toise quarrée; ainsi 8to $\frac{1}{2}$ 15^p 11° seront réduits à 8to 5^p 7° 10^l de toise quarrée.

Méthode pour réduire en toises quarrées, pieds,
pouces, etc. de toise quarrée, une quantité
de pieds, pouces, lignes, etc. de pied quarré.

Soit pour exemple 880^p 10° 8^l que l'on veut réduire en toises, pieds, pouces, etc. de toise quarrée : réduisez en toises le nombre 880^p en prenant le 6me, et vous aurez 146to 4^p, et, ajoutant la suite 10° 8^l, vous aurez 146to 4^p 10° 8^l de pied quarré, c'est-à-dire une bande de 146to 4^p 10° 8^l de long sur 1^p de large. Multipliez les 146to 4^p 10° 8^l par 1^p en prenant le 6me de ce nombre comme au 2me exemple, et vous aurez 24to 2^p 9° 9^l 4^l de toise quarrée équivalant à 880^p 10° 8^l de pied quarré.

*Méthode pour réduire des toises, pieds, pouces,
etc. de toise quarrée, en toises quarrées et pieds
quarrés.*

Soit 8ᵗ 5ᴾ 7° 10ᴵ que l'on veut réduire en toises quarrées, pieds quarrés, pouces de pied quarré : écrivez 8ᵗ, et multipliez le surplus 5ᴾ 7° 10ᴵ
par 6, vous aurez 8ᵗ 33ᴾ 11°, ou 8ᵗ½ 15ᴾ 11°.

*Méthode pour réduire en pieds, pouces, lignes,
etc. de pied quarré, une quantité de toises,
pieds, pouces, etc. de toise quarrée.*

Soit 24ᵗ 2ᴾ 9° 9ᴵ 4ᴵ, la quantité que l'on veut
réduire : multipliez 24ᵗ par 6, et vous aurez 144
auxquels vous ajouterez 2ᴾ, cela fera 146ᴾ; et en
ajoutant la suite 9° 9ᴵ 4ᴵ, l'on aura d'abord 146ᴾ
9° 9ᴵ 4ᴵ de toise quarrée, c'est-à-dire sur une
toise de largeur : multipliez ce nombre par 6ᴾ qui
valent autant qu'une toise, vous aurez 880ᴾ 10°
8ᴵ de pied quarré qui valent autant que 24ᵗ 2ᴾ
9° 9ᴵ 4ᴵ de toise quarrée.

*Méthode pour réduire les quantités en toises
d'appareil.*

Les appareilleurs et scieurs de long sont dans
l'usage de réduire toutes leurs dimensions en toises, pieds, pouces, etc. sur un pied de large. La
même opération se pratique par les menuisiers
et marchands de bois pour réduire les planches à
1ᴾ de large. Ainsi une toise d'appareil est une

toise de pied quarré, ou six pieds quarrés : par
conséquent une toise quarrée fait six toises d'appareil.

Ainsi si l'on veut faire une quantité de toises
d'appareil avec 8to 5^p 7° 10^l de toise quarrée,
l'on multipliera ce nombre par 6, et l'on aura
53to 3^p 11° en toises d'appareil.

CHAPITRE III.

Des quantités cubiques.

Une quantité quelconque ayant une grosseur
uniforme dans toute sa longueur, est une quantité
cubique.

Si la longueur est exprimée par des toises,
pieds, pouces, etc. et chaque côté de la grosseur exprimé par une toise, cette quantité sera
un nombre de toises, pieds, pouces, etc. de toisé
cube.

Si chaque côté de la grosseur est un pied, la
quantité sera un nombre de toises, pieds, pouces,
etc. de pied cube.

Mais toutes les quantités cubiques ne sont pas
uniformes, et il s'agit de les supposer telles ; ce
que l'on ne peut faire que par le calcul, en faisant
le produit de trois dimensions, longueur, largeur
et épaisseur.

De la réduction en toises cubes.

Multipliez la longueur 6ᵗ 3ᵖ 4° par largeur 4ᵗ°, et le produit 26ᵗ° 1ᵖ 4° par l'épaisseur 3ᵗ°, vous aurez 78ᵗ° 4ᵖ de toise cube. La quantité cubique, qui a 6ᵗ° 3ᵖ 4° de long sur 4ᵗ° de large et 3ᵗ° d'épaisseur, se trouve transformée en une autre quantité cubique de 78ᵗ° 4ᵖ de long sur 1ᵗ° de large et 1ᵗ° d'épaisseur.

EXEMPLE 1ᵉʳ.

Longueur,	6ᵗ°	3ᵖ	4°
Largeur,	4	0	0
Surface,	26	1	4
Hauteur,	3	0	0
Cube,	78ᵗ°	4ᵖ	0°

Supposons que la quantité cubique donnée ait 6ᵗ° 3ᵖ 4° de long sur 4ᵗ° 2ᵖ 8° de large et 3ᵗ° 1ᵖ 4° d'épaisseur, multipliez la longueur par la largeur, et le produit 29ᵗ° 0ᵖ 9° 9′ 4′ par l'épaisseur, de la même manière que l'on a fait ci-devant pour

EXEMPLE 2ᵐᵉ.

Longueur,	6ᵗ°	3ᵖ	4°
Largeur,	4	2	8
Surface,	29	0	9 9 4
Epaisseur,	3	1	4
Cube,	93ᵗ° 5ᵖ 3° 6¹ 0′ 10″ 8‴		

les surfaces; le cube proposé sera transformé en un autre cube uniforme de 93ᵗ° 5ᵖ 3° 6¹ 0′ 10″ 8‴ de long sur 1ᵗ° de large et 1ᵗ° d'épaisseur.

De la réduction en pieds cubes.

La réduction en pieds cubes est le produit des

trois dimensions d'un cube donné, désignées en pieds et parties de pied; ainsi l'opération se fait de la même maniere que la multiplication pour réduire en pieds quarrés.

Soit donné un cube de 5ᵖ 6° de long sur 4ᵖ 3° de large et 2ᵖ 8° de haut: multipliez 5ᵖ 6° par la largeur 4ᵖ 3°, ensuite multipliez le produit 23ᵖ 4° 6¹ par la hauteur 2ᵖ 8°, vous aurez un autre solide de 62ᵖ 4° cubes; c'est-à-dire un cube de 62ᵖ 4° de long sur 1ᵖ de large et 1ᵖ d'épaisseur qui sera égal à celui dont les dimensions sont données.

Méthode pour réduire une quantité de pieds, pouces, lignes, etc. de pied cube, en toises, pieds, pouces, etc. de toise cube.

Considérez le nombre donné comme un prisme uniforme dont la longueur est la quantité donnée, ayant 1ᵖ de largeur et 1ᵖ d'épaisseur. Réduisez le nombre de pieds seulement en toises, afin que la longueur soit exprimée en toises, pieds, pouces, etc. de pied quarré; puis prenez le 6ᵐᵉ du nombre, et ensuite le 6ᵐᵉ du 6ᵐᵉ, et vous aurez le solide réduit en toises, pieds, pouces, etc. de toise cube.

Supposons que la quantité donnée soit 1275ᵖ 6° de pied cube, je prends la 6ᵐᵉ partie de 1275ᵖ, et j'ai 212ᵗᵒ 3ᵖ 6° de pied cube qui valent autant que 1275ᵖ 6° de pied cube.

J'écris

J'écris . . . . 212to 3 P 6 °
j'en prends le 6me, ci . . 35   2   7
je prends encore le 6me du
   dernier nombre, et j'ai   5to 5 P 5 ° 2^{l}

ce qui me donne un solide de 5to 5^{P} 5° 2^{l} de long sur 1to en quarré, qui est équivalant au solide de 1275^{P} 6° de long sur 1^{P} en quarré.

Méthode pour réduire en pieds, pouces, lignes de pied cube, une quantité de toises, pieds, pouces de toise cube.

Soit proposé le nombre 5to 5^{P} 5° 2^{l} de toise cube, je réduis les toises en pieds en les multipliant par 6, et j'y ajoute les 5^{P} 5° 2^{l} ; ce qui me donne 35^{P} 5° 2^{l} de toise cube.

J'écris . . . .   35 P 5 ° 2^{l}
je multiplie ce nombre par   6
et j'ai d'abord   212   7   0
que je multiplie encore par   6
ce qui me donne . . . . . .   1275 P 6 ° 0

c'est-à-dire que 1275^{P} 6° de pied cube valent autant que 5to 5^{P} 5° 2^{l} de toise cube ; ce qui sert de preuve à la regle précédente.

De la réduction des bois quarrés.

L'on nomme *piece de bois* ou *solive* un morceau de bois de 12^{P} de long sur 6° en quarré de

B

grosseur; mais dans la réduction des bois, une solive est supposée n'avoir que 6ᵖ ou 1 ᵗᵒ de long sur 12° de large et 6° d'épaisseur, ce qui revient au même.

Un nombre de solives est donc une quantité cubique uniforme dont la longueur est représentée par des toises, pieds, pouces, lignes, etc. et dont la grosseur est représentée par un demi-pied quarré. Mais au lieu de dire toises, pieds, pouces, etc. l'on dit solives, pieds, pouces, etc.

Puisque la longueur d'une solive est égale à une toise, et que la grosseur est le produit de 12° par 6°, ou un demi-pied quarré, il en résulte qu'une solive contient 72 tringles de 1 ᵗᵒ de long chacune sur 1° quarré de grosseur; qu'une solive contient 3ᵖ cubes, et que par conséquent 1 ᵗᵒ cube, ou 216ᵖ cubes, contient 72 solives.

Une toise quarrée de planches d'un pouce d'épaisseur contient 3ᵖ cubes, et par conséquent est égale à une solive.

Une solive contenant 3ᵖ cubes est la moitié d'un solide de 6ᵖ de long sur 1ᵖ quarré de gros; ainsi lorsqu'on voudra réduire en pieds de solive une quantité de pieds cubes, il ne faudra que doubler le nombre de pieds cubes. Par exemple, 13ᵖ 10° 3′ de pieds cubes vaudront 27ᵖ 8° 6′ de solive, ou 4ˢᵒˡ 3ᵖ 8° 6′. Pour abréger, l'on prend le tiers du nombre de pieds et le sixieme des pouces, lignes, etc.

Pour réduire en solives un morceau de bois, on le suppose d'abord de 6ᵖ de long, et l'on ne calcule que la grosseur; ensuite l'on multiplie le produit de la grosseur par la longueur réduite en toises, pieds, pouces, etc.

D'après ce que l'on a dit ci-devant, il est aisé de remarquer qu'un nombre composé de pouces, lignes, etc. de pied quarré sera égal au même nombre de pieds, pouces, lignes, etc. de solive : par conséquent 22ᵖ 6° de solive vaudront autant que 22° 6ˡ de pied quarré; ce qui donne un moyen très facile pour calculer les bois quarrés.

Soit, par exemple, un morceau de bois de 1ᵗ de long sur 15° et 18° de gros : multipliez un côté de la grosseur en pouces par l'autre côté réduit en pieds et pouces, le produit donnera 22° 6ˡ de pied cube, qui vaudront 22ᵖ 6° de solive, ou 3ˢᵒˡ 4ᵖ 6°, comme on le voit dans l'exemple ci à côté, et dans sa preuve qui est au-dessous.

EXEMPLE 1ᵉ.

Epaisseur,	15°
Largeur,	1 ᴾ 6°
Produit,	22 ° 6ˡ

Si l'on veut que le produit donne tout de suite le nombre de solives que l'on cherche, il faut éloigner d'un rang vers la droite tous les termes du multiplicateur, et poser zéro en place des toises, comme on le voit dans le 2ᵐᵉ exemple et dans sa preuve, puis calculer ces dimensions comme si l'on calculoit des toises, pieds, pouces, etc. par des toises, pieds, pouces, etc. le produit donnera tout de suite des solives, pieds, pouces et lignes de solive.

PREUVE.

Largeur,	18°
Epaisseur,	1 ᴾ 3°
Produit,	22 ° 6ˡ

EXEMPLE 2ᵐᵉ.

Epaisseur,	15 °		
Largeur,	0ᵗ 1 ᴾ 6°.		
Pour 1 ᴾ	2	3	0
Pour 6°	1	1	6
Produit,	3ˢᵒˡ 4 ᴾ 6°		

PREUVE.

Largeur,	18°		
Epaisseur,	0to 1 P 3•		
Pour 1P	3^sol		
Pour 3°	0	4	6
Produit,	3^sol 4 P 6°		

Lorsque les dimensions de la grosseur sont au-dessous de 12°, l'on peut abréger le calcul en faisant le produit de ces dimensions en pouces quarrés que l'on considere comme autant de pouces de solive. Par exemple, un morceau de 7° et 8° de gros produit 56° quarrés qui valent 56° de solive, ou 0^sol 4P 8°. Un morceau de 11° et 12° de gros produit 132° quarrés qui valent 132° de solive, ou 11P de solive, ou enfin 1^sol 5P.

Lorsque l'on a calculé la grosseur d'un morceau de bois supposé de 1to de longueur, l'on multiplie le produit par la longueur donnée en toises, pieds, pouces, etc.

Supposons un morceau de bois de 3to 4P 6° de long sur 17° et 19° de gros, calculez ce morceau comme s'il n'avoit qu'une toise de long, c'est-à-dire la grosseur seulement, par une des méthodes précédentes, et vous aurez 4^sol 2P 11° pour une toise de longueur dudit morceau que vous multiplierez par la longueur 3to 4P 6°, de la même maniere que

EXEMPLE.

Largeur,	19°			
Epaisseur,	0to 1 P 5°			
Produit sur				
1to de long,	4^sol 2 P 11•			
Longueur,	3	4	6	
Pour 3to	13	2	9	
Pour 3P	2	1	5	6
Pour 1P 6°	1	0	8	9
Produit,	16^sol 4 P 11° 3^l			

l'on calcule les toises quarrées, le produit du morceau proposé sera 16ᵗᵒˡ 4ᵖ 11° 3ˡ.

L'on peut souvent abréger l'opération en mettant la longueur en place d'un des côtés de la grosseur, et ce côté en place de la longueur; ainsi, par exemple, un morceau de 22ᵖ 6° de long sur 17° et 19° de gros sera égal à un morceau de 17ᵖ de long sur 22° 6ˡ et 19° de gros, ou à un autre de 19ᵖ de long sur 17° et 22° 6ˡ de gros, car le produit est toujours le même. Cela donne beaucoup de facilité dans la pratique, principalement lorsqu'un côté de la grosseur est de 6°, comme, par exemple, 11ᵖ de long sur 6° et 9°, peut être considéré comme un morceau de 6ᵖ de long sur 9° et 11°, et le produit de 9° par 11° qui est 99° quarrés, ou 8ᵖ 3° de solive, ou 1ᵗᵒˡ 2ᵖ 3°, sera le produit du morceau proposé duquel l'on n'a calculé que deux dimensions seulement.

Lorsque l'on peut prendre des parties aliquotes de la toise dans une dimension de la grosseur, l'on abrege beaucoup l'opération. Par exemple, un morceau de 1ᵗ 3ᵖ de long sur 8° et 10° de gros est égal à un autre de 1ᵗ de long sur 12° et 10° de gros, et il n'y a que la grosseur 12° et 10° à calculer.

De la réduction des bois en grume.

L'on nomme bois en grume le corps d'un arbre tel qu'il est sur pied avec son écorce. Comme ces bois sont destinés à être équarris, ils donnent deux qualités de bois: l'une, que l'on nomme bois quarré; et l'autre, que l'on nomme dosse.

B iij

L'on ne peut guere tirer de dosses des arbres de foible épaisseur, parcequ'on les équarrit presque toujours avec la cognée, et les levées ne font que des copeaux; mais lorsque les arbres sont gros, l'on peut en tirer quatre dosses en équarrissant avec la scie. C'est pourquoi il est essentiel de savoir réduire un arbre sur pied comme s'il étoit équarri, et de connoître en particulier la réduction des dosses ou des copeaux qui peuvent avoir une valeur quelconque.

Nous n'avons point d'égard ici aux méthodes dont se servent les marchands, parcequ'elles sont trop éloignées des principes géométriques sur lesquels sont fondées toutes nos opérations.

Nous donnons ci-après une table de bois en grume calculée sur une toise de longueur. Cette table contient quatre colonnes: la 1ᵉ indique le pourtour des arbres dépouillés d'écorce; la 2ᵐᵉ indique les réductions des bois en grume non équarris; la 3ᵐᵉ les réductions des bois supposés équarris à vive arrête; et la 4ᵐᵉ les réductions des dosses, non compris l'écorce.

Comme l'on mesure souvent les arbres sur pied par-dessus l'écorce, l'on aura, à peu de chose près, le pourtour au nud dépouillé d'écorce en diminuant de la mesure prise sur l'écorce six fois l'épaisseur de cette écorce. Par exemple, si l'on a trouvé 63° de pourtour à un arbre mesuré sur l'écorce, et que cette écorce ait 1ᵖ 6ˡ d'épaisseur, l'on rabattra 6 fois 1ᵖ 6ˡ, c'est-à-dire 9° de 63°, et le reste 54° sera le pourtour sans écorce.

Si l'on veut avoir le produit d'une toise de longueur de cet arbre, l'on cherchera dans la 1ʳᵉ

Pourtour sans écorce.	Produit non équarri.				Produit équarri.				Prod
	0^{sol}	1 P	8°	4^l	0^{sol}	1 P	1°	0^l	0^{s}
16°	0	1	8	4	0	1	2	7	0
17	0	1	11	0	0	1	2	7	0
18	0	2	1	9	0	1	4	5	0
19	0	2	4	8	0	1	6	3	0
20	0	2	7	10	0	1	8	3	0
21	0	2	11	1	0	1	10	4	0
22	0	3	2	6	0	2	0	6	0
23	0	3	6	1	0	2	2	9	0
24	0	3	9	10	0	2	5	2	0
25	0	4	1	8	0	2	7	8	0
26	0	4	5	9	0	2	10	3	0
27	0	4	10	0	0	3	0	11	0
28	0	5	2	4	0	3	3	8	0
29	0	5	6	11	0	3	6	7	0
30	0	5	11	7	0	3	9	7	0
31	1	0	4	5	0	4	0	8	
32	1	0	9	5	0	4	3	10	
33	1	1	2	7	0	4	7	1	
34	1	1	7	11	0	4	10	6	
35	1	2	1	5	0	5	2	0	
36	1	2	7	1	0	5	5	7	
37	1	3	0	11	0	5	9	3	
38	1	3	6	10	1	0	1	1	
39	1	4	1	0	1	0	5	0	
40	1	4	7	3	1	0	9	0	
41	1	5	1	8	1	1	1	1	
42	1	5	8	4	1	1	5	4	
43	2	0	3	1	1	1	9	7	
44	2	0	10	0	1	2	2	0	
45	2	1	5	1	1	2	6	6	
46	2	2	0	4	1	2	11	1	
47	2	2	7	8	1	3	3	10	
48	2	3	3	3	1	3	8	8	
49	2	3	11	0	1	4	1	7	

TABLE DU TOISÉ DES BOIS EN GRUMES

	Produit équarri.				Produit des dosses.				Pourtour sans écorce.	Produit non équarri.				Produit équarri.				Produit des dosses.				Pourtour sans écorce.	Produit non équarri.				Produit équarri.			
	0 tol	1 P	1 o	0 l	0 tol	0 P	7 o	4 l	50 e	2 tol	4 P	6 o	10 l	1 tol	4 P	6 o	7 l	1 tol	0 P	0 o	3 l	84 o	7 tol	4 P	9 o	3 l	4 tol	5 P	9 o	2 l
4 l	0	1	2	7	0	0	8	5	51	2	5	2	11	1	4	11	8	1	0	3	3	85	7	5	10	9	5	0	5	9
0	0	1	4	5	0	0	9	4	52	2	5	11	1	1	5	4	11	1	0	6	2	86	8	1	0	4	5	1	2	5
9	0	1	6	3	0	0	10	5	53	3	0	7	5	1	5	10	2	1	0	9	3	87	8	2	2	1	5	1	11	2
8	0	1	8	3	0	0	11	7	54	3	1	3	11	2	0	3	7	1	1	0	4	88	8	3	4	0	5	2	8	0
10																														
1	0	1	10	4	0	1	0	9	55	3	2	0	7	2	0	9	2	1	1	3	5	89	8	4	6	1	5	3	5	0
6	0	2	0	6	0	1	2	0	56	3	2	9	5	2	1	2	9	1	1	6	8	90	8	5	8	4	5	4	2	1
1	0	2	2	9	0	1	3	4	57	3	3	6	5	2	1	8	6	1	1	9	11	91	9	0	10	9	5	4	11	3
10	0	2	5	2	0	1	4	8	58	3	4	3	7	2	2	2	3	1	2	1	4	92	9	2	1	3	5	5	8	6
8	0	2	7	8	0	1	6	0	59	3	5	0	11	2	2	8	3	1	2	4	8	93	9	3	4	0	6	0	5	10
9	0	2	10	3	0	1	7	6	60	3	5	10	4	2	3	2	3	1	2	8	1	94	9	4	6	10	6	1	3	4
0	0	3	0	11	0	1	9	1	61	4	0	8	0	2	3	8	4	1	2	11	8	95	9	5	9	11	6	2	0	11
4	0	3	3	8	0	1	10	8	62	4	1	5	9	2	4	2	7	1	3	3	2	96	10	1	1	1	6	2	10	7
11	0	3	6	7	0	2	0	4	63	4	2	3	4	2	4	8	11	1	3	6	10	97	10	2	4	5	6	3	8	4
7	0	3	9	7	0	2	2	0	64	4	3	1	10	2	5	3	6	1	3	10	4	98	10	3	7	11	6	4	6	2
5	0	4	0	8	0	2	3	9	65	4	4	0	1	2	5	9	11	1	4	2	2	99	10	4	11	7	6	5	4	2
5	0	4	3	10	0	2	5	7	66	4	4	10	6	3	0	4	6	1	4	6	0	100	11	0	3	5	7	0	2	3
7	0	4	7	1	0	2	7	6	67	4	5	9	1	3	0	11	3	1	4	9	10	101	11	1	7	9	7	1	0	5
11	0	4	10	6	0	2	9	5	68	5	0	7	10	3	1	6	1	1	5	1	9	102	11	2	11	7	7	1	10	8
5	0	5	2	0	0	2	11	5	69	5	1	6	9	3	2	1	0	1	5	5	9	103	11	4	3	11	7	2	9	1
1	0	5	5	7	0	3	1	6	70	5	2	5	9	3	2	8	1	1	5	9	8	104	11	5	8	4	7	3	7	7
11	0	5	9	3	0	3	3	8	71	5	3	5	0	3	3	3	2	2	0	1	10	105	12	1	1	0	7	4	6	2
0	1	0	1	1	0	3	5	9	72	5	4	4	4	3	3	10	5	2	0	5	11	106	12	2	5	9	7	5	4	10
0	1	0	5	0	0	3	8	0	73	5	5	3	11	3	4	5	9	2	0	10	2	107	12	3	10	9	8	0	3	7
3	1	0	9	0	0	3	10	3	74	6	0	3	7	3	5	1	3	2	1	2	4	108	12	5	3	10	8	1	2	6
8	1	1	1	1	0	4	0	7	75	6	1	3	5	3	5	8	9	2	1	6	8	109	13	0	9	1	8	2	1	6
4	1	1	5	4	0	4	3	0	76	6	2	3	5	4	0	4	5	2	1	11	0	110	13	2	2	6	8	3	0	7
1	1	1	9	7	0	4	5	6	77	6	3	3	7	4	1	0	2	2	2	3	5	111	13	3	8	1	8	3	11	9
0	1	2	2	0	0	4	8	0	78	6	4	3	11	4	1	8	0	2	2	7	11	112	13	5	1	0	8	4	10	0
1	1	2	6	6	0	4	10	7	79	6	5	4	5	4	2	3	11	2	3	0	6	113	14	0	7	8	8	5	10	5
4	1	2	11	1	0	5	1	3	80	7	0	5	1	4	3	0	0	2	3	5	1	114	14	2	1	9	9	0	9	11
8	1	3	3	10	0	5	3	10	81	7	1	5	11	4	3	8	2	2	3	9	9	115	14	3	8	0	9	1	9	6
3	1	3	8	8	0	5	6	7	82	7	2	6	10	4	4	4	5	2	4	2	5	116	14	5	2	4	9	2	9	2
1	1	4	1	7	0	5	9	5	83	7	3	8	0	4	5	0	9	2	4	7	3	117	15	0	9	0	9	3	9	0

ABLE DU TOISÉ DES BOIS EN GRUME.

luit des dosses.	Pourtour sans écorce.	Produit non équarri.	Produit équarri.	Produit des dosses.	Pourtour sans écorce.	Produit non équarri.	Produit équarri.	Produit des dosses.
0^P 7° 4^l	50°	2^{sol} 4^P 6° 10^l	1^{sol} 4^P 6° 7^l	1^{sol} 0^P 0° 3^l	84°	7^{sol} 4^P 9° 3^l	4^{sol} 5^P 9° 2^l	2^{sol} 5^P 0° 1^l
0 8 5	51	2 5 2 11	1 4 11 8	1 0 3 3	85	7 5 10 9	5 0 5 9	2 5 5 0
0 9 4	52	2 5 11 1	1 5 4 11	1 0 6 2	86	8 1 0 4	5 1 2 5	2 5 9 11
0 10 5	53	3 0 7 5	1 5 10 2	1 0 9 3	87	8 2 2 1	5 1 11 2	3 0 2 11
0 11 7	54	3 1 3 11	2 0 3 7	1 1 0 4	88	8 3 4 0	5 2 8 0	3 0 8 0
1 0 9	55	3 2 0 7	2 0 9 2	1 1 3 5	89	8 4 6 1	5 3 5 0	3 1 1 1
1 2 0	56	3 2 9 5	2 1 2 9	1 1 6 8	90	8 5 8 4	5 4 2 1	3 1 6 3
1 3 4	57	3 3 6 5	2 1 8 6	1 1 9 11	91	9 0 10 9	5 4 11 3	3 1 11 6
1 4 8	58	3 4 3 7	2 2 2 3	1 2 1 4	92	9 2 1 3	5 5 8 6	3 2 4 9
1 6 0	59	3 5 0 11	2 2 8 3	1 2 4 8	93	9 3 4 0	6 0 5 10	3 2 10 2
1 7 6	60	3 5 10 4	2 3 2 3	1 2 8 1	94	9 4 6 10	6 1 3 4	3 3 3 6
1 9 1	61	4 0 8 0	2 3 8 4	1 2 11 8	95	9 5 9 11	6 2 0 11	3 3 9 0
1 10 8	62	4 1 5 9	2 4 2 7	1 3 3 2	96	10 1 1 1	6 2 10 7	3 4 2 6
2 0 4	63	4 2 3 9	2 4 8 11	1 3 6 10	97	10 2 4 5	6 3 8 4	3 4 8 1
2 2 0	64	4 3 1 10	2 5 3 6	1 3 10 4	98	10 3 7 11	6 4 6 2	3 5 1 9
2 3 9	65	4 4 0 1	2 5 9 11	1 4 2 2	99	10 4 11 7	6 5 4 2	3 5 7 5
2 5 7	66	4 4 10 6	3 0 4 6	1 4 6 0	100	11 0 3 5	7 0 2 4	4 0 1 2
2 7 6	67	4 5 9 1	3 0 11 3	1 4 9 10	101	11 1 7 9	7 1 0 5	4 0 7 4
2 9 5	68	5 0 7 10	3 1 6 1	1 5 1 9	102	11 2 11 7	7 1 10 8	4 1 0 11
2 11 5	69	5 1 6 9	3 2 1 0	1 5 5 9	103	11 4 3 11	7 2 9 1	4 1 6 10
3 1 6	70	5 2 5 9	3 2 8 1	1 5 9 8	104	11 5 8 4	7 3 7 7	4 2 0 9
3 3 8	71	5 3 5 0	3 3 3 2	2 0 1 10	105	12 1 1 0	7 4 6 2	4 2 6 10
3 5 9	72	5 4 4 4	3 3 10 5	2 0 5 11	106	12 2 5 9	7 5 4 10	4 3 0 11
3 8 0	73	5 5 3 11	3 4 5 9	2 0 10 2	107	12 3 10 9	8 0 3 7	4 3 7 2
3 10 3	74	6 0 3 7	3 5 1 4	2 1 2 4	108	12 5 3 10	8 1 2 6	4 4 1 4
4 0 7	75	6 1 3 5	3 5 8 0	2 1 6 8	109	13 0 9 1	8 2 1 6	4 4 7 7
4 3 0	76	6 2 3 5	4 0 4 5	2 1 11 0	110	13 2 2 6	8 3 0 7	4 5 1 11
4 5 6	77	6 3 3 7	4 1 0 2	2 2 3 5	111	13 3 8 1	8 3 11 7	4 5 8 4
4 8 0	78	6 4 3 11	4 1 8 0	2 2 7 11	112	13 5 1 10	8 4 11 0	5 0 2 10
4 10 7	79	6 5 4 5	4 2 3 11	2 3 0 6	113	14 0 7 8	8 5 10 5	5 0 9 3
5 1 3	80	7 0 5 1	4 3 0 0	2 3 5 1	114	14 2 1 9	9 0 9 11	5 1 3 10
5 3 10	81	7 1 5 11	4 3 8 2	2 3 9 9	115	14 3 8 0	9 1 9 6	5 1 10 6
5 6 7	82	7 2 6 10	4 4 4 5	2 4 2 5	116	14 5 2 4	9 2 9 2	5 2 5 2
5 9 5	83	7 3 8 0	4 5 0 9	2 4 7 3	117	15 0 9 0	9 3 9 0	5 3 0 0

colonne le nombre 54 ; dans la 2me colonne l'on trouvera 3^{sol} 1^P 3° 11^1 ; dans la 3me colonne 2^{sol} 0^P 3° 7^1 ; et dans la 4me colonne 1^{sol} 1^P 0° 4^1.

CHAPITRE IV.

De la division.

Dans les bâtiments l'on n'a guere d'autres divisions à faire que celles des mesures, ou des quantités provenant du produit des mesures.

Si le dividende ou le nombre à diviser exprime des toises courantes, le diviseur sera un nombre qui n'exprimera aucune mesure, et le quotient exprimera des toises courantes.

Si le dividende exprime des toises quarrées, le diviseur exprimera des toises courantes ainsi que le quotient ; mais si le diviseur n'exprime point de mesure, le quotient donnera des toises quarrées.

Enfin si le dividende exprime des toises cubes, le diviseur pourra exprimer des toises quarrées et le quotient des toises courantes ; le diviseur pourra encore exprimer des toises courantes, et le quotient des toises quarrées ; le diviseur pourra aussi être un nombre qui ne désigne point de mesure, et le quotient sera un nombre de toises cubes.

L'on peut dire la même chose à l'égard des pieds, à l'égard des pouces, etc. mais il est bon de remarquer que si l'on veut diviser un nombre de toises par un nombre de pieds, il faut que le nombre de pieds soit réduit en toises, ou que le nombre de toises soit réduit en pieds, sans cela l'on peut tomber dans des erreurs considérables.

Que l'on ait à diviser des toises cubes par des toises cubes, ou par des toises quarrées, ou par des toises courantes, ou enfin par un nombre sans caractere, la division se fait toujours de même : la seule chose qu'il faut observer, c'est de supposer que le dividende et le diviseur soient chacun divisés par l'unité, caractérisés du même caractere que le diviseur; alors les quantités restant les mêmes, le diviseur n'aura plus de caractere, quoique son nombre entier et ses parties restent les mêmes. Par exemple, si l'on vouloit diviser 72to cubes par 8to quarrées, l'on supposeroit ces deux quantités divisées chacune par 1to quarrée, et pour lors l'on n'auroit plus que 72to courantes à diviser par 8; de même que si l'on vouloit diviser 72to cubes par 8to courantes, l'on supposeroit ces deux quantités divisées chacune par 1to courante, et l'on aura 72to quarrées à diviser par 8. Dans le premier cas, le quotient donnera 9to courantes, et dans le second il donnera 9to quarrées.

QUESTION PREMIERE.

La surface d'un rectangle étant 1329to 2^{p} 7°, et un côté étant 37to, l'on demande la longueur de l'autre côté.

RÉSOLUTION.

OPÉRATION.

Disposez les quantités comme dans la division ordinaire, et après que vous aurez divisé 1329to par 37, vous multiplierez le reste 34 par 6 pour le réduire en pieds, et vous y ajouterez les 2^P du diviseur; ce qui fera 206^P que vous diviserez par 37,

$$1329^{to}\ 2^P\ 7^\circ \left\{\begin{array}{l} 37 \\ \hline 35^{to}\ 5^P\ 7^\circ \end{array}\right.$$

$$
\begin{array}{l}
219 \\
34 \\
\hline
204\ ^P \\
2 \\
\hline
206 \\
21 \\
\hline
252\ ^\circ \\
7 \\
\hline
259 \\
000
\end{array}
$$

et vous trouverez 5 au quotient, que vous écrirez au rang des pieds; vous ôterez du diviseur 206 le produit de 37 par 5, et il restera 21^P que vous multiplierez par 12 pour les réduire en pouces, et vous aurez 252° auxquels vous joindrez les 7° du dividende, et cela donnera 259° pour diviseur; enfin vous diviserez 259° par 37, et vous trouverez 7 que vous écrirez au rang des pouces; puis, multipliant 37 par 7, vous trouverez 259, qui étant ôtés du diviseur 259, il ne reste rien. Le quotient 35to 5^P 7° sera le côté du rectangle que l'on cherche.

QUESTION 2me.

Un solide contenant un cube 917to 3^P 11° 6', et sa hauteur étant 24to 2^P 6°, l'on demande la surface de sa base.

RÉSOLUTION.

Multipliez le diviseur et le dividende, chacun par un nombre tel, que les parties de l'entier du diviseur deviennent des entiers; ce qui ne changera rien à la valeur de la division: puis faites la division comme ci-devant.

Je m'apperçois que le diviseur $24^{to} 2^{p} 6^{o}$ étant multiplié par 12, donnera 293to justes; ainsi je multiplie le dividende $917^{to} 3^{p} 11^{o} 6^{l}$ aussi par 12, et j'ai $11011^{to} 5^{p} 6^{o}$ que je divise par 293to de la même maniere que dans l'opération de la question premiere, et je trouve au quotient $37^{to} 3^{p} 6^{o}$ pour la surface de la base du solide proposé.

Lorsqu'on a un nombre de pieds, pouces, lignes, etc. à diviser par un autre nombre de pieds, pouces, lignes, etc. l'on fait évanouir les fractions du diviseur comme ci-devant en multipliant les deux quantités données par un même nombre, puis l'on divise le nouveau dividende par le nouveau diviseur; ce qui donne toujours le même quotient.

REMARQUE.

L'on ne pourra disconvenir que les méthodes ordinaires, telles qu'elles sont enseignées ci-devant, sont fort longues, principalement lorsque le diviseur est composé de nombres entiers et de fractions de différentes especes, telles que des pieds, pouces, lignes, etc. car dans ce cas, l'on est obligé de réduire le diviseur aux unités

de la plus petite espece; ce qui le rend très étendu, et entraîne à des multiplications fort longues.
Pour éviter ce travail pénible, l'on va donner ci-
après une méthode, avec laquelle l'on pourra faire
la division sans être obligé de réduire le diviseur.

*Méthode pour faire la division par un nombre
composé d'entiers et de fractions , sans être
obligé de faire évanouir les fractions du diviseur.*

L'on remarquera d'abord combien le quotient
doit avoir de chiffres aux unités principales ; si le
quotient doit avoir deux chiffres, on multipliera
le diviseur par 10, et l'on posera le produit au-
dessus ; s'il doit avoir trois chiffres, on le multipliera par 10, puis par 100 en prenant dix fois le
1ᵉʳ produit ; s'il doit avoir quatre chiffres , l'on
prendra encore 10 fois le produit de 100, et ainsi
de suite. Tous ces produits serviront de diviseur
chacun leur tour en commençant par le plus
grand. Cette opération sera d'autant plus facile ,
que les nombres multipliés par 10 sont les mêmes,
éloignés d'un rang vers la gauche.

QUESTION PREMIERE.

L'on demande la surface de la base d'un solide
de 164447ᵖ 7° 7¹ 4' 8" cubes sur 258ᵖ 7° 8¹ de
hauteur, sans faire évanouir les fractions du diviseur.

RÉSOLUTION.

Je cherche d'abord combien il peut y avoir de

chiffres aux unités principales du quotient, et je m'apperçois au coup-d'œil qu'il peut y en avoir trois ; par conséquent je dois avoir trois diviseurs.

OPÉRATION.

	1ᵉʳ diviseur 25863ᴾ 10 ° 8ˡ	
	2ᵉ diviseur 2586 4 8	
DIVIDENDE. 3ᵉ diviseur 258 7 8		

$$
\begin{array}{l}
164447^{P}\ 7^{\circ}7^{l}4^{\prime}8^{\prime\prime} \\
155183\ \ 4 \\ \hline
\ \ 9264\ \ 3\ 7\ 4\ 8 \\
\ \ 7759\ \ 2\ 0\ 0\ 0 \\ \hline
\ \ 1505\ \ 1\ 7\ 4\ 8 \\
\ \ 1293\ \ 2\ 4\ 0 \\ \hline
\ \ \ 211\ 11\ 3\ 4\ 8
\end{array}
$$

quotient 635 ᴾ 9° 10ˡ

multi. par 12

$$
\begin{array}{l}
2543\ ^{\circ}\ 3^{l}\ 4^{\prime}8^{\prime\prime} \\
2327\ \ 9\ 0 \\ \hline
\ 215\ \ 6\ 4\ 8
\end{array}
$$

multi. par 12

$$
\begin{array}{l}
2586^{l}\ 4^{\prime}8^{\prime\prime} \\
2586\ \ 4\ 8 \\ \hline
\end{array}
$$

reste . . . 0 0 0

Je multiplie le diviseur donné 258ᴾ 7° 8ˡ par 10, et j'ai 2586ᴾ 4° 8ˡ pour second diviseur que je multiplie encore par 10, et j'ai 25863ᴾ 10° 8ˡ pour premier diviseur.

Je prends les quatre premiers chiffres à gauche du dividende, et je dis combien 1644 contient de fois le nombre 258ᴾ des unités du diviseur donné, je trouve 6 fois, et j'écris 6 au quotient sous les centaines ; je multiplie par 6 le 1ᵉʳ diviseur 25863ᴾ 10° 8ˡ, et j'ai 155183ᴾ 4° 0ˡ que j'ôte du dividende, et il reste 9264ᴾ 3° 7¹ 4′8″.

Je cherche combien les trois premiers chiffres 926 du reste contiennent de fois le diviseur donné 258ᴾ, et je trouve 3 fois que j'écris au quotient sous les dixaines ; je multiplie le 2ᵐᵉ diviseur 2586ᴾ 4° 8¹ par 3, et j'ai 7759ᴾ 2° 0¹ que j'ôte du premier reste, et il reste encore 1505ᴾ 1° 7¹ 4′8″.

Je cherche combien 1505ᴾ contient de fois le diviseur donné 258ᴾ, et je trouve 5 que j'écris au quotient au rang des unités; je multiplie le 3ᵉ diviseur 258ᴾ 7° 8¹ par 5, et j'ai 1293ᴾ 2° 4¹ que j'ôte du 2ᵐᵉ reste, et il reste encore 211ᴾ 11° 3¹ 4′ 8″.

Ce reste ne pouvant plus contenir le diviseur, je le réduis en pouces en le multipliant par 12, et j'ai 2543° 3¹ 4′8″, lequel nombre contient 9 fois le diviseur donné ; j'écris 9 au rang des pouces ; je multiplie le diviseur 258ᴾ 7° 8¹ par 9°, et j'ai 2327° 9¹ 0¹ que j'ôte de 2543° 3¹ 4′ 8″, et il me reste 215° 6¹ 4′8″.

Je réduis ce reste en lignes en le multipliant par 12, et j'ai 2586¹ 4′8″; je cherche combien de fois le diviseur est contenu dans ce nombre, et je trouve 10 fois; je multiplie le 3ᵉ diviseur par 10¹, et j'ai 2586¹ 4′8″, qui étant ôté du nombre précédent, il ne reste plus rien; par conséquent le quotient 635ᴾ 9° 10¹ exprime la surface que l'on cherche.

Observez qu'il n'y a point d'équivoque lorsque l'on réduit le reste des pieds en pouces, et que le produit du diviseur 258ᴾ 7° 8¹ multiplié par les 9° que l'on a trouvés au quotient, donne 2327° 9¹.

La raison en est facile à saisir : si je multiplie le reste 211ᴾ 11° 3ˡ 4ˡ 8ˡˡ par 12, je réduis ce nombre en pouces, lignes, etc. de pied quarré ; de même qu'en multipliant le diviseur donné 258ᴾ 7° 8ˡ par 9°, je le réduis aussi en pouces, lignes, etc. de pied quarré. Donc les deux quantités dont on fait la soustraction ont les mêmes caracteres, et ne peuvent donner de faux reste. L'on peut dire la même chose à l'égard des lignes, points, etc. de pied quarré.

L'on peut encore raccourcir l'opération en ne posant pas le produit à chaque fois sous le dividende, comme on va le voir dans la question suivante.

QUESTION 2ᵐᵉ.

Supposons que 857697ᴾ quarrés soit la surface d'un rectangle, et que 9ᴾ 7° 5ˡ soit sa largeur, l'on veut savoir quelle est la longueur, sans faire évanouir les fractions du diviseur.

RÉSOLUTION.

Je multiplie le diviseur donné 9ᴾ 7° 5ˡ par 10, et j'ai 96ᴾ 2° 2ˡ ; je multiplie ce nombre par 10, et j'ai 961ᴾ 9° 8ˡ ; je le multiplie par 10, et j'ai 9618ᴾ 0° 8ˡ que je multiplie toujours par 10, et

OPÉRATION.

		P	°	'
1ᵉʳ	96180	6	8
2ᵉ	9618	0	8
3ᵉ	961	9	8
4ᵉ	96	2	2
5ᵉ diviseur	9	7	5
	89175	8	7

quotient.

DIVIDENDE.

	P	°	'
857697	0	0
88252	6	8
1690	0	8
728	3	0
54	11	10
6	10	9
82°	9ˡ	0ˡ
5	9	8
69ˡ	8ˡ	0ˡˡ
2	4	1 reste.

j'ai $96180^p\ 6^\circ\ 8^l$ que je ne multiplie plus, parceque ce dernier nombre peut être contenu dans
le dividende un certain nombre d'unités simples.

Je cherche combien de fois les deux premiers
chiffres 85 du dividende peuvent contenir de fois
les unités 9 du diviseur; je trouve que 9 fois seroit
trop fort, parcequ'en multipliant le 1er diviseur
par 9, j'aurai un nombre plus fort que le dividende: mais 8 fois le premier diviseur sera contenu dans le dividende; ainsi j'écris 8 au-dessous
du 1er chiffre 9 du 1er diviseur. Je multiplie par 8
les chiffres du premier diviseur, et je retranche
à mesure les produits du dividende de cette maniere. Je dis, 8 fois 8^l valent 64^l; et comme il n'y
a point de lignes au dividende, j'emprunte 72^l
qui valent 6°; j'ôte 64^l de 72^l, et il reste 8^l que
j'écris au dividende au-dessous des lignes, et je
retiens 6°. Je dis ensuite, 8 fois 6° du 1er diviseur
font 48°, et 6° que j'ai retenus font 54°; j'emprunte 60° qui valent 5^p; j'ôte 54° de 60°, et il
reste 6° que j'écris à son rang au dividende. 8
fois o font o; mais 5^p que j'ai retenus valent 5
que j'ôte de 7^p, et il reste 2^p que j'écris au dividende au-dessous de 7^p. 8 fois 8 dixaines valent
64 dixaines; j'emprunte 6 centaines auxquelles
je joins les 9 dixaines du dividende, et j'ai 69
dixaines desquelles j'ôte 64 dixaines, et il reste 5
que j'écris, et je retiens les 6 centaines que j'ai
empruntées. Je dis, 8 fois 1 centaine valent 8 centaines, et 6 que j'ai retenues font 14; et comme il
n'y a que 6 centaines au multiplicande, j'emprunte 1 millieme; ce qui me fait 16 centaines

desquelles j'ôte 14, et il reste 2 que j'écris, et
retiens 1 millieme. Je dis, 8 fois 6 milliemes font
48, et 1 que j'ai retenu font 49; j'emprunte 5
dixaines de mille auxquelles je joins les 7 mille,
et j'ai 57 milliemes desquels j'ôte 49, et il reste
8 que j'écris, et retiens 5 dixaines de mille. Je
dis ensuite, 8 fois 9 dixaines de mille font 72, et
5 que j'ai retenues font 77; j'ôte 77 de 85 dixaines
de mille, et il reste 8 que j'écris. Le premier reste
se trouve de 88252^P 6° 8^l.

Je divise le 1er reste par le 2me diviseur 9618^P
0°8^l en disant combien les deux premiers chiffres
88 contiennent de fois 9; je trouve 9 fois que j'é-
cris au quotient. Je dis ensuite, 9 fois 8^l valent
72^l; mais il n'y a que 8^l au 1er reste; j'emprunte
donc 6° qui valent 72^l, et 8 font 80 : j'ôte le produit 72 de 80, et il reste 8^l que j'écris au dividende, et retiens 6°. Je dis ensuite, 9 fois 0 du
2me diviseur valent 0; mais 6° que j'ai retenus
valent 6° que j'ôte des 6° du 1er reste, et il reste
0 que j'écris, et ne retiens rien, parceque je n'ai
rien emprunté. Je continue l'opération comme
ci-devant, et j'ai 1690^P 0° 8^l pour 2me reste.

Je divise le 2me reste 1690^P 0° 8^l par le 3me diviseur de la même maniere, puis le 3me reste 728^P
3° 0^l par le 4me diviseur, puis le 4me reste 54^P 11°
10^l par le 5me diviseur, et le dernier reste 6^P 10°
9^l est moindre que le 5me diviseur. Je multiplie ce
dernier reste par 12, et j'ai 82° 9^l que je divise
toujours par le 5me diviseur 9^P 7° 5^l, et il reste 5^P
9° 8^l que je multiplie par 12, et j'ai 69^l 8° 0^l que
je continue à diviser par 9^P 7° 5^l. Enfin il reste
2^l 4° 1^l que je pourrois encore diviser à l'infini,
mais

mais que je néglige, parceque ce reste est peu de chose. Je trouve que la longueur du rectangle proposé est de 89175ᵖ 8° 7ˡ avec un reste.

Quoique cette regle paroisse difficile à cause de la longue explication que l'on est obligé de faire pour l'enseigner, elle ne l'est cependant point; elle est même beaucoup plus facile qu'aucune des méthodes dont on se sert ordinairement; mais il faut savoir bien calculer pour la mettre en usage, sans quoi l'on pourroit souvent se tromper.

QUESTION 3ᵐᵉ.

L'on demande la longueur d'un rectangle dont la surface est 601951ᵗᵒ 1ᵖ 4° 5ˡ, et dont la largeur est 730ᵗᵒ 3ᵖ 7° en se servant de la méthode ci-devant.

RÉSOLUTION.

Disposez la division comme ci-devant, en multipliant le diviseur successivement par 10, jusqu'à ce que vous ayez un diviseur qui puisse être contenu dans le dividende un certain nombre d'unités simples.

OPÉRATION.

```
                          ( 1er    73059^to 4^p 4°0^l
DIVIDENDE.            {  2e      7305  5 10 0
                          ( 3e diviseur  730  3  7 0
                            quotient  823^to 5^p 6°
      601951^li 1^p 4° 5^d }
-1er    17473  2  8  5
 2e     2861   3  0  5
 3e reste  669  4  3  5
      _____
         4018^p 1° 8^l 6^l
 4e reste  365  1  9  6
      _____
         4381° 9^l 6^l 0^ll
reste    0000  0  0  0
```

Ayant trouvé 8 pour premier chiffre du quotient, je prends 8 fois le 1er diviseur 73059to 4^p $4°$, et je fais la soustraction à mesure en disant, 8 fois 0^l est 0 que j'ôte de 5^l, et il reste 5^l que j'écris au dividende: 8 fois $4°$ valent $32°$ que je ne puis ôter de $4°$; j'emprunte 3^p qui valent $36°$, et $4°$ font $40°$; puis j'ôte $32°$ de $40°$, et il reste $8°$ que j'écris, et je retiens 3^p que j'ai empruntés: je dis ensuite, 8 fois 4^p font 32^p, et 3^p que j'ai retenus font 35^p que je ne puis ôter de 1^p; j'emprunte 6to qui valent 36^p, et 1^p font 37^p; puis j'ôte 35 de 37, et il reste 2^p que j'écris, et je retiens les 6to que j'ai empruntées: je dis ensuite, 8 fois 9to valent 72to, et 6to que j'ai retenues font 78to que j'ôte de 81to, et il reste 3 que j'écris, et je retiens 8 dixaines que j'ai empruntées: je dis ensuite, 8 fois 5 font 40, et 8 que j'ai retenus font 48 que j'ôte de 55, et il reste 7 que j'écris, et je retiens 5: ensuite 8 fois 0 valent 0; mais 5 que j'ai retenus valent 5 que j'ôte de 9, et il reste 4 que j'écris, et je ne retiens rien n'ayant rien emprunté : je dis ensuite, 8 fois 3 font 24 que j'ôte de 31, et il reste 7 que j'écris, et je retiens 3 : puis je dis, 8 fois 7 font 56 et 3 que j'ai retenus font 59 que j'ôte de 60, et il reste 1 que j'écris. Ainsi le premier chiffre du diviseur est 8, et le 1ᵉʳ reste est 17473ᵗᵒ 2ᵖ 8° 5ˡ.

Je divise de même le 1ᵉʳ reste par le 2ᵉ diviseur, ensuite le 2ᵉ reste par le 3ᵉ diviseur qui est ici le diviseur donné. Le 3ᵐᵉ reste 669ᵗᵒ 4ᵖ 3° 5ˡ étant trop petit pour contenir le diviseur donné, je le multiplie par 6, et j'ai 4018ᵖ 1° 8ˡ 6' que je divise de même par 730ᵗᵒ 3ᵖ 7° 0ˡ; car en divisant des toises-pieds par des toises, le quotient donne des pieds; puis ôtant chaque produit du dividende, j'ai un reste 365ᵖ 1° 9ˡ 6' que je multiplie par 12; ce qui me donne 4381° 9ˡ 6' que je divise encore par 730ᵗᵒ 3ᵖ 7° 0ˡ, et je trouve 6° justes sans reste, car ce sont des toises-pouces que je divise par des toises qui me donnent des pouces au quotient. La longueur demandée du rectangle proposé sera par conséquent 823ᵗᵒ 5ᵖ 6°.

Moyen de faire plus facilement l'opération précédente.

Le premier chiffre 8 du quotient étant trouvé, je dis, 8 fois 0 valent 0 que j'ôte de 5ˡ, et il reste 5ˡ que j'écris au-dessous du dividende : 8 fois 4° valent 32° ou 2ᵖ 8°; je retiens 2ᵖ, et j'ôte 8° du dividende; mais comme les 4° du dividende sont

C ij

plus foibles que $8°$, j'emprunte 1^P ou $12°$, qui,
joints avec les $4°$, valent $16°$ desquels j'ôte $8°$, et
il reste $8°$ que j'écris: je joins le pied que j'ai emprunté avec les 2^P que j'ai retenus, et j'ai 3^P à retenir: je dis, 8 fois 4^P valent 32^P, et 3^P retenus
font 35^P ou 5to 5^P; je ne puis ôter 5^P de 1^P, j'emprunte 1to, qui, avec 1^P, font 7^P desquels j'ôte
5^P, et il reste 2^P que j'écris; j'ajoute la toise que
j'ai empruntée avec les 5^P retenus, ce qui me fait
6to à retenir: je dis ensuite, 8 fois 9to font 72to, et
6to retenues font 78 ou 7 dixaines et 8to; ne pouvant
ôter 8to de 1to, j'emprunte une dixaine à laquelle
je joins 1to, et j'ai 11to desquelles j'ôte 8, et il reste
3 que j'écris: au lieu de retenir les 7 dixaines que
j'ai laissées, j'en retiens 8 à cause de celle que j'ai
empruntée : je dis, 8 fois 5 dixaines font 40, et 8
retenues font 48, ou 4 centaines et 8 dixaines;
je ne puis ôter 8 de 5, et j'emprunte 1 centaine;
ce qui fait 15, desquelles j'ôte 8, et il reste 7 que
j'écris; j'ajoute aux 4 centaines celle que j'ai empruntée, et j'ai 5 centaines que je retiens : je dis,
8 fois 0 font 0; mais 5 que j'ai retenues étant ôtées
de 9, reste 4 que j'écris, et je ne retiens rien: je
dis ensuite, 8 fois 3 mille font 24 mille, ou 2 dixaines et 4 mille; j'ôte 4 de 11, reste 7; j'ajoute
la dixaine empruntée avec les 2 que j'ai laissées,
et j'ai 3 dixaines à retenir: 8 fois 7 font 56 dixaines, et 3 retenues valent 59; j'ôte 9 de 10, et il
reste 1 que j'écris; j'ajoute 1 centaine empruntée
avec 5 centaines retenues, et j'ai 6 centaines que
j'ôte des 6 du dividende, et il ne reste rien.

　　L'on fera la même opération pour le 2e diviseur, ensuite pour le 3e. Cette méthode est d'au-

tant plus facile, qu'elle soulage beaucoup la mé;
moire.

REMARQUE.

Lorsque la quantité du dividende n'est pas de
même nature que celle du diviseur, l'on ne peut
faire la division par la méthode que l'on vient de
suivre, à moins que l'on ne dénature le diviseur
ou le dividende pour substituer à l'un une quantité équivalente de même espece que l'autre ; ce
que l'on peut faire par l'opération suivante.

QUESTION 4me.

3to 4^p 7° d'ouvrage ont coûté 93^{liv} 6^s $10^{d}\frac{3}{3}$;
l'on demande à combien revient la toise en se
servant de la méthode précédente.

RÉSOLUTION.

Comme je ne puis diviser des livres, sous et
deniers par des toises, pieds et pouces, je dénature les 3to 4^p 7°, en supposant que la toise revienne à 1^{liv}, puis faisant le produit de 3to 4^p 7°
par 1^{liv}, j'ai 3^{liv} 15^s 3^d 4^{oboles}. Le diviseur étant
ainsi converti, je peux faire la division par la mé-
thode précédente.

OPÉRATION.

	DIVIDENDE.				1ᵉʳ diviseur 37^{liv} 12ˢ 9ᵈ 4^{ob}
					2ᵉ diviseur 3 15 3 4
	93^{liv}	6ˢ	10ᵈ	8^{ob}	quotient 24^{liv} 16ˢ 0 0
1ᵉʳ reste	18	1	4	0	
2ᵉ reste	3	0	2	8	
	60ˢ	4ᵈ	5^{ob}	4^l	
3ᵉ reste	22	11	8	0	
4ᵉ reste	0	0	0	0	

Je multiplie le diviseur 3^{liv} 15ˢ 3ᵈ 4^{ob} par 10, et j'ai 37^{liv} 12ˢ 9ᵈ 4^{ob} qui peuvent être contenus 2 fois dans 93^{liv} 6ˢ 10ᵈ 8^{ob}. J'écris 2 au quotient; puis je dis, 2 fois 4^{ob} font 8^{ob} que j'ôte de 8^{ob}, et il reste 0 que j'écris au dividende: 2 fois 9ᵈ font 18ᵈ que je ne puis ôter de 10ᵈ; j'emprunte 1ˢ qui vaut 12ᵈ, et 10ᵈ font 22ᵈ; j'en ôte 18, et il en reste 4 que j'écris, et je retiens 1ˢ que j'ai emprunté: 2 fois 12ˢ font 24ˢ, et 1ˢ que j'ai emprunté font 25ˢ que je ne puis ôter de 6ˢ; j'emprunte 1^{liv} qui vaut 20ˢ, et 6 font 26ˢ dont j'ôte 25ˢ, et il reste 1ˢ que j'écris, et je retiens 1^{liv}: je dis ensuite, 2 fois 7^{liv} font 14, et 1^{liv} retenue font 15^{liv} que j'ôte de 23^{liv}, et il reste 8 que j'écris, et retiens 2 dixaines que j'ai empruntées: puis 2 fois 3 font 6, et 2 retenues font 8 que j'ôte de 9, et il reste 1 que j'écris.

Je divise ensuite le 1ᵉʳ reste 18^{liv} 1ˢ 4ᵈ 0^{ob} par le 2ᵉ diviseur 3^{liv} 15ˢ 3ᵈ 4^{ob}, et je trouve que le diviseur est contenu 4 fois dans ce reste: j'écris 4 au quotient, puis je multiplie 3^{liv} 15ˢ 3ᵈ 4^{ob} par 4, et j'ôte les produits du dividende à mesure comme ci-devant, et il reste 3^{liv} o' 2^d 8^{ob} que je multiplie par 20 pour réduire les livres en sous; ce qui me donne 60' 4^d 5^{ob} 4' que je divise encore par 37^{liv} 12' 9^d 4^{ob}; ce qui me donne 1 dixaine de sou et un reste 22' 11^d 8^{ob} que je divise par 3^{liv} 15' 3^d 4^{ob}, et je trouve 6' sans reste.

Il résulte de cette opération que la toise d'ouvrage revient à 24 ^{liv} 16'.

CHAPITRE V.

De la résolution de plusieurs problêmes par le moyen de la division.

PROBLÊME PREMIER.

Réduire une quantité cubique en quantité superficielle sur une épaisseur donnée.

RÉSOLUTION.

1°. Soit 15to cubes la quantité donnée de laquelle on veut faire un mur de 16° d'épaisseur, il s'agit de savoir combien l'on fera de toises superficielles de ce mur.

L'on voit qu'il s'agit ici de diviser 15to cubes par o^{to} 1 ^{P} 4°. Ainsi, en disposant les quantités comme ci-contre, l'on fera la division par la méthode que

1re OPÉRATION.

DIVIDENDE.		1erdivis.	$2^{to}1^P4°$
		2ediviseur o	1 4
	$15^{to}o^Po°$	quotient	$67^{to}3^Po$
1erreste 1	4 o		
2e reste o o	8		
	$o^P4°o$		
reste o	o o		

C iv

l'on a donnée ci-devant, et le quotient $67^{to} 3^{g}$ sera la quantité superficielle de mur de 16° d'épaisseur que donne 15to cubes.

2°. Supposons que l'on veuille faire un mur de 19° 6¹ d'épaisseur avec $26^{to} 3^{p}$ cubes, et savoir ce qu'on aura de toises superficielles.

Divisez comme ci-devant $26^{to} 3^{p}$ cubes par $0^{to} 1^{p} 7^{o} 6^{l}$, et vous aurez $97^{to} 5^{p} 0^{o} 11^{l}$ superficielles de mur de 19° 6¹ d'épaisseur qui vaudront autant que $26^{to} 3^{p}$ cubes.

2ᵉ OPÉRATION.

DIVIDENDE.	1ᵉʳ diviseur	2to	4^{p}	3°	0^{l}
	2ᵉ diviseur	0	1	7	6
26to 3^{p} 0° 0^{l}	quotient	97	5	0	11
2 0 9 0					
0 1 4 6					
1ᵖ 2ᵒ 3ˡ 0					
0 0 1 6					
0 1 6 0					
1 6 0 0					
0 0 1 6 reste					

3°. Si l'on veut savoir combien 7to cubes feront de mur de 8° d'épaisseur, l'on divisera de la même maniere 7to par 8° en plaçant ce nombre au rang des pouces, et en observant la place des toises et des pieds par des zéro, et le quotient donnera 63to superficielles de mur de 8° qui vaudront autant que 7to cubes.

3ᵉ. OPÉRATION.

DIVID.	1ᵉʳ diviseur	1to	0^{p}	8°
	2ᵉ diviseur	0	0	8
7to 0 0	quotient	63	0	0
0 2 0				
0 0 0				

4°. Si la quantité proposée est de 45^{p} cubes, et que l'on veuille savoir ce qu'elle produira de pieds quarrés de mur de 5° d'épaisseur, l'on disposera les 5° en observant la place des pieds, et l'on fera la division comme ci-devant : le quotient donnera 108ᵖ superficiels de mur de 5° d'épaisseur.

4ᵉ. OPÉRATION.

DIVID.
- 1ᵉʳ diviseur 41ᵖ 8ᵈ
- 2ᵉ diviseur 4. 2
- 3ᵉ diviseur 0 5
- quotient 108ᵖ 0

45ᵖ 0°
41 8
3 4
0 0 reste

PROBLÈME 2ᵐᵉ.

L'on demande ce qu'une quantité cubique donnera de toises courantes ou de pieds courants de mur dont la hauteur et l'épaisseur sont données.

RÉSOLUTION.

Faites le produit de la hauteur par l'épaisseur en réduisant les unités principales à la même dénomination que celle du cube donné, puis faites la division comme ci-devant.

1°. Supposons que la quantité cubique soit 5ᵗᵒ 0ᵖ 7° 6ⁱ, que la hauteur du mur soit 3ᵖ 6°, et que l'épaisseur soit 1ᵖ 6°, multipliez 0ᵗᵒ 3ᵖ 6° par 0ᵗᵒ 1ᵖ 6°, et le produit sera 0ᵗᵒ 0ᵖ 10° 6ⁱ, lequel servira de diviseur que vous multiplierez par 10 pour

OPÉRATION.

DIVIDENDE.
- 1ᵉʳ divis. 1ᵗᵒ 2ᵖ 9° 0ⁱ
- 2ᵉ divis. 0 0 10 6
- quotient 35ᵗᵒ 0 0 0

5ᵗᵒ 0ᵖ 7° 6ⁱ
0 4 4 6
0 0 0 0 reste

avoir un premier diviseur 1ᵗ 2ᵖ 9° 0ˡ : faites ensuite la division comme ci-devant, et vous trouverez 35ᵗ pour la longueur demandée.

2°. Supposons que l'on veuille savoir ce que
258ᵖ ½ cubes donneront de longueur de mur de 5ᵖ
de haut sur 9° d'épaisseur.

Multipliez 5ᵖ par 0ᵖ 9°, et vous aurez 3ᵖ 9° de
superficie pour diviseur.

Multipliez ce
diviseur par 10,
et vous aurez
37ᵖ 6° pour pre-
mier diviseur
qui pourra être
contenu 6 fois
dans 258ᵖ 6° :
continuez l'o-
pération com-
me ci-devant,
et vous aurez
68ᵖ 11° 2ˡ 4ˡ pour
la longueur de-
mandée, avec

OPÉRATION.

DIVID.			
1ᵉʳ diviseur	37ᵖ	6°	
2ᵉ diviseur	3	9	
quotient	68ᵖ 11° 2ˡ 4ˡ		
258ᵖ	6°		
33	6		
3	6		
42°	0		
4	6		
0	9		
9ˡ	0		
1	6		
18ˡ	0		
3	0	reste	

un reste 0ᵖ 0° 0ˡ 3ˡ que l'on peut négliger.

PROBLÈME 3ᵐᵉ.

L'on demande combien une toise quarrée emploie de briques, tuiles ou ardoises, lattes, carreaux hexagones, carreaux à bande, etc.

RÉSOLUTION.

Divisez 36ᵖ quarrés par la surface d'une brique
ou d'une latte, etc. vous aurez la quantité demandée.

1°. Supposons que la brique porte 8° de long sur 2° d'épaisseur, posée à plat, le produit d'une brique sera 0ᴾ 1° 4ᴵ qui servira de diviseur: multipliez ce nombre par 10, vous aurez 1ᴾ 1° 4ᴵ pour second diviseur, lequel, étant encore multiplié par 10, donnera 11ᴾ 1° 4ᴵ pour premier diviseur. Faites la division comme ci-devant, et vous aurez 324 briques pour une toise superficielle.

DIVID. $\begin{cases} 1^{\text{er}} \text{ diviseur } 11 & 1° & 4^1 \\ 2^{\text{e}} \text{ diviseur } 1 & 1 & 4 \\ 3^{\text{e}} \text{ diviseur } 0 & 1 & 4 \end{cases}$

36ᴾ 0° 0ᴵ
  2 8 0   quotient 324.
  0 5 4
  0 0 0

2°. Supposons qu'une tuile ou une ardoise porte 8° de long sur 4° de pureau (1), le produit de 0ᴾ 8° par 0ᴾ 4° sera 0ᴾ 2° 8ᴵ, lequel servira de diviseur: ainsi divisez 36ᴾ quarrés par 0ᴾ 2° 8ᴵ suivant la méthode précédente, et vous trouverez 162 tuiles.

3°. L'on voudroit savoir ce qu'une toise quarrée emploiera de lattes de 4ᴾ de long; pour cela il faut savoir la distance que l'on veut mettre du milieu d'une latte au milieu de l'autre: je suppose ici que cette distance soit de 2°; multipliez 4ᴾ par 0ᴾ 2°, et vous aurez 0ᴾ 8° pour diviseur. Divisez 36ᴾ quarrés par 0ᴾ 8°, et vous trouverez 54 lattes.

4°. Si vous voulez savoir ce qu'il faudra de carreaux à bande pour une toise quarrée, divisez 36ᴾ quarrés par la surface d'un carreau réduite au pied quarré, et vous aurez la quantité demandée.

(1) L'on nomme pureau ce qui est à découvert.

5°. Lorsque les carreaux sont hexagones, l'on aura la surface d'un carreau en multipliant son pourtour par le quart de sa largeur prise entre deux côtés parallèles. Le pourtour se trouvera en prenant sa largeur 3 fois $\frac{6}{13}$ de fois, et sa surface se trouvera en multipliant le quarré de sa largeur par 45, et en divisant le produit par 52.

Supposons que le carreau soit de 4°, son quarré, réduit au pied quarré, sera $0^P 1^° 4^I$, qui étant multiplié par 45, le produit sera 5^P; et, divisant 5^P par 52, le quotient $0^P 1^° 1^I 10^I$ sera la surface d'un carreau.

Pour avoir le nombre de carreaux contenus dans une toise, divisez 36^P par $0^P 1^° 1^I 10^I$, vous trouverez 373 carreaux avec un reste.

6°. L'on aura encore le nombre très approché de carreaux hexagones en divisant $41^P 7^° 2^I 5^I$ par le quarré de la largeur d'un carreau; si le carreau porte 4°, vous diviserez par $0^P 1^° 4^I$, et vous trouverez 374 carreaux; s'il porte 3°, vous diviserez $41^P 7^° 2^I 5^I$ par $0^P 0^° 9^I$, et vous trouverez 665 carreaux.

REMARQUE. Pour faire la preuve de la division par la multiplication, l'on ajoute le reste au produit; or les restes que l'on a trouvés ci-devant sont 6 fois plus grands dans la division des toises, et 12 fois plus grands dans celle des pieds : ainsi l'on ajoutera au produit le 6me du reste ou le 12me suivant la nature de la division.

Table du carreau de terre cuite et du pavé de grès.

Carreaux quarrés.			Carreaux hexagones.		
grandeur des carreaux.	quantité pour une toise.	quantité pour un pied.	grandeur des carreaux.	quantité pour une toise.	quantité pour un pied.
3°	576	16	3	666	18 $\frac{1}{2}$
4	324	9	4	375	10 $\frac{1}{2}$
5	207	5 $\frac{3}{4}$	5	240	6 $\frac{2}{3}$
6	144	4	6	166	4 $\frac{2}{3}$
7	106	2 $\frac{7}{8}$	7	122	3 $\frac{2}{5}$
8	81	2 $\frac{1}{4}$	8	93	2 $\frac{3}{5}$
9	64	1 $\frac{1}{2}$	9	74	2 $\frac{1}{20}$
10	51	1 $\frac{1}{2}$	10	60	1 $\frac{2}{3}$
11	43	1 $\frac{1}{5}$	11	50	1 $\frac{2}{5}$
12	36	1	12	42	1 $\frac{1}{5}$

Table des languettes de brique.

grandeurs.	briques à plat pour une toise.	briques à plat pour un pied.	briques de champ po. une toise	briques de champ po. un pied.
8° 4° 2°	324	9	162	4 $\frac{1}{2}$
8 4 1 $\frac{3}{4}$	370	10 $\frac{1}{3}$	162	4 $\frac{1}{2}$
8 4 1 $\frac{1}{2}$	432	12	162	4 $\frac{1}{2}$
8 4 1 $\frac{1}{4}$	518	14 $\frac{1}{3}$	162	4 $\frac{1}{2}$
8 4 1	648	18	162	4 $\frac{1}{2}$
8 3 2 $\frac{1}{2}$	259	7 $\frac{1}{5}$	216	6
8 3 2 $\frac{1}{4}$	288	8	216	6
8 3 2	324	9	216	6
8 3 1 $\frac{3}{4}$	370	10 $\frac{1}{3}$	216	6
8 3 1 $\frac{1}{2}$	432	12	216	6
8 3 1 $\frac{1}{4}$	518	14 $\frac{1}{3}$	216	6
8 3 1	648	18	216	6

Table du lattis, les lattes fixées à 4 pieds de longueur.

vuide entre les lattes.	largeur des lattes.	quantité pour une toise.	quantité de clous par toise.	
			liv.	**onces.**
3 lignes.	1°	72	2	4
	1°	62	1	15
	1°	54	1	11
	2°	48	1	8
6 lignes.	1°	62	1	15
	1°	54	1	11
	1°	48	1	8
	2°	43	1	6
1 pouce.	1	48	1	8
	1	43	1	6
	1	39	1	4
	2	36	1	2
2 pou...	1	33	1	0
	1	31	0	15
	1	27	0	14
	2	27	0	14
3 pou...	1	25	0	13
	1	24	0	12
	1	22	0	11
	2	21	0	11
4 pou...	1	20	0	10
	1	19	0	10
	1	18	0	9
	2	18	0	9
5 pou...	1	17	0	8
	1	16	0	8
	1	16	0	8
	2	15	0	8
6 pou...	1	14	0	7
	1	14	0	7
	1	14	0	7
	2	13	0	7

Méthode pour réduire un nombre en fraction dé-
cimale, ou une fraction décimale en nombre.

La réduction des fractions décimales est une
suite de la division, fort utile, principalement dans
l'extraction des racines.

Réduire un nombre entier en fraction décimale, c'est le diviser par l'unité suivie d'un nombre quelconque de zéro. Pour réduire le nombre
45 en décimale, l'on peut écrire $\frac{450000}{10000}$; ce qui ne
change rien à la quantité 45, et l'on écrit seulement 45,0000 en plaçant une virgule entre le
nombre et les zéro.

Pour réduire en décimale la fraction $\frac{45}{9}$, l'on
n'a qu'à mettre un même nombre de zéro au numérateur et au dénominateur; ce qui donnera
$\frac{450000}{90000}$: puis diviser le numérateur et le dénominateur chacun par 9, et l'on aura $\frac{50000}{10000}$ que l'on écrit
ainsi, 5,0000.

Pour réduire en décimale la quantité $21^{to} 5^{p} 4^{o}$
6^{l}, multipliez ce nombre par l'unité suivie d'autant de zéro que vous voudrez en plaçant une virgule entre l'unité et le zéro, et vous aurez $21^{to} 5^{p}$
$4^{o} 6^{l}$ multipliés par 1,00000 égal 21,89582.

Pour réduire une fraction décimale en nombre
de mesures, l'on multipliera tout ce qui est à
droite de la virgule par les parties de l'unité principale. Ainsi, pour réduire en toises, pieds,
pouces, lignes, etc. la fraction 21,89582, écrivez ce nombre tel qu'il est, puis faites une barre

verticale qui sépare le nombre entier 21 d'avec la fraction 89582. Si
le nombre entier doit exprimer des
toises, multipliez la fraction 0,89582
par 6; multipliez ensuite le produit
fractionnaire 37492 par 12, puis
la fraction 49904 du produit encore
par 12, et ainsi de suite. Le 1ᵉʳ nombre 21 sera 21ᵗ; le second 5 sera 5ᵖ;
le 3ᵐᵉ nombre 4 sera 4°; le 4ᵐᵉ sera
5ˡ; le 5ᵐᵉ sera 11′, et ainsi de suite
à l'infini. La fraction 21,89582 sera

Opération:

$$21,89582$$
$$\mid \quad 6$$
$$\overline{5\mid 37492}$$
$$\mid \quad 12$$
$$\overline{4\mid 49904}$$
$$\mid \quad 12$$
$$\overline{5\mid 98848}$$
$$\mid \quad 12$$
$$\overline{11\mid 86176}$$

réduite à 21ᵗ 5ᵖ 4° 5ˡ 11′ avec un reste que l'on
peut négliger si l'on veut.

Pour réduire la fraction décimale 32,65972 en
pieds, pouces, lignes, etc. écrivez ce nombre tel
qu'il est, puis multipliez les chiffres
fractionnaires des produits successivement par 12, et tous les chiffres
qui passeront à gauche de la barre
verticale seront les parties d'un pied
contenues dans la fraction 0,65972.
Ainsi la fraction 32,65972 donnera
32ᵖ 7° 10ˡ 11′ avec un reste.

Opération:

$$32,65972$$
$$\mid \quad 12$$
$$\overline{7\mid 91664}$$
$$\mid \quad 12$$
$$\overline{10\mid 99968}$$
$$\mid \quad 12$$
$$\overline{11\mid 99616}$$

CHAPITRE

CHAPITRE VI.

De la formation des quarrés et de l'extraction
des racines.

U n quarré numérique est le produit d'un nombre multiplié par lui-même, et ce nombre est la
racine.

Prenant pour racines

les nombres	1.2.3. 4 . 5 . 6 . 7 . 8 . 9;
leurs quarrés seront	1 .4.9.16.25.36.49.64.81.

Pour pouvoir faire l'extraction de la racine
d'un nombre quelconque, l'on suppose toujours sa
racine composée de deux termes ; alors son quarré
sera composé du quarré du premier terme, de deux
fois le produit du premier terme par le second,
et du quarré du second terme. Pour en donner
une idée , prenons une racine simple; par exemple 7, dont le quarré est 49 : que l'on prenne 3 +
4 au lieu de 7, le quarré de 3 sera 9 ; deux fois
le produit de 3 par 4 sera 24, et le quarré de 4
sera 16; si l'on fait la somme de 9 plus 24 plus
16, l'on aura également 49.

L'on voit que la supposition devient réelle, et
l'on va voir que ces trois quantités se retrouvent
même dans le produit d'un nombre multiplié par
lui-même, composé de plusieurs chiffres.

D

Prenons 45 pour racine : multipliez 45 par 45, vous aurez 2025 pour quarré. Or cette multiplication est composée du produit de 45 par 5, et du produit de 45 par 40; ce qui donne en premier 225 et en second 1800. Ceci posé,

OPÉRATION 1ʳᵉ.

racine	45
racine	45
	225
	1800
quarré	2025

Remarquez la 2ᵉ opération dans laquelle l'on suppose la racine 45 composée de deux parties, savoir, 40 et 5. Le premier produit 200 est le produit de 40 par 5; le second produit 25 est le quarré de la seconde partie 5 : la somme de ces deux produits est 225, comme l'on a trouvé dans la 1ʳᵉ opération. Le 3ᵐᵉ produit 200 est encore le

OPÉRATION 2ᵉ.

racine	45
racine	45
	200
	25
	200
	1600
quarré	2025

produit de 40 par 5, et le 4ᵐᵉ produit 1600 est le quarré de 40 : la somme de ces deux produits est 1800, comme l'on a trouvé dans la 1ʳᵉ opération.

Donc le quarré d'un nombre partagé en deux parties quelconques se trouve en faisant la somme de trois quantités; savoir, du quarré de la 1ʳᵉ partie, de deux fois le produit de la 1ʳᵉ partie par la 2ᵐᵉ, et du quarré de la 2ᵐᵉ partie.

Comme l'élévation d'une quantité à son quarré n'est autre chose que le produit de cette quantité par elle-même, l'on se dispensera d'en donner des exemples.

De l'extraction de la racine quarrée.

La premiere chose à faire avant que d'extraire

la racine quarrée d'un nombre, c'est de partager
ce nombre de deux chiffres en deux chiffres, et
chaque paire de chiffres se nomme tranche : si le
nombre de chiffres est impair, la 1ʳᵉ tranche à
gauche n'aura qu'un chiffre. La racine doit avoir
autant de chiffres que le nombre proposé aura de
tranches.

PROBLÊME.

Extraire la racine quarrée du nombre entier
quelconque.

RÉSOLUTION.

Après que l'on aura partagé par tranches le
nombre donné, l'on supposera que la 1ʳᵉ tranche
à gauche contient le quarré du 1ᵉʳ terme de la racine, et que les tranches suivantes contiennent
le double du 1ᵉʳ terme trouvé multiplié par le 2ᵉ
terme, plus le quarré du 2ᵉ terme.

Lorsqu'on aura trouvé le second chiffre de la
racine, l'on supposera que les deux chiffres trouvés sont le 1ᵉʳ terme de la racine, et que les tranches qui suivent les deux premieres contiennent
le double du produit de ce premier terme multiplié par le second que l'on cherche, plus le quarré
du second. L'on continuera à supposer les chiffres
trouvés, comme le 1ᵉʳ terme, jusqu'à la fin de
l'extraction; et, par ce principe, l'on extraira aisément la racine d'un nombre.

EXEMPLE.

L'on demande la racine quarrée du nombre
57121.

D ij

R É S O L U T I O N.

Je partage le nombre par tranches de deux en deux chiffres en commençant par la droite, et je trouve trois tranches ; ce qui me fait connoître que je dois avoir trois chiffres à la racine ; savoir, des unités, des dixaines et des centaines.

Cherchez le plus grand quarré contenu dans la première tranche 5, et vous aurez 4 dont la racine est 2 ; écrivez 2 à la racine, et son quarré 4 sous la 1ʳᵉ tranche ; puis faites la soustraction , et il restera 1 à côté duquel vous abaisserez la seconde tranche 71 ; ce qui fera 171.

$$
\begin{array}{c|c}
\begin{array}{r}
5\,|71|21 \\
4\,| \quad | \\
\hline
1\,71 \\
1\,29 \\
\hline
42\,21 \\
42\,21 \\
\hline
00\,00
\end{array}
&
\begin{array}{rl}
239 & \text{racine.} \\
40 & 1^{er}\ \text{diviseur.} \\
3 & \\
\hline
120 & \text{produit.} \\
9 & \\
\hline
129 & 2^e\ \text{diviseur.} \\
460 & \\
9 & \\
\hline
4140 & \text{produit.} \\
81 & \\
\hline
4221 & 3^e\ \text{diviseur.}
\end{array}
\end{array}
$$

Supposons que le nombre 2 déja trouvé soit le 1ᵉʳ terme de la racine, et que le second chiffre que l'on cherche soit le second terme, la quantité 171 contiendra le double du 1ᵉʳ terme 2 multiplié par le second terme que l'on cherche ; ainsi l'on aura ce second terme en divisant le nombre 171 par le double 4 de la racine à côté duquel l'on aura placé o pour occuper la place du second terme, et le quotient donnera 4 qui sera trop fort ; car 4 fois 40 valent 160 ; et si l'on ajoute à ce produit le quarré 16 de 4, l'on aura 176 plus grand que 171 : ainsi , au lieu de prendre 4 pour quo-

tient, vous ne prendrez que 3 que vous placerez
à la racine à la suite du 1er terme déja trouvé.
Multipliez 40 par 3, et vous aurez 120 auquel
vous ajouterez le quarré 9 de 3 ; ce qui fera
129: ôtez ce nombre 171, et il restera 42 à côté
duquel vous descendrez la 3me tranche 21, et
vous aurez 4221 pour dividende.

Prenant pour premier terme le nombre 23 déja
trouvé, lequel exprime des dixaines, et pour second terme le nombre d'unités que l'on cherche,
le reste ou dividende 4221 contiendra le double
du 1er terme 230 multiplié par le second terme
que l'on cherche et le quarré de ce second terme.
Doublez le 1er terme 23, et vous aurez 46 à côté
duquel vous placerez un zéro, puis divisez 4221
par 460; ce qui vous donnera 9 : écrivez 9 à la
racine, multipliez 460 par 9, et vous aurez 4140;
ajoutez-y le quarré de 9 qui est 81, et vous aurez
4221 que vous ôterez du dividende 4221, et il restera zéro. N'ayant plus rien à diviser, vous êtes
assuré que 239 est la racine exacte de 57121.

L'on peut abréger l'opération en évitant de poser les produits au-dessous de la racine comme
l'on vient de faire, et en les posant seulement
sous les restes, comme dans l'opération ci-après.

Après avoir descendu la deuxieme
tranche 71 à côté du reste 1 de la
premiere, je pose le 2e chiffre 3 de
la racine, tant à la suite du premier
chiffre 2 déja trouvé que sous le zéro
du double 40 du premier terme : je
multiplie tout de suite 43 par le second chiffre 3, et j'ai 129 que je pose

$$
\begin{array}{ll}
5\,|7\,1\,|2\,1 & \{239 \\
4 & \{40 \\
\overline{171} & \{3 \\
129 & \overline{460} \\
\overline{4221} & 9 \\
4221 \\
\overline{0000}
\end{array}
$$

sous 171; puis je fais la soustraction; et il reste
42, à droite duquel je descends la 3me tranche 21;
ce qui fait 4221 : je double les **deux premiers**
chiffres 23, et j'ai 46 à droite duquel je place un
zéro; puis, divisant 4221 par 460, je trouve 9
que j'écris à la racine et sous le zéro : je multiplie
469 par le chiffre 9 que je viens de trouver, et
j'ai 4221 que je pose sous le reste 4221; puis je
fais la soustraction, et il ne reste rien : j'ai donc
239 pour racine exacte.

Si l'on veut éviter de poser les produits, l'on
pourra rendre l'opération encore plus courte en
faisant la soustraction à mesure. Voici comme
l'on peut opérer.

Après avoir trouvé le quarré 4
de la première tranche 5, je pose
le reste 1 au-dessous à côté duquel
je descends la seconde tranche 71,
ce qui fait 171; je pose la racine 2

$$
\begin{array}{cc|c}
5 & 71 & 21 \\
1 & 71 & \\
& 4221 & \\
& 0000 &
\end{array}
\left\{
\begin{array}{l}
239 \\
\overline{43} \\
469
\end{array}
\right.
$$

de 4 dans l'accollade, et le double 4 au-dessous:
puis, au lieu de dire en 171 combien de fois 40,
je dis seulement en 17 combien de fois 4, je trouve
4 ; mais ce nombre est trop fort, parceque 4 fois
40 font 160, qui, avec le quarré 16 de 4, feront
176 plus fort que 171 : ainsi, au lieu de prendre
4 pour second chiffre, je prends 3 que je pose à
la suite du premier chiffre, et à la suite du double 4 du premier chiffre; ce qui fait 43 : je multiplie 43 par 3, et j'ôte tout de suite le produit de
171 en disant, 3 fois 3 font 9; de 11 reste 2 que
j'écris, et retiens une dixaine: 3 fois 4 font 12 et
1 retenu font 13 que j'ôte de 17, et il reste 4 que
j'écris: j'ai 42 de reste à côté duquel je descends

la seconde tranche 21 ; ce qui fait 4221 : je double les deux premiers chiffres 23 de la racine, et j'ai 46 ; puis je cherche combien de fois 422 contient 46, je trouve 9 que j'écris à la racine et à côté de 46 : je multiplie 469 par 9, et j'ôte le produit de 4221 en disant, 9 fois 9 font 81, de 81 reste o et retiens 8 : 9 fois 6 font 54 et 8 retenus font 62 ; de 62 reste o, et je retiens 6 : 9 fois 4 font 36 et 6 retenus font 42, de 42 reste zéro, et j'ai 239 pour la racine de 57121.

EXEMPLE.

Soit proposé à extraire la racine du nombre 71796 qui n'est pas un quarré parfait.

RÉSOLUTION.

Lorsque le nombre proposé n'est pas un quarré parfait, l'on ne peut avoir une racine exacte ; mais l'on peut approcher de la vraie racine aussi près que l'on veut.

Pour cela, l'on réduira le nombre proposé en fraction décimale en plaçant à sa suite autant de couples de zéro que l'on voudra, et en observant

7	17	96,	00	00	00	267,947
3	17					46
	4	96				527,
		5	07,	00		534,9
			25,	59	00	535,84
			4,	15	64 00	535,887
reste	0,	40	51	91		

de placer une virgule entre le nombre entier proposé et les zéro. L'on extraira la racine par la méthode précédente, comme si tout le nombre étoit entier, et l'on placera une virgule à la racine à

D iv

droite du dernier chiffre provenant de la derniere tranche du nombre entier proposé. L'on aura 267,947 pour la racine approchée du nombre 71796 proposé avec un reste 0,405191 plus petit que l'unité que l'on peut négliger.

Si le nombre entier 267 doit exprimer des pieds, l'on tirera une droite
verticale entre ce nombre et le nombre
fractionnaire 947 ; puis l'on multipliera
par 12 la fraction 947, et le produit sera
11244 dont les deux premiers chiffres 11

267	947
11	244
2	928
11	136

qui se trouvent à gauche de la ligne seront des pouces : l'on multipliera les chiffres 244 qui sont à droite par 12, et l'on aura 2928 dont le premier chiffre à gauche de la ligne exprime des lignes. Continuant à multiplier les nombres fractionnaires des produits par 12, l'on aura des points, des secondes, etc. Ainsi la racine approchée de 71796 pieds quarrés sera $267^P\ 11^o\ 2^1\ 11'$.

EXEMPLE.

Soit proposé le nombre $78^P\ 9^o\ 2^1\ 3'$ dont on veut avoir la racine.

RÉSOLUTION.

L'on pourra réduire ce nombre en fraction décimale, puis extraire la racine comme ci-devant.

Supposons que l'on veuille ajouter au nombre entier 78 cinq paires de zéro, et l'on aura 78,0000000000. Multipliez les quantités fractionnaires $0^P\ 9^o\ 2^1\ 3'$ par 10000000000, et vous aurez 0,7656249999 que vous mettrez à la suite du nombre 78; ce qui fera 78,7656249999 dont il faudra extraire la racine par la méthode précédente.

Lorsque vous aurez fait l'opération, vous trouverez 8,87499 à la racine que vous pourrez réduire en mesures en multipliant les chiffres fractionnaires successivement par 12, comme l'on a fait ci-devant, et vous aurez $8^p\ 10^\circ\ 5^1\ 11'$ pour la racine de $78^p\ 9^\circ\ 2^1\ 3'$.

PUISSANCE.	RACINE.
78,|76|56|24|99|99	8,87499
14 |76|	16 8
1 32 56	17 67
8 87 24	17 744
1 77 48 99	17 7489
17 74 98 99	17 74989
reste 1 77 49 98	

8|87499	
10|49988	
5|99856	
11|98272	

Il est bon d'observer que cette méthode est fort bonne pour approcher de très près de la vraie racine; mais lorsque la puissance, quoique composée de pieds, pouces, etc. est un quarré parfait, la racine devient imparfaite, comme il est facile de le voir dans l'opération que l'on vient de faire, car la vraie racine de $78^p\ 9^\circ\ 2^1\ 3'$ est $8^p\ 10^\circ\ 6^1$, dont la différence est peu de chose avec celle que l'on vient de trouver. Or lorsque la division d'un nombre réduit en fraction décimale donne une suite de 9 comme ci-dessus, l'on peut ajouter l'unité au chiffre qui les précede : ainsi, au lieu d'extraire la racine de 78,7656249999, l'on extraira celle 78,765625, et l'on aura une racine juste. L'on peut cependant se passer des fractions décimales pour extraire la racine d'un quarré

imparfait lorsqu'il désigne une quantité de mesures, telles que des toises quarrées ou des pieds
quarrés. C'est ce que l'on va voir par la méthode
suivante.

Méthode pour **extraire la racine quarrée d'un**
- *nombre sans se servir d'autres fractions que*
   des parties de l'unité principale.

Lorsqu'un nombre proposé est un quarré imparfait, et qu'il désigne des toises quarrées ou
des pieds quarrés; ou bien lorsque ce nombre est
composé de toises quarrées, pieds, pouces, etc.
ou de pieds quarrés, pouces, lignes, etc. l'on est
dans l'usage de réduire ce nombre aux unités de
la plus petite espece, comme en lignes quarrées
ou points quarrés : cette pratique est encore plus
longue que celle où l'on emploie les fractions décimales, qui est elle-même assez longue. Mais la
méthode que l'on donne ici est beaucoup plus
courte et plus facile qu'aucune de celles que l'on
suit; et par son moyen, l'on peut avoir la racine
juste d'un nombre quarré composé de toises
quarrées, pieds, pouces, etc. ou de pieds quarrés,
pouces, lignes, etc. ou bien avoir la racine très
approchée d'un quarré imparfait, soit que ce
quarré désigne des entiers, soit qu'il désigne des
entiers et parties de l'unité principale.

EXEMPLE 1er.

L'on demande la racine de 35687^p quarrés,
aussi approchée que l'on voudra, sans se servir
des fractions décimales, et sans réduire ce nombre à des unités plus petites.

RÉSOLUTION.	RACINE.

$$35687^p \ldots \ldots$$
$$35344$$

1er reste $\quad\overline{343}$

multiplié par $\quad 12$

$$\overline{4116^\circ \; 0^l} \ldots \quad 376 \quad 10 \text{ diviseur.}$$

2me reste $\quad 347 \quad 8$

multiplié par $\quad 12$

$$\overline{4172^l \; 0' \; 0''} \quad 377 \quad 8 \; 11 \text{ diviseur.}$$

3me reste $\quad 16 \quad 9 \quad 11$

multiplié par $\quad 12$

$$\overline{201' \; 11'' \; 0'''} \quad 377 \quad 9 \; 10 \; 0 \; 6 \text{ div.}$$

multiplié par $\quad 12$

$$\overline{2423'' \; 0''' \; 0^{iv} \; 0^v \; 0^{vi}}$$

4me reste $\quad 156 \; . \; 0 \; 11 \quad 9 \quad 0$

188^p 10° 11^l 0' 6''

Tirez d'abord la racine du plus grand quarré contenu dans le nombre 35687^p; comme l'on a fait précédemment, et il se trouvera un reste 343^p dont on tirera la racine par la méthode que l'on propose ici.

Multipliez ce reste par 12, et vous aurez 4116° de pied quarré pour dividende: doublez la racine 188^p, et vous aurez 376^p pour diviseur. Or en divisant des pieds-pouces par des pieds courants, le quotient doit nécessairement donner des pouces. Cherchez combien 4116° contiendront de fois 376^p, et vous trouverez 10 que vous écrirez à la racine au rang des pouces, et au même rang à la suite du diviseur 376^p; puis vous multiplierez 376^p 10° par 10°, et vous ôterez le produit à mesure de 4116° comme dans la méthode abrégée pour la division, et il restera 347° 8^l.

Multipliez ce reste par 12, et vous aurez 4172^l de pied quarré; doublez la racine $188^p\,10^\circ$ déja trouvée, et vous aurez $377^p\,8^\circ$: or divisant des lignes de pied quarré par des pieds, le quotient doit donner des lignes. Ainsi cherchez combien 4172 contient de fois 377, et vous trouverez 11 que vous placerez à la racine au rang des lignes, et à la suite du diviseur $377^p\,8^\circ$; puis multipliez $377^p\,8^\circ\,11^l$ par 11, et ôtez les produits à mesure de 4172, il restera $16^l\,9^{\prime}\,11^{\prime\prime}$.

Multipliez ce reste par 12, et vous aurez 201^l $11^{\prime\prime}0^{\prime\prime\prime}$ de pied quarré: doublez la racine trouvée $188^p\,10^\circ\,11^l$, vous aurez $377^p\,9^\circ\,10^l$ pour diviseur: or comme le diviseur est plus grand que le dividende, écrivez o à la racine à la place des points, et à la suite du diviseur.

Multipliez $201^l\,11^{\prime\prime}0^{\prime\prime\prime}$ par 12, et vous aurez $2423^{\prime\prime}$ de pieds quarrés: divisez $2423^{\prime\prime}0^{\prime\prime\prime}0^{IV}0^{V}$ 0^{VI} par $377^p\,9^\circ\,10^l\,0^{\prime}$, et vous trouverez $6^{\prime\prime}$ que vous écrirez à la racine et à la suite du diviseur: multipliez $377^p\,9^\circ\,10^l\,0^{\prime}\,6^{\prime\prime}$ par $6^{\prime\prime}$, et ôtez les produits de $2423^{\prime\prime}0^{\prime\prime\prime}0^{IV}\,0^{V}0^{VI}$, il restera $156^{\prime\prime}$. $0^{\prime\prime\prime}\,11^{IV}\,9^{V}\,0^{VI}$ que l'on pourra abandonner.

La racine cherchée sera $188^p\,10^\circ\,11^l\,0^{\prime}\,6^{\prime\prime}$ très approchée avec un reste que l'on pourroit diviser à l'infini en continuant de multiplier les restes par 12, et de diviser les produits par le double de la racine; mais lorsque les plus petites unités de la racine sont au-dessous des points, le reste devient presque nul.

Pour s'assurer si la racine est bonne, multipliez $188^p\,10^\circ\,11^l\,0^{\prime}\,6^{\prime\prime}$ par lui-même, et vous aurez   35686^P 11° 10^I 10^I 10 11″ 11‴ 0^{IV} 3^V

ajoutez-y le reste

156″ 0‴ 11″ 9^V, ou   0   0   1   1   0   0 11 9

vous aurez   35687^P 0   0   0   0   0   0   0

Exemple 2me.

Soit proposé le nombre 718^P 6° 5^I 5^I 4″ qui est un quarré parfait dont on veut extraire la racine.

Résolution.

Je cherche d'abord la racine de 718^P par la méthode ordinaire, et je trouve 26 dont le quarré est 676, qui étant ôté de 718^P, reste 42, à côté duquel j'écris 6° 5^I 5^I 4″ : je multiplie 42^P 6° 5^I 5^I 4″ par 12, et j'ai 510° 5^I 5^I 4″ de pied quarré ; je double la racine 26 déja trouvée, et j'ai 52 pour diviseur. Je cherche combien 510 doit contenir de fois 52, et je trouve 9 que j'écris à la racine au rang des pouces et à la suite de 52 : je multiplie 52^P 9° par 9°, et je retranche à mesure les produits de 510° 5^I ; il reste 35° 8^I à la suite duquel j'écris 5^I 4″. Je multiplie 35° 8^I 5^I 4″ par 12, et j'ai 428^I 5^I 4″ de pied quarré : je double la racine 26^P 9° déja trouvée, et j'ai 53^P 6° ; puis

718^P	6°	5^I	5^I	4″		26^P 9° 8^I
676						
42	6	5	5	4		1er diviseur
510°	5^I	5^I	4″	0		52 9
35	8	5	4			2° diviseur
428^I	5^I	4″				53 6 8
000	0	0				

je cherche combien 428 contient de fois 53, et je trouve 8 que j'écris à la racine au rang des lignes, et au même rang à la suite de 53^p 6°: je multiplie le diviseur 53^p 6° 8^l par 8^l, et j'ôte les produits à mesure de 428^l 5′ 4″, et il reste zéro: par conséquent le nombre 26^p 9° 8^l est la racine exacte du quarré 718^p 6° 5^l 5′ 4″.

EXEMPLE 3me.

L'on demande la racine de 21to 2^p 4° 1^l 6′.

RÉSOLUTION.

Cherchez la racine du plus grand quarré contenu dans 21to, vous aurez 4to que vous écrirez à la racine, et vous ôterez son quarré 16 de 21; il restera 5to à la suite desquelles vous abaisserez toute la suite. Multipliez ce reste 5to 2 4 1 6 par 6, et vous aurez 32to 2 0 9 pour dividende: doublez la racine 4to, et vous aurez 8to pour diviseur. Divisez 32to

RACINE.

21to	2^p	4°	1^l	6′	(4to	3^p	9°
5	2	4	1	6			
32	2	0	9		8	3	
25	3	0	0				
6	5	0	9				
82	0	9	0	·	9	0	9
82	0	9	0				

2^p 0° 9^l par 8to, vous aurez 3 que vous placerez à la racine au rang des pieds, et à la suite des 8to du diviseur: multipliez 8to 3^p par 3, vous aurez 25to 3^p que vous ôterez de 32to 2 0 9; il restera 6to 5 0 9: multipliez ce reste par 12, et vous aurez 82to

o 9; doublez la racine trouvée $4^{to} 3^p$, et vous aurez 9to pour diviseur: cherchez combien 82to o 9
contient de fois 9to, vous trouverez 9 que vous
placerez à la racine au rang des pouces, et au diviseur. Multipliez $9^{to} o^p 9^o$ par 9, et vous aurez
82to o 9 que vous ôterez du dividende, et il restera zéro.

DÉMONSTRATION.

Le premier reste $5^{to} 2^p 4^o 1^l 6^l$ étant une quantité uniforme sur 1to de large; si, au lieu de la
multiplier par 1to, on la multiplie par 6^p, l'on aura
$5^{tp} 2^{pp} 4^{op} 1^{lp} 6^{lp}$ multiplié par 6 égal $32^{tp} 2^{pp}$
$o^{op} 9^{lp}$ que l'on peut regarder comme une quan-
tité uniforme de $32^{to} 2^p o^o 9^l$ de long sur 1^p de
large : or, divisant ce nombre par le diviseur 8to,
le quotient 3 doit être nécessairement 3^p; car,
multipliant $8^{to} 3^p$ par 3^p, le produit donnera
$25^{tp} 3^{pp}$, qui étant ôtés de $32^{tp} 2^{pp} o^{op} 9^{lp}$, le reste
est $6^{tp} 5^{pp} o^{op} 9^{lp}$.

Cette quantité, étant multipliée par 12, sera
réduite à $82^{to} o^{po} 9^{lo}$ qui désigne une quantité
uniforme de $82^{to} o^p 9^o$ sur 1° de large : or, divisant
$82^{to} o^{po} 9^{lo}$ par 9to, l'on aura nécessairement un
nombre de pouces.

Pour donner plus de facilité à retrancher les
produits des restes de division à mesure que l'on
multiplie, l'on n'a qu'à suivre l'opération ci-
après.

Soit proposé par exemple à extraire la racine
quarrée de $45^{to} 2^p 9^o 9^l o^l 6^{\prime\prime}$.

OPÉRATION.

$$45^{t}\ 2^{p}\ 9°\ 9^{1}\ 0^{1}\ 6^{''} \left(\ 6^{t}\ 4\ 5\ 6 \right.$$

45ᵗ 2ᵖ 9° 9¹ 0¹ 6″					(	6ᵗ 4 5 6
9						12 4
56 4 10 6 3 0						13 2 5
6 0						
73 4 6 3 0						13 2 10 6
6 4 5 0						
80 5 3 0						
0 0 0 0						

Ayant trouvé la racine 6ᵗ du plus grand quarré 36 contenu dans 45, j'ôte 36 de 45, et il reste 9ᵗ que j'écris au-dessous, et j'ai 9ᵗ 2ᵖ 9° 9¹ 0¹6″ à la puissance proposée : sans descendre les quantités fractionnaires, je multiplie le reste par 6 ; ce qui me donne un produit 56ᵖ 4° 10¹ 6¹3″ de toise quarrée ; c'est-à-dire que cette quantité, prise pour longueur, est supposée avoir 1ᵗ de largeur. Ce produit doit me servir de premier dividende.

Je double 6ᵗ que j'ai trouvées à la racine, et j'ai 12ᵗ pour premier diviseur.

Je cherche combien 56ᵗᵖ contient de fois 12ᵗ, je trouve 4 fois ; j'écris 4 à la racine au rang des pieds ; je pose ce même nombre au-dessous à la suite de 12ᵗ, et j'ai 12ᵗ 4ᵖ.

Je dis, 4 fois 4ᵖ font 16ᵖ ou 2ᵗ 4ᵖ ; je retiens 2ᵗ et j'ôte 4ᵖ du dividende 4ᵖ, il reste o que je pose au-dessous ; ensuite, 4 fois 12ᵗ valent 48 et 2 que j'ai retenus font 5o que j'ôte de 56, et il reste 6 que j'écris : je double les 6ᵗ 4ᵖ que j'ai trouvés, et j'ai 13ᵗ 2ᵖ pour second diviseur.

Le

Le reste de la puissance étant 6to 0^p 10° 6^l 3^i plus foible que le diviseur, je multiplie ce nombre par 12, et j'ai 73to 4^p 6° 3^i pour second dividende.

Je cherche combien 73to ^{o} contient de fois 13to, et je trouve 5° que j'écris à la racine, et que je pose à la suite de 13to 2^p, et j'ai 13to 2^p 5°.

Je dis, 5 fois 5° valent 25° ou 2^p 1°; j'ôte 1° de 6°, et il reste 5° que je pose, et je retiens 2^p : ensuite, 5 fois 2^p valent 10, et 2 que j'ai retenus font 12^p ou 2to 0^p; j'ôte 0 de 4^p, et il reste 4^p que je pose, et je retiens 2to : ensuite, 5 fois 3to valent 15to, et 2to que j'ai retenues font 17; j'ôte 7 de 23, il reste 6to que je pose, et je retiens 2; puis, 5 fois 1 font 5, et 2 que j'ai retenus font 7 dixaines que j'ôte de 7, et il reste 0.

Je double les trois premiers membres 6to 4^p 5° de la racine, et j'ai 13to 2^p 10° pour troisieme diviseur.

Je multiplie par 12 le reste 6to 4^p 5° 3^i de la racine, et j'ai 80to 5^p 3° pour troisieme dividende.

Je cherche combien 80to contient de fois 13to, et je trouve 6^i que j'écris à la racine et que je pose à la suite du 3me diviseur; puis je dis, 6 fois 6^i valent 36^i ou 3°; j'ôte 3° des 3° du dividende, et il reste 0 : ensuite, 6 fois 10° font 60° ou 5^p; j'ôte 5^p des 5^p du dividende, et il reste 0; puis, 6 fois 2^p font 12^p ou 2to que je retiens : ensuite, 6 fois 3 font 18, et 2 retenus font 20; j'ôte 0 de 0, il reste 0; enfin, 6 fois 1 font 6, et 2 dixaines retenues font 8, qui étant ôtées de 8, reste 0. D'où je conclus que la racine 6to 4^p 5° 6^i est exacte.

E

PROBLÊME 1ᵉʳ.

Le côté d'un quarré étant donné, trouver la diagonale.

RÉSOLUTION.

L'on aura la diagonale d'un quarré en multipliant le côté donné par la racine quarrée de 2. Si le côté donné exprime des pieds, pouces, lignes, etc. on le multipliera par 1ᵖ 4° 11ˡ 7′9″ qui exprime la racine quarrée de 2 p. Si le côté donné exprime des toises, pieds, pouces, etc. on le multipliera par 1ᵗᵒ 2ᵖ 5° 9ˡ 10′6″ qui est la racine de 2ᵗᵒ.

Par exemple, soit 12ᵖ 6° le côté donné : multipliez 12ᵖ 6° par 1ᵖ 4° 11ˡ 7′9″, vous aurez 17ᵖ 8° 1ˡ 6′ 10″6‴.

Soit 12ᵗᵒ 3ᵖ le côté donné : multipliez ce nombre par 1ᵗᵒ 2ᵖ 5° 9ˡ 10′6″, vous aurez 17ᵗᵒ 4ᵖ 0° 9ˡ5′3″.

PROBLÊME 2ᵐᵉ.

La diagonale d'un quarré étant donnée, trouver un des côtés.

RÉSOLUTION.

L'on aura l'un des côtés en multipliant la diagonale par la moitié de la racine quarrée de 2. Si 2 exprime des pieds, la moitié de sa racine sera 0ᵖ 8° 5ˡ 9′10″ 6‴ ; s'il exprime 2ᵗᵒ, la moitié de sa racine sera 0ᵗᵒ 4ᵖ 2° 10ˡ 11′3″.

Par exemple, soit 17ᵖ la diagonale : multipliez 17ᵖ par 0ᵖ 8° 5¹ 9ⁱᵒ"6''', vous aurez 12ᵖ 0° 2¹ 11' 10" 6'''.

Soit 17ᵗ° la diagonale : multipliez ce nombre par 0ᵗ° 4ᵖ 2° 10¹ 11'3", vous aurez 12ᵗ° 0ᵖ 1° 5¹ 11'3".

PROBLÊME 3ᵐᵉ.

Etant donné un côté de triangle équilatéral, trouver la perpendiculaire abaissée d'un angle sur le côté opposé.

RÉSOLUTION.

Multipliez le côté donné par la moitié de la racine quarrée de 3. Si le nombre donné exprime des pieds, pouces, etc. on le multipliera par 0ᵖ 10° 4¹ 8'6"; s'il exprime des toises, on le multipliera par 0ᵗ° 5ᵖ 2° 4¹ 3'; le premier de ces deux nombres étant la moitié de la racine de 3ᵖ, et le second la moitié de la racine de 3ᵗ°.

Par exemple, supposons que le côté du triangle équilatéral soit 15ᵖ : multipliez 15ᵖ par 0ᵖ 10° 4¹ 8'6", vous aurez 12ᵖ 11° 10¹ 7'6" pour la perpendiculaire.

Supposons que le côté soit 15ᵗ° : multipliez 15ᵗ° par 0ᵗ° 5ᵖ 2° 4¹ 3', vous aurez 12ᵗ° 5ᵖ 11° 3¹ 9'.

DEUXIEME PARTIE.

Du toisé des surfaces planes.

DÉFINITION.

Le toisé des surfaces planes est l'évaluation de l'étendue superficielle d'un plan quelconque par le produit de deux ou de plusieurs dimensions prises dans ce plan.

CHAPITRE PREMIER.

Des surfaces fermées par des lignes droites.

Un quarré ou un parallélogramme rectangle, nommé vulgairement quarré-long, s'évalue en multipliant un côté par l'autre ; c'est-à-dire sa longueur par sa largeur.

Un quadrilatere qui a deux côtés paralleles et les deux autres côtés obliques, se mesure en prenant sa longueur au milieu, et sa largeur d'équerre entre les deux côtés paralleles.

Tout quadrilatere ou autre figure rectiligne qui n'a aucun côté parallele, ne peut être mesuré qu'en le partageant par triangles.

Un triangle est une figure de trois côtés ; son évaluation se fait en multipliant un côté par la moitié de la perpendiculaire abaissée de l'angle opposé à ce côté.

Un quadrilatere oblique-angle, sans avoir aucun côté parallele, peut s'évaluer par un seul produit; car, en tirant une diagonale d'un angle à celui opposé, l'on forme deux triangles qui ont une base commune: or l'on a la surface de cette figure en multipliant la diagonale par la moitié de la somme des deux hauteurs des triangles.

Lorsqu'on ne peut mesurer que les trois côtés d'un triangle, et que quelque chose empêche de connoître la perpendiculaire abaissée d'un angle sur le côté qui lui est opposé, l'on peut en faire l'évaluation par la seule connoissance de ses côtés: il faut, pour cela, ajouter les trois côtés, et prendre la moitié de la somme; puis ôter de cette demi-somme chacun des côtés, ensuite multiplier ces quatre quantités, et tirer la racine quarrée du produit.

PROBLÊME.

Trouver la surface d'un triangle dont on ne connoît que les trois côtés; savoir, le premier de 60 pieds, le second de 52 pieds, et le troisieme de 16 pieds.

RÉSOLUTION.

Ajoutez ensemble les trois côtés, et vous aurez 128^p, dont la moitié est . . . 64^p

Ôtez-en le premier côté 60^p, et il restera 4

Ôtez encore le second côté 52^p, et il restera 12

Ôtez aussi le troisieme côté 16^p, et il restera 48

E iij

Multipliez 64ᵖ par 4ᵖ, puis le produit 256ᵖ par 12ᵖ, ensuite le pro-
duit 3072ᵖ par 48ᵖ. et vous aurez . .   147456

Tirez la racine quarrée de ce nombre, et vous aurez 384ᵖ

Ce nombre 384ᵖ sera la surface du triangle proposé.

C H A P I T R E   I I.

Du cercle et des segments.

(*Fig.* 1.) Le cercle est une figure fermée par une
seule ligne courbe FBDGF éloignée par-tout également d'un point C que l'on nomme centre; cette
courbe se nomme la circonférence; une droite CE,
abaissée du centre sur la circonférence, se nomme
rayon; une droite BD, comprise entre deux
rayons CB, CD, se nomme la corde d'un arc
BED; une droite FG, touchant deux points de
la circonférence, et passant par le centre C, se
nomme diametre.

La surface d'un cercle se détermine en multipliant sa circonférence par la moitié d'un de ses
rayons; mais comme l'on ne connoît souvent que
le diametre qui est le double du rayon, l'on est
obligé de connoître le rapport qu'il y a entre le
rayon et la circonférence, lequel ne peut être que
très approché.

Le rapport le plus familier dans la pratique est celui de 7 à 22; c'est-à-dire que la circonférence d'un cercle est à peu près 3 fois et ÷ de fois plus grande que le diametre.

L'on peut se servir encore de rapports plus approchés que celui de 7 à 22; comme, par exemple, celui de 120 à 377; celui de 113 à 355; celui de 484 à 1521, dont les nombres sont quarrés; mais celui de 113 à 355 est beaucoup plus approché qu'aucun de ceux dont on vient de parler.

PROBLÊME 1ᵉʳ.

Trouver la surface d'un cercle de 14ᵖ de diametre suivant le rapport de 7 à 22.

RÉSOLUTION.

Multipliez le diametre par lui-même, c'est-à-dire 14 par 14, et vous aurez . . . 196ᵖ

Prenez la moitié du produit 98
Plus, le quart du même produit 49
Plus, le septieme du quart 7

Faites la somme, et la surface sera . . . 154

PROBLÊME 2ᵐᵉ.

Trouver la surface d'un cercle de 44ᵖ de circonférence suivant le même rapport.

RÉSOLUTION.

Multipliez la circonférence par elle-même, et

E iv

vous aurez 1936ᵖ

Prenez le onzieme du produit   176

Prenez le huitieme de ce dernier
nombre, et faites la soustraction . . .   22

Le reste sera la surface demandée . .   154ᵖ

PROBLÊME 3ᵐᵉ.

Trouver le rapport entre le diametre d'un cercle et le côté d'un quarré égal en superficie à un
cercle.

RÉSOLUTION.

Si l'on exprime le rapport du diametre à la circonférence par la fraction $\frac{484}{1521}$, qui est plus approchée que $\frac{7}{22}$, la surface du cercle se trouvera en
multipliant la circonférence 1521 par le quart
121 du diametre 484, et l'on aura 184041, dont
la racine quarrée 429 exprimera le côté : d'où il
suit que le diametre est au côté d'un quarré qui
est égal en superficie au cercle comme 484 est à
429.

Ainsi lorsqu'on voudra avoir le côté d'un quarré
égal en superficie à un cercle, l'on fera cette proportion : 484 est au diametre donné comme 429
est au côté que l'on cherche.

EXEMPLE.

Supposons que le diametre soit 14ᵖ: multipliez
14ᵖ par 429, et divisez le produit 6006ᵖ par 484,

vous aurez 12ᵖ 4° 10′ 10″ 10‴, etc. pour le côté du quarré.

OBSERVATION.

Dans le toisé des bois en grume où l'on cherche à éviter les fractions, l'on pourra prendre les $\frac{2}{7}$ de la circonférence pour le côté de l'équarrissage ; ce qui ne pourra causer une erreur sensible ; les dimensions n'étant jamais d'une grande étendue : car en supposant une piece de bois ou un arbre de 70 pouces de circonférence, les $\frac{2}{7}$ seront 20 pouces dont le quarré en solives est 5ˢᵒˡ 3ᵖ 4° par toise de longueur ; et suivant le rapport ci-dessus, l'on aura, la circonférence 70° est au côté que l'on cherche comme 1521 est à 429 ; ou, en ré-duisant, comme 507 est à 143 : d'où l'on déduit 19ᵖᵒ 8ˡ 11′, dont le quarré donne 5ˢᵒˡ 2ᵖ 5° 8ˡ ; ce qui fait seulement 0ˢᵒˡ 0ᵖ 10° 4ˡ de différence par toise de longueur ; c'est environ une solive de trop sur 7ᵗᵉ de longueur, en prenant les $\frac{2}{7}$ du pourtour.

PROBLÊME 4ᵐᵉ.

Trouver le rapport de la circonférence au côté du quarré inscrit au cercle.

RÉSOLUTION.

(*Fig.* 2.) Soit MN le côté du quarré inscrit : du cen-tre C tirez les droites CM, CN, le triangle MCN sera rectangle en C, et l'on aura $\overline{MC}^2 + \overline{NC}^2 = \overline{MN}^2$:

mais MC et NC sont des rayons : ainsi, exprimant le rayon par la lettre R, l'on aura $2R^2 = \overline{MN^2}$: d'où l'on déduit $MN = \sqrt{2R^2}$, ou $MN = R \times \sqrt{2}$; c'est-à-dire que le côté du quarré est égal au rayon multiplié par la racine quarrée de 2. Or si l'on exprime cette racine par la fraction $\frac{22}{70}$, l'on aura $MN = \frac{22}{70} R$.

Si l'on prend $\frac{44}{7} R$ pour exprimer la circonférence suivant le rapport de 7 à 22, l'on aura cette proportion : la circonférence est au côté du quarré inscrit comme $\frac{44}{7} R$ est à $\frac{22}{70} R$; ou, en réduisant au même dénominateur, et supprimant la lettre R, comme 440 est à 99 ; ou enfin comme 40 est à 9 ; ce qui donne un moyen très facile pour trouver le côté du quarré.

PROBLÊME 5ᵐᵉ.

Trouver le côté du quarré inscrit à un cercle de 44 pieds de circonférence.

RÉSOLUTION.

Ecrivez la circonférence	44ᵖ	
Prenez le huitieme de ce nombre	5　6	
Prenez le dixieme du même nombre	4　4	$\frac{4}{5}$
Faites la somme, et le côté du quarré inscrit sera	9ᵖ 10°	$\frac{4}{5}$

PROBLÊME 6ᵐᵉ,

Trouver le côté du quarré inscrit à un cercle de 14 pieds de diametre.

RÉSOLUTION.

Ecrivez la moitié du diametre	7^P	o	o

Faites une fausse opération en prenant le dixieme . . . . . . o $8\frac{2}{5}$

Multipliez ce faux produit par 4	2	$9\frac{3}{5}$
Ajoutez le septieme du faux produit	o	$1\frac{1}{5}$
Ajoutez encore le demi-diametre	7	o o

Le côté du quarré inscrit sera $9^P\ 10°\frac{4}{5}$

PROBLÊME 7ᵐᵉ.

La corde et la fleche d'un segment de cercle étant données, trouver le diametre.

RÉSOLUTION.

(*Fig.* 2.) Supposons que la fleche FE soit de 4 pieds et la corde MN de 12 pieds, l'on se servira de cette formule $FD = \dfrac{\overline{MN}}{4\,FE} + FE$.

Le quarré de MN ou de 12^P est . .	144^P
Divisez par 4 FE, c'est-à-dire par . .	16
Le quotient sera	9
Ajoutez-y la fleche FE	4
Le diametre FD sera	13^P

PROBLÊME 8ᵐᵉ.

La corde et la fleche d'un segment de cercle
étant données, trouver la longueur de l'arc et la
surface de ce segment.

RÉSOLUTION.

La méthode dont on se sert ordinairement étant
fort longue pour la pratique, l'on se servira de la
table ci-après, par le moyen de laquelle on aura
les pourtours des arcs aussi justes qu'il sera nécessaire.

Cette table est composée de 109 segments calculés suivant le rapport de 100 à 314,16, un peu
plus fort que le rapport de 113 à 355, mais plus
foible que celui de 7 à 22, qui n'auroit pas été
assez juste dans les opérations qui ont servi à sa
construction.

La quantité de segments que l'on donne est
suffisante dans la pratique, quoique les cordes
augmentent de 10 en 10: pour s'en convaincre,
l'on n'a qu'à remarquer que les différences de
plusieurs segments consécutifs ne diffèrent pas de
beaucoup entre elles; comme, par exemple, les
différences des arcs 606,4; 615,7; 624,9; sont
009,3; 009,6: et les différences des segments qui
leur répondent, 38269; 38919; 39571; sont 650;
652. À plus forte raison les longueurs des arcs
et les surfaces des segments prises sur des dimensions plus petites, seront d'autant plus pré-
cises que les différences deviendront presque
égales.

Au moyen de la table ci-après, il sera suffisant de connoître la fleche et la corde d'un segment donné : deux proportions suffiront pour en déterminer la valeur. L'on observera que le point qui sépare le quatrieme chiffre des arcs sert à distinguer le nombre entier d'avec la fraction, et que ce quatrieme chiffre exprime des dixiemes d'unités.

Méthode pour se servir de la table des segments.

PROBLÊME Ier.

L'on demande la longueur de l'arc d'un segment de 28ᵖ de corde sur 7ᵖ 6° de fleche.

RÉSOLUTION.

Faites cette 1ʳᵉ proportion 7ᵖ 6° : 28ᵖ :: 100 : x, et vous trouverez 373ᵖ 4° pour la corde proportionnelle.

Prenez la différence des nombres 446,7 et 438,3 dont l'un répond à 380 et l'autre à 370, et vous aurez 8,4. Multipliez 8,4 par 3ᵖ 4°, différence entre 373ᵖ 4° et 370, et vous aurez 28, dont la 10ᵐᵉ partie est 2,8

Ajoutez-y le nombre qui répond à 370, ci 438,3

Le pourtour proportionnel sera 441,1

Faites cette 2ᵐᵉ proportion. La fleche 100 indiquée dans la table est au pourtour proportionnel 441,1, comme la montée 7ᵖ 6° du segment donné

est au pourtour de son arc. Vous trouverez 33ᵖ 1˙
pour la longueur approchée que vous cherchez.

P R O B L Ê M E 2ᵐᵉ.

L'on demande la surface d'un segment de 17ᵖ
de corde et de 7ᵖ de fleche.

R É S O L U T I O N.

Faites cette 1ʳᵉ proportion : la fleche donnée 7
est à la corde aussi donnée 17, comme la fleche
100 de la table est à la corde proportionnelle ;
vous trouverez d'abord 242 $\frac{6}{7}$.

Cherchez dans la colonne des surfaces le nombre qui répond à 250 et celui qui répond à 240,
vous trouverez 18637 et 18041 dont la différence
est 596

Multipliez par la différence de 240 à
242 $\frac{6}{7}$, à .   .   .   . 2 $\frac{6}{7}$

Produit, ... 1702

Prenez-en le dixieme .   .   . 170
Ajoutez-y le nombre qui répond à 240 18041

Somme .   .   . 18211
Multipliez par le quarré de la fleche 7   49

Produit .   .   . 892479

Divisez le produit par le quarré de la fleche 100
de la table, et vous aurez 89ᵖ 2° 11ˡ pour la surface du segment donné.

TABLE des segments de cercle de 100 pieds de flèche.

Longueurs des arcs.	Surfaces des segments.	Cordes.	Longueurs des arcs.	Surfaces des segments.	Cordes.	Longueurs des arcs.
314.6	15764	480	533.7	33085	840	871.4
315.2	15821	490	542.7	33730	850	881.0
315.8	15879	500	551.7	34377	860	890.6
316.4	15936	510	560.8	35024	870	900.3
317.0	15993	520	569.8	35672	880	910.0
317.6	16051	530	578.9	36320	890	919.6
318.2	16108	540	588.1	36969	900	929.3
318.7	16166	550	597.3	37618	910	939.0 –
319.3	16224	560	606.4	38269	920	948.7
319.9	16282	570	615.7	38919	930	958.4
326.1	16863	580	624.9	39571	940	968.1
332.4	17449	590	634.2	40222	950	977.8
339.0	18041	600	643.5	40875	960	987.5
345.8	18637	610	652.8	41527	970	997.2
352.7	19238	620	662.1	42182	980	1006.9
359.9	19842	630	671.5	42834	990	1016.7
367.2	20452	640	680.9 –	43489 –	1000	1026.4
374.6	21064	650	690.3	44142	1010	1036.2
382.2	21679	660	699.7	44797	1020	1045.9
389.9	22297	670	709.1	45452	1030	1055.7
397.7	22917	680	718.5	46107	1040	1065.4
405.6	23540	690	728.0	46763	1050	1075.2 –
413.7	24165	700	737.5	47420	1060	1084.9
421.8	24793	710	746.9	48076	1070	1094.7
430.0 –	25422	720	756.5	48732	1080	1104.5
438.3	26053	730	766.0	49388	1090	1114.3
446.7	26686	740	775.5	50047	1100	1124.0
455.1	27320	750	785.0	50704	1110	1133.8
463.6	27956	760	794.6	51363	1120	1143.6
472.2	28593	770	804.2	52020	1130	1153.4
480.8	29231	780	813.7 –	52678 –	1140	1163.2
489.5	29871	790	822.8	53147	1150	1173.0
498.3	30512	800	832.9	53995	1160	1182.8
507.1	31154	810	842.5	54651	1170	1192.6
515.9	31796	820	852.1	55312	1180	1202.4 –
524.8	32440	830	861.7	55971	1190	1212.2
533.7	33085	840	871.4	56631	1200	1222.0

CHAPITRE III.

De l'ellipse.

(*Fig.* 3) L'ELLIPSE est une figure fermée par une courbe réguliere: cette figure peut être regardée comme un cercle ralongé.

L'on nomme grand axe le grand diametre AB, et petit axe le petit diametre ST. Les perpendiculaires PN, abaissées de la circonférence sur le grand axe, se nomment ordonnées au grand axe: les parties AN du grand axe, comprises entre les ordonnées et le sommet A, se nomment abscisses.

Soit décrit un cercle dont le diametre *st* soit égal au petit axe ST de l'ellipse. Divisez le diametre *ab* du cercle et le grand axe AB de l'ellipse chacun en un même nombre de parties égales, et tirez, d'une part, les droites *op, qr,* etc. et d'autre part, les droites OP, QR, etc. chacune parallele aux diametres *st,* ST, passant par les points de division: toutes ces droites seront égales chacune à sa correspondante, et par conséquent chaque trapeze du cercle ayant mêmes longueurs que chaque trapeze correspondant de l'ellipse, ils seront entre eux comme leurs hauteurs correspondantes: donc la somme de tous les trapezes du cercle, ou la surface du cercle, est à la somme de tous les trapezes de l'ellipse, ou à la surface de l'ellipse, comme le diametre *ab* du cercle inscrit est au grand axe AB de l'ellipse, ou comme le petit axe ST est au grand axe AB.

Suivant le rapport de 7 à 22, la surface du cercle est égale aux $\frac{11}{14}$ du quarré du diametre ; donc la surface de l'ellipse sera égale aux $\frac{11}{14}$ du rectangle formé par le produit du grand et du petit axe.

PROBLÊME 1ᵉʳ.

Le grand axe d'une ellipse étant de 28ᵖ et le petit axe de 20ᵖ, trouver la surface de l'ellipse.

RÉSOLUTION.

Multipliez 28ᵖ par 20ᵖ, vous aurez	560ᵖ
Prenez la moitié	280
Plus, le quart	140
Plus, le septieme du produit du quart	20
Faites la somme, et vous aurez . .	440ᵖ

PROBLÊME 2ᵐᵉ.

Etant données la corde AB et la fleche CD d'un segment elliptique ACB, trouver la surface de ce segment.

RÉSOLUTION.

(*Fig.* 4.) Faites un angle DCE de 60 degrés, et faites en sorte que le côté CE touche un point E quelconque de la courbe ACB; tirez une droite EF parallele à la corde AB; portez CE sur la

montée

montée de C en I, et tirez les droites IE, IF, l'angle EIF sera de 120 degrés; des points E, F, abaissez les perpendiculaires EG, FH.

En se servant du rapport de 7 à 22 pour exprimer le diametre et la circonférence, et de la fraction $\frac{13}{15}$ pour exprimer la racine quarrée de $\frac{3}{4}$, l'on trouve que la surface du segment ECFE est exprimée $\frac{13}{70}\overline{CI}^2$.

La surface de la partie AEFB, étant composée d'un rectangle GEFH, et de deux demi-segments AEG, BFH, se déterminera en ajoutant à la droite EF ou GH les $\frac{2}{3}$ de la somme AG + HB des fleches de ces deux demi-segments; puis, en multipliant la somme GH + $\frac{2AG + 2HB}{3}$ par la hauteur EG ou FH.

EXEMPLE.

Supposons que la corde AB soit de 10ᴾ 5°, et que la fleche CD soit de 5ᴾ 7°; si l'on fait l'angle DEC de 66 degrés, et si, en mesurant la longueur EF, on la trouve de 8ᴾ 8°, l'on aura 5ᴾ pour le rayon CI de l'arc ECF, et sa moitié CL sera de 2ᴾ 6°, qui étant ôtée de 5ᴾ 7°, le reste 3ᴾ 1° sera la valeur de LD. Toutes ces dimensions étant connues, l'on fera l'opération ci-après.

Multipliez le quarré de 5ᴾ ou 25ᴾ par 43, et divisez le produit 1075 par 70, vous aurez 15ᴾ

F

4° 3¹ pour la surface du segment
ECFE, ci . . . . 15ᴾ 4° 3

Retranchez EF = 8ᴾ 8° de AB =
10ᴾ 5°, il restera 1ᴾ 9° dont les ⅔ valent 1ᴾ 2°, qui étant ajoutés à 8ᴾ 8°,
l'on aura 9ᴾ 10°: multipliez 9ᴾ 10° par
la hauteur LD = 3ᴾ 1°, et vous aurez
30ᴾ 3° 10¹ que vous ajouterez à la
quantité ci-dessus, ci . . . . . 30 . 3 . 10

La surface du segment proposé
sera . . . . 45ᴾ 8° 1¹

CHAPITRE IV.

De l'ovale.

(*Fig.* 5.) L'OVALE est une surface fermée par une
courbe composée de plusieurs arcs de cercles.
Une droite AB, qui coupe l'ovale en deux parties
égales sur sa longueur, se nomme *grand diametre;*
et une droite CP, qui coupe l'ovale sur sa largeur
en deux parties égales, se nomme *petit diametre.*
Les deux diametres se croisent toujours au centre
de l'ovale à angles droits. Les arcs QAE, HBG, se
nomment *arcs extrêmes;* et les arcs ECG, QPH,
se nomment *arcs moyens.* La somme des quatre
arcs doit valoir 360 degrés, comme la circonférence
d'un cercle. La somme d'un rayon AN d'un arc
extrême et d'un rayon CX d'un arc moyen doit
être égale au grand diametre AB.

PROBLÊME Iᵉʳ.

Les diametres AB, CP, d'un ovale étant donnés,
trouver les rayons des arcs.

RÉSOLUTION.

Portez le demi-diametre CK de A en H; divisez la différence HK en onze parties égales; portez quatre de ces parties de H en N, le point N
sera le centre de l'arc QAE, et la distance AN en
sera le rayon : portez la même distance AN de B
en M, la quantité BM sera le rayon de l'arc HBG :
portez la distance NB sur le prolongement du petit diametre de C en X, le point X sera le centre
de l'arc ECG, et la distance CX en sera le rayon.
Faites la même chose du côté opposé pour avoir
le centre et le rayon de l'arc QPH.

(*Fig. 6.*) Pour pouvoir faire la division de la
partie HK plus facilement, l'on fera un angle
droit, *fig.* 6, et l'on prendra quinze parties égales
à volonté sur un côté BC; puis du point D au-
dessus de la onzieme partie l'on tirera une droite
DA à volonté, qui forme un angle avec l'autre côté
AB de l'angle droit; du point C au-dessus de la
quinzieme partie du côté BC l'on tirera une autre
droite CA : ceci posé, l'on portera sur le côté BC
un point F, dont la distance FB sera égale à la
différence HK des demi-diametres donnés : du
point F tirez une droite FE indéfinie parallele à
AB; et par le point *h*, où cette parallele coupe la
ligne AD, l'on abaissera une perpendiculaire *h*K

F ij

que l'on prolongera jusqu'en *n* pris sur la droite
AC. Portez sur AB, *fig.* 5, la distance *κn*, *fig.* 6,
de K en N sur la *fig.* 5, et de K en M, les points
N, M, seront les centres des arcs extrêmes.

PROBLÊME 2me.

Les diametres d'un ovale étant donnés, déterminer sa surface.

RÉSOLUTION.

Multipliez le produit des diametres par 10151;
ôtez-en 796 fois le quarré du grand diametre, et
1498 fois le quarré du petit diametre; puis divisez le reste par 10000, et le quotient donnera la
surface demandée.

Supposons que le grand diametre soit 28^P et le
petit diametre 20^P, leur produit sera 560^P, le
quarré du grand diametre sera 784^P, le quarré
du petit diametre sera 400^P.

Prenez 10151 fois 560^P, ci   5684560

Retranchez du produit 796 fois le
quarré 784, ci . . .   624064 ⎱
Plus, 1498 fois le quarré 400   599200 ⎰ 1223264

Le reste sera . . . . . 446|1296

Divisez par 10000 en retranchant | 12
quatre chiffres à droite que vous multi-   ‾‾‾‾
plierez successivement par 12, et vous   1|5552
aurez 446^P 1° 6¹ pour la surface de l'o- | 12
vale.   ‾‾‾‾
                                     6|6624

REMARQUE.

Il ne faut pas confondre l'ovale avec l'ellipse : car une ellipse, suivant les dimensions données, auroit produit 440ᴾ; ce qui fait 6ᴾ 1° 6ᴵ de différence.

CHAPITRE V.

Des anses de panier.

L'ON nomme anse de panier la demi-circonférence d'un ovale : cette demi-circonférence se forme d'un nombre impair d'arcs, dont la somme doit faire 180 degrés comme une demi-circonférence de cercle.

Cette courbe sert principalement à la construction des voûtes surbaissées ou surmontées; mais il est bon d'observer que dans les voûtes d'arrête barlongues, l'anse de panier se raccorde rarement bien avec des demi-circonférences de cercle, et jarrete presque toujours aux arrêtiers, à moins qu'on ne le construise avec cinq ou sept centres pour qu'il approche le plus de l'ellipse.

Des anses à trois centres.

Quoiqu'il y ait quantité de méthodes pour tracer l'anse de panier à trois centres, nous nous contenterons d'en donner trois seulement qui nous ont paru les plus exactes et les plus faciles à construire.

P R O B L Ê M E 1ᵉʳ.

(*Fig.* 7.) Etant donnés la montée CK et le diametre AB d'une anse de panier à trois centres, tracer au compas la courbe de cette anse.

R é s o l u t i o n.

Lorsque le nombre de degrés qui doit être contenu dans chacun des arcs n'est pas donné, l'on supposera le rayon AN d'un des arcs extrêmes plus petit que la montée CK d'une quantité quelconque ; l'on portera la distance AN sur la montée de C en F, et du point F l'on tracera une droite FN sur le milieu de laquelle l'on élevera une perpendiculaire DX qui rencontrera le prolongement de la montée au point X ; l'on fera KM égal à KN, puis l'on tirera les droites XN, XM, prolongées suffisamment ; du point X comme centre, et de la distance XC, l'on tracera l'arc ECG ; et des points N, M, comme centres, l'on tracera les arcs EA, GB : la courbe AECGB sera l'anse de panier demandée.

(*Fig.* 8.) Lorsqu'on se trouvera gêné pour la position du centre X, l'on portera la distance CX, prise pour rayon, sur AB de A en M, et l'on tracera une droite MX sur le milieu F de cette droite ; l'on élevera la perpendiculaire FN qui coupera le diametre AB au point N ; l'on portera la distance KN de K en D : les points X, N, D, seront le centre des trois arcs que l'on décrira comme ci-devant.

PROBLÊME 2ᵐᵉ.

(*Fig. 5.*) Le diametre AB et la montée CK d'une anse de panier composée de trois arcs de 60 degrés, étant donnés, trouver les centres N, M, X, des trois arcs, et tracer la courbe AECGB.

RÉSOLUTION.

L'on a donné précédemment une méthode pour tracer la courbe d'un ovale ; or comme cette courbe forme deux ansés de panier, l'on pourra suivre cette même méthode pour tracer l'anse.

Mais comme il est suffisant de connoître seulement un des centres des arcs extrêmes, l'on pourra suivre l'opération ci-après, qui donnera le centre d'un arc moyen avec beaucoup plus de préci-sion que ci-devant.

Supposons que le demi-diametre AK soit de 14ᵖ et la montée CK de 10ᵖ, écrivez la différence de ces deux quantités, ci . . 4ᵖ 0 0
Ajoutez-y le tiers 1 4 0
Plus, le dixieme du tiers . . 0 1 7

La somme sera . . . 5ᵖ 5° 7¹

Cette quantité 5ᵖ 5° 7¹ sera la distance KN du milieu du diametre au centre d'un arc extrême, et suffira pour faire connoître tous les points de centre : car en portant KN de K en M, les points N, M, seront les centres des arcs AE, BG ; et en portant la distance AM sur la montée prolongée

F iv

de C en X, le point X sera le centre de l'arc ECG.
Si, par les points N, M, l'on fait passer les rayons
XE, XG, ils fixeront les points de raccordement
E, G, des arcs : ainsi du centre X l'on tracera l'arc
ECG, et des points N, M, l'on tracera les arcs
AE, BG.

PROBLÊME 3ᵐᵉ.

Etant donnés le diametre et la montée d'une
anse de panier composée de trois arcs de 60 degrés, trouver la longueur de la courbe de cette
anse.

RÉSOLUTION.

Multipliez le demi-diametre par 1713; ajoutez
au produit celui de la montée multipliée par 1430,
puis divisez la somme par 1000.

Ou multipliez le demi-diametre par 12 et la
montée par 10; puis divisez la somme des produits par 7, et vous aurez la longueur de la courbe.

Par exemple, je suppose que le diametre soit
28ᵖ, sa moitié sera 14ᵖ; je suppose aussi que la
montée soit 10ᵖ.

1°. Le produit du demi-diametre
14ᴾ par 1713 sera 23982

Le produit de la montée 10ᴾ par
1430 sera 14300

La somme des produits sera . 38|282

Je divise cette somme par 1000 en | 12
retranchant trois chiffres à droite que ⎯⎯⎯⎯
je multiplie successivement par 12, et 3|384
j'ai 38ᴾ 3° 4' pour la longueur de l'anse | 12
que l'on demande. ⎯⎯⎯⎯
4|608

2°. Je multiplie le demi-diametre
14ᴾ par 12, ci . . . . 168ᴾ 0° 0'

Et la montée 10ᴾ par 10, ci . 100 0 0

J'ajoute ces deux produits . 268 0 0

Je prends le septieme de la somme;
ce qui me donne pour la longueur de
l'anse de panier . . . . 38ᴾ 3° 5'

Des anses de panier à cinq centres.

(*Fig.* 9.) Lorsque 19 fois le diametre fait autant que 60 fois la montée, l'on ne peut tracer
l'anse à cinq centres, parceque les rayons des arcs
intermédiaires se confondent avec les rayons des
arcs d'une anse à trois centres. Ainsi, pour que
l'opération soit possible, il faut que la montée
soit plus petite que le tiers du diametre, ou que
les $\frac{19}{60}$ du diametre.

PROBLÊME 4ᵐᵉ.

Le diametre AB et la montée CD d'une anse

de panier étant donnés, trouver cinq centres avec lesquels l'on puisse tracer la courbe.

RÉSOLUTION.

Divisez le diametre AB en quinze parties égales; ôtez-en une de la montée CD, le reste sera la longueur de chacun des rayons extrêmes EA, FB. Avec l'intervalle EF, faites un triangle équilatéral EOF dont les côtés EO, FO, seront prolongés à volonté vers M et vers N; prolongez à volonté la montée DC vers K; prenez avec le compas le double de AE que vous porterez de E en R et de F en L; puis vous porterez la distance RO, ou LO, de O en K, et vous tracerez les lignes KRP, KLS: les points E, F, seront les centres des arcs AM, BN; les points R, L, seront les centres des arcs MP, NS, et le point K sera le centre de l'arc PDS.

(*Fig.* 10.) L'on pourra trouver facilement un des rayons AE ou FB par le moyen d'une échelle de réduction. L'on tracera à part une ligne AB plus grande que le diametre; l'on divisera cette ligne à volonté en 15 parties égales; dès extrémités A, B, l'on fera un triangle à volonté ACB; l'on portera le diametre donné sur AB de B en D; et l'on tracera une droite DE parallele au côté CB du triangle; l'on tirera la droite EI parallele à AB; du sommet C du triangle l'on tirera une droite CF sur la premiere partie de la droite AB; l'on portera la montée donnée sur la droite IE de I en H, et la quantité HG sera la longueur d'un rayon des arcs extrêmes: le reste se fera comme ci-devant.

Moyen de trouver par le calcul la longueur de tous les rayons.

(*Fig.* 9.) Supposons que le diametre AB soit de 30^p, la quinzieme partie sera 2^p. Soit la montée de 6^p,

Ecrivez la montée . . . . . . 6^p 0 0
Ôtez-en la $\frac{1}{15}$ partie du diametre . . 2 0 0

Le reste sera la valeur du rayon AE ou FB, ci 4 0 0

Si l'on ôte deux rayons AE, FB, ou 8^p, du diametre AB, le reste 22^p sera un côté EF du triangle équilatéral EOF. Or, pour avoir la perpendiculaire CO, multipliez le côté EF . . . . . 22^p
par ce nombre . . . . 0^p 10° 4^1 8^1 6^{11}.
La valeur de CO sera 19 0 7 7

Le rayon MR sera trois fois plus grand que le rayon AE; ce qui donne MR = 12^p, et ER = 8^p.
Si l'on ôte 8^p d'un côté EO = EF = 22^p du triangle EOF, le reste 14^p sera la valeur de la quantité RO que l'on portera de O en K.
Pour avoir le rayon DK, écrivez la montée DC, ci . . . . 6^p 0 0
Ajoutez la partie CO, ci . 19 0 7 7
Plus, la valeur de OK, ci 14 0 0 0

La longueur du rayon DK sera 39 0 7 7

PROBLÊME 5me.

Trouver la longueur de la courbe d'une anse de panier à cinq centres, dont le diametre est 28ᴾ et la montée 10ᴾ.

RÉSOLUTION.

Multipliez le diametre 28ᴾ par 26 $\frac{11}{15}$, ci . . .	748ᴾ	6°	4ˡ	9′
Multipliez la montée 10ᴾ par 34, ci . . .	340	0	0	0
La somme des produits se-ra	1088	6	4	9
Multipliez la somme par	11			
Produit . . .	11973	10	4	3
Divisez le produit par .	315			
La longueur de l'anse sera	38ᴾ	0°	1ˡ	9′

Le nombre 315 étant multiplié de plusieurs nombres, l'on pourra faire la division par ses parties aliquotes. L'on prendra le neuvieme du produit, ensuite le septieme de ce qu'aura donné le neuvieme, puis le cinquieme de ce qu'aura donné le septieme, et l'on aura également 38ᴾ 0° 1ˡ 9′ pour la longueur de la courbe de l'anse de panier à cinq centres.

CHAPITRE VI.

De la construction des corniches circulaires.

LES corniches circulaires sont la plupart remplies de défauts que l'on n'apperçoit pas d'abord, mais qui sont faciles à reconnoître quand la menuiserie est posée: car pour peu que la corniche soit hors de niveau, ou onduleuse, ou enfin qu'elle jarrete aux points de raccordement, la menuiserie ne peut plus s'y raccorder, et l'on apperçoit des vuides inégaux entre le bandeau de bois et le porte-tapisserie de plâtre; ou le bandeau est plus haut dans des endroits que dans d'autres, ou le porte-tapisserie n'a pas une saillie réguliere au-dessus du bandeau. L'on peut attribuer ces défauts aux ouvriers qui sont accoutumés à suivre leur routine, et qui sont dans l'habitude de n'employer que des moyens à prolonger l'ouvrage sans chercher à rectifier les défauts.

Le moyen que l'on propose ici est fort simple; non seulement l'on gagne beaucoup de temps, mais l'on est sûr d'éviter les défauts dont on vient de parler. C'est un instrument fait avec plusieurs regles brutes, dont partie mouvante et partie fixe.

(*Fig.* 11.) Pour traîner une corniche circulaire sur un seul point de centre, l'on prendra un fort chevron AB d'environ 4 pieds de long portant tourillons tournés au tour par les bouts; l'on y assujettira une regle AC assez forte pour résister à la poussée du plâtre et ajustée d'équerre à AB, soutenue d'un lien EF. L'on fera faire deux tasseaux G, H, en forme de cône tronqué, ayant un bord percé de trous pour y passer des clous que l'on attachera sur l'échaffaud et sous le plafond. Ces tasseaux seront percés d'un trou de tariere de la grosseur du tourillon qui doit y entrer; et l'on fera une fente au tasseau du bas pour pouvoir démettre et remettre le tourillon lorsqu'on veut nettoyer le calibre; et pour fixer le tourillon dans sa place, l'on fera un trou sur le côté du tasseau pour y mettre une cheville. L'on aura soin de mettre un poteau sous l'échaffaud à plomb du pivot pour empêcher le balancement des planches.

  L'instrument étant disposé, comme on le voit, avec son calibre, on le posera bien d'à-plomb; et pour vérifier si l'à-plomb est exact, l'on fera quatre reperes au plafond, qui seront bien nivelés; puis l'on fera tourner l'instrument, et l'on assujettira les tasseaux quand l'on aura vu le calibre affleurer les reperes; puis l'on traînera le chemin avec la partie supérieure du calibre: le chemin étant formé, on le laissera sécher pendant quelques jours.

  Lorsque le plâtre sera assez dur pour ne pas fléchir à la force de ceux qui poussent le calibre, l'on pourra traîner la corniche; et pour éviter le frottement du sabot, qui est ordinairement fort rude à pousser, et qui fait ressauter quelquefois le calibre, l'on y joindra deux roulettes entaillées dans l'épaisseur du bois, comme on le voit à la figure C, en observant qu'elles désaffleurent un peur la face du sabot qui doit porter sur le chemin. Le sabot étant ainsi disposé, il faudra moins de force pour le conduire. Comme ce sont les roulettes qui doivent porter sur le chemin, il sera inutile que le sabot soit ceintré.

(*Fig.* 12.) Pour traîner une corniche ovale avec deux points de centre, l'on fera un instrument comme ci-devant, et l'on fera faire dans la regle AC une fente, comme on le voit figuré sur le plan *ca*. L'on y ajoutera un support BD parallele à la regle AC et fixé par une entre-toise EF : ce support BD aura une fente égale à celle de la regle AC. L'on fera une potence GHI, dont le montant sera percé de deux trous de tariere pour y faire entrer deux chevilles de bois tourné, et à tête ronde, qui serviront de tourillons; et pour fixer ces deux chevilles dans les coulisses des regles, l'on attachera deux platines P. avec des clous sur la regle AC et sous le support BD à la distance que l'on aura trouvée pour les centres des arcs extrêmes. L'on attachera sur la regle AC une forte charniere L de fer, en observant de laisser libre l'aile du dessous.

Il faudra disposer les deux regles CA, GH, de maniere que la distance du milieu du tourillon du grand pivot AN au milieu de la cheville sur la regle CA, soit égale à la distance qui se trouvera entre le point de centre de l'arc moyen et le point de centre d'un des arcs extrêmes; et que la distance du milieu de la même cheville à l'extrémité du calibre, soit égale à un des rayons des arcs extrêmes.

Après que l'instrument sera ainsi disposé, on

le posera bien à plomb de la même maniere qu'on
l'a expliqué pour les corniches circulaires.

(*Fig.* 13.) Scellez au plafond deux broches R
de bois assez longues pour arrêter la premiere
regle CL, de maniere que le milieu de cette regle
soit sur le rayon XG. Le tourillon du grand pivot
étant fixé au centre X du grand rayon, et la cheville à tourillon étant fixée au centre M du petit
rayon, et arrêtée par le tasseau R, l'on pourra
traîner la corniche par un seul mouvement, depuis le point H jusqu'au point Q, en suivant le
chemin HBGDEAQ. Il faudra qu'un homme ait
la précaution de tenir la partie mobile de la charniere S abattue pour qu'elle fasse un arrêt sur la
regle CL, lorsque la regle OI sera en ligne droite
avec la regle CL; et lorsque la regle CL s'arrêtera
à la seconde cheville R, il faudra lâcher la charniere pour que la regle OI puisse se replier à contre-
sens sur le chemin EAQ.

Lorsqu'un côté de corniche sera fini, l'on posera le grand pivot au centre opposé Y, et l'on
changera les chevilles R, que l'on pourra poser
facilement dans l'angle des deux regles lorsque le
calibre reprendra les deux bouts de la corniche
déja formée : l'on pourra traîner alors la partie
QPH, et il n'y aura que de très petits raccorde-
ments vers les points Q, H.

Observez que, pour pouvoir se servir de cet
instrument, il faut que le centre X se trouve en
dedans de l'ovale; si ce point se trouvoit au dehors
de l'ovale, il seroit dans l'épaisseur du mur, et
alors il ne seroit pas possible de placer le grand
pivot. Dans ce cas, l'on supprimera le grand pivot,

vot, *fig.* 12, et l'on assujettira le lien ED et la regle
CA en y ajoutant un support percé d'un trou pour
y mettre une cheville tournée en place des tourillons du grand pivot, tant dans le support que
dans la regle AC, et l'on fera des trous dans les
murs, s'il est possible, assez profonds pour que
les regles agissent librement.

L'on pourra, par le même moyen, traîner des
corniches ovales à cinq centres avec trois regles
brisées disposées de la même maniere que ci-
dessus; mais la chose ne sera pas toujours possible, parceque les centres des arcs moyens sont
souvent très éloignés du milieu de l'ovale, et qu'il
faudroit percer les murs d'outre en outre pour
placer l'instrument.

(*Fig.* 14.) Pour les corniches elliptiques l'on
se sert d'un instrument que l'on nomme *équerre*
mobile, avec lequel l'on traîne une corniche d'un
seul coup par un mouvement continu.

L'équerre mobile est une planche de bois d'assemblage ou de métal, dans laquelle l'on a fait
deux coulisses AB, CD, d'équerre l'une sur l'autre. L'on prend une regle EF sur laquelle l'on
marque une distance EP égale à la moitié du petit
axe, et une autre distance PN égale à la différence
des demi-axes; ce qui donne la distance EN égale
à la moitié du grand axe. L'on assujettit aux points
P, N, deux pivots T, S, ajustés à queue d'aronde
dans les coulisses. L'on attache cette planche au
plafond, et l'on pose le calibre M au bout de la
regle.

(*Fig.* 15.) Pour démontrer que cet instrument
trace l'ellipse régulièrement, remarquez que

G

toutes les droites EN sont chacune égales au grand
demi-axe AM, et que leurs parties EP sont
chacune égales au petit demi-axe CM; par conséquent les portions PN seront chacune égales à la
différence des demi-axes : or pendant que les
points P glissent vers A sur le grand axe AB, les
points N glissent de D en M sur le petit axe CD.
Donc les points E décriront la courbe, et ne pourront passer ailleurs que par les extrémités A, C,
B, D, des axes, et par conséquent traceront l'ellipse.

Les corniches, traînées avec cet instrument,
ont un défaut essentiel qu'il est aisé de remarquer, principalement lorsque l'ellipse est fort
alongée; pour le démontrer, portez la largeur
du calibre sur toutes les lignes de C en H, de A
en F, de E en G, et tracez la courbe HGGGF,
vous verrez que les deux courbes CEA, HGF,
ne sont pas paralleles, et se resserrent dans les
flancs E. Il faudroit, pour qu'elles fussent paralleles, que les distances EG fussent d'équerre à la
courbe suivant la droite LR, et que la courbe soit
tracée suivant la ligne HRF; mais les droites EP
étant obliques à la courbe AEC, il est impossible
que EG soit égal à CH : ainsi les deux courbes
AEC, FGH, ne sont pas paralleles, et par conséquent la corniche n'est pas réguliere.

Cependant quand l'ellipse approche du cercle,
l'on peut se servir de l'instrument sans crainte,
parceque le défaut devient presque impercep-
tible.

Si l'on veut se servir utilement de l'équerre
mobile, l'on ne l'emploiera que pour former l'an-

gle du porte-tapisserie et le chemin du plafond;
l'on supprimera l'équerre, et l'on traînera la corniche avec un sabot garni de roulettes aux deux
bouts, figure Q. Suivant ce moyen, le calibre sera continuellement d'équerre à la circonférence
de l'ellipse, et la corniche aura par-tout une largeur égale.

CHAPITRE VII.

Des circonférences elliptiques.

L'on n'a point donné jusqu'à présent de méthode pour connoître la circonférence d'une ellipse par le moyen de ses axes; cependant cet
objet est très intéressant dans la pratique, tant
pour la construction que pour le toisé.

Le seul moyen pour y parvenir est de donner
une formule générale avec laquelle l'on puisse
calculer des ellipses de toutes grandeurs; mais le
calcul pour une ellipse est fort long en suivant
cette formule, et ne peut convenir aux praticiens
qui ne desirent que de gagner du temps. Ainsi,
pour donner de la facilité dans l'opération, l'on
suivra la table des circonférences elliptiques que
l'on verra ci-après, qui, quoiqu'elle ne soit pas
fort étendue, ne laisse pas que de donner des circonférences assez justes.

Cependant si quelqu'un vouloit prendre la peine de faire une table de circonférences fort étendue, l'on pourroit suivre la formule ci-après.

Construction de la formule des circonférences elliptiques.

PRINCIPES.

(*Fig.* 16.) Divisez le rayon *a*O d'un quart de cercle en plusieurs parties égales; par exemple, en cinq : sur les points de division élevez les perpendiculaires ou demi-cordes *nm, sp, tq, ur,* que l'on nomme *ordonnées au cercle;* divisez le demi-grand axe AO de l'ellipse aussi en cinq parties égales, et, par les points de division, élevez les perpendiculaires NM, SP, TQ, UR, chacune égale à sa correspondante; ces perpendiculaires seront des *ordonnées à l'ellipse*. La courbe AMPQRC, qui passera par les extrémités des ordonnées, sera un quart de circonférence d'ellipse. L'on nomme *abscisses* toutes les parties du rayon comprises entre les ordonnées et la courbe, comme *na*, *n*B, sont les abscisses de l'ordonnée *nm*.

Dans le cercle, le quarré d'une ordonnée est égal au produit de ses abscisses; ainsi l'on a $\overline{mn}^2 = an \times n$B ; $ps^2 = as \times s$B, et ainsi des autres. Or ayant supposé le rayon divisé en cinq parties égales, chacune de ces parties sera le cinquieme du rayon. En prenant la lettre R pour exprimer le rayon, l'on aura aB $= 2$R; $an = \frac{R}{5}$, et nB $= \frac{9R}{5}$; $as = \frac{2R}{5}$, et sB $= \frac{8R}{5}$, ainsi des autres.

Donc, puisque le quarré des ordonnées est égal au produit des abscisses, l'on aura

$$\overline{mn^2} = \frac{9R}{5} \times \frac{R}{5} = \frac{9R^2}{25}$$

$$\overline{ps^2} = \frac{8R}{5} \times \frac{2R}{5} = \frac{16R^2}{25}$$

$$\overline{qt^2} = \frac{7R}{5} \times \frac{3R}{5} = \frac{21R^2}{25}$$

$$\overline{ru^2} = \frac{6R}{5} \times \frac{4R}{5} = \frac{24R^2}{25}$$

$$\overline{CO^2} = \frac{5R}{5} \times \frac{5R}{5} = \frac{25R^2}{25}.$$

Des extrémités de chaque ordonnée au cercle abaissez les perpendiculaires *me, pf, qg, rh,* d'une ordonnée à l'autre ; chacune sera égale à la cinquieme partie du rayon *a*O, et pourra être ex-primée par $\frac{R}{5}$.

Par les extrémités des ordonnées tirez les cordes *am, mp, pq, qr, r*C, vous aurez cinq triangles rectangles.

L'on aura les quarrés des cordes en faisant $\overline{am^2} = \overline{an^2} + \overline{mn^2}$; $\overline{mp^2} = \overline{me^2} + \overline{pe^2}$; $\overline{pq^2} = \overline{pf^2} + \overline{fq^2}$; $\overline{qr^2} = \overline{qg^2} + \overline{gr^2}$; $\overline{rC^2} = \overline{rh^2} + \overline{hC^2}$. Or les quantités *an, me, pf, qg, r*C, sont éga-les, et exprimées chacune par $\frac{R}{5}$; leurs quarrés seront exprimés chacun par $\frac{R^2}{25}$. Ainsi il s'agit de trouver les quarrés des quantités *pe, fq, rg, h*C.

Le quarré de la différence de deux quantités se trouve en faisant la somme des quarrés de ces deux quantités, et en ôtant de cette somme deux

fois la racine quarrée du produit de ces mêmes
quantités. Donc l'on aura

$$\overline{pe}^2 = \left(9 + 16 - 2\sqrt{9 \times 16} \right) \times \frac{R^2}{25}$$

$$\overline{fq}^2 = \left(16 + 21 - 2\sqrt{16 \times 21} \right) \times \frac{R^2}{25}$$

$$\overline{gr}^2 = \left(21 + 24 - 2\sqrt{21 \times 24} \right) \times \frac{R^2}{25}$$

$$\overline{hC}^2 = \left(24 + 25 - 2\sqrt{24 \times 25} \right) \times \frac{R^2}{25},$$

lesquelles expressions étant réduites, donneront

$$\overline{pe}^2 = \left(25 - 2\sqrt{144} \right) \times \frac{R^2}{25}, \text{ ou } 1.0000\,\frac{R^2}{25}$$

$$\overline{fq}^2 = \left(37 - 2\sqrt{336} \right) \times \frac{R^2}{25}, \text{ ou } 0.3394\,\frac{R^2}{25}$$

$$\overline{gr}^2 = \left(45 - 2\sqrt{504} \right) \times \frac{R^2}{25}, \text{ ou } 0.1002\,\frac{R^2}{25}$$

$$\overline{hC}^2 = \left(49 - 2\sqrt{600} \right) \times \frac{R^2}{25}, \text{ ou } 0.0103\,\frac{R^2}{25}.$$

Dans le quart d'ellipse OCA, les perpendiculaires ME, PF, QG, Rh, coupant les ordonnées à
la même distance que me, pf, qg, rh, les coupent
dans le quart de cercle OCa: les différences PE,
QF, RG, Ch, seront chacune égales à leurs correspondantes pe, qf, rg, Ch, et par conséquent leurs
quarrés seront égaux; ce qui donnera

$$\overline{MN^2} = 9.0000 \, \frac{R^2}{25}$$

$$\overline{PE^2} = 1.0000 \, \frac{R^2}{25}$$

$$\overline{QF^2} = 0.3394 \, \frac{R^2}{25}$$

$$\overline{RG^2} = 0.1002 \, \frac{R^2}{25}$$

$$\overline{Ch^2} = 0.0103 \, \frac{R^2}{25}.$$

Cette formule peut servir pour le cercle comme pour l'ellipse; savoir, pour le cercle, en ajoutant à chacune des **quantités** ci-dessus le quarré de chacune des parties du rayon aO; et pour l'ellipse, le quarré de chaque partie du demi-grand axe AO. Or le rayon aO étant supposé partagé en cinq parties égales, chaque partie an, ns, etc. sera égale à $\frac{R}{5}$, et son quarré sera $\frac{R^2}{25}$. L'on aura donc, pour exprimer les quarrés des cordes, am, mp, pq, qr, rC du quart de cercle.

$$\overline{am^2} = 10.0000 \, \frac{R^2}{25} \text{ et la racine } am = 3.162 \, \frac{R}{5}$$

$$\overline{mp^2} = 2.0000 \, \frac{R^2}{25} \text{ et la racine } mp = 1.415 \, \frac{R}{5}$$

$$\overline{pq^2} = 1.3394 \, \frac{R^2}{25} \text{ et la racine } pq = 1.157 \, \frac{R}{5}$$

$$\overline{qr^2} = 1.1002 \, \frac{R^2}{25} \text{ et la racine } qr = 1.049 \, \frac{R}{5}$$

$$\overline{rC^2} = 1.0103 \, \frac{R^2}{25} \text{ et la racine } rC = 1.005 \, \frac{R}{5}.$$

Ainsi la somme de toutes les cordes d'un quart de cercle dont le rayon seroit supposé divisé en un grand nombre de parties égales, sera égale au quart de circonférence du même cercle.

Par la même raison, pour exprimer les quarrés des cordes du quart d'ellipse, l'on ajoutera à la formule le quarré d'une des parties du demi-grand axe AO; ainsi, ayant supposé AO divisé en cinq parties égales, chaque partie sera exprimée par $\frac{AO}{5}$, et son quarré par $\frac{\overline{AO}^2}{25}$, et l'on aura

$$\overline{AM}^2 = 9.0000 \; \frac{R^2 + \overline{AO}^2}{25}$$

$$\overline{MP}^2 = 1.0000 \; \frac{R^2 + \overline{AO}^2}{25}$$

$$\overline{PQ}^2 = 0.3394 \; \frac{R^2 + \overline{AO}^2}{25}$$

$$\overline{QR}^2 = 0.1002 \; \frac{R^2 + \overline{AO}^2}{25}$$

$$\overline{RC}^2 = 0.0103 \; \frac{R^2 + \overline{AO}^2}{25}$$

dont la somme des racines donnera le quart de circonférence elliptique AMC, très approché, en supposant que le demi-grand axe AO fût divisé en un très grand nombre de parties égales.

C'est d'après le principe que l'on vient de donner, qu'est construite la table des formules ci-après, composée de cent cinq quantités exprimant les quarrés des bases de chacun des triangles rectangles ANM, MEP, etc. ayant pour hauteur une mesure commune, ou une partie déterminée du demi-grand axe de l'ellipse, et pour hypothénuse chacune des cordes du quart de circonférence elliptique.

L'on a d'abord supposé que le rayon aO soit divisé en 1000 parties égales; ensuite l'on a distribué les dix parties qui approchent du sommet a de maniere que la premiere partie soit la millieme du rayon, ou $\frac{R}{1000}$; la seconde soit $\frac{2R}{1000}$; la troisieme soit $\frac{3R}{1000}$, et la quatrieme soit $\frac{4R}{1000}$; ce qui complete les dix premieres parties. La seconde dixaine est divisée en deux parties égales, ainsi que la troisieme dixaine; ce qui donne $\frac{5R}{1000}$ pour chacune de ces parties. Si l'on retranche trois dixaines de 100 dixaines, il restera 97 dixaines qui n'ont point été subdivisées, et qui doivent être exprimées chacune par $\frac{10R}{1000}$.

Cette subdivision a été faite pour éviter de calculer 1000 cordes à chaque quart de circonférence que l'on voudroit trouver; car les cordes, excepté les trois premieres qui approchent le plus du sommet A, se trouvent presque confondues avec leurs arcs, et c'est pourquoi les trois premieres parties du rayon ont été subdivisées; ce qui donne les cordes les plus près du sommet plus petites.

L'on pourra donc calculer, par le moyen de la table ci-après, un nombre assez considérable de circonférences d'ellipses, ayant un petit axe commun sous différents grands axes, assez justes pour l'usage que l'on voudra en faire, et même dans un rapport aussi approché que celui de 113 à 355.

Méthode pour calculer un quart de circonférence par la formule ci-après.

Pour rendre l'opération plus claire, il faut supposer que le rayon du cercle inscrit à l'ellipse soit égal à 1000 $= R$; et par conséquent la millième partie du rayon sera $\frac{R}{1000} = 1$, et le quarré de cette millieme partie sera $\frac{R^2}{1000000} = 1$. Ceci posé,

Comme chacun des nombres de la table doit être multiplié par $\frac{R^2}{1000000}$, ces nombres ne changent plus de valeur, et restent tels qu'ils sont. Il n'y aura donc qu'à ajouter au premier nombre le quarré de la premiere division $\frac{AO}{1000}$ pour avoir le quarré de la premiere corde qui touche au sommet A du quart d'ellipse, et la racine de la somme donnera cette corde. L'on fera la même chose à toutes les quantités.

Par exemple, soit le demi-grand axe AO $=$ 1100, les divisions seront :

SAVOIR,

la 1re 1.100 et son quarré 1.210000;
la 2e 2.200 et son quarré 4.840000;
la 3e 3.300 et son quarré 10.890000;
la 4e 4.400 et son quarré 19.360000;
la 5e 5.500 et son quarré 30.250000;
la 6e 5.500 et son quarré 30.250000;

la 7ᵉ 5.500 et son quarré 30.250000;
la 8ᵉ 5.500 et son quarré 30.250000;
la 9ᵉ 11.000 et son quarré 121.000000.

Les 96 autres divisions seront comme la 9ᵉ.
Les quarrés des cordes seront par conséquent exprimés:

S A V O I R,

la 1ʳᵉ 1999.0000 + 1.210000 = 2000.2100;
la 2ᵉ 1068.7258 + 4.840000 = 1073.5658;
la 3ᵉ 1022.6258 + 10.890000 = 1033.5158;
la 4ᵉ 1004.0844 + 19.360000 = 1023.4444;
la 5ᵉ 991.4298 + 30.250000 = 1021.6798;
la 6ᵉ 699.2386 + 30.250000 = 729.4886;
la 7ᵉ 538.5822 + 30.250000 = 568.8322;
la 8ᵉ 436.8120 + 30.250000 = 467.0620;
la 9ᵉ 1361.2474 + 121.000000 = 1482.2474;
la 10ᵉ 1040.0562 + 121.000000 = 1161.0562,

et ainsi de suite en ajoutant toujours le quarré 121 de la centieme partie du demi-grand axe 1100. Et comme les sommes ci-dessus expriment les quarrés des cordes du quart d'ellipse, l'on aura chaque corde en tirant les racines de ces nombres; et la somme de toutes les racines sera égale, à peu de chose près, au quart de circonférence elliptique dont le grand axe est supposé égal à 2200, et le petit axe égal 2000.

Si l'on eût supposé le demi-grand axe AO égal au rayon OC du cercle inscrit, l'on auroit eu, suivant l'opération précédente, un quart de circonférence de cercle.

En calculant 1000 circonférences de cette manière, l'on aura un nombre assez étendu pour former une table de circonférences elliptiques, au moyen de laquelle l'on aura le pourtour d'une ellipse quelconque par la seule connoissance de ses axes.

Table des formules pour les courbes elliptiques.

nombre de bases.	quarrés des bases.	nombre de bases.	quarrés des bases.	nombre de bases.	quarrés des bases.
1	1999.0000	36	93.4418	71	13.5111
2	1068.7258	37	88.4116	72	12.6416
3	1022.6258	38	83.7040	73	11.8104
4	1004.0844	39	79.2902	74	11.0159
5	991.4298	40	75.1448	75	10.2570
6	699.2386	41	71.2455	76	9.5324
7	538.5822	42	67.5722	77	8.8409
8	436.8120	43	64.2710	78	8.1815
9	1361.2474	44	60.8339	79	7.5532
10	1040.0562	45	57.7386	80	6.9550
11	836.6291	46	54.8081	81	6.3860
12	696.1723	47	52.0308	82	5.8456
13	593.3532	48	49.3959	83	5.3326
14	514.8312	49	46.8940	84	4.8468
15	452.9086	50	44.5162	85	4.3870
16	402.8302	51	42.2547	86	3.9530
17	361.5004	52	40.1022	87	3.5440
18	326.8156	53	38.0520	88	3.1594
19	297.2974	54	36.0978	89	2.7988
20	271.8758	55	34.2343	90	2.4618
21	249.7574	56	32.4562	91	2.1478
22	230.3412	57	30.7588	92	1.8564
23	213.1640	58	29.1377	93	1.5876
24	197.8624	59	27.5888	94	1.3404
25	184.1484	60	26.1085	95	1.1150
26	171.7894	61	24.6932	96	0.9108
27	160.5967	62	23.3398	97	0.7278
28	150.4149	63	22.0451	98	0.5658
29	141.1154	64	21.2416	99	0.4244
30	132.5896	65	19.6216	100	0.3035
31	124.7476	66	18.4876	101	0.2030
32	117.5116	67	17.4026	102	0.1228
33	110.8161	68	16.3642	103	0.0626
34	104.6042	69	15.3708	104	0.0226
35	98.8269	70	14.4318	105	0.0026

La table ci-après a été calculée sur un rayon divisé seulement en 50 parties égales; ce qui est suffisant dans la pratique, d'autant plus que la somme de toutes les cordes du quart de cercle donne une quantité plus approchée du rapport du rayon à la circonférence que le rapport de 7 à 22; ce qui est évident d'après les calculs : car en supposant le diametre égal à 100, la circonférence se trouve de 314.0664, au lieu que, par le rapport de 7 à 22, elle seroit de 314.2856, et par le rapport de 113 à 355, qui est plus juste, la circonférence seroit de 314.1592.

Méthode pour se servir de la table ci-après lorsque l'on voudra trouver une circonférence elliptique par la seule connoissance de ses axes.

Il est bon d'observer que les ellipses semblables ont leurs circonférences proportionnelles à leurs axes correspondants; que toutes les circonférences contenues dans la table ont un petit axe commun dont la mesure est le nombre entier 100, et que les grands axes sont de différentes longueurs.

Il est encore bon d'observer que la différence des grands axes consécutifs n'est pas assez grande pour causer une erreur sensible dans la pratique, où il est rare que l'on fasse des voûtes surbaissées dont la montée soit de 50 pieds, et dont le diametre soit plus grand que 100 pieds : par conséquent plus les dimensions seront petites, et plus l'erreur deviendra insensible.

Lorsque les deux axes d'une ellipse quelconque seront donnés, l'on cherchera une ellipse semblable dont le petit axe soit 100 par une regle de proportion, en disant: le petit axe donné est au nombre 100, comme le grand axe donné est à un quatrieme terme qui exprimera le grand axe proportionnel; ensuite l'on cherchera dans la colonne des grands axes le nombre que l'on aura trouvé au quatrieme terme de la proportion; l'on fera ensuite cette seconde proportion, 100 est à la circonférence qui répond dans la table au nombre trouvé, comme le petit axe donné est à la circonférence que l'on cherche.

PROBLÊME 1ᵉʳ.

L'on demande la circonférence d'une ellipse dont le petit axe est 15 pieds, et le grand axe est 39 pieds.

RÉSOLUTION.

Vous ferez d'abord cette premiere proportion en nommant x le 4ᵐᵉ terme.

$$15 : 39 :: 100 : x = 260.$$

Cherchez dans la table le nombre qui répond à 260, et vous trouverez à côté 593.48; puis faites cette proportion, en nommant y le nombre que l'on cherche,

$$100^p : 593.48 :: 15^p : y = 89^p\ 0°\ 3^l.$$

Le nombre 89ᵖ 0° 3ˡ sera la circonférence que l'on cherche.

REMARQUE.

Il peut arriver que le 4me terme de la 1re proportion ne soit pas juste dans la table; dans ce cas l'on prendra la différence du nombre supérieur et du nombre inférieur que l'on mettra en proportion, comme on va le voir.

PROBLÊME 2me.

L'on demande la circonférence d'une ellipse dont le grand axe est 65^p 6°, et dont le petit axe est 17^p 10°.

RÉSOLUTION.

Faites d'abord cette proportion,

$$17^p\, 10° : 65^p\, 6° :: 100 : x = 367^p\, 3°\, 6^l$$

Prenez dans la table le nombre qui répond à 370, ci 799.95

et celui qui répond à 360, ci   780.97

La différence sera 18.98

Multipliez cette différence par la différence 7^p 3° 6^l qui est entre 360^p et 367^p 3° 6^l, ci . . .   7 3 6

Le produit sera 138.39

Divisez ce nombre par la différence 10 qui est entre 360 et 370, et vous aurez 13.839

Ajoutez-y le nombre qui répond à 360, ci 780.97

La circonférence proportionnelle sera 794.809

Faites

Faites ensuite cette proportion,

$$100 : 794.809 :: 17^p\ 10^\circ : y = 141^p\ 8^\circ\ 10^l.$$

Le nombre $141^p\ 8^\circ\ 10^l$ sera la circonférence demandée.

H

Table des circonférences elliptiques.

grand axe.	circonférences.	grand axe.	circonférences.	grand axe.	circonférences.
101	315.7478	350	762.0212	680	1400.0412
102	317.3364	360	780.9768	690	1419.6200
103	318.9249	370	799.9512	700	1439.2084
104	320.5135	380	819.0084	710	1458.8072
105	322.1021	390	838.0740	720	1478.4116
106	323.6907	400	857.1708	730	1498.0284
107	325.2792	410	876.2972	740	1517.6476
108	326.8678	420	895.4524	750	1537.2756
109	328.4564	430	914.6324	760	1556.9120
110	330.0450	440	933.8376	770	1576.5548
120	346.2680	450	953.0668	780	1596.2048
130	362.7856	460	972.3192	790	1615.8624
140	379.5624	470	991.5944	800	1635.5248
150	396.5712	480	1010.8896	810	1655.1948
160	413.7792	490	1030.2264	820	1674.8704
170	431.1732	500	1049.5404	830	1694.5504
180	448.7276	510	1068.8901	840	1714.2392
190	466.4488	520	1088.2616	850	1733.9332
200	484.2652	530	1107.6492	860	1753.6304
210	502.2223	540	1127.0492	870	1773.3348
220	520.2924	550	1146.4672	880	1793.0432
230	538.4560	560	1165.8968	890	1812.7580
240	556.7612	570	1185.3452	900	1832.4772
250	575.0624	580	1204.8044	910	1852.2020
260	593.4832	590	1224.2776	920	1871.9300
270	611.9944	600	1243.7604	930	1891.6640
280	630.5400	610	1263.2568	940	1911.4004
290	649.1640	620	1282.7656	950	1931.1452
300	667.8392	630	1302.2852	960	1950.8916
310	685.5904	640	1321.8172	970	1970.6404
320	705.3808	650	1341.3571	980	1990.3980
330	724.2152	660	1360.9096	990	2010.1552
340	743.0984	670	1380.4708	1000	2029.9192

TROISIEME PARTIE.

Des murs considérés dans leur étendue superficielle.

L a plupart des murs se mesurent superficielle-ment, et s'estiment en raison de l'épaisseur et de la qualité des matériaux avec lesquels ils sont cons-truits : l'on ne fait qu'indiquer seulement leurs épaisseurs.

Toutes les opérations que l'on va donner dans le chapitre suivant, ne seront établies que sur les plans des murs élevés à plomb entre deux lignes parallèles.

CHAPITRE PREMIER.

Des murs droits.

(*Fig. 17.*) S oient quatre murs d'égale épaisseur formant l'enceinte d'un plan rectangle IMNP. Pour avoir le pourtour moyen, l'on fait la somme des deux pourtours, extérieur et intérieur, dont on prend la moitié.

Si l'on ne peut mesurer ces murs que sur leur face intérieure, l'on ajoute au pourtour quatre fois l'épaisseur : si on les mesure sur leur face ex-térieure, l'on diminue du pourtour quatre fois l'épaisseur. Il résulte de cette opération que la

H ij

différence des pourtours extérieur et intérieur est égale à huit fois l'épaisseur des murs.

Il n'y a donc pas de difficulté à mesurer les murs d'égale épaisseur ensemble ou séparément, en prenant les longueurs des deux murs par dehors et celles des deux autres par dedans.

Dans la pratique l'on mesure les murs de face sur leur face extérieure, y compris les épaisseurs de ceux de pignon et de refend : ceux de refend et de pignon se mesurent dans œuvre.

Lorsqu'un mur neuf est relié avec un vieux mur, l'on ajoute à sa longueur six pouces pour sa liaison. Si le vieux mur est trop mauvais, et que l'on soit obligé d'y faire une liaison plus forte, on la compte pour ce qu'elle est.

Les languettes de cheminée sont dans le même cas des murs : l'on mesure les faces par dehors ; et les languettes de refend et de distribution, ainsi que les côtieres, se mesurent dans œuvre. Si les tuyaux sont adossés contre un mur, l'on ajoute trois pouces à la longueur de chaque languette qui se trouve en liaison au mur. L'on n'a point d'égard si le mur est vieux ou neuf, parceque les arrachements se font toujours après coup.

(*Fig.* 18.) Lorsque deux murs de différentes épaisseurs forment une encoignure à angle droit, l'on ne doit pas mesurer l'un hors œuvre et l'autre dans œuvre, à moins que l'on ne compte les parements à part. La raison est qu'il y a moins de parement sur le mur le plus épais, qu'il n'y en a sur le plus foible.

L'on mesurera donc le mur AB de B en H, ou de C en D, puis l'on ajoutera à cette longueur la moitié de l'épaisseur GD du mur en retour. La longueur du mur AE se mesurera de E en G, ou de F en D, en ajoutant à cette longueur la moitié de l'épaisseur DH du mur précédent.

Quand un mur de refend aboutit à un mur de face, la partie occupée par celui de refend ne doit être comptée qu'à un parement.

(*Fig.* 19.) L'on observera la même chose à l'égard d'une encoignure aiguë ou obtuse, formée par la rencontre de deux murs d'inégale épaisseur. Ainsi, pour mesurer le mur BA, l'on prend la longueur LD; puis, tirant une droite d'équerre DH, l'on mesure l'excédent HA dont la moitié s'ajoute à la longueur LD, de même que, pour mesurer le mur EA, l'on ajoute à la longueur MD la moitié de l'excédent GA.

Méthode pour lever les angles au cordon.

(*Fig.* 20.) Lorsque l'on ne pourra mesurer un mur formant un angle aigu ou obtus que sur une des faces, l'on se servira fort ingénieusement d'un cordon de fouet pour en lever les angles, en le disposant en forme de triangle ABC, aux angles duquel l'on passera une épingle pour les reconnoître. L'on pourra plier ce cordon et l'emporter aisément pour le placer sur un endroit uni dans la même position qu'il étoit placé dans l'angle, puis l'on marquera l'angle dont on a besoin, et l'on tracera les côtés: c'est à quoi l'on va s'occuper dans les opérations suivantes.

(*Fig.* 21.) Soient deux murs LA, MA, que l'on ne peut mesurer que sur les faces intérieures LD,

DM: l'on attachera le bout d'un cordon à un point quelconque F, et l'on tendra ce cordon de F en D, puis de D à un point quelconque G, et on le repliera de G en F, en observant de passer une épingle à chaque angle du triangle que formera ce cordon. L'on enlevera ce cordon que l'on placera dans la même position *fdg* sur un endroit uni (*fig.* 21'), puis l'on marquera les angles *f, d, g,* et l'on tracera les côtés *fd, dg,* à volonté ; l'angle *fdg* étant formé, l'on portera les épaisseurs BL, EM, des murs sur ce plan, et l'on tracera les paralleles *ba, ae,* à volonté ; de l'angle *d* l'on tracera les droites d'équerre *dh, dm,* et la diagonale *da :* ceci posé, l'on pourra faire sur le plan *hdma* les opérations nécessaires.

Pour mesurer la longueur du mur BD, l'on prendra la distance LD, à laquelle l'on ajoutera la moitié de *ha ;* et pour mesurer le mur ED, l'on prendra la distance DM, à laquelle l'on ajoutera la moitié de *am.*

(*Fig.* 22.) Soient deux murs BD, DE, dont les épaisseurs sont inégales : supposez que ces murs forment un angle obtus, d'un point quelconque F l'on tendra un cordon de F en D, de D en G, de G en F ; puis, portant le triangle FDG sur un plan uni *fdg* (*fig.* 22'), l'on portera l'épaisseur BL d'équerre sur *fd,* et l'on tracera la parallele *ba ;* puis l'on portera l'épaisseur ME sur *dg* de *d* en *m,* et l'on tracera la droite *ae* qui rencontrera la premiere au point *a ;* de ce point l'on abaissera la perpendiculaire *ah,* et du point *d* l'on fera la perpendiculaire *dm.*

Pour mesurer la longueur du mur BD, l'on

prendra la longueur LD de laquelle l'on retranchera la moitié de *hd;* et pour mesurer la longueur du mur AM, l'on prendra la distance DM à laquelle l'on ajoutera la moitié de *am.*

(*Fig.* 23.) Soient deux murs BD, DE, formant un angle aigu D : l'on fera comme ci-devant avec le cordon un triangle FDG que l'on portera sur un plan uni *fdg* (*fig.* 23'), puis l'on tracera sur ce plan les épaisseurs des murs, et de l'angle *d* l'on tirera les droites d'équerre *dh, dm.*

Pour mesurer la longueur du mur BD, l'on prendra la distance LD à laquelle l'on ajoutera moitié de *ha;* et pour mesurer le mur DE, l'on prendra la distance DM à laquelle l'on ajoutera moitié de *ma.*

(*Fig.* 24.) Soient deux murs BP, EP, dont l'angle est rempli par un pan coupé DN : l'on tendra le cordon de F en D, puis de D en G, parallèlement à NM, et tenant fixe le point G, l'on fermera le triangle de G en F; l'on portera le triangle FDG sur un plan *fdg* (*fig.* 24'), puis l'on tracera la parallèle *qr* à la même distance de *dg* que la parallèle DG l'est de NM; l'on prendra la longueur DN du pan coupé que l'on portera de *q* en *n,* puis l'on tracera les droites d'équerre *dh, dm;* enfin sur le plan (*fig.* 24') l'on pourra mesurer comme ci-devant les longueurs *ha, ma,* et le pan coupé *qn.*

(*Fig.* 25.) Soient deux murs BD, DE, que l'on ne puisse mesurer que par dehors : l'on fixera le bout du cordon au point A, et on le tendra jusqu'à un point quelconque F, puis du point F à un autre point G, et du point G au point A

sur l'alignement AE d'un mur : l'on transportera
le triangle FAG, formé par le cordon, sur un plan
fag (*fig.* 25'), puis on prolongera le côté *af* de
f en *b*, et le côté *ga* de *a* en *e* ; ensuite l'on tracera les droites paralleles *dl*, *dn*, qui fixeront les
épaisseurs des murs ; du point de rencontre *d* l'on
tracera les droites d'équerre *dh*, *dm*.

Pour avoir la mesure du mur BD, l'on prendra
la distance BA de laquelle l'on ôtera la moitié de
la distance *ha* ; et pour avoir la mesure du mur
DE, l'on prendra la distance EA de laquelle l'on
ôtera la moitié de *am*.

(*Fig.* 26.) Lorsqu'on aura à mesurer les murs
d'un pavillon à pans ayant différentes épaisseurs,
et formant avant-corps sur les angles des pans de
côté, l'on ne pourra se dispenser de lever un
angle extérieur et un angle intérieur.

On levera d'abord un angle FDG avec un cordon, et on le rapportera sur un plan *fdg* (*fig.* 26')
sur lequel l'on rapportera les épaisseurs des murs
BD et EL, et une saillie AEN : ces deux murs formeront sur le plan un angle au point *n* ; ensuite
l'on tracera les droites d'équerre *ds*, *dr*.

Pour mesurer le mur BD, l'on prendra la longueur CD à laquelle on ajoutera moitié de *sn* ; et
pour mesurer le mur EL, l'on prendra la longueur DO à laquelle on ajoutera moitié de *nr*.
L'avant-corps triangulaire AEN se mesurera en
multipliant *ae* par la moitié de *en*.

Quelquefois l'on ne peut avoir que l'épaisseur
d'un mur : dans ce cas l'on sera obligé de lever
un angle extérieur IHL en tenant le cordon tendu
HL et prolongé vers M parallelement à la face

extérieure VP du mur de côté; l'on rapportera
sur un plan *ihl* (*fig.* 26") le triangle IHL, et
l'on prolongera les côtés *li* vers *e* et *hl* vers *m*;
l'on rapportera sur ce plan l'épaisseur des deux
murs, et la distance qui se trouve entre la face
VP et la parallele LM, ainsi que le triangle ULV.

Comme l'on suppose inconnue l'épaisseur QP
du mur OP, l'on mesurera le mur EO sur deux
faces; savoir, la longueur EL et la longueur DO;
l'on retranchera celle-ci de la premiere, et l'on
prendra moitié de la différence que l'on rapportera sur le plan de *l* en *t*; puis tirant la droite d'é-
querre *to*, le point *o* sera l'angle de rencoutre des
faces intérieures des deux murs.

L'on pourra encore trouver le point *o* en élevant sur le milieu de la diagonale *vu* une droite
d'équerre *yo* qui coupera la face intérieure *do*
au point *o*, et en tirant la droite *ox* parallele à
lm. Cette opération étant faite, l'on pourra mesurer toutes les dimensions sur le plan (*fig.* 26").

(*Fig.* 27.) Quelquefois il se trouve trois murs
dont la réunion se fait aux mêmes angles: dans ce
cas l'on ne peut se dispenser d'avoir leurs mesures par dehors et par dedans, et de lever deux
angles.

L'on fera d'abord avec le cordon un triangle
quelconque IHL pour avoir l'angle HIL que l'on
rapportera sur un plan uni *hil*; puis, portant sur
ce plan l'épaisseur DN du mur BD, l'on tracera
la ligne *dg* parallele à *il*: du point *d* l'on tracera
la droite d'équerre *dn*; l'on prendra la différence
NI des longueurs des deux faces du mur BD que
l'on rapportera sur le plan de *n* en *i*; l'on proion-

gera la droite *hi* de *i* en *a,* et l'on rapportera
sur le plan l'épaisseur AM du mur AE; l'on tracera la ligne *e m* qui fera la limite de l'épaisseur
du mur, et qui rencontrera la droite *dg* au point
q; on levera avec le cordon l'angle FDG que l'on
rapportera sur le plan *fdg,* et l'on tracera la droite
df; l'on tracera la parallele *ep,* dont la distance
de *df* sera égale à l'épaisseur du mur DP; enfin
l'on tracera la ligne *de* et les droites d'équerre
qr, qs.

　　Pour mesurer la longueur du mur DB, l'on
ôtera de la distance BI la moitié de *ri;* pour avoir
la longueur du mur AE, l'on ôtera de la distance
AI la moitié de *si;* et pour mesurer le mur PD,
l'on prendra la distance PE à laquelle on ajoutera
la moitié de *td* : il restera un triangle *eqd* que
l'on mesurera séparément.

CHAPITRE II.

Des murs circulaires.

Nous ne parlerons dans ce chapitre que des
murs qui s'élevent à plomb entre deux courbes
paralleles, tels que les puits, tours rondes, etc.
Nous ne ferons que le détail de leurs plans, étant
dans la partie supérieure les mêmes que dans la
partie inférieure.

I.

(*Fig.* 28.) Soit un plan circulaire compris

entre deux circonférences paralleles AEDH, BFCG; le pourtour réduit de ce plan sera la moitié de la somme de ses deux circonférences, et par conséquent sera égal à une circonférence qui passeroit par le milieu du même plan à égale distance des deux circonférences extérieure et intérieure.

Si l'on se sert dans ce cas du rapport de 7 à 22, le pourtour extérieur sera égal à $\frac{22}{7}$ AD, ou à $\frac{44}{7}$ du rayon AO, et le pourtour intérieur sera égal à $\frac{22}{7}$ BC, ou à $\frac{44}{7}$ BO; faisant la somme des deux pourtours, l'on aura $\overline{AO + BO} \times \frac{44}{7}$, et la moitié $\overline{AO + BO} \times \frac{22}{7}$ sera le pourtour réduit.

Supposons que le diametre du cercle intérieur BC soit 14ᴾ, et l'épaisseur AB du mur soit 1ᴾ 9°, le diametre du cercle extérieur AD sera 17ᴾ 6°.

Le rayon AO sera	8ᴾ	9°
Le rayon BO sera	7	0
Leur somme sera	15ᴾ	9°
A multiplier par	3	$\frac{1}{7}$
Le pourtour réduit sera . . .	49ᴾ	6°

L'on aura aussi le pourtour moyen en ajoutant à la circonférence du diametre BC, ci 44ᴾ 0 0
celle d'un cercle qui auroit l'épaisseur 1ᴾ 9° du mur pour diametre, ci 5 6 0
et le pourtour moyen sera . : 49ᴾ 6°

L'on peut aussi avoir le pourtour réduit en ôtant du pourtour extérieur   55ᵖ 0°
la circonférence d'un cercle qui auroit pour diametre l'épaisseur 1ᵖ 9° du
mur, ci   5   6

La différence sera le pourtour réduit .   .   .   .   49ᵖ 6°

Pour donner une preuve de ce qu'on vient de
dire, l'on n'a qu'à multiplier le pourtour réduit
49ᵖ 6° par l'épaisseur 1ᵖ 9° du mur,
et la surface de son plan sera   86ᵖ 7° 6ᶠ

La surface du grand cercle de
17ᵖ 6° de diametre sera   .   . 240ᵖ 7° 6ˡ
La surface du petit cercle sera 154   0   0
Et la différence sera   .   . 86   7   6

I I.

(*Fig.* 29.) La circonférence moyenne d'un
plan ovale ou elliptique compris entre deux circonférences parallèles sera, suivant le principe
que l'on vient d'établir, égale au pourtour intérieur, plus à la circonférence d'un cercle qui auroit
l'épaisseur du mur pour diametre, ou au pourtour
extérieur moins la circonférence du même cercle.

EXEMPLE.

Supposons que le grand diametre AB soit 28ᵖ
et que le petit diametre CS soit 20ᵖ; supposons

aussi que l'épaisseur AI du mur soit 2^P, l'on aura le grand diametre IL de 24^P et le petit diametre FT de 16^P.

Le pourtour d'un ovale se trouve en prenant 12 fois le grand diametre; plus, 10 fois le petit diametre; puis en prenant le $\frac{1}{7}$ de la somme.

La circonférence de l'ovale circonscrit sera par ce moyen . . . 76 $\frac{4}{7}$
et celle de l'ovale inscrit sera . . 64

Somme . . . . . 140 $\frac{4}{7}$

dont la moitié sera le pourtour réduit
du mur, ci . . . . . . 70 $\frac{2}{7}$

Si l'on ajoute une épaisseur de mur à chacun des diametres de l'ovale inscrit, l'on aura 26^P et 18^P pour les diametres de l'ovale moyen dont le pourtour sera également . . . . 70^P $\frac{2}{7}$

La circonférence de l'ovale inscrit, ayant 24^P pour son grand diametre et 16^P pour son petit diametre, sera . . . 64^P 0
L'épaisseur 2^P du mur étant prise pour diametre d'un cercle, la circon-
férence sera 6^P $\frac{2}{7}$ à ajouter à la précé-
dente, ci . . . . . . 6 $\frac{2}{7}$

Le pourtour réduit sera . . . 70 $\frac{2}{7}$

L'ovale circonscrit ayant 28ᴾ pour grand diametre et 20ᴾ pour petit diametre, sa
circonférence sera . . . . 76ᴾ $\frac{4}{7}$

Ôtant de ce nombre la circonfé-
rence d'un cercle de 2ᴾ de diametre   6 $\frac{2}{7}$

le reste sera le pourtour réduit   70 $\frac{2}{7}$

Si l'on multiplie le pourtour 70$\frac{2}{7}$ par l'épaisseur 2ᴾ du mur, la surface du plan de ce mur sera
140ᴾ $\frac{4}{7}$: or l'on va faire voir que ce produit est
exact.

Calculez la surface d'un ovale de 28ᴾ de grand
diametre et de 20ᴾ de petit dia-
metre, vous aurez, suivant le chapitre 4, ... 446ᴾ 1° 6ⁱ

Calculez aussi la surface d'un
ovale de 24ᴾ de grand diametre
et 16ᴾ de petit diametre, vous
aurez 305 7 2

La différence sera la surface
du plan du mur, ci . . . 140ᴾ 6° 4ⁱ

L'on n'aura point égard à la petite différence
qui se trouve sur les pouces, laquelle ne provient
que des restes de division.

Supposons que les deux circonférences du même plan soient elliptiques, suivant la table des circonférences l'on trouvera,

pour une ellipse de 28ᴾ de grand axe sur 20ᴾ de petit axe,   75ᴾ 10° 11ᴵ

et pour une ellipse de 24ᴾ de grand axe sur 16ᴾ de petit axe   63 5 5

   Somme 139 4 4

dont la moitié sera la circonférence moyenne, ci . . .   69ᴾ 8° 2ᴵ

Si l'on calcule la circonférence d'une ellipse de 18ᴾ de petit axe et de 26ᴾ de grand axe, l'on trouvera également . . . . . .   69ᴾ 8° 2ᴵ

Ajoutez à la circonférence de l'ellipse concéntrique . . .   63ᴾ 5° 5ᴵ

celle d'un cercle qui auroit pour diamètre l'épaisseur 2ᴾ du mur,
ci, ...   6 3 5

le pourtour moyen sera . .   69 8 10

Retranchez du pourtour extérieur . . . . . .   75ᴾ 10° 11ᴵ

la circonférence du même cercle   6 3 5

la circonférence moyenne sera   69 7 6

Enfin, multipliant la circonférence moyenne par l'épaisseur 2ᴾ du mur, l'on aura 139ᴾ 4°4ᴵ pour la surface du plan de ce mur.

CHAPITRE III.

Des murs droits et circulaires élevés ensemble.

Nous entendons ici les murs droits dont le prolongement feroit pénétration aux murs circulaires, et formeroit sur leur plan des segments de cercle.

I.

(*Fig.* 30.) Supposons que le mur RS soit pénétré par une portion EAF de mur circulaire.

Tirez deux droites LM, PN, d'équerre au parement XS du mur droit, et touchant chacune un point de la circonférence du mur circulaire; tirez une droite MN parallele à XS, et touchant un point D de la circonférence, la longueur MN de cette ligne sera égale au diametre AD de la tour ronde: retranchez du diametre MN ou AD une des distances LM, PN, le reste sera la valeur de la fleche AG du segment engagé au mur droit. Il s'agit de trouver la corde EF du segment EAF.

L'on vient de trouver la quantité AG; la quantité GD est égale à LM ou PN: ainsi AG et GD sont connus, et l'on aura la demi-corde EG en faisant AG $:$ GE $::$ GE $:$ GD; d'où l'on déduit GE $= \sqrt{AG \times GD}$; et comme EF est double de GE, l'on aura EF $= 2\sqrt{AG \times GD}$.

La corde EF et la fleche AG du segment EAF étant

étant connues, l'on trouvera la surface de ce segment, ainsi que la longueur EAF de l'arc, par le
moyen de la table des segments (chap. II); puis
l'on déduira la surface de ce segment sur la partie
de mur droit comprise entre les droites d'équerre
EY, FZ: le mur circulaire ne sera compté qu'à un
parement dans la longueur de l'arc EAF, ainsi que
le mur droit dans la longueur de la corde EF.

Exemple.

Supposons le diametre AD = 28ᴾ, et l'épaisseur AB = 3ᴾ 6°, et que l'on ait trouvé LM ou
GD = 23ᴾ 6°, l'on aura BG = 1ᴾ, et par conséquent AG = 4ᴾ 6°.

L'on vient de voir que, pour trouver la corde
EF, il falloit multiplier AG par GD, et tirer la racine quarrée du produit, puis doubler cette racine; ainsi l'on aura EF = $2\sqrt{4^P 6° \times 23^P 6°}$ =
20ᴾ 6° 9′ 7′.

La fleche AG étant 4ᴾ 6°, et la corde EF étant
20ᴾ 6° 9′ 7′, l'on trouvera, par le moyen de la
table des segments, que la surface du segment
EAF sera 64ᴾ 0° 4′, et la longueur de l'arc EAF
sera 23ᴾ 1° 3′.

Le diametre moyen du mur en tour ronde étant
24ᴾ 6°, sa circonférence sera 77ᴾ. Or, lorsque l'on
voudra mesurer le mur en tour ronde, l'on dira:
le mur circulaire contient tant de haut sur 77ᴾ réduits de pourtour, et de 3ᴾ 6° d'épaisseur, dont à
un parement même hauteur sur 23ᴾ 1° 3′, le reste
à deux parements.

I

Quant à la partie du mur droit YEFZ dans laquelle se trouve engagée la tour ronde, l'on a reconnu la longueur EF qui est 20ᵖ 6° 9ᶦ 7ᶦ; et supposant YE = 5ᵖ, l'on dira: la partie de mur droit, enclavée dans la tour ronde, contient 20ᵖ 6° 9ᶦ 7ᶦ de long sur 5ᵖ d'épaisseur, produit en superficie sur son plan ..... 102ᵖ 9° 11ᶦ 11ᶦ
à déduire pour le segment 64 0 4 0

Le reste est de . . : 38 9 7 11

Pour déterminer une épaisseur, l'on divisera 38ᵖ 9° 7ᶦ 11ᶦ par la longueur 20ᵖ 6° 9ᶦ 7ᶦ, et l'on aura 1ᵖ 10° 7ᶦ 8ᶦ avec un reste que l'on pourra négliger.

L'on pourra dire alors: Cette partie de mur contient tant de haut sur 20ᵖ 6° 9ᶦ 7ᶦ de long, et de 22° 7ᶦ 8ᶦ d'épaisseur à un parement.

I L

(*Fig.* 31.) Lorsqu'une tour se trouve engagée entre deux murs AE, IG, dont l'épaisseur est moindre que la dixieme partie du diametre extérieur, l'on tracera les droites d'équerre LH, BD, et l'on ajoutera aux longueurs IL, AB, des murs le ⅓ des différences HG, DE, des longueurs intérieures et extérieures pour avoir une longueur réduite.

Mais si l'épaisseur FI d'un mur est plus grande que la dixieme partie du diametre extérieur de la tour, l'on sera obligé de prendre une longueur FH, plus la moitié de HG, et de retrancher de la surface du plan LGFI un segment LMG, comme l'on va voir.

Supposons que la tour ait 14^P de diametre extérieur, que la longueur IL du mur soit de 12^P, que la différence HG soit de 2^P, et que l'épaisseur LH du mur soit de 5^P.

Le triangle rectangle LHG donnera $\overline{LG}^2 = \overline{LH}^2 + \overline{HG}^2 = 25 + 4 = 29^P$: d'où l'on déduit la corde LG = 5^P 4$^°$ 7^1 5^1. Il s'agit maintenant de connoître la fleche MN.

Le triangle rectangle GNO donne $\overline{NO}^2 = \overline{GO}^2 - \overline{GN}^2$; or GO est la moitié 7^P du diametre, et par conséquent $\overline{GO}^2 = 49^P$. GN est la moitié de GL, par conséquent $\overline{GN}^2 = \frac{\overline{GL}^2}{4}$; et comme l'on a trouvé ci-dessus $\overline{LG}^2 = 29^P$, l'on aura $\overline{GN}^2 = \frac{}{4}$

7^P 3$^°$. Ainsi, au lieu de $\overline{NO}^2 = \overline{GO}^2 - \overline{GN}^2$, l'on aura $\overline{NO}^2 = 49^P - 7^P 3^° = 41^P 9^°$; d'où l'on déduit NO = 6^P 5$^°$ 6^1 5^1, qui étant ôtés du rayon 7^P, restera MN = 0^P 6$^°$ 5^1 7^1.

La fleche MN étant 0^P 6$^°$ 5^1 7^1, et la corde LG étant 5^P 4$^°$ 7^1 5^1, l'on trouvera, par le moyen de la table des segments, 1^P 11$^°$ 6^1 pour la surface du segment GML, lequel étant divisé par l'épaisseur 5^P du mur, l'on aura 0^P 4$^°$ 8^1 5^1 à retrancher de la longueur du mur.

Comme l'on a supposé le mur avoir 12^P de long de F en H, et 2^P de H en G dont la moitié est 1^F, qui étant joint à 12^P, feroit 13^P réduits, si le

I ij

mur étoit coupé par une ligne droite LG, en
diminuant o^p 4° 8^l 5^l de 13^p, la longueur réduite
sera 12^p 7° 3^l $-^l$.

III.

(*Fig.* 32.) Il se trouve des murs en tour ronde,
tels qu'un puits ou autres, engagés dans un angle
formé par la rencontre de deux murs droits. Ces
murs ne peuvent guere être développés sans qu'on
leve leur plan pour le rapporter de sa grandeur
naturelle sur un endroit uni. Il faut supposer ici
que le diametre de la tour et les épaisseurs, tant
de la tour que des murs droits, sont des quantités données.

La premiere opération qu'il faut faire pour lever le plan, c'est de prendre au cordon l'angle
GMP tel qu'on l'a démontré dans le chapitre I,
et le rapporter sur un endroit uni; l'on prolongera le côté GM vers H, puis l'on portera l'épaisseur GN du mur d'équerre sur GM, et l'on tirera
la parallele NT; l'on portera l'épaisseur PQ du
second mur d'équerre sur PM, puis l'on tirera la
parallele QR de maniere que le point R se trouve
sur la ligne GH. Cette opération déterminera la
position des deux murs MQ, NH. Il s'agit maintenant de déterminer la position des points F, A, L,
de la circonférence extérieure sur les lignes GH,
QR.

Tirez une droite *bc* d'équerre sur GH, et touchant un point C de la circonférence extérieure;
tirez une autre droite *cd* d'équerre sur *bc*, et touchant aussi un point B de la même circonférence:
ces deux lignes se rencontreront au point D; pre-

nez la longueur bD que vous ôterez du diametre
EB, le reste EN sera la fleche du segment AEL,
duquel il s'agit de trouver la corde AL.

L'on aura la demi-corde NL en faisant cette
proportion, EN : NL :: NL : NB; d'où l'on déduit NL $= \sqrt{\overline{\text{EN} \times \text{NB}}}$.

L'on fixera sur le mur NH une longueur quelconque MH; puis, portant la distance Hb sur le
plan, l'on déterminera avec le rayon OC connu,
le point N en le portant de b en N; portant ensuite la demi-corde NL de N en L et de N en A,
et la fleche de N en E, l'on aura les points A, E,
L, de la circonférence.

Connoissant la position de trois points A, E, L,
et le rayon EO, du centre O avec le rayon l'on
tracera la circonférence CEFB qui coupera la ligne
QR au point F; du même point O l'on tracera la
circonférence intérieure $ghil$. Le plan des murs et
de la tour étant ainsi rapporté sur un endroit uni,
l'on pourra prendre toutes les dimensions dont
on aura besoin.

L'on prendra le pourtour réduit de la tour sans
rien déduire de ce qui est enclavé, et l'on comptera
ce mur à un parement dans la longueur de l'arc
FAL.

L'on mesurera le mur NH duquel on déduira
un segment AEL; ce mur ne sera compté qu'à
un parement dans la longueur de l'arc AEL et de
la partie AM.

L'on mesurera la longueur réduite du mur PR
dans lequel il se trouve une portion FUAR de
la tour, composée d'un segment FUA et d'un

triangle FAR que l'on déduira de la surface du plan PMRQ, lequel ne sera compté qu'à un parement dans la longueur de la partie FR de ce mur.

CHAPITRE IV.

De la méthode de mesurer et fixer les hauteurs des murs et les épaisseurs des planchers.

Il n'y a pas de moyen plus sûr pour déterminer les différentes hauteurs dont on a besoin, que de fixer une hauteur générale comprise entre deux plans parallèles et de niveau, dont l'un seroit pris du dessus de l'entablement, ou à une ligne d'emprunt au-dessus ou au-dessous, et l'autre pris sur une ligne d'emprunt du sol des caves. Ce moyen est très facile, c'est de tracer une ligne de niveau sur tous les murs dans le dernier étage et une autre dans les caves : l'on renvoie ces lignes par dedans la cage d'escalier, ou par quelques baies, pour prendre la hauteur juste comprise entre ces deux places.

Pour rendre cette opération plus intelligible, l'on figurera une coupe sur la profondeur du bâtiment, y compris les deux murs de face, s'il y en a deux, ou un mur de face, et celui du fond qui lui est opposé : sur cette coupe l'on cotera les hauteurs tant des étages que des croisées, entablement, plinthes, retraite et empatement. Les hauteurs des étages se prendront par dedans la cage d'escalier du dessus du palier supérieur au-dessus de celni inférieur ; la partie du haut se prendra depuis la ligne de niveau au-dessus de l'entablement jusques sur le dernier palier, et celle du bas se prendra depuis le dessus du palier du rez de chaussée jusqu'à la ligne d'emprunt tracée dans les caves.

Toutes les hauteurs étant ainsi déterminées sur une coupe, il sera facile de toiser les différentes parties du bâtiment, dont l'on n'aura plus que les longueurs à mesurer.

L'on commence par les têtes de cheminée, dont la hauteur se prend depuis le dessus de la dernière plinthe jusques sur le dernier plancher, et l'on ajoute à cette hauteur 6° pour la fermeture et 12° pour le plancher.

L'on mesure ensuite la hauteur des murs de dossier depuis le haut de la pente du dessus jusqu'au niveau du dessus de l'entablement, sans rien rabattre pour la pente. L'on compte à part l'enduit de la pente que l'on réduit à quart de toise de léger ouvrage.

Les murs de refend, qui sont d'une épaisseur égale dans toute leur hauteur et de même construction, sans être coupés par des tuyaux de cheminée, peuvent se mesurer de leur hauteur totale depuis le dessus de l'entablement jusqu'à la retraite, s'il y en a, ou jusqu'à l'empatement du mur de cave, s'il n'y a point de retraite.

Lorsque l'on met des pieds-droits de pierre aux portes des murs de refend, ou que l'on fait des cheminées dans l'épaisseur desdits murs, l'on prend leurs dimensions d'un étage à l'autre en y comprenant une épaisseur de plancher supérieur, et l'on fait distinction de ce qui est en pierre, de ce qui est en brique, et de ce qui est en moilon dans chaque étage.

Les murs de face se mesurent en plusieurs parties; savoir, la partie supérieure depuis le dessus de l'entablement jusqu'à celle qui change d'épaisseur, et successivement jusques sur la retraite : la hauteur de la retraite se prend à part, ainsi que la partie de mur en la hauteur des caves et la fondation au-dessous.

Observation pour les saillies.

Les murs de face en pierre qui ont des saillies d'architecture se toisent comme les précédents, et l'on compte les saillies à part.

La plupart comptent autant d'épaisseurs différentes qu'il y a de différentes saillies: cela ne fait que multiplier les articles de l'extrait d'un mémoire. Il seroit beaucoup mieux de compter le mur entier sans avoir égard aux saillies, et de compter ces saillies à part; ce qui ne change rien à la valeur de chaque chose.

Je suppose, par exemple, que la pierre revienne, compris pose et déchet, à 36ˡ le pied cube sans la taille: le pouce d'épaisseur sur une toise superficielle reviendroit à 5ˡⁱᵛ 8ˢ. Ceci posé,

Prenez une assise de 36^P de long sur 1^P de haut et de 30° d'épaisseur, compris une saillie de corniche que je suppose de 12°, la toise superficielle coûteroit .... 162^{liv} 0^s 0^d

Si l'on compte le mur de 18° d'épaisseur, la toise reviendra à ..... 97^{liv} 4 0^d

Il restera à compter 36^P cubes de saillie, à 36^s le pied, valent 64 16 0

La somme des deux articles reviendra également à . . 162^{liv} 0^s 0^d

S'il se trouve des chambranles saillants ou des avant-corps, l'on pourra compter pour saillie toute la longueur de la pierre évuidée, et la partie évuidée sera comptée pour refouillement simple : si l'on ne compte que la saillie nette, l'on comptera à part les évuidements d'angle avec perte de pierre ; ce qui revient au même, comme l'on va le voir.

Je suppose que le refouillement de l'angle soit estimé 20^s, et que la pierre soit estimée 36^s, l'évuidement d'angle avec la pierre sera estimé 56^s. Ainsi il n'importe de compter l'évuidement comme saillie et le refouillement à part, ou de compter l'un et l'autre dans le même article.

Dans le cas où la saillie ne porte pas 3 pouces, il n'est point dû de refouillement ; mais la pierre qui en est sortie est due comme saillie de pierre.

Aux murs de clôture, l'on prend la hauteur depuis le sommet du chaperon jusques sur la fondation : si le chaperon porte une bordure, l'on ajoute 6° à la hauteur ; s'il porte deux bordures,

l'on y ajoute 1 pied; si l'on ne fait que des larmiers en plâtre, l'on n'ajoute rien à la hauteur,
et les larmiers se comptent chacun pour 6° de
large en léger ouvrage; si les deux faces desdits
murs ne sont pas enduites, l'on compte la plus valeur de l'enduit du chaperon; et si les bordures
sont en moilon piqué, on les compte séparément
en plus valeur.

Si au lieu de chaperon l'on pose un rang de
moilon de champ, le mur se mesure de sa hauteur sans rien ajouter. L'on compte à part la plus
valeur du moilon posé de champ.

Les murs en pointe de pignon, ou les frontons
triangulaires, se mesurent comme des triangles:
les frontons ceintrés se mesurent comme des segments de cercle.

Ce seroit ici le lieu de parler du toisé des murs
en talut; mais comme ces murs demandent d'autres détails que ceux dont on a parlé jusqu'à présent, et qu'ils nous écarteroient trop de notre
toisé superficiel, nous nous réservons à en parler
après le toisé superficiel des voûtes.

QUATRIEME PARTIE.

*Des voûtes considérées dans leur étendue
superficielle.*

La surface d'une voûte est l'étendue de sa douelle
que l'on nomme aussi intrados, et non l'étendue
de l'extrados.

Quand une voûte est extradossée, c'est-à-dire
quand le dessus est parementé, la surface se prend
au milieu de l'épaisseur, comme l'on a fait au toisé des tours rondes.

CHAPITRE PREMIER.

Des voûtes en berceau simple.

L'on nomme voûte en berceau simple celle dont
les naissances sont paralleles, et dont les têtes
sont terminées par des plans verticaux droits.

Pour évaluer la surface d'un berceau simple,
l'on prend le pourtour que l'on multiplie par la
longueur prise au milieu. L'on a donné dans la
seconde partie de ce traité les différentes méthodes que l'on peut employer pour trouver les
pourtours par le moyen du diametre et de la montée.

L'on ne diminue point le vuide des lunettes
des soupiraux, ou des portes dont l'ouverture se

trouve dans la naissance ; au contraire, l'on compte
en plus valeur l'arêtier d'une lunette prise d'une
naissance à l'autre dans le ceintre de la lunette
seulement, et non dans la voûte. Cette arête
se compte en moilon pour un pied de large, et se
réduit en léger ouvrage ; et en pierre, pour un pied
de large, et se réduit en taille.

Lorsqu'une lunette est plus large que le quart
du diametre de la voûte, l'on doit en rabattre le
vuide, et compter à part sa surface. L'on compte
également l'arêtier.

Les arcs en pierre se toisent en superficie, et
se comptent en plus valeur sur les voûtes en moilon. Si ces arcs portent arcs doubleaux, l'on compte
à part la saillie comme saillie de pierre que l'on
réduit au pied cube, et la taille des deux côtés se
compte à part ; savoir, pour 6° au-dessous de 3°,
pour 9° à 3° de large ; et s'ils ont plus de 3° de
saillie, l'on ajoute 6° à la saillie. L'on compte
aussi à part le déchet et évuidement des deux angles des deux côtés d'un arc doubleau.

Les berceaux circulaires sur le plan se mesurent
en prenant le pourtour de leur longueur au milieu
de la clef, et le pourtour de leur ceintre comme
ci-devant. L'on ne doit rien ajouter aux têtes,
c'est un abus adopté par la plupart des praticiens ;
mais l'on peut compter une plus valeur pour l'a-
rêtier de la tête en prenant son pourtour sur un
pied, que l'on doit évaluer en léger si l'arêtier est
en moilon, et en taille s'il est en pierre. L'on
compte aussi à part le parement de tête.

Un berceau droit ou rampant tournant autour
d'un pilier, ou, suivant le style des ouvriers, une

vis S. Gille quarrée, ayant un même pourtour de ceintre dans chaque partie, peut se toiser dans un seul article, en ajoutant toutes les longueurs prises au milieu des clefs, et le pourtour se prend suivant le rampant et non à plomb.

Les arêtiers saillants de ces berceaux se comptent comme ceux des lunettes; ceux rentrants se comptent en voûte de la même espece, leur pourtour sur un pied.

S'il se trouve des retombées de pierre dans une voûte en moilon, l'on compte la plus valeur desdites retombées, en prenant leur hauteur à plomb, y compris la hauteur de la coupe, sur leur longueur, et l'on prend leur saillie pour épaisseur.

L'on compte les parements intérieurs des soupiraux, quoique l'on n'en ait point rabattu le vuide.

CHAPITRE II.

De la formation des voûtes d'arête et des voûtes de cloître.

(*Fig.* 33.) Soient LM, AB, les plans de deux voûtes en berceau de même ceintre se croisant l'un l'autre: tirez les diagonales *gh*, *ef*, les deux voûtes se croiseront à plomb sur ces diagonales, et formeront les courbes *goh*, *eof*, que l'on nomme arêtiers. C'est ce qu'on nomme, en termes d'appareilleur, la pénétration des voûtes.

L'un de ces deux berceaux aura pour longueur la droite *rs*, et *gre* pour ceintre ; l'autre aura *nq* pour longueur, et *gnf* pour ceintre. L'on ne comprend ici que ce qui est élevé sur le plan *gehf*.

La pénétration des deux douelles formera une voûte de cloître composée de quatre pans *goe*, *eoh*, *hof*, *fog*, dont les points d'appuis seront sur les côtés *ge*, *eh*, *hf*, *fg*, du plan *gehf*, et dont le sommet sera à la rencontre *o* du milieu des douelles.

La même pénétration formera une voûte d'arête composée de quatre lunettes *greog*, *eqhoe*, *hsfoh*, *fngof*, dont les points d'appui seront sur les angles *g*, *e*, *h*, *f*, du plan *gehf*, et dont le sommet sera au même point *o*.

D'où il suit que deux berceaux de même hauteur *op*, élevés sur un même plan *gehf*, seront égaux à la somme d'une voûte d'arête et d'une voûte de cloître.

Il est bon d'observer que toutes les voûtes, soit en berceau, soit les pans de voûte de cloître, soit les lunettes de voûte d'arête, étant de même diametre et de même montée, sont entre elles comme leurs longueurs, et non comme leurs ceintres; et que les voûtes de même longueur sur des ceintres différents, ne peuvent être entre elles comme leurs pourtours.

CHAPITRE III.

Du toisé superficiel des voûtes de cloître en plein ceintre.

(*Fig.* 34.) L'ON aura la surface d'un pan de voûte de cloître CEG en multipliant sa montée EF par sa longueur CG prise sur le plan.

Pour le démontrer, circonscrivez à la voûte une infinité de pyramides tronquées parallelement au plan BHGC, les quatre faces d'une des pyramides formeront quatre trapezes égaux. Toutes ces pyramides étant supposées infiniment petites, leur somme sera égale à la surface de la voûte.

Considérez le trapeze $cbfg$ d'une des pyramides, que l'on suppose égal à la surface de la partie de voûte qu'il couvre, la surface de ce trapeze se trouvera en multipliant sa hauteur xu par la moitié de la somme des longueurs bf, cg, et l'on aura $\frac{bf+cg}{2} \times xu = cbfg$.

Du centre t du trapeze $cbfg$, tirez une droite tp parallele au diametre DA de la voûte; le trapeze $dabc$ étant supposé égal au trapeze $cbfg$, l'on aura $tp = \frac{ab+cd}{2} = \frac{bf+cg}{2}$; ainsi au lieu de $cbfg = \frac{bf+cg}{2} \times xu$, l'on aura $cbfg = tp \times xu$.

Comparez les deux triangles rectangles ntF,

zxu, semblables, ayant chacun un angle droit, et l'angle $n\mathrm{F}t$ égal à l'angle xuz, à cause des parallèles nt, zu, et par conséquent le 3me angle ntf sera égal au 3me angle zxu, vous aurez xu : xz :: $t\mathrm{F}$: nt; d'où l'on déduit $xu \times nt = xz \times t\mathrm{F}$; et, multipliant les deux membres de l'équation par 2, vous aurez $xu \times 2nt = xz \times 2t\mathrm{F}$; or $2nt = tp$, et $2t\mathrm{F} = \mathrm{DA}$; donc $xu \times tp = xz \times \mathrm{DA}$; c'est-à-dire que la surface du trapeze $cbfg$, ou $dabc$, est égale au produit de la hauteur xz ou mo de la pyramide multipliée par le diametre DA ou par la base CG du pan de voûte CEG.

Puisque tous les trapezes des pyramides tronquées circonscrites à la voûte ont une mesure commune AD, et différentes hauteurs mo dont la somme est égale à la montée EF de la voûte, il est clair que la surface d'un pan de voûte CEG sera égale au produit de sa montée EF multiplié par sa longueur CG; ce qui existe seulement dans les voûtes en plein ceintre.

De ce principe incontestable l'on en peut déduire plusieurs conséquences, comme l'on va le voir par l'exemple suivant.

Exemple.

Soit donnée une voûte de cloître plein ceintre de 14^p de diametre, et dont la montée sera par conséquent 7^p.

1°. Le diametre étant 14^p, le pourtour du plan quarré sera 56^p, qui étant multipliés par 7^p, l'on aura 392^p pour la surface de la douelle.

2°.

2°. La surface d'un pan de voûte sera égale à 2 fois le quarré de la montée, et l'on aura $7^p \times$ par $7^p \times 2 = 98^p$, et les quatre pans vaudront 392^p comme ci-devant.

3°. La surface d'un pan de voûte ou d'une voûte est double de la surface de son plan; le plan ayant 14^p en quarré, sa surface sera $14^p \times 14^p = 196^p$, dont le double est également 392^p.

4°. La surface d'une voûte ou d'un pan de voûte sera égale au produit de son demi-cintre par les $\frac{7}{11}$ de la longueur du pan, ou du pourtour du plan de la voûte.

Si l'on prend le rapport de 7 à 22, le pourtour de cette voûte sera 22^p, dont la moitié est 11^p; le pourtour du plan sera 56^p, dont les $\frac{7}{11}$ valent 35^p $\frac{7}{11}$.

Multipliant $35^p \frac{7}{11}$ par 11^p, l'on aura comme ci-devant 392^p.

(*Fig.* 35.) 5°. La surface d'un pan de voûte se trouve en prenant le quarré de la corde EG tirée du sommet à la naissance.

En considérant le triangle EFG rectangle en F, la corde EG sera l'hypothénuse, et l'on aura $\overline{EG^2} = \overline{EF^2} + \overline{FG^2}$; or FG est la moitié du diametre 14^p, c'est-à-dire 7^p, et EF est la montée 7^p: donc $\overline{EF^2} + \overline{FG^2} = 49^p + 49^p = 98^p$, et par conséquent $\overline{EG^2} = 98^p$, qui expriment la surface d'un pan de voûte; ainsi quatre fois 98^p vaudront 392^p pour la surface de toute la voûte.

6°. La surface d'une calotte *badc* de voûte de

K

cloître tronquée parallelement au plan, est égale à quatre fois le quarré d'une corde EM tirée du sommet au milieu de sa base *bc*.

En supposant toujours le diametre AD ou BC de 14^P et la montée EF de 7^P, si l'on fait la hauteur EL de la calotte égale à 2^P, la surface de cette calotte sera, suivant ce qui a été démontré, égale à la hauteur 2^P multipliée par le pourtour 56^P du plan BADC, et l'on aura 112^P de superficie.

Prolongez la montée EF de F en N, et faites FN égal au rayon EF, vous aurez EN = 14^P; et comme EL = 2^P, vous aurez LN = 12^P.

Du centre L du plan de la calotte, tirez une droite LM d'équerre sur *bc*; cette droite LM sera moyenne proportionnelle entre EL et LN, et vous aurez $\overline{LM}^2 = EL \times LN = 2^P \times 12^P = 24^P$.

Le triangle ELM rectangle en L donnera $\overline{EM}^2 = \overline{LM}^2 + \overline{EL}^2$; or EL = 2^P, et $\overline{EL}^2 = 4^P$; $\overline{LM}^2 = 24^P$; donc $\overline{EM}^2 = 24^P + 4^P = 28^P$, et $4\overline{EM}^2 = 112^P$, comme l'on vient de trouver ci-devant.

(*Fig.* 35.) 7°. La surface d'un pan de voûte BEC étant représentée par le quarré $\overline{EG}^2$ de la corde EG, et celle du segment *bEc* étant représentée par le quarré $\overline{EM}^2$ de la corde EM, la différence de ces deux quarrés donnera la surface du pan tronqué B*bc*C, et l'on aura B*bc*C = $\overline{EG}^2 - \overline{EM}^2$.

L'on a trouvé ci-devant 98ᵖ pour le quarré $\overline{EG^2}$, et 28ᵖ pour le quarré $\overline{EM^2}$; ainsi la différence 70ᵖ sera la valeur du pan tronqué B*b c*C, et quatre fois cette quantité sera la valeur de la voûte tronquée; ce qui donnera 280ᵖ.

8°. L'on peut avoir également la surface de la voûte tronquée en multipliant sa hauteur LF = 5ᵖ par le pourtour 56ᵖ de son plan; ce qui donnera 280ᵖ comme ci-devant.

CHAPITRE IV.

Du toisé des dômes en plein cintre, des calottes sphériques, des dômes tronqués, et de ceux en pendentif.

(*Fig.* 36.) L'on a dit sur la fin du 3ᵐᵉ chapitre que les surfaces des voûtes de même hauteur sont entre elles comme les pourtours de leurs plans, ou comme les longueurs des côtés du plan; or, considérant un dôme comme une voûte de cloître d'une infinité de pans, sa surface sera égale à sa montée multipliée par la somme des côtés de son plan. Mais la somme des côtés du plan ne différant point de sa circonférence, la surface d'un dôme en plein cintre sera égale au produit de sa hauteur multipliée par la circonférence de sa base.

Le côté d'un quarré circonscrit à un cercle, étant pris pour diametre, sera à la circonférence du cercle comme 7 est à 22. Ainsi pour toiser un

dôme ou une calotte sphérique, ou un dôme tronqué, l'on fera le calcul pour un pan de voûte de
cloître de même diametre, et l'on multipliera le
produit par 3 et $\frac{1}{7}$.

EXEMPLE.

(*Fig.* 37.) Supposons le diametre AB $= 14^r$
et la montée EF $= 7^p$.

1°. L'on a trouvé pour un pan de voûte sur les
mêmes mesures 98^p de superficie, qui étant pris
3 fois et $\frac{1}{7}$, l'on aura 308^p pour celle d'un dôme.

2°. L'on a trouvé, n°. 6, que la surface d'un
pan de calotte de voûte de cloître, ayant 2^p de
hauteur, étoit $\overline{EM}^2 = 28^p$; ainsi, en multipliant
ce nombre par 3 et $\frac{1}{7}$, l'on aura 88^p pour la surface d'une calotte sphérique de même hauteur.

3°. L'on a trouvé, n°. 7, qu'un pan de voûte
tronqué étoit 70^p de superficie; ainsi, en multipliant 70^p par 3 $\frac{1}{7}$, l'on aura 220^p pour la surface
d'un dôme tronqué pris sur les mêmes dimensions.

(*Fig.* 38.) 4°. Les dômes en pendentif n'étant autre chose que des dômes coupés à plomb à
différents endroits, l'on aura aisément leurs surfaces, car chacune des coupes ou demi-calottes
γLDM sera égale à sa montée xy multipliée par
la demi-circonférence AHEB, ou par la moitié
$\frac{yx}{2}$ de la montée multipliée par la circonférence
faite avec le rayon AF. Or, puisque le dôme est
égal au produit de sa montée EF multipliée par

la circonférence faite avec le même rayon, il est évident que la surface d'un dôme en pendentif se trouvera en ôtant de la montée EF la moitié de la somme des montées des demi-calottes verticales, et en multipliant le reste par la circonférence faite avec le rayon AF.

CHAPITRE V.

Du toisé superficiel des voûtes d'aréte en plein cintre, et de leurs segments.

(*Fig.* 39.) 1°. La surface d'une lunette CDHOC de voûte d'arête en plein ceintre se déterminera en prenant une fois et un septieme le quarré de la montée OP.

Supposons une voûte d'arête de 7ᵖ de montée, élevée sur un plan de 14ᵖ en quarré, le quarré de la montée 7ᵖ sera 49ᵖ, qui étant multipliés par 1 $\frac{1}{7}$, l'on aura 56ᵖ pour la surface d'une des quatre lunettes.

2°. La surface d'une lunette CDHOC se trouvera en multipliant son pourtour CDH par les $\frac{4}{11}$ de sa longueur DO.

Supposant les mêmes dimensions, le diametre CH étant 14ᵖ, et la montée AD étant 7ᵖ, son pourtour CDH sera 22ᵖ; la longueur DO étant la moitié 7ᵖ du diametre, les $\frac{4}{11}$ de 7ᵖ seront 2ᵖ $\frac{6}{11}$.

Multipliant 22ᵖ par 2ᵖ $\frac{6}{11}$, l'on aura, comme ci-devant, 56ᵖ pour une lunette.

3°. La surface d'une lunette en plein cintre

sera un septieme de fois plus grande que la surface de son plan.

Suivant les dimensions ci-dessus, le plan triangulaire CPH sera égal au produit de AP $=7^p$ multiplié par la moitié 7^p de CH, et l'on aura CPH $=$
49^p; si l'on ajoute le $\frac{1}{7}$ de cette quantité avec elle-
même, l'on aura 56^p pour la surface de la lu-
nette.

(*Fig.* 40.) 4°. Pour trouver la surface d'un
segment $bfcEb$ de lunette coupée par un plan
perpendiculaire à la ligne bc, l'on multipliera le
pourtour bfc de la partie de lunette par sa longueur Ef, et l'on ôtera du produit le quarré de la
droite EM tirée du sommet E sur le milieu de la
corde bc.

Supposons la longueur $Ef = 8^p$, la montée
$EL = 6^p$, le cintre $bfc = 21^p 6°$, le produit du
cintre $21^p 6°$ multiplié par la longueur 8^p sera . . . . . . $172^p \ 0°$

La droite EM étant l'hypothénuse

du triangle ELM, l'on aura $\overline{EM}^2 =$

$\overline{EL}^2 + \overline{LM}^2$; or EL $= 6^p$, LM $=$
$Ef = 8^p$; ainsi leurs quarrés seront
$36^p + 64^p$, ci 100   0

le reste sera la valeur d'une des quatre lunettes, ci . . . . 72^p 0

CHAPITRE VI.

Des voûtes en berceau composées.

Les berceaux dont les naissances sont parallèles, peuvent être différemment coupés à leurs extrémités : les uns aboutissent à des murs droits à plomb ou en talut ; les autres aboutissent à des murs circulaires aussi à plomb ou en talut. Les différentes terminaisons des têtes des berceaux produisent des portions de voûte de cloître ou de voûte d'arête en continuité de celles en berceau ; ce que l'on connoîtra aisément par les articles suivants.

(*Fig.* 41.) 1°. Lorsqu'une voûte en berceau aboutit dans un angle rentrant DFC, l'on imaginera une droite DC et une coupe à plomb DLC, puis l'on mesurera sa longueur HG au milieu, ou la demi-somme des côtés AD, BC ; l'on ajoutera à cette longueur les $\frac{4}{11}$ du surplus GF, et l'on multipliera la somme de ces deux dimensions par le pourtour de la voûte.

Car ce berceau est composé de deux parties ; savoir, d'un berceau simple compris entre les deux coupes à plomb ANB, DLC, et d'une lunette de voûte d'arête DLCED : or le berceau s'évalue en multipliant sa longueur NL par son cintre, et la lunette s'évalue en multipliant les $\frac{4}{11}$ de sa longueur LE par le même cintre ; donc la somme

K iv.

de ces deux parties sera égale à la somme NL +
$\frac{7}{11}$ LE multipliée par le cintre DLC.

(*Fig.* 42.) 2°. Lorsqu'une voûte en berceau
aboutit à un angle saillant DFC, elle est composée de deux parties; savoir, d'un berceau simple
compris entre deux coupes à plomb GEH, AMB,
et de deux demi-pans DEG, CEH, de voûte de
cloître; ainsi, pour avoir la surface de cette voûte,
l'on ajoutera à la longueur FI de la partie de berceau simple les $\frac{7}{11}$ de la longueur FL, puis l'on multipliera la somme par le pourtour du cintre.

(*Fig.* 43.) 3°. Une voûte en berceau qui sera
coupée par un plan droit en talut FGD, sera composée d'un berceau simple compris entre deux
coupes à plomb BHA, LGC, et de deux demi-
lunettes renversées GFL, GDC; par conséquent
l'on aura la longueur réduite de cette voûte, en
ajoutant à la longueur MP les $\frac{7}{11}$ de l'excédent
PN.

(*Fig.* 44.) 4°. Si la voûte en berceau vient se
terminer sur un mur droit en talut DMA, elle sera
composée d'un berceau simple compris entre les
deux coupes à plomb DLA, CGB, et de deux demi-
pans MDL, MAL, de voûte de cloître renversés;
ainsi, pour avoir une longueur réduite, l'on ajoutera à la longueur IH, ou LG, les $\frac{7}{11}$ du surplus
LM.

(*Fig.* 45.) 5°. Un berceau qui se termine à
un mur en tour ronde de même diametre, est
composé d'un berceau simple compris entre deux
coupes à plomb BPA, NSO, et de deux demi-
lunettes renversées NSC, OSD; par conséquent
l'on aura la longueur réduite de cette voûte en

ajoutant à la distance PS ou IH les $\frac{4}{11}$ du surplus NC ou OD.

(*Fig.* 46.) 6°. Un berceau, aboutissant à un mur en tour creuse, est composé d'un berceau simple compris entre deux coupes à plomb BPA, CMD, et de deux demi-pans de voûte de cloître SCM, SDM : l'on aura donc la longueur réduite de cette voûte en ajoutant à la distance PM ou IL les $\frac{5}{11}$ du surplus MS.

(*Fig.* 42.) 7°. Si dans un berceau il se trouve un pan coupé OPNO, la partie de voûte OPA différera de très peu d'un demi-pan de voûte de cloître; ainsi, après que l'on aura toisé la voûte entiere, l'on en déduira la partie OPA, dont la surface se trouvera en multipliant l'arc PA par les $\frac{5}{11}$ de la longueur OA.

Remarque.

Toute voûte en berceau, soit plein cintre, soit surmontée ou surbaissée, comprise entre deux coupes droites et à plomb, soit d'équerre ou obliques, se toise en prenant la moitié de la somme des longueurs prises aux naissances, et en multipliant cette longueur réduite par le pourtour d'une naissance à l'autre pris sur une ligne d'équerre.

Toutes les voûtes dont on a parlé ci-devant sont supposées en plein cintre; mais lorsque des voûtes en berceau composées sont surmontées ou surbaissées, les opérations précédentes ne peuvent être mises en usage sans erreur sensible. Ainsi l'on toisera d'abord la partie de voûte simple;

et les portions de voûte de cloître ou de voûte
d'arête qui seront à l'extrémité d'une voûte en
berceau, seront toisées séparément, en désignant
leur montée, leur diametre et leur longueur. L'on
verra dans la suite la maniere de toiser les voûtes
de cloître et celles d'arête surmontées ou surbaissées.

  Dans le détail d'un mémoire l'on ne doit pas
faire distinction de ces trois sortes de voûtes; elles
doivent être portées au même prix, parceque la
difficulté qui se trouve dans les voûtes d'arête et
celles de cloître, ne tombe que sur les arêtiers
qui sont toisés en plus valeur, et cette plus valeur
se trouve équivalente au plus de sujétion.

  Mais des voûtes élevées sur des plans circulaires doivent être distinguées de celles en berceau, ayant beaucoup plus de sujétion et de déchet.

  Tous les arêtiers se comptent au pied courant
en plus valeur; c'est-à-dire que 36^p de longueur
d'arêtier sont comptés pour une toise. Si l'arêtier
est saillant comme aux voûtes d'arête, l'on ne
doit le compter qu'en taille ou en léger; en taille,
s'il est en pierre; et en léger, s'il est en moilon.
Si l'arêtier est rentrant comme aux voûtes de cloître, il doit être évalué comme la partie de voûte
où il se trouve.

CHAPITRE VII.

Des voussures en plein cintre.

Les voussures sont des portions de voûte dont les clefs sont en saillie; elles se posent sur un mur droit ou circulaire, et se prennent sur différents arcs depuis un degré jusqu'à 90 degrés, c'est-à-dire depuis le plus petit arc jusqu'au quart de circonférence.

L'on ne fera distinction ci-après que de quatre sortes de voussures; savoir, celle de 30 degrés, celle de 45 degrés, celle de 60 degrés, et celle de 90 degrés. Quant aux voussures d'un nombre intermédiaire de degrés, l'on se réglera sur celle des quatre qui en approchera le plus.

1°. *Pour une voussure de 90 degrés.*

(*Fig.* 47, 48.) Si l'arc CI ou FG regne à l'intérieur d'un plan quarré ou circulaire, il engendrera une voussure dont la surface se trouvera, en ajoutant au pourtour supérieur DLMCD ou FHILF les $\frac{7}{11}$ de ce que le pourtour du plan aura d'excédent, et l'on multipliera ce pourtour réduit par le développement de l'arc; ou bien l'on retranchera du pourtour du plan les $\frac{4}{11}$ de la différence qui se trouve entre les deux pourtours.

(*Fig.* 49, 50.) Si l'arc ID ou IG engendre une voussure à l'extérieur d'un plan quarré ou circulaire, l'on ajoutera au pourtour du plan les $\frac{4}{11}$ de la différence des deux pourtours, ou l'on retranchera du pourtour du haut les $\frac{7}{11}$ de la même différence; ce qui donnera un pourtour réduit que l'on multipliera par la longueur de l'arc.

(*Fig.* 51, 52.) Si l'arc IG suit le contour des murs anguleux MBCG, des angles C, A, l'on tirera les droites CH, AF, d'équerre au mur CB; puis l'on mesurera la longueur CF ou HA à laquelle l'on ajoutera les $\frac{7}{11}$ de la partie FB; plus, les $\frac{4}{11}$ de la partie HD; ce qui donnera une longueur réduite que l'on multipliera par le pourtour de l'arc IG : le produit donnera la surface de la voussure comprise entre les arêtiers AB, DC. ·

2°. *Pour une voussure de 60 degrés.*

(*Fig.* 53.) Si l'arc AB engendre une voussure à l'intérieur d'un plan quarré ou circulaire, l'on ajoutera au pourtour du haut les $\frac{157}{240}$ de la différence de ce pourtour à celui du plan; ce qui donnera une longueur réduite que l'on multipliera par le pourtour de l'arc.

Supposons que le diametre AD soit de 14^p, le rayon AO sera de 7^p, et la longueur BC d haut sera aussi de 7^p; ainsi la différence des longueurs du haut et du bas sera de 7^p.

Ecrivez la différence . . . . 7^P 0 0

Pour $\frac{120}{240}$ prenez la moitié . . 3 6 0

pour $\frac{30}{240}$ le quart du précédent 0 10 6

pour $\frac{6}{240}$ le cinquieme du précédent 0 2 1 2 5

pour $\frac{1}{240}$ le sixieme du précédent 0 0 4 2 4

les $\frac{157}{240}$ de la différence seront 4 6 11 4 9

Ajoutez-y la longueur BC de 7 0 0 0 0

la longueur réduite sera 11 6 11 4 9

Le rayon AO étant de 7^P, l'arc AB de 60 degrés sera 7^P 4$^°$ qu'il faut multiplier par la longueur ci-dessus 7 4 0 0 0

La surface de la voussure ABCD sera . . . 84^P 10$^°$ 11^l 6^l 10^{ll}

(*Fig.* 54.) Si cette voussure regne à l'extérieur d'un plan quarré ou circulaire, l'on retranche du pourtour du haut les $\frac{157}{240}$ de la différence des pourtours du haut et du bas, puis l'on multipliera le reste par la longueur de l'arc AB.

3°. *Pour une voussure de 45 degrés.*

(*Fig.* 55.) Soit ABCD la coupe d'un côté de voussure élevée sur le plan FIRG : l'on ajoutera à la longueur BC du haut les $\frac{21}{32}$ de la différence entre cette longueur et celle de la base AD, et l'on multipliera la somme par le pourtour de l'arc.

EXEMPLE.

Supposons que la longueur BC soit de 9ᵖ, que la longueur de la base AD soit de 14ᵖ, et que l'arc AB soit 5ᵖ 6°.

Ecrivez la différence des deux longueurs, ci . . .	5ᵖ	0	0	
Pour les $\frac{21}{32}$ de cette différence, prenez pour 16 la moitié	2	6		
pour 4 le quart du précédent	0	7	6	
pour 1 le quart du précédent	0	1	10	5
les $\frac{21}{32}$ de la différence seront	3	3	4	6
Ajoutez-y la longueur du haut	9	0	0	0
la longueur réduite sera . .	12	3	4	6
Multipliez par l'arc . .	5	6		
la surface de la voussure sera	67ᵖ	6°	6¹	9¹

(*Fig.* 56.) Lorsqu'une voussure, prise sur un arc de 45 degrés, régnera au pourtour extérieur d'un plan quarré ou circulaire, l'on retranchera du pourtour du haut les $\frac{21}{32}$ de la différence de ce pourtour à celui du bas, et l'on multipliera le reste par la longueur de l'arc AB.

4°. *Pour une voussure de 30 degrés.*

(*Fig.* 57.) Si la voussure regne à l'intérieur d'un plan quarré ou circulaire, l'on ajoutera au pourtour du haut les $\frac{2}{3}$ de la différence entre ce pourtour et celui du plan, et l'on multipliera la somme par la longueur de l'arc AB.

EXEMPLE.

Supposons BF = 12ᵖ, AD = 14ᵖ et l'arc AB = 3ᵖ 8°, la différence des deux longueurs sera 2ᵖ 0 0

dont les ⅔ valent 1 4 0
Ajoutez-y le pourtour du haut 12 0 0

la longueur réduite sera . . 13 4 0
Multipliez par l'arc AB . . 3 8 0

la surface d'un côté de voussure
sera . . . . . . 48ᵖ 10° 8ⁱ

(*Fig.* 58.) Si la même voussure est à l'extérieur d'un plan, l'on retranchera du pourtour du haut les ⅔ de la différence des pourtours, et l'on multipliera le reste par le même arc AB.

COMPARAISONS.

Pour une voussure de 90 degrés, l'on a pris la fraction $\frac{7}{11}$, et pour une voussure de 60 degrés la fraction $\frac{157}{240}$; la différence de ces deux fractions est de $\frac{1}{55}$ à peu près.

La différence d'une voussure de 60 degrés à une de 45 degrés donne $\frac{1}{480}$ de différence entre la fraction $\frac{157}{240}$ et la fraction $\frac{21}{32}$.

La différence des fractions $\frac{21}{32}$ et $\frac{2}{3}$ pour une voussure de 45 degrés et une de 30 degrés, est $\frac{1}{96}$.

D'après cette comparaison, il est facile de voir que l'on ne pourra faire d'erreur sensible pour les voussures dont les arcs seront entre 30 et 45 degrés, entre 45 et 60 degrés, et entre 60 et 90 degrés. Ainsi lorsque l'arc d'une voussure sera au-dessous de 37 degrés, l'on prendra la fraction $\frac{2}{3}$; depuis l'arc de 37 degrés jusqu'à 52 degrés, l'on prendra la fraction $\frac{21}{34}$; depuis l'arc de 52 degrés jusqu'à celui de 75, l'on prendra la fraction $\frac{157}{240}$; et depuis 75 degrés jusqu'à 90, l'on prendra la fraction $\frac{7}{11}$.

CHAPITRE VIII.

Des voûtes de cloître et des dômes surbaissés en anse de panier.

(*Fig.* 59.) L'ON concevra que les arcs des voûtes dont on parle sont en anse de panier, formée de trois arcs de 60 degrés chacun ; c'est sur quoi sont fondés les principes ci-après.

L'on trouvera la surface d'un pan de voûte de cloître ou d'un dôme surbaissé en multipliant le demi-diametre AO par le nombre 342, et la montée CO par le nombre 746 ; puis, en ôtant de la somme de ces deux produits 88 fois le quarré de la montée CO divisé par le demi-diametre OA, et en multipliant le reste par la longueur du pan de voûte, ou par la circonférence du plan du dôme, et enfin en divisant le tout par 1000. Nommant S la surface du pan de voûte ou du dôme, et P sa longueur ou pourtour, l'on aura cette formule,

§

$$S = P \times \left\{ 0.342\,AO + 0.746\,CO - 0.088\,\overline{\frac{CO}{AO}} \right\}.$$

EXEMPLE.

Supposons que la moitié AO du diametre soit de 14ᴾ, que la montée CO soit de 10ᴾ.

Prenez 342 fois le demi-diametre 14ᴾ,
ci 4788

plus, 746 fois la montée 10ᴾ . . . 7460

Somme 12248

Ôtez 88 fois le quarré 100ᴾ de la montée divisé par le demi-diametre 14ᴾ, ci . 628

Il restera 11620

Divisez ce nombre par 1000 en retranchant trois chiffres 11.620

Vous multiplierez ce nombre par la longueur du pan de voûte, ou par la circonférence du plan du dôme.

Supposons que le plan soit quarré, la longueur d'un pan de voûte sera égale au diametre, et par conséquent sera 28ᴾ; ainsi multipliez le nombre 11.620 par 28ᴾ, vous aurez 325ᴾ 4° 3ᴵ 10ᴵ pour la surface du pan de voûte.

Si la voûte est un dôme, multipliez le même nombre 11.620 par le pourtour 88ᴾ du plan, et vous aurez 1022ᴾ 6° 8ᴵ $\frac{7}{7}$ᴵ.

L'on peut avoir la surface d'un pan de voûte, ou d'un dôme surbaissé, par une méthode plus abrégée, mais moins juste.

L

Prenez 3 fois la montée	30^P	0	0	
ajoutez une fois le diametre	28	0	0	
Somme	58	0	0	
Prenez le $\frac{1}{5}$ de la somme .	11	7	2	5

Multipliez ce nombre 11^P 7° 2' 5' par la lon-gueur du pan de voûte, ou par le pourtour du dôme, vous aurez pour un pan de voûte, suivant la mesure précédente, 324^P 9° 7' 8', et pour un dôme vous aurez 1020^P 9° 8' 8'.

CHAPITRE IX.

Des voûtes d'arête surbaissées en anse de panier.

(*Fig.* 60.) L'on trouvera la surface d'une lu-nette de voûte d'arête surbaissée en anse de pa-nier, en prenant 1031 fois le demi-diametre; plus, 176 fois le quarré de la montée divisé par le demi-diametre, et en ôtant du produit 64 fois la montée; le tout divisé par 1000, et multiplié par la longueur de la lunette.

Si l'on nomme S la surface de la lunette, L sa longueur, l'on aura cette formule,

$$S = L \times \left\{ 1.031 AO - 0.064 CO + 0.176 \frac{\overline{CO}^2}{AO} \right\}.$$

EXEMPLE.

Supposons que le demi-diametre soit de 14ᴾ, la montée de 10ᴾ, et la longueur de la lunette de 14ᴾ.

Prenez 1031 fois le de-mi-diametre . . .	14434ᴾ	0	0	
plus, 176 fois le quarré de la montée divisé par le de-mi-diametre . . .	1257	0	0	
Somme . . .	15691	0	0	
Ôtez 64 fois la montée	640	0	0	
reste . . .	15051	0	0	
Divisez par 1000, vous au-rez . . .	15	0	7	4
Multipliez par la longueur	14	0	0	0
la surface de la lunette sera	210ᴾ	8°	6¹	8¹

L'on peut avoir encore la surface d'une lu-nette par une méthode plus abrégée, mais moins juste, en prenant 16 fois le diametre; plus, 8 fois la montée; le tout divisé par 35, et multiplié par la longueur.

Suivant les dimensions précédentes, l'on aura 16

fois 28ᴾ	448ᴾ	0	0
plus, 8 fois 10ᴾ . . .	80	0	0
Somme . . .	528	0	0
Divisez par 35 . . .	15	1	0 · 4
multipliez par la longueur	14		
la surface de la lunette sera	211ᴾ	2°	4ˡ 8ˡ

CHAPITRE X.

Des voûtes de cloître et des dômes surmontés en anse de panier.

(*Fig.* 61.) L'on aura la surface d'un pan de voûte surmonté ou d'un dôme, en prenant 174 fois le demi-diametre CO; plus, 890 fois la montée AO, et en ôtant de la somme 64 fois le quarré de la montée divisé par le demi-diametre; le tout divisé par 1000, et multiplié par la longueur du pan ou par le pourtour du dôme. Nommant S la surface, B la longueur d'un pan de voûte ou du pourtour d'un dôme, l'on aura

$$S = B \times \left\{ 0.174 CO + 0.890 AO - 0.064 \overline{\frac{AO^2}{CO}} \right\}.$$

EXEMPLE.

Supposons que le demi-diametre soit 10ᴾ, la montée 14ᴾ et la longueur 20ᴾ.

Prenez 174 fois le demi-diametre 1740
plus, 890 fois la montée 12460

     Somme . . . 14200

Ôtez 64 fois le quarré 196ᵖ de la montée divisé par le demi-diametre 10ᵖ . . 1254

     reste 12946

Divisez par 1000, vous aurez . . . . . 12ᵖ 11° 4ˡ 2ˡ

Si vous multipliez ce nombre par la longueur 20ᵖ, vous aurez 258ᵖ 10° 11ˡ 4ˡ pour la surface du pan de voûte.

Si cette voûte est un dôme, son pourtour sur un diametre de 20ᵖ sera 3 fois et ⅐ plus grand; et comme l'on a supposé ci-dessus la longueur du pan égale au diametre, l'on aura la surface d'un dôme en multipliant 258ᵖ 10° 11ˡ 4ˡ par 3 et ⅐.

L'on peut abréger par une méthode plus courte, mais moins juste; pour cela,

prenez 5 fois la montée 14ᵖ . 70 0 0 0
plus, une fois le diametre . 20 0 0 0

     Somme 90 0 0 0

Divisez par 7, vous aurez . . 12 10 3 5

Multipliez ce nombre par la longueur 20ᵖ du pan de voûte, et la surface sera 257ᵖ 1° 8ˡ 4ˡ; et si c'est un dôme, l'on prendra cette quantité 3 fois et ⅐.

CHAPITRE XI.

Des lunettes surmontées en anse de panier.

(*Fig.* 62.) L'on trouvera la surface d'une lunette surmontée en anse de panier, en prenant
1080 fois le demi-diametre; plus, 128 fois le quarré
de la montée divisé par le demi-diametre, et en
ôtant de la somme 66 fois la montée; le tout divisé par 1000, et multiplié par la longueur de la
lunette. Nommant S la surface d'une lunette, et
L sa longueur, l'on aura cette formule,

$$S = L \times \left\{ 1.080\,CO + 0.128\,\frac{AO^2}{CO} - 0.066\,AO \right\}.$$

EXEMPLE.

Supposons que le demi-diametre soit 10^P, la
montée 14^P et la longueur 10^P.

Prenez 1080 fois le
demi-diametre . . . 10800.
plus, 128 fois le quarré
196 de la montée divisé
par le demi-diametre . 2508.8

Somme . . . 13308.8
Ôtez-en 66 fois la mon-
tée 924

reste . . . 12384.8

Divisez ce reste par
1000, et vous aurez   12^P 4° 7^l 5^l

Multipliez ce nombre par la longueur 10 pieds de la lunette, et le produit 123ᵖ 10° 2ˈ 2ʹ sera la surface demandée.

L'on fera une opération plus abrégée, mais moins précise, en prenant

3 fois le diametre 20ᵖ	·	·	60	0	0	0
2 fois la montée 14ᵖ	·	·	28	0	0	0
Somme ·	·	·	88	0	0	0
Puis, divisant par 7, l'on aura			12	6	10	3

Ce nombre étant multiplié par la longueur 10ᵖ de la lunette, l'on aura 125ᵖ 8° 6ˈ 6ʹ pour la surface demandée.

_____

CHAPITRE XII.

Des voûtes en arc d'ogive et de celles en pendentif.

(*Fig.* 63.) L'ON nomme *arc d'ogive* un cintre composé de deux arcs de cercle de 60 degrés chacun; les plus ordinaires se font sur deux côtés d'un triangle équilatéral, en prenant le 3ᵐᵉ côté pour rayon, et ses extrémités pour les centres de ces arcs.

1°. Pour avoir le pourtour d'un cintre en ogive dont on connoîtra la corde SN, l'on multipliera cette corde par 377, et l'on divisera le produit par 360.

En supposant que le triangle SNT ne soit pas

L iv

équilatéral , la base ST sera plus ou moindre qu'une des cordes SN, TN; et si l'on ne peut mesurer l'une des cordes, l'on mesurera la distance ST, et la hauteur NA perpendiculaire sur ST, cela donnera les deux triangles rectangles NAS, NAT, égaux. Or, connoissant la moitié SA de la distance ST et la hauteur NA, l'on aura SN

$$= \sqrt{NA^2 + SA^2}.$$

Le pourtour d'une voûte en berceau en ogive étant connu , on le multipliera par la longueur de la voûte pour en avoir la superficie.

(*Fig.* 64.) 2°. Pour avoir la surface d'un pan de voûte ou d'un dôme en ogive, l'on multipliera la longueur de l'arc CED par 157, puis l'on divisera le produit par 240; le quotient se multipliera par la longueur AB du pan de voûte, ou par le pourtour du plan d'un dôme; ce qui donnera la surface cherchée.

Si l'on nomme S la surface du pan ou du dôme, P le pourtour de l'arc CED, et L la longueur AB ou la circonférence du plan du dôme, l'on aura cette formule, $S = \frac{157}{240} P \times L$.

EXEMPLE.

Soit donné un pan de voûte ACB, ou un dôme dont la corde CD de l'arc est 28^P, et supposons la longueur AB aussi de 28^P.

La longueur de l'arc CED sera égale à $\frac{377}{360}$ de la corde CD; et 377 fois 28^P, divisés par 360, donneront pour le pourtour de cet

arc	29^P 3$^°$ 10^l 4^l
Multipliez ce pourtour par	157
divisez le produit . . .	4603^P 6$^°$ 2^l 4^l
par	240
le quotient donnera . :	19^P 2$^°$ 2^l 1^l

Multipliant cette quantité par la longueur 28^P du pan de voûte, l'on aura 537^P 0$^°$ 10^l 4^l pour la surface de ce pan; si c'est un dôme, l'on multipliera par le pourtour de son plan.

(*Fig.* 65.) 3$^°$. La surface d'une lunette de voûte d'arête en ogive ACBFA, se trouvera en multipliant la longueur CF par les $\frac{83}{240}$ du pourtour AFB.

E X E M P L E.

Supposons que le pourtour soit 58^P 7$^°$ 8^l 8^l. et que la longueur soit 14^P.

Multipliez le pourtour 58^P 7$^°$ 8^l 8^l par 83, vous

aurez	4867^P 4$^°$ 11^l 4^l
Divisez par 240, le quotient sera	20 3 4 5
Multipliez par la longueur	14 0 0 0
la surface de la lunette sera	283^P 11$^°$ 1^l 10^l

Il peut arriver que des arcs en ogive soient au-dessus ou au-dessous de 60 degrés: lorsque l'on n'en sera pas sûr, l'on en cherchera le rayon

par les regles géométriques, ainsi que sa corde,
et par ce moyen l'on déterminera son pourtour;
ou bien l'on prendra la longueur de la corde avec
la fleche de l'arc, et l'on trouvera son pourtour
par le moyen de la table des segments.

(*Fig.* 66.) 4°. Lorsqu'une lunette en plein
cintre sera en pendentif, l'on multipliera le cintre AFB par les $\frac{4}{11}$ de la longueur courbe CF; le
produit donnera une surface approchée de la lunette ACBFA.

(*Fig.* 67.) 5°. Si la lunette ACBFA est en arc
d'ogive et en pendentif, l'on multipliera le cintre
AFB par les $\frac{8}{10}$ de la longueur courbe CF, et le produit donnera la surface de cette lunette.

CHAPITRE XIII.

Des voûtes cintrées en ellipse.

La courbe elliptique est celle que l'on emploie
avec le plus de succès pour les voûtes en arêtier:
elle n'a pas l'inconvénient de l'anse du panier
dans les voûtes élevées sur un plan quarré-long,
lequel ne peut produire des arêtiers directement
à plomb sur les diagonales, au lieu que le cintre
elliptique se rencontre parfaitement bien avec le
plein cintre, ou tout autre cintre aussi elliptique, et ces cintres forment, par leurs péné-
trations, des arêtiers bien corrects; en quoi l'on
attribue tout le mérite de ces sortes de voûtes.

Comme les cintres en anse de panier, formés

avec trois arcs de 60 degrés, different assez sen-
siblement des cintres en ellipse, les surfaces des
voûtes, formées avec ces différents cintres, doivent différer nécessairement dans un degré plus
éminent, étant le produit des pourtours multipliés
par l'unité répétée plusieurs fois.

Les principes que j'ai suivis pour calculer les
voûte de la table ci-après sont les mêmes que
ceux dont je me suis servi pour la construction
des tables elliptiques, comme il est facile de s'en
appercevoir.

(*Fig.* 68.) Sur un pan BCD de voûte de cloître surbaissé, imaginez une infinité de trapezes
BLMD, LGIM, etc. la somme de tous ces trapezes
se confondra avec la surface du pan de voûte; or la
surface d'un de ces trapezes, par exemple BLMD,
pouvant être égale à la partie de voûte comprise
entre les bases LM, BD, du trapeze, cette partie
de voûte sera égale à la corde PA multipliée par
la demi-somme de ces bases. Mais la corde PA
par hypothese se confond avec son arc PA; donc
la surface du trapeze se confondra avec celle de
la partie de voûte comprise entre ses côtés, et lui
deviendra égale.

La coupe OCPA, prise au milieu du pan de
voûte, étant un quart d'ellipse perpendiculaire
au plan triangulaire BOD, et ce plan étant le quart
d'un quarré servant de base à la voûte entiere, il
en résultera que la perpendiculaire OA sera la
moitié du côté BD; la droite YP, parallele à OA,
sera la moitié de LM, et ainsi des autres. Or, en
suivant les principes donnés pour les tables elliptiques, l'on trouvera les droites YP, XQ, etc. qui

seront les moitiés des bases LM, GI, etc. de tous
les trapezes ; donc ces bases étant connues, ainsi
que les cordes PA, QP, CQ, qui servent de hauteurs aux trapezes, ces trapezes seront bientôt
connus.

(*Fig.* 69.) L'on fera le même raisonnement
pour un pan surmonté BAD de voûte de cloître,
mais dans un sens contraire.

Suivant les opérations que j'ai faites pour la
courbe elliptique, j'ai trouvé que la longueur d'un
quart de cercle, considérée comme la plus courte
de toutes les ellipses, étoit 78.5166 sur un rayon
de 50 parties ; et suivant le rapport de 100 à
314.1592, le quart de circonférence sera 78.5398 ;
la différence, étant 0.0232, sera moindre que
suivant le rapport de 7 à 22 ; par conséquent les
courbes elliptiques sont plus justes que le rapport
de 7 à 22. Les pans de voûte, étant calculés par
les mêmes principes, ne pourront manquer d'ê-
tre très approchés de leurs vraies surfaces.

Pour calculer un pan de voûte ou une lunette
dont les dimensions seront données, l'on fera
deux proportions. Par la premiere, l'on dira : La
montée donnée est au diametre donné, comme
100 (qui est la montée commune des tables) est
à un diametre proportionnel. Ce diametre étant
connu, l'on cherchera dans les tables la surface qui lui répond ; puis l'on fera cette seconde
proportion : Le quarré 10000 de la montée des
tables est à la surface que l'on y a trouvée, comme
le quarré de la montée donnée est à la surface que
l'on cherche.

Exemple pour un pan surbaissé de voûte de cloître.

Supposons que la montée soit de 10^P et le diametre 65^P, faites cette premiere proportion,

$$10^P : 65^P :: 100 : x,$$

vous aurez 650^P pour le diametre proportionnel. Cherchez 650 dans la colonne des diametres, et vous trouverez à la suite 125039 pour la surface d'un pan de voûte proportionnel; puis faites cette seconde proportion,

100 × 100 : 125039 :: 10 × 10 : S; ou en abrégeant, 10000 : 125039 :: 100 : S, et vous aurez S = 1250^P 4° 8^1 pour la surface du pan proposé, considéré comme le quart d'une voûte de cloître élevé sur un plan quarré.

Dans le cas où la longueur du pan de voûte ne seroit pas égale au diametre, le plan ne sera pas quarré, ou sera un polygone régulier ou un cercle; ainsi, pour regle générale, l'on multipliera la quantité trouvée pour un pan de voûte sur plan quarré par la longueur du pan proposé, et l'on divisera le produit par le diametre.

Si le diametre proportionnel ne se trouve pas juste dans les tables, l'on fera l'opération suivante.

Par exemple, supposons que le diametre soit 31^P 6° et la montée 7^P 9°, et l'on nomme x le diametre proportionnel, la premiere proportion sera 7^P 9° : 31^P 6° :: 100 : x; ce qui donne $x =$ 406^P 5°.

Cherchez dans la table le diametre supérieur à 406 et celui inférieur au même nombre, vous aurez 410, auquel répond le nombre 57436

et 400 auquel répond le nombre　55186

Différence	2250
Multipliez par . . .	6ᵖ 5ᵉ
vous aurez	14437.5

Divisez par 10, vous aurez . . 1443.75

Ajoutez le nombre qui répond à 400　55186.

la surface qui répondra à 406ᵖ 5° sera 56629.75

Faites cette proportion: Le quarré de 100 est à 56629.75 comme le quarré de la montée 7ᵖ 9ᵉ est à la surface cherchée; ou en abrégé, 10000 : 56629.75 ∷ 60ᵖ 0° 9ᵉ : S. Vous aurez S = 340ᵖ 1° 7ᵉ pour la surface du pan de voûte proposé, en supposant que la longueur soit égale au diametre; et si la longueur est différente, l'on fera comme il est dit dans l'exemple précédent.

Il faudra faire attention à ne se pas méprendre dans les colonnes des surfaces : lorsque l'on voudra calculer un pan de voûte ou un dôme, l'on prendra les nombres dans la colonne en tête de laquelle est écrit *surface des pans*; et lorsque l'on voudra calculer une lunette, l'on prendra le nombre dans la colonne en tête de laquelle est écrit *surface des lunettes*.

TABLE des pans de voûte de cloître et des lunettes de voûtes d'arêtes surbaissées en ellipse.

Diametres	Surface des pans	Surface des lunettes	Diametres	Surface des pans	Surface des lunettes	Diar etres	Surface des pans	Surface des lunettes
200	20000	11416	410	57436	43678	710	146240	127642
201	20133	11520	420	59712	45754	720	149943	131208
202	20267	11625	430	62034	47885	730	153694	134825
203	20401	11729	440	64402	50062	740	157493	138488
204	20535	11834	450	66818	52291	750	161341	142213
205	20669	11939	460	69280	54565	760	165238	145984
206	20805	12045	470	71788	56899	770	169183	149804
207	20941	12152	480	74343	59279	780	173177	153671
208	21077	12258	490	76946	61702	790	177220	157590
209	21213	12364	500	79595	64170	800	181311	161557
210	21349	12471	510	82292	66697	810	185451	165576
220	22743	13561	520	85035	69279	820	189640	169641
230	24175	14713	530	87827	71898	830	193885	173752
240	25650	15901	540	90665	74573	840	198163	177926
250	27166	17150	550	93551	77297	850	202498	182144
260	28725	18437	560	96485	80066	860	206882	186409
270	30325	19783	570	99466	82891	870	211315	190727
280	31969	21169	580	102495	85762	880	215797	195091
290	33657	22613	590	105572	88685	890	220327	199508
300	35387	24098	600	108696	91655	900	224907	203973
310	37162	25640	610	111869	94681	910	229535	208490
320	38980	27224	620	115089	97753	920	234212	213054
330	40844	28865	630	118358	100877	930	238939	217670
340	42751	30549	640	121674	104047	940	243714	222334
350	44714	32277	650	125039	107270	950	248539	227051
360	46722	34049	660	128452	110539	960	253412	231814
370	48765	35888	670	131913	113861	970	258335	236635
380	50853	37772	680	135422	117231	980	263306	241504
390	52997	39697	690	138980	120653	990	268327	246414
400	55186	41667	700	142585	124121	1000	273297	251373

Exemple pour une lunette de voûte d'arête
surbaissée.

(*Fig.* 60.) Supposons que la montée MD
d'une lunette GCL soit 7ᴾ 9°, le diametre GL
soit 31ᴾ 6°, vous trouverez, comme ci-devant,
que le diametre proportionnel sera 406ᴾ 5°.

Prenez dans la table, à la colonne
des lunettes, le nombre qui répond à
410, ci 43678
et celui qui répond à 400, ci . . 41667

Différence 2011
Multipliez par . . . . . 6ᴾ 5°

12903.9
Divisez par 10 . . . . . 1290.39
Ajoutez le nombre qui répond à 400, 41667
la surface qui répond à 406ᴾ 5° sera 42957.39

Faites cette proportion : Le quarré de 100 est à
42957.39 comme le quarré de la montée 7ᴾ 9°
est à la surface cherchée ; ou en abrégé, 10000
: 42957.39 :: 60ᴾ 0° 9ˡ : S. Vous trouverez S =
259ᴾ 9° 9ˡ 0ˡ pour la surface d'une lunette dont
la longueur sera égale à la moitié du diametre.

*Exemple pour un pan surmonté de voûte cintrée
en ellipse, élevée sur un plan quarré.*

(*Fig.* 69.) Supposons que la montée AO soit
de 37ᵖ et le demi-diamètre OC de 7ᵖ 6°, ou le
diamètre entier de 15ᵖ, la base BD étant un côté
du plan quarré, sera aussi de 15ᵖ.

Faites cette première proportion : La montée
37ᵖ est à 100 comme le diamètre 15ᵖ est à un diamètre proportionnel ; vous trouverez 40ᵖ 6° 6ˡ.

Cherchez, dans la table des
voûtes surmontées, le nombre
qui répond à 50, ci . . . 4028
et celui qui répond à 40, ci 3195

Différence . . .	833		
Multipliez par	o	6°	6ˡ
Produit. . . .	451	2	6
Prenez le 1/10	45	1	5

Ajoutez le nombre qui répond
à 40 . . . . 3195 o o

vous aurez . . . 3240 1 5

Faites cette seconde proportion : Le quarré
de 100 est à 3240ᵖ 1° 5ˡ comme le quarré de la
montée 37ᵖ est au nombre cherché ; ou plus sim-
plement, 10000 : 3240ᵖ 1° 5ˡ :: 1369 : S, et
vous trouverez S = 443ᵖ 6° 10ˡ pour la surface
du pan de voûte proposé.

Exemple

Exemple pour une lunette surmontée de voûte
d'arête en ellipse.

(*Fig.* 62.) Supposons que la montée soit de
20ᵖ et le diametre 26ᵖ : le plan étant quarré pour
une voûte entiere, la longueur d'une lunette sera
13ᵖ.

Faites cette premiere proportion : La montée
20ᵖ est au diametre 26ᵖ comme 100 est à un diametre proportionnel, vous aurez d'abord 130ᵖ.

Cherchez, dans la colonne des lunettes, le nombre qui répond à 130ᵖ; vous trouverez 5427. Faites
cette seconde proportion : Le quarré de 100 est à
5427 comme le quarré de la montée 20ᵖ est au
nombre que l'on cherche; ou 10000 : 5427 ::
400 : S, vous aurez S = 217ᵖ 0° 11¹ pour la surface de la lunette proposée.

Regle générale pour les voûtes dont les plans ne
sont pas quarrés.

Dans tous les cas possibles l'on calculera les
voûtes comme si leurs plans étoient quarrés; ensuite l'on augmentera ou l'on diminuera les surfaces trouvées à proportion de leurs longueurs;
savoir, pour un pan de voûte, dont la longueur
sera plus grande ou plus petite que le diametre,
l'on dira : Le diametre donné est à la surface trouvée comme la longueur du pan proposé est à la
surface de ce pan. L'on fera la même proportion
pour les voûtes de cloître élevées sur des plans
polygones réguliers, ou pour les dômes considérés

M

comme un assemblage de pans de voûte infiniment petits. L'on dira donc: Le diametre est à la
surface d'un pan de voûte comme le pourtour du
plan est à la surface d'une voûte entiere ou d'un
dôme.

Pour une lunette de voûte d'arête, dont la longueur sera plus petite ou plus grande que la moitié du diametre, l'on fera cette proportion: Le
demi-diametre est à la surface trouvée comme la
longueur du pan proposé est à sa surface.

Table des pans de voûte de cloître et des lunettes
de voûte d'arête surmontés en ellipse.

diam.	surface des pans.	surface des lunettes.	diam.	surface des pans.	surface des lunettes.
10	786	239	110	9534	4137
20	1578	451	120	10554	4759
30	2380	711	130	11607	5427
40	3195	1003	140	12696	6140
50	4028	1329	150	13819	6901
60	4881	1693	160	14980	7709
70	5757	2097	170	16177	8564
80	6659	2541	180	17412	9467
90	7588	3029	190	18686	10420
100	8546	3560	200	20000	11416

CHAPITRE XIV.

Des surfaces courbes irrégulieres.

Les surfaces courbes irrégulieres sont celles où l'on ne peut mettre en usage les diametres et les montées comme aux précédentes; il n'y a que par le moyen des lignes paralleles que l'on peut parvenir à en connoître l'étendue.

(*Fig.* 70.) 1°. Pour évaluer le vuide d'une lunette qui pénetre une voûte en berceau, des points E, F, où le cintre de la lunette prend naissance, tirez les droites EG, FH, de niveau, imaginez une droite GH parallele à AB, vous aurez GH = AB; et les arcs GA, HB, étant paralleles, vous aurez un parallélogramme AGHB dont la surface se trouvera en multipliant un des arcs GA ou HB par la largeur AB.

Pour la partie de vuide GDH occupée par la lunette, l'on prolongera l'arc AG jusqu'en O; de maniere que l'excédent OX soit égal à l'arc PD tiré du sommet D de la lunette jusqu'à la clef de la voûte. Mesurez la longueur de l'arc OG que vous diviserez en plusieurs parties égales à volonté; par les points de division O, Q, S, U, tirez les droites OD, QR, ST, UV, paralleles à AB; si l'on ôte la partie DGO du parallélogramme courbe DMGO, le reste DGM sera la valeur de la moitié du vuide qu'il faut déduire.

La partie DGO sera facile à évaluer; car la courbe OG étant divisée en parties égales, les trapezes auront même base, et seront entre eux

M ij

comme leurs hauteurs. Or la somme des hauteurs sera $\frac{OD + 2QR + 2ST + 2UV + G}{8}$, qui étant multipliée par la longueur de l'arc OG, l'on aura

$\frac{OD + 2QR + 2ST + 2UV + G}{8} \times OG = DGO$, et le parallélogramme $DMGO = OD \times OG$; l'on aura

donc $GDM = \left\{ OD - \frac{OD + 2QR + 2ST + 2UV + G)}{8} \right\} \times OG$.

EXEMPLE.

Supposons que l'arc OG soit 12ᵖ 6°,

l'arc GA de 13ᵖ 7°,

le diametre GH ou AB de 14ᵖ 8°;

supposons que l'on ait aussi trouvé, en mesurant,

$$OD = 7^p 4°$$
$$QR = 4^p 4°$$
$$ST = 2^p 1°$$
$$UV = 0^p 4°$$
$$G = 0$$

écrivez une fois 7ᵖ 4°		.	.		7ᵖ	4°
le double de 4 4		.	.		8	8
le double de 2 1	.	.	.		4	2
le double de 0 4	.	.	.		0	8
une fois 0 0	.	.	.		0	0

Somme .	.	.	.	20 10
Prenez le $\frac{1}{8}$.	.	.		2 7 3

Ôtez cette réduction de la distance OD = 7ᵖ 4°, le reste sera 4 8 9

Multipliez par l'arc OG . . 12 6

la moitié du vuide GDM sera 59 1 4 6

Multipliez l'arc AG $= 13^p 7^o$
par le demi-diametre GM $= 7^p$
4°, vous aurez . . . . . 99^p 7° 4^l
Ajoutez le produit précédent 59 1 4 6

Somme 158 8 8 6
Doublez la somme . . . 317 5 5 0

Cette quantité $317^p 5^o 5^l$ sera la surface du vuide AGDHB qu'il faudra déduire de la voûte en berceau.

(*Fig. 70.*) 2°. Pour trouver la surface de la lunette ADBCA, l'on divisera l'arc ECF, ou sa moitié EC, en plusieurs parties égales ; puis l'on tracera des paralleles EG, *cf, be, ad,* CD ; ensuite l'on ajoutera la premiere et la derniere parallele avec le double des autres, et l'on divisera la somme par le double du nombre de trapezes ; ce qui donnera une longueur réduite que l'on multipliera par l'arc ECF, et l'on aura la surface de la lunette. Si l'on veut avoir la surface d'une jouée AGE prise sous la naissance du cintre, l'on multipliera la hauteur AE par le tiers de la distance GE.

(*Fig. 71.*) 3°. Une trompe droite ABC, plein cintre à sa tête, considérée comme la moitié d'un cône droit dont la base est représentée par la tête AEC, sera égale au produit d'un côté BC multiplié par la moitié de l'arc AEC, c'est-à-dire par la moitié du pourtour de la base de ce cône ; la moitié FBC sera par conséquent égale à la droite

BC $\times$ l'arc $\frac{EC}{2}$. Mais comme il est question ici de trouver les surfaces par le moyen des paralleles, nous allons faire voir que ce moyen peut donner la surface de la demi-trompe FBC aussi juste qu'en faisant le produit de BC $\times$ l'arc $\frac{EC}{2}$.

Attachez une regle pliante d'équerre à une autre regle; posez celle non pliante au long de la naissance BC, de maniere que la pliante, étant appuyée sur le contour de la douelle, tende à rencontrer le point F; tracez sur la douelle et au long de cette regle une ligne GF, qui se trouvera à plomb de la ligne droite FL tirée d'équerre, du milieu du côté AC du plan, sur le côté BC; divisez la courbe GF en plusieurs parties égales, et par les points de division tracez des lignes sur la douelle paralleles à BC: l'on aura la surface de la demi-trompe FBC, en multipliant la moyenne proportionnelle des longueurs des trapezes par l'arc FG.

Pour mieux entendre ceci, développez la demi-douelle sur un plan BCD; d'un angle D abaissez la perpendiculaire DL que vous diviserez en plusieurs parties égales; par les points de division tracez des droites paralleles au côté BC, la figure BDC sera un secteur de cercle dont la surface sera égale au produit de BC par la moitié de l'arc CD; la droite DL étant divisée en parties égales, les paralleles formeront des trapezes de même hauteur: ainsi la surface du secteur BDC, ou, ce qui revient au même, la surface de la moitié BFC de la trompe sera aussi égale à la courbe FG, ou à la droite DL qui lui est égale, multipliée par la moyenne longueur de tous les trapezes.

(*Fig.* 72.) 4°. Pour évaluer l'étendue superficielle d'une trompe biaise ou d'un demi-cône
oblique ABC suivant le principe ci-devant, du milieu F du diametre AC l'on tirera une droite FL
d'équerre sur BC; cette droite FL sera un demi-
diametre d'une ellipse, et la hauteur EF sera l'autre demi-diametre, par le moyen desquels l'on
calculera le quart de circonférence elliptique EL
au défaut de regle pliante; l'on divisera cette courbe en plusieurs parties égales, et l'on tracera des
lignes paralleles comme ci-devant; l'on fera la
même opération sur l'autre moitié ABE: la premiere partie EBC s'évaluera en multipliant l'arc
FL par la moyenne proportionnelle de toutes les
longueurs des trapezes; l'autre moitié s'évaluera
de la même maniere.

Pour mieux entendre ce principe, développez
le demi-cône EBC sur un plan CDB avec ses paralleles, et sa courbe EL représentée par la droite
LD d'équerre sur CB, vous aurez

$$\frac{BC + 2GH + 2MI + 2PN + D}{8} \times DL.$$

Remarque sur les surfaces courbes.

Un plan sur lequel l'on a tracé des paralleles
peut se recourber en plusieurs sens, et toutes les
lignes droites devenir courbes ou mixtes, comme
cela arrive dans le cas précédent et dans celui ci-
après, sans néanmoins perdre leurs égalités ni
leurs distances; car les cônes étant des surfaces
droites sur un sens et courbes sur l'autre, toutes

les parallèles à un des côtés seront courbes en élévation, et deviendront droites lorsque la douelle
sera développée sur un plan: c'est pourquoi l'on
ne doit point craindre de faire de l'erreur en se
servant de la méthode des parallèles.

5°. En suivant le même principe, l'on verra
que la surface d'une voûte en berceau biais, ou
d'un demi-cône oblique tronqué, peut être me-
surée par les parallèles.

(*Fig.* 73.) Nous supposons ici que les deux
naissances AD, BC, ne sont point parallèles, et que
la montée IH est égale à la montée EF; supposons
que la droite HP, tirée du centre de l'arc d'équerre
sur la naissance BC prolongée, soit au dehors de
la voûte, et qu'on ne puisse la mesurer; du centre H tendez un cordon vers M parallèlement à
BC, et prenez la mesure de la distance CN qui
se trouve entre ces parallèles, vous aurez CN
égal à HP; imaginez un arc IP qui aura CN et IH
pour demi-diametres, par le moyen desquels vous
déterminerez la longueur de cet arc qui sera un
quart de circonférence elliptique; divisez l'arc IP
en plusieurs parties égales; du centre F de l'arc
opposé tirez la droite FL d'équerre sur BC, et
décrivez l'arc EL à plomb de la droite FL; portez
chaque division de l'arc IP sur l'arc EL, en commençant par le point L; puis tirez des lignes par
tous les points de division à égale distance de BC,
vous aurez plusieurs trapezes et un triangle, comme on le voit sur le plan BDGC représentant le
développement de la moitié de la voûte.

Je suppose que l'on ait tiré quatre parallèles à

BC, l'on aura quatre trapezes de même hauteur, dont la somme sera égale à $\frac{BC + 2ab + 2cd + 2ef + RG}{8}$ × LS, ou par l'arc IP = LS, l'on aura un triangle RDG dont la surface sera égale à RG × $\frac{DS}{2}$.

Faisant la somme de ces deux quantités, l'on aura une évaluation très approchée de la demi-voûte élevée sur le plan FHCB.

Faisant la même opération sur l'autre moitié de voûte, l'on trouvera sa surface que l'on ajoutera à la précédente.

REMARQUE.

L'on ne pourra disconvenir que les opérations précédentes sont d'un grand secours, principalement dans les cas où les cintres sont tracés à la main, et pour lesquels l'on seroit fort embarrassé si l'on vouloit se servir des diametres et des montées, par le moyen desquels l'on feroit des erreurs très grandes. Ainsi, dans tous les cas où il se trouvera le moindre obstacle, l'on ne pourra employer une méthode plus sûre qu'en se servant des paralleles.

Observation sur l'usage du toisé superficiel des voûtes.

Lorsqu'une voûte en berceau est percée de jours en lunette dont les clefs se trouvent plus basses que la clef du berceau, l'on ne déduit point le vuide de la lunette pour le toiser à part; mais

comme il n'y a point de principe ni de loi qui con-
traigne cet usage, l'on pourroit le restreindre en
admettant que les vuides ne seroient point diminués lorsque les diametres des lunettes n'auront
que le quart des diametres des voûtes auxquelles
elles seront adoptées; et dans ce cas l'on ne toisera pas la surface des lunettes : mais lorsque ces
diametres auront plus que le quart de ceux des
voûtes, les vuides seront diminués et les lunettes
toisées à part.

Les deux cas que l'on vient de proposer n'em-
pêcheront pas de toiser les arêtiers séparément;
car ces arêtiers se comptent pour compenser la
plus valeur du temps des ouvriers, et le déchet,
qui est beaucoup plus conséquent que dans les
voûtes ordinaires. L'on mesure les arêtiers d'une
naissance de la lunette à l'autre naissance, et non
du pied des deux naissances du berceau où les
tableaux sont droits.

Chaque pied de longueur d'arêtier se compte
pour un pied quarré d'ouvrage suivant la nature
des matériaux où il se trouve ; savoir, pour taille,
si l'arêtier est en pierre; pour moilon piqué, s'il
est en moilon piqué apparent ; et pour léger ouvrage, si le moilon est recouvert de plâtre.

Jusqu'ici nous n'avons point parlé des reins,
parceque cette partie doit être comptée comme
massive; mais nous en ferons mention dans le
toisé cube des voûtes, où l'on fera connoître l'erreur du toisé usité.

CINQUIEME PARTIE.

Du toisé cube de la maçonnerie et de la fouille des terres.

Le toisé cube de la maçonnerie ou de la terrasse peut être considéré comme le principe fondamental du toisé, car l'on ne peut estimer un mur toisé superficiellement que l'on ne connoisse ce qu'il a employé de matériaux par toise ; c'est pourquoi l'on est obligé d'avoir recours à l'évaluation des corps solides.

Un corps solide est un volume renfermé par plusieurs faces droites ou cintrées ; un cône est un solide renfermé par deux faces ; une pyramide triangulaire est un solide renfermé par quatre faces ; ce sont les deux figures qui ont le moins de faces ; le prisme triangulaire a cinq faces ; celui quadrangulaire en a six, et ainsi des autres.

L'évaluation d'un corps solide est le produit de trois dimensions, longueur, largeur et hauteur ; ou le produit d'une surface par une hauteur, ou par une partie de la hauteur.

CHAPITRE PREMIER.

Des corps solides uniformes.

(*Fig.* 75, 76, 77, 78.) Lorsqu'un plan s'éleve parallelement à lui-même suivant une direction

droite ou oblique AB, il forme un corps uniforme
que l'on nomme prisme quand les côtés du plan
sont droits, ou cylindre lorsque le plan est un
cercle. L'on évalue la solidité de ces corps en
multipliant la surface de leur plan par la hauteur
perpendiculaire au même plan, et non suivant
une direction oblique.

(*Fig.* 79, 80.) Lorsqu'un plan s'éleve parallelement à lui-même en diminuant continuellement jusqu'à ce qu'il devienne un point, de maniere que les traces où il passe laissent des surfaces
droites au moins sur un sens, il engendre un solide que l'on nomme cône quand le plan est circulaire, ou pyramide quand le plan a des côtés
droits. La solidité de ces figures s'évalue en multipliant la surface de la base par le tiers de la hauteur perpendiculaire, et non oblique.

(*Fig.* 81.) Lorsqu'un cône ou une pyramide
est coupée par un plan parallele ou oblique à sa
base, on le nomme cône tronqué ou pyramide
tronquée; l'on nomme aussi ces corps, tronc co-
nique, tronc pyramidal.

(*Fig.* 81.) Pour qu'un tronc soit pyramidal,
il faut que toutes les arêtes IE, FB, GC, HD,
prolongées se réunissent à un seul point A que
l'on nomme sommet.

(*Fig.* 82.) Si les arêtes MP, QN, BF, EI, se
réunissent à deux points L, A, ou à plusieurs
points, la figure ne sera point un tronc pyramidal, mais elle sera un corps composé de prisme
et de pyramide tronquée.

Il y a plusieurs méthodes pour évaluer la solidité de ces corps; mais comme ces différentes

méthodes nous meneroient trop loin, nous allons nous appliquer aux plus simples.

(*Fig.* 83, 84, 85.) Lorsqu'un cône tronqué ou une pyramide réguliere tronquée à bases opposées paralleles sera donnée, l'on aura facilement sa solidité par une méthode générale ; savoir, l'on mesurera une droite OU tirée du centre de la base supérieure d'équerre sur un côté ; l'on ajoutera trois fois cette droite avec deux fois la saillie du talut NQ, et l'on multipliera la somme par le pourtour de la base supérieure ; ensuite l'on multipliera le pourtour de la base inférieure par la saillie NQ du talut ; puis l'on ajoutera ce produit avec le premier, et l'on multipliera la somme par la sixieme partie de la hauteur.

. (*Fig.* 83.) *Exemple premier.* Pour un tronc pyramidal triangulaire équilatéral, du centre O de la base supérieure tirez une droite d'équerre OU que je suppose de 5ᵖ 2° 4' ; supposons que chaque côté de la base supérieure soit de 18ᵖ, que chaque côté de la base inférieure soit de 24ᵖ, et que la hauteur soit de 20ᵖ, la saillie du talut sera 1ᵖ 8° 9' 4'.

Prenez 3 fois 5ᵖ2°4¹, ci   15ᵖ 7° 0¹ 0¹

plus, 2 fois   1 8 9 4, ci   3 5 6 8

    Somme 19 0 6 8

Multipliez par le pourtour de la base supérieure   . .   54 0 0 0

    Produit 1028 6 0 0

Multipliez le pourtour de la base inférieure   72ᵖ 0 0 0 par la saillie du talut   . .   1 8 9 4

Produit . . 124 8 0 0 ci 124 8 0 0

la somme des deux produits sera 1153 2 0 0

Multipliez par le $\frac{1}{6}$ de la hauteur 20ᵖ 3 4

le cube du tronc proposé sera   3843 10 8

(*Fig.* 84.) *Exemple deuxieme.* Pour un tronc pyramidal quadrangulaire régulier à bases opposées paralleles dont on suppose un côté AC de la base supérieure de 8ᵖ, un côté DF du plan inférieur de 12ᵖ, et la hauteur OP de 9ᵖ, la droite OU, tirée du centre de la base supérieure sur un côté AC, sera de 4ᵖ, et la saillie NQ du talut sera 2ᵖ.

Prenez 3 fois OU, ci . . 12^P 0 0
plus, 2 fois NQ, ci . . . 4 0 0

    Somme 16 0 0
Multipliez par le pourtour de la
base supérieure 32 0 0

    Produit 512 0 0
Multipliez le pourtour
de la base inférieure   48^P 0 0
par la saillie du talut   2 0 0

    Produit . . 96 0 0 ci 96 0 0
Somme des deux produits . . 608 0 0
Multipliez par la $\frac{1}{6}$ partie de la
hauteur 9^P, ci 1 6 0

le cube du tronc proposé sera 912^P 0° 0^l

(*Fig.* 85.) *Exemple troisieme.* Pour un tronc
pentagonal régulier à bases opposées paralleles,
dont un côté AC de la base supérieure est de 20^P,
un côté DF de la base inférieure de 30^P, et la
hauteur OP de 10^P, la saillie NQ du talut sera
6^t 10° 6^l, et la droite d'équerre OU de 13^P 9°.

Ajoutez 3 fois 13^P 9° . :	41^P 3°	0
avec 2 fois 6^P 10° 6^l . . .	13 9	0
Somme : . . .	55 0	0
Multipliez par le pourtour de la base supérieure . . .	100 0	0
Produit . . .	5500 0	0

Multipliez le pour-
tour de la base in-
férieure   .   .   150^P 0 0
par la saillie du ta-
lut   .   .   .   6 10 6

Produit . . 1031 3 0 ci	1031 3	0
Somme des deux produits	6531 3	0
Multipliez par la $\frac{1}{6}$ partie de la hauteur 10^P, ci . . .	1 8	0
le cube du tronc proposé sera	10885^P 5°	0^l

Enfin tous les troncs pyramidaux réguliers d'un nombre quelconque de côtés à bases opposées paralleles pourront être évalués par la même méthode; ainsi un cône peut être dans le même cas, étant considéré comme une pyramide d'un nombre infini de côtés.

(*Fig.* 86.) *Exemple quatrieme.* Pour un cône tronqué à bases opposées paralleles, dont le diametre AB de la base supérieure est de 21^P, le diametre CD de la base inférieure de 28^P, et la hauteur OP de 15^P, la saillie NQ du talut sera de 3^P 6°.

Prenez

Prenez 3 fois le demi-diametre
10ᴾ 6° de la base supérieure   31ᴾ 6° 0
plus, 2 fois la saillie du talut   7   0   0

     Somme   38   6   0
Multipliez par la circonférence
de la base supérieure .   .   .   66   0   0

     Produit   2541   0   0
Multipliez la circon-
férence de la base in-
férieure .   .   .   88 0 0
par la saillie du talut   3 6 0

Produit .   .   .   308 0 0 ci 308   0   0

Somme des deux produits .   .   2849   0   0
Multipliez par la $\frac{1}{6}$ partie de la
hauteur 15ᴾ, ci   .   .   .   2   6   0

le cube du cône tronqué sera   7122ᴾ 6° 0ˡ

REMARQUE.

Lorsque les prismes, les pyramides et les cônes, soit entiers ou tronqués, sont obliques, en
supposant toujours les bases paralleles pour ceux
tronqués, la hauteur doit se prendre à plomb et
non suivant la hauteur oblique, parceque toutes
ces figures, ayant même hauteur et mêmes bases,
sont égales en solidité.

L'on a supposé, dans les opérations précédentes que, les bases des troncs sont des polygones
réguliers: mais il peut arriver que ces bases soient
des polygones irréguliers, ce qui se rencontre fort
souvent dans la pratique; et dans ces cas l'on ne
pourroit avoir une base moyenne en se servant

N

des pourtours pour multiplier, parceque la droite ;
tirée du centre de la base supérieure sur un côté,
ne seroit point égale à celle tirée du même centre
sur un autre côté. Or, dans tous les cas possibles,
l'on peut décomposer un tronc pyramidal en autant de troncs qu'il aura de côtés, et calculer des
bases moyennes de chaque petit tronc, dont on
fera la somme que l'on multipliera par la sixieme
partie de la hauteur.

(*Fig.* 84.) Pour donner une idée plus distincte
de ce que l'on vient de dire, supposons que la
base ABHC supérieure, ainsi que la base DEVF
inférieure, soit quadrilatere irrégulier ; d'un point
quelconque O de la base supérieure imaginez une
perpendiculaire OP ; tirez les demi-diagonales
OC, OA, sur la base supérieure, et imaginez les
demi-diagonales PF, PD, sur la base inférieure,
vous aurez un tronc AOCFPD pyramidal triangulaire. Pour avoir le cube de ce tronc, tirez une
droite OU d'équerre sur AC ; prenez 3 fois cette
droite OU ; plus, 2 fois la saillie NQ du talut, et
multipliez la somme par le côté AC de la base
supérieure : multipliez la longueur DF de la base
inférieure par la saillie NQ du talut ; ajoutez ensemble ces deux produits ; faites la même chose
sur chaque côté du tronc proposé, et ajoutez ensemble les différents produits ; puis multipliez
leur somme par la $\frac{1}{6}$ partie de la hauteur OP, le
produit sera le cube du tronc pyramidal proposé.

(*Fig.* 82.). Lorsqu'un solide aura des côtés
droits qui, étant prolongés, se termineront à plusieurs points L, A, ce corps ne sera point un
tronc pyramidal ; mais il pourra être décomposé

en plusieurs solides de même hauteur, en supposant toujours les bases opposées paralleles.

Supposons que les bases MNIF, PQEB, soient
rectangles, et que les faces des côtés prolongés
se terminent à la droite LA: l'on portera IF sur
FM de F en G, et sur IN de I en H; puis l'on tirera les droites GC parallele à MP, et HD parallele à NQ; pour lors l'on reconnoîtra un prisme
PMNQDHGC dont la base moyenne se trouvera
en ajoutant MN avec PQ, et en prenant la moitié
de la somme que l'on multipliera par MG: l'on déterminera la base moyenne du tronc CGHDEIFB
par la méthode précédente, dont on prendra la
sixieme partie: l'on fera la somme des deux quan :
tités que l'on multipliera par la hauteur du corps
proposé; ce qui donnera le cube de cette figure.

CHAPITRE II.

Des murs en talut avec angles saillants et rentrants.

Pour évaluer la solidité d'un mur en talut formant angle rentrant ou saillant à l'une ou à ses
deux extrémités, l'on est obligé de le décomposer ou le supposer tel, afin de toiser séparément
la partie formant talut et la partie droite comme
s'il n'y avoit point de talut, parcequ'il faut considérer ces solides comme composés de prismes
et de pyramides.

(*Fig.* 88, *planche* 9.) Supposons qu'on ait à
toiser un mur AVCY en talut d'un côté, et formant un angle rentrant BL et un angle saillant CM.

Considérez une partie UL de ce mur composée d'un mur à plomb ayant ABVU pour base et AE pour hauteur, d'un prisme triangulaire ayant pour bases les triangles paralleles EAI, OQL, et d'une pyramide quadrangulaire ayant pour base OQBF et pour hauteur la saillie OL du talut.

1°. Le mur droit et à plomb se trouvera en multipliant la base ABVU par la hauteur AE; ainsi, supposant AU d'équerre sur UV, l'on aura

$$\frac{UV + AB}{2} \times AU \times AE.$$

2°. Pour le prisme compris entre deux faces triangulaires paralleles EAI, OQL, en supposant EI d'équerre sur EO, l'on aura $\frac{EI}{2} \times EO \times AE$.

3°. Pour la pyramide, l'on aura $\frac{OF \times OQ \times OL}{3}$; et comme OQ = AE, et que OL = EI, en substituant l'on aura $\frac{OF \times AE \times EI}{3} = \frac{EI}{2} \times \frac{2}{3} OF \times AE$.

4°. Faisant la somme des trois quantités, l'on aura

$$UL = \left\{ \frac{UV+AB}{2} \times AU + \overline{EO + \frac{2}{3}OF} \times \frac{EI}{2} \right\} \times AE.$$

Comme la hauteur AE est commune aux trois parties du mur UL, tout ce qui est entre les deux accollades exprimera une surface moyenne de tout le mur UL.

Dans la pratique, l'on pourra mesurer la longueur de toute la partie en talut aux $\frac{2}{3}$ de la hauteur AI, ou BL; cette longueur sera équivalente à EO + $\frac{2}{3}$ OF, et abrégera l'opération.

EXEMPLE.

Soit la longueur UV = 40^p 6°, la longueur

AB $=$ 36^P, la longueur IL ou EO $=$ 30^P, l'ex-cédent OF sera 6^P; soit la saillie du talut EI $=$ 8^P, la hauteur AE $=$ 18^P, et l'épaisseur AU $=$ 4^P.

Ajoutez 36^P avec 40^P 6$^°$, et vous aurez 76^P 6$^°$, dont la moitié est 38^P 3$^°$ que vous multiplierez par l'épaisseur 4^P prise à la partie supérieure, et vous aurez . . 153^P 0$^°$ 0^l

Ajoutez à la longueur 30^P prise au bas du talut, les $\frac{2}{3}$ de la diffé-rence 6^P des longueurs du haut et du bas , vous aurez 34^P que vous multiplierez par la moitié 4^P de la saillie du talut ; ce qui produira 136 0 0

Faites la somme . . . 289 0 0

Multipliez par la hauteur . . 18 0 0

le cube du mur UL sera . . 5202 0 0

Pour le mur MD coupé à plomb par un bout, et formant angle saillant par l'autre bout, l'on multipliera la moitié des deux longueurs CD, XY. par l'épaisseur YD de la partie supérieure ; en-suite l'on ajoutera à la longueur CD du haut du talut le $\frac{1}{3}$ de la différence entre cette longueur et celle du bas MN , et l'on multipliera la somme par la moitié de la saillie GT du talut ; l'on fera la somme de ces deux produits que l'on multipliera par la hauteur du mur.

La longueur réduite de la partie en talut se trouvera aussi en prenant la longueur aux $\frac{2}{3}$ de la hauteur de cette partie.

Pour la partie du mur YM formant un angle saillant CM et un angle rentrant BL, l'on fera le produit de la partie supérieure VXCB comme ci-devant ; ensuite, pour la partie en talut, l'on prendra sa longueur aux $\frac{2}{3}$ de sa hauteur, et l'on multipliera cette longueur réduite par la moitié de la saillie du talut ; l'on ajoutera ensemble les deux produits, et l'on multipliera la somme par la hauteur du mur.

Il se trouve encore, dans la pratique, des murs circulaires en talut par dehors ; le principe pour toiser le cube de ces murs est le même que ci-devant.

(*Fig.* 87, *planche* 8.) L'on commencera par évaluer la surface supérieure comprise entre les pourtours ABCD et EFGH ; après quoi l'on prendra le pourtour de la partie en talut aux $\frac{2}{3}$ de sa hauteur, et on le multipliera par la moitié de la saillie QN du talut ; puis, faisant la somme de ces deux produits, on la multipliera par la hauteur AN de la tour : le produit donnera le cube du mur en tour ronde et en talut.

(*Fig.* 89, *planche* 9.) Pour évaluer le cube d'une fouille de terre faite en talut entre quatre côtés parallèles, l'on mesurera la longueur EH et la largeur HG du fond que l'on multipliera l'une par l'autre ; ensuite l'on prendra le pourtour des quatre faces au tiers de sa hauteur en commençant du fond de la fouille, et l'on multipliera ce pourtour réduit par la moitié de la saillie du talut ; puis l'on fera la somme des deux produits que l'on multipliera par la hauteur de la fouille : le produit sera le cube demandé.

En prenant le pourtour réduit au tiers de la hauteur, c'est la même chose que si l'on ajoutoit au pourtour EFGHE le tiers de la différence de ce pourtour et du pourtour ABCDA supérieur.

EXEMPLE.

Supposons AD ou BC $= 36^{to}$, AB ou DC $= 8^{to}$, EH $= 33^{to}$, EF $= 5^{to}$, et la hauteur PQ $= 2^{to}$, le pourtour du haut sera 88to, celui du bas sera 76to, la différence des pourtours sera 12to, et la saillie du talut sera $1^{to} 3^{P}$.

Multipliez 33to par 5to, ci . . . 165to o o

Ajoutez au pourtour
du fond . . . . 76to

le $\frac{1}{3}$ de la différence 12^{P} 4

vous aurez . . . 80

Multipliez par la moi-
tié de la saillie du talut   o 4 6

Produit . . . 60 o

Ajoutez ce produit au premier . 60 o o

Somme . . . . . 225 o o

Multipliez par la hauteur . . 2 o o

le cube de la fouille sera . . 450 o ᴼ̶

. (*Fig.* 89, *planche* 9.) Si les taluts n'avoient pas la même saillie sur les quatre côtés, l'on por- teroit la longueur FG du fond sur la longueur BC du talut de B en M, et la largeur EF du fond sur la largeur AB du haut de B en K ; puis l'on imaginera les droites KL, LM, parallèles aux côtés du haut ;

l'on multipliera; 1°. la longueur EH du fond par sa largeur; 2°. l'on prendra la longueur réduite de la partie AEHD au $\frac{1}{3}$ de sa hauteur pris du fond, que l'on multipliera par la moitié de la différence AK des côtés EF, AB; 3°. l'on prendra la longueur de la partie HDCG au $\frac{1}{3}$ de sa hauteur, que l'on multipliera par la moitié de la différence de EH et de AD; enfin l'on multipliera la somme des trois produits par la profondeur de la fouille.

Exemple.

AD $= 36^{to}$, EH $= 33^{to}$, AB $= 4^{to}$, EF $= 3^{to}$, et la profondeur PQ $= 1^{to}$ 3^{P}.

1°. La surface du fond sera 33to multipliées par 3to . . . .   99to 0   0

2°. La différence des longueurs 36to et 33to est 3to, et la différence des largeurs 4to et 3to est 1to.

Ajoutez à la longueur 33to le $\frac{1}{3}$ de la différence 3to, et vous aurez 34to à multiplier par la moitié de l'autre différence 1to : le produit sera   17   0   0

3°. Ajoutez à la largeur 3to le $\frac{1}{3}$ de la différence 1to, et vous aurez 3to 2^{P} que vous multiplierez par la moitié de l'autre différence 3to: le produit sera   5   0   0

La somme de ces trois produits sera   121   0   0
qui étant multipliés par la hauteur   1   3   0

le produit donnera le cube de la fouille, ...   181   3   0

CHAPITRE III.

*Du toisé cube des massifs dont les bases opposées
ne sont point paralleles.*

(*Fig.* 90, *planche* 8.) 1°. Soit une pyramide
triangulaire SDEF coupée par un plan NOM oblique à la base EDF. en supposant qu'un côté MN
du plan coupant soit parallele au côté FE de la
base, et que le sommet O soit plus élevé que ce
côté MN.

Tirez les droites MA, NA, paralleles aux côtés FD, ED, de la base, et vous aurez une pyramide NAMFED dont les bases seront paralleles,
et que vous calculerez par une des méthodes précédentes. Vous aurez une autre pyramide ONAM,
dont le cube se trouvera en multipliant le plan
NAM, qui lui sert de base, par le $\frac{1}{3}$ de la hauteur OL.

(*Fig.* 91.) 2°. Si le côté CB est plus élevé que
le point A, en supposant ce côté parallele au côté
FE de la base; après que l'on aura toisé le cube
de la partie ANMFED par les méthodes précédentes, l'on calculera la partie supérieure en multipliant la surface du triangle NAM par les $\frac{2}{3}$ de la
hauteur perpendiculaire OL, et l'on fera la somme
des cubes.

(*Fig.* 92.) 3°. Lorsque le plan coupant n'aura
aucun de ses côtés paralleles aux côtés de la base,
l'on fixera la hauteur au point A qui est à la

moindre distance de la base; puis l'on tracera les côtés d'un plan AMN parallèles aux côtés de la base DFE, et l'on calculera la partie comprise entre ces deux plans : la partie AMNBC qui restera sera une pyramide quadrangulaire oblique dont la base sera la surface du quadrilatère CMNB, et dont le sommet sera au point A. Pour toiser cette partie, l'on appliquera une règle R sur la face FCBE; du point A l'on tendra une ligne AS parallèle à cette règle, et l'on prendra la distance d'équerre SR, laquelle sera la hauteur de la pyramide AMNBC. L'on multipliera la surface de la base MCBN par le $\frac{1}{3}$ de la distance SR, et l'on ajoutera le produit avec celui de la première partie.

(*Fig.* 93.) 4°. Lorsqu'une pyramide quadrangulaire sera tronquée obliquement par un plan NMLI dont on suppose deux côtés NM, LI, parallèles aux côtés correspondants AG, FH, de la base, l'on tracera les droites NY, MZ, parallèles aux côtés correspondants AF, GH, et l'on aura par ce moyen un tronc pyramidal NMZYFAGH à bases opposées parallèles, dont le cube se trouvera par les méthodes précédentes : il restera une partie IYZLMN à évaluer. Pour déterminer le cube de cette partie, l'on portera la distance LI sur ZY de Z en K; ensuite l'on ajoutera la moitié de LI avec le tiers de KY; puis l'on multipliera la somme par la longueur EK et par la hauteur à plomb IO; ce qui donnera le cube de cette partie.

CHAPITRE IV.

Du toisé des massifs de terre.

Comme les fouilles se font presque toujours sur un plan droit ou incliné, il n'est pas difficile d'évaluer leur solidité, au moins par approximation; en laissant des jalons à égale distance les uns des autres pour former autant de prismes de même base. Comme les prismes de même base sont entre eux comme leurs hauteurs, leur somme sera égale à la moyenne proportionnelle arithmétique de toutes les hauteurs, multipliée par la surface de leur plan.

Pour rendre l'opération plus facile, l'on divise un cordeau par toise, et à chaque toise l'on passe un petit morceau d'étoffe à travers ce cordeau; puis l'on tend ce cordeau en ligne droite, et l'on plante un piquet à chaque toise, ou à chaque dixaine de toise, selon l'étendue du terrain; l'on porte la distance prise entre deux piquets d'équerre à la ligne que l'on a formée, et l'on étend de nouveau le cordeau parallelement à la premiere ligne de piquets : cette opération se répete autant de fois que l'étendue du terrain peut le permettre; par ce moyen, toutes les parties comprises entre quatre piquets forment des prismes. Cette opération doit se faire avant de commencer la fouille, pour marquer les places où les ouvriers doivent laisser des témoins; quand la fouille est faite, l'on mesure la hauteur des témoins suivant une direction perpendiculaire au plan sur lequel

la fouille a été faite. Nous allons donner la méthode de trouver une hauteur moyenne.

(*Fig.* 94.) 1°. Soit un massif, onduleux par-
dessus, posé sur un plan ABCD, et renfermé entre quatre faces perpendiculaires et parallèles
DNQC, CQMB, BMIA, AIND.

· · Je partage le plan ABCD en trois parties égales
par les lignes parallèles GE, HF; puis je mesure
les hauteurs DN, GO, HP, CQ, BM, FL, EK,
AI, lesquelles sont supposées être les témoins que
l'on a laissés après la fouille faite. J'écris deux
fois chacune des hauteurs communes à deux prismes, et une fois chacune des hauteurs des angles; puis faisant la somme, je la divise par le
nombre des dimensions que j'ai écrites. Supposons que

AI $= 2^P$	j'écris une fois	÷ ·	2^P
DN $= 3$	÷ · une fois	· ·	3
EK $= 6$	· · deux fois	· ·	12
GO $= 4$	· · deux fois	· ·	8
FL $= 8$	· · deux fois	· ·	16
HP $= 7$	· · deux fois	· ·	14
BM $= 11$	· · une fois	· ·	11
CQ $= 13$	· · une fois	· ·	13

                              TOTAL   79

Ayant 12 dimensions, je divise par   12

et j'ai pour hauteur moyenne   ·   · $6^P.7°$

Je multiplie cette hauteur ainsi réduite par la
surface de la base, et le produit me donne le cube
de la fouille.

(*Fig.* 95.) 2°. Soit un massif onduleux par-dessus, et posé sur un plan droit ABDC dont on suppose les quatre côtés paralleles servant de bases aux faces des côtés: supposons que l'on ait partagé les deux côtés AB, CD, chacun en trois parties égales, et qu'on ait tiré les parallèles FE, LH; que l'on ait partagé les deux côtés AC, BD, chacun en deux parties égales, et qu'on ait tiré la parallele KM; puis qu'ayant planté des piquets aux points de division, l'on ait laissé des témoins après la fouille faite: la hauteur réduite se trouvera en prenant la 24me partie de la somme de 24 dimensions; savoir, une fois chaque hauteur commune à un prisme; deux fois chaque hauteur commune à deux prismes, et quatre fois chaque hauteur commune à quatre prismes. Je suppose que

CR $= 4^p$	1 fois 4		4
FS $= 6$	2 fois 6		12
TL $= 10$	2 fois 10		20
DU $= 11$	1 fois 11		11
MZ $= 12$	2 fois 12		24
BQ $= 11$	1 fois 11		11
HP $= 13$	2 fois 13		26
EO $= 9$	2 fois 9		18
AN $= 3$	1 fois 3		3
KV $= 5$	2 fois 5		10
GX $= 7$	4 fois 7		28
IY $= 15$	4 fois 15		60

TOTAL . . 24 dimensions. Somme 227

Divisez par 24

la hauteur commune sera . . 9^p 5° 6^l

(*Fig.* 96.) 3°. Lorsque le plan ABDHGN d'un terrain est inégal dans son circuit, l'on tirera des droites parallèles AB, NM, OD, à égale distance l'une de l'autre, et des droites d'équerre BD, YH, FL, EG, IC, AO, aussi à égale distance ; puis l'on plantera des piquets aux sections formées par ces lignes pour marquer les places où l'on doit laisser des témoins ; et après que la fouille sera faite, l'on toisera le cube comme ci-devant : les parties bordant les rives se toiseront chacune séparément, étant des prismes ou des pyramides de différentes bases et de différentes hauteurs.

L'on pourra, par la même méthode, toiser le cube d'un terrain avant d'en faire la fouille. Pour cela l'on fera des marques sur les piquets, de manière qu'elles soient à même hauteur suivant la direction du plan sur lequel se trouve le terrain que l'on veut faire enlever : l'on mesurera les hauteurs des piquets depuis le dessus du terrain jusqu'aux marques que l'on aura faites, et l'on fera une hauteur commune de toutes les hauteurs ; ensuite l'on ôtera cette hauteur ainsi réduite de la hauteur qui se trouve entre les marques et le plan du terrain ; le reste sera la hauteur commune des témoins que l'on auroit laissés, si l'on eût fait la fouille avant de mesurer.

4°. Comme les ouvrages de terrasse exigent des dépenses extraordinaires, il est absolument nécessaire d'en faire un apperçù avant de commencer ; de savoir s'il sera nécessaire de rapporter des terres pour compléter ce qui pourroit manquer, ou si l'on sera obligé d'en faire enlever une quantité. Il faudra encore connoître la nature du

terrain, l'éloignement du transport, l'éloignement des terres que l'on seroit obligé de rapporter. Les prix de ces différents travaux ne peuvent
être fixés qu'en employant des ouvriers de différents genres pendant deux ou trois jours, et en
toisant la quantité d'ouvrage qu'ils auront fait.

(*Fig.* 97, 98.) Supposons qu'une des figures
CBF représente la coupe verticale d'un terrain
que l'on voudroit dresser suivant une ligne de
pente CB, il s'agit de savoir s'il faudra enlever
des terres ou en rapporter d'autres pour remplir
les intentions du projet.

La premiere opération sera de niveler le terrain en partant du point B le plus élevé, et de
déterminer la droite horizontale AB et la hauteur
perpendiculaire AC, afin d'avoir la surface du
triangle CAB ou CFB $= \frac{AB \times AC}{2}$ ou $\frac{CF \times BF}{2}$; ce qui
revient au même.

L'on divisera la longueur de la droite AB en
plusieurs parties égales, et à chaque point de division l'on plantera un piquet, puis l'on déterminera les hauteurs depuis le dessus du terrain jusqu'à la ligne AB : si le point A est trop élevé pour
que l'on puisse mesurer la hauteur AC, ainsi que
les différentes hauteurs, l'on baissera le niveau à
mesure que l'on ira de B en C, et l'on remarquera
les différentes hauteurs d'un niveau à l'autre, ainsi
que les intervalles.

(*Fig.* 97.) Supposons qu'on ait divisé la droite
AB en cinq parties égales, et que l'on ait trouvé

AC $=$ 10ᵖ, l'on écrira   1 fois 10ᵖ   :   :   10ᵖ 0
GH $=$ 6   .   .   2 fois 6   .   .   12
IL $=$ 5   .   .   2 fois 5   .   .   10
NM $=$ 4ᵖ   .   .   2 fois 4   .   .   8
OP $=$ 2ᵖ 6°   .   .   2 fois 2 6 .   .   5
B $=$ 0   .   .   1 fois 0   .   .   0

    Somme 45 0
    Divisez par   10

la hauteur, réduite entre la ligne de
niveau AB et le dessus du terrain, sera   4ᵖ 6°

La hauteur totale BF $=$ AC étant 10ᵖ, si l'on
en ôte 4ᵖ 6°, il restera 5ᵖ 6° pour la hauteur réduite du terrain CHLNPBF. Supposons que l'on
ait trouvé AB $=$ 40ᵖ, la surface du
triangle CBF sera 40ᵖ $\times$ $\frac{10ᵖ}{2}$, ci   200ᵖ 0 0
et la surface du profil CHLNPBF
sera 40ᵖ $\times$ 5ᵖ 6°, ci   .   .   220 0 0

l'excédent sera   .   .   .   :   20 0 0

C'est-à-dire qu'il faudra enlever 20ᵖ superficie de terrain, qui, étant multiplié par la largeur, donnera le cube de terre qu'il faudra enlever

(*Fig.* 98.) Supposons toujours la longueur
AB $=$ 40ᵖ, et que l'on ait trouvé

AC

AC = 10^P écrivez	1 fois 10	.	.	10^P	0
GH = 8 . .	2 fois 8	.	.	16	0
IL = 9 . .	2 fois 9	.	.	18	0
MN = 8 . .	2 fois 8	.	.	16	0
OP = 5 . .	2 fois 5	.	.	10	0
B = 0 . .	1 fois 0	.	.	0	

Somme 70 0

Divisez par 10 0

vous aurez 7 0

La quantité 7^P étant ôtée de la plus grande hauteur 10^P, il restera 3^P pour la hauteur réduite du terrain.

Le triangle CBF sera comme ci-dessus   200^P

La surface du profil CHLNPBF sera 40 ✕ 3, ci 120

Le défaut de terre sera . . . . 80^P

Ces 80^P superficiels, étant multipliés par la largeur du terrain, donneront le cube de terre qu'il faudra rapporter pour régler la pente suivant la droite inclinée CB.

CHAPITRE V.

Du toisé cube des voûtes.

LA solidité d'une voûte est le volume renfermé entre deux surfaces demi-cylindriques, parallèles ou non parallèles; c'est la même chose que le mur

O

d'un puits ou d'une tour que l'on auroit partagé
en deux parties égales par un plan vertical, dont
chaque partie auroit été posée de côté sur le plan
coupant.

(*Fig. 99.*) La surface extérieure d'une voûte
se nomme *extrados*, et la surface intérieure se
nomme *intrados*, ou *douelle*. La demi-circonférence AED est le pourtour de l'extrados, et la
demi-circonférence BFC est le pourtour de l'intrados. La surface renfermée entre ces deux pourtours est la coupe de la voûte prise en travers.

La maçonnerie que l'on fait sur l'extrados,
formant deux écoinsons GNE, HME, et arasant
le sommet de la voûte suivant la ligne droite GEH,
se nomme le *remplissage* des reins.

Les deux parties de voûte, formant deux demi-
segments ANB, DMC, par la pénétration des
murs, sont les segments de la voûte.

Les deux parties de mur IANG, KDMH, qui
sont au-dessus des segments, sont les *portions
collatérales*.

Le demi-cercle BFC est le *vuide* de la voûte.

Toutes ces parties réunies forment un ensemble renfermé dans un quarré-long IADK, et que
l'on peut nommer l'*ensemble* d'une voûte.

Les voûtes de même diametre et de différentes
montées ont toutes leurs parties proportionnelles
aux montées FS, ou aux hauteurs MC des segments.

Les voûtes de même montée et de même diametre augmentent ou diminuent en raison de leurs
longueurs.

Le diametre intérieur BC, la montée sous

clef FS, l'épaisseur EF ou AB, sont presque toujours des quantités connues; il n'y a que la hauteur MC des segments qui est inconnue, et que l'on peut toujours trouver aisément, comme on va le voir.

La perpendiculaire MC, abaissée d'un point de la circonférence sur le diametre AD, est moyenne proportionnelle entre les parties AC, CD, du diametre; ainsi l'on aura toujours MC $= \sqrt{AC \times CD}$. Par exemple, si AC $= 12^P$, et CD $= 3^P$, le produit sera 36^P, dont la racine quarrée 6^P sera la valeur de MC.

(*Fig.* 100.) Si la voûte est surmontée ou surbaissée, l'on fera cette proportion, ES ou SD : MC :: PS : QC, ou comme GS : HC.

PROBLÊME I.

Déterminer la surface de chacune des parties d'une voûte en berceau plein cintre suivant son profil pris en travers, et par ce moyen trouver le cube de chacune de ces parties suivant une longueur déterminée.

RÉSOLUTION.

La longueur étant commune à toutes les parties de la coupe en travers, il ne s'agit que de trouver les surfaces de ces parties.

(*Fig.* 99.) 1°. Le vuide BFC sera égal à BC $\times \frac{1}{4}$ FS.

2°. La voûte comprise entre les deux courbes

AED, BFC, sera égale à la moitié de la somme de ces courbes multipliée par l'épaisseur EF.

3°. La somme des segments ANB, DMC, sera égale à MC $\times \frac{4}{3}$ CD, en supposant que la fleche ou épaisseur du mur CD soit à peu près le quart de la demi-corde MC.

4°. La voûte, en déduisant les deux segments, sera égale à $\frac{\overline{11\,\frac{BD}{7} - \frac{4}{3}\,\frac{MC}{3}}}{} \times$ CD.

5°. Les deux parties de mur collatérales IANG, KDMH, seront chacune égales à

$$\overline{HC - \tfrac{2}{3} MC} \times CD.$$

6°. Les remplissages des reins GNE, HME, seront égaux à $\frac{3}{14}$ AD $\overline{-\, 2\,CD} \times \frac{AD}{2} + \frac{4}{3}$ MC $\times$ CD.

7°. Toutes les parties de la coupe étant assemblées, doivent donner la surface du rectangle IADK.

EXEMPLE.

Soient le diametre intérieur BC $= 30^p$, le diametre extérieur AD $= 34^p$, l'épaisseur CD $= 2$; supposons la voûte plein cintre, l'on aura MC $=$

$$\sqrt{32 \times 2} = 8^p \text{ et FS} = 15^p.$$

1°. Pour le vuide BFC, multipliez 30^p par 15^p, et vous aurez 450^p, ci · · · · · · · $\quad 450^p$

Pour les $\frac{11}{14}$ prenez la moitié · ·	225	0	
plus, le quart · · ·	112	6	
plus, le $\frac{1}{7}$ du quart · ·	16	0	10
vous aurez · · · ·	353	6	10

2°. Pour la voûte, non compris les segments.

Ajoutez une épaisseur 2ᴾ au diametre intérieur 30ᴾ, la somme sera 32ᴾ, qui étant multipliés par $\frac{11}{7}$, l'on aura d'abord   50ᴾ 3° 5ˡ

Les $\frac{1}{3}$ de la hauteur 8ᴾ du segment seront 10ᴾ 8°, ci 10 8 0

La différence sera . . .	39	7	5
Multipliez par l'épaisseur . .	2	0	0
le profil BNEMCFB sera . .	79	2	10

3°. Pour les deux segments ANB, DMC, multipliez la hauteur MC de 8ᴾ par les $\frac{1}{3}$ de l'épaisseur 2ᴾ de la voûte, vous aurez . . . 21ᴾ 4° 0

4°. Pour les deux parties de mur collatérales IANG, KDMH, ôtez de la hauteur HC de 17ᴾ les $\frac{2}{3}$ de la demi-corde MC de 8ᴾ, ou 5ᴾ 4°, le reste sera . . 11ᴾ 8° 0

Multipliez par 2 fois l'épaisseur   4

vous aurez . . . 46 8 0

5°. Pour les remplissages des reins GNE, HME, prenez les $\frac{2}{14}$ du grand

diametre 34ᴾ, et vous aurez	7ᴾ	3°	5ᴵ
Ôtez-en deux fois l'épaisseur	4	0	0
restera	3	3	5
Multipliez par la moitié du grand diametre . . .	17		
Produit	55	10	3
Ajoutez le produit des segments	21	4	0
la somme sera la valeur des reins	77	2	3

Présentement, si l'on rassemble toutes les parties que l'on vient de trouver, l'on aura la surface du rectangle IADK.

1°. L'on a trouvé pour le vuide	353ᴾ	6°	10ᴵ
2°. L'on a trouvé pour la voûte, non compris les segments engagés;	79	2	10
3°. L'on a trouvé pour les segments	21	4	0
4°. L'on a trouvé pour les deux parties de mur collatérales . .	46	8	0
5°. L'on a trouvé pour le remplissage des reins	77	2	3
Total	577	11	11

Si l'on multiplie la longueur 34ᴾ du rectangle par la hauteur 17ᴾ, l'on aura 578ᴾ, qui ne different que de 1ᴵ provenant des restes de fraction

Présentement il sera facile d'avoir le cube de

toutes les parties de la voûte, en multipliant chaque produit par la longueur de la même voûte.

Lorsqu'une voûte sera surmontée ou surbaissée, il faudra toujours déterminer la hauteur MC d'un segment; ensuite l'on aura la surface de la tête de la voûte, y compris ce qui est engagé, en faisant le produit du grand diametre AD par la hauteur ES, en ôtant de ce produit celui du petit diametre BC par la montée FS, et en multipliant le reste par $\frac{11}{14}$.

Pour avoir la surface de la tête des reins, il faudra multiplier le grand diametre AD par les $\frac{3}{14}$ de la hauteur ES, et ôter du produit celui de la hauteur HM plus le tiers de MC multiplié par deux fois l'épaisseur CD de la voûte.

Pour avoir la surface des segments, il faudra multiplier les $\frac{2}{3}$ de la hauteur MC par deux fois l'épaisseur de la voûte.

Exemple pour une voûte surbaissée.

Supposons que le grand diametre AD $= 24^p$, la hauteur ES $= 9^p$, l'épaisseur EF ou CD $= 1^p$ 6°, l'on aura AC $= 22^p 6^o$.

RÉSOLUTION.

Pour avoir la hauteur MC des segments, l'on suivra cette formule MC $= \frac{2\,ES}{AD} \times \sqrt{CD \times AC}$.

Le produit de $22^p 6^o$ par $1^p 6^o$ est $33^p 9^o$, dont

O iv

la racine quarrée est .   .   5ᴾ 9° 8ⁱ 6ⁱ
Multipliez par le double de
la hauteur   18

| Produit   .   .   . | 104 | 6 | 9 | 0 | |

Divisez par le grand dia-
metre   24

| la hauteur de MC sera   . | 4 | 4 | 3 | 4 | 6 |

Présentement, si l'on veut avoir la surface de
la tête de la voûte, y compris ce qui est engagé
dans les murs,

L'on multipliera le grand
diametre 24ᴾ par la hauteur
9ᴾ; ce qui donnera .   .   216ᴾ 0   0
L'on multipliera le petit dia-
metre 21ᴾ par la montée 7ᴾ
6°; ce qui donnera .   .   157 6   0

| le reste sera   .   . | 58ᴾ | 6° | | | |

Prenez-en la moitié . .	29	3			
plus, le quart . .	14	7	6		
plus, le $\frac{1}{7}$ du quart . .	2	1	0	10	3
la surface de la tête sera	45	11	6	10	3

Pour avoir la surface de la tête des reins, multipliez le grand diametre 24ᴾ
par la hauteur 9ᴾ, ci .   .   216ᴾ 0   0

prenez-en le $\frac{1}{7}$, ci : .	30	10	3	5	
plus, la moitié du $\frac{1}{7}$, ci .	15	5	1	8	6
Somme . . .	46	3	5	1	6

Somme ci-contre 46^p 3$^°$ 5^1 1^1 6^{11}

La hauteur
MC étant 4^p
4$^°$ 3^1 4^1 6^{11},
l'on aura HM
= . . 4^p 7$^°$ 8^1 7^1 6^{11}
le $\frac{1}{3}$ de MC
sera . . 1 5 5 1 6
Somme . 6 1 1 9 0
Multipliez
par le double
de l'épaisseur 3

Produit . 18 3 5 3   ci 18 3 5 3
Différence des deux pro-
duits 27 11 11 10 6

Cette différence sera la surface des profils des reins de la voûte.

L'on fera les mêmes opérations pour les voûtes surmontées.

Lorsque l'on toisera une voûte en cube, il faudra y comprendre les deux segments, et les déduire dans le toisé des murs; mais les reins seront comptés séparément en valeur de massif et non de voûte.

Dans la pratique du toisé, l'on a une très mauvaise habitude de compter, pour les reins, le tiers de la surface de la douelle sur l'épaisseur de la voûte, sans considérer l'erreur que l'on commet. Il faudroit, pour que cet usage eût lieu, que l'é-

paisseur de la voûte fût égale aux $\frac{2}{32}$ du diametre
intérieur; ce qui arrive très rarement.

*Comparaison du toisé d'usage avec le toisé géo-
métrique sur une voûte en berceau plein cintre.*

Exemple premier. Soient 23ᵖ le diametre in-
térieur, et l'épaisseur 2ᵖ 3°, ou les $\frac{2}{32}$ de 23ᵖ; supposons que la longueur de la voûte soit 12ᵖ.

Suivant l'usage, le pourtour intérieur sera
36ᵖ $\frac{1}{7}$, qui étant multipliés par la longueur 12ᵖ,
l'on aura 433 $\frac{5}{7}$ pour la surface de la douelle; et
en ajoutant le tiers pour les reins, l'on aura 578ᵖ
$\frac{2}{7}$, qui étant multipliés par l'épaisseur de 2ᵖ3°, le
cube de la voûte sera 1301ᵖ $\frac{1}{7}$.

Suivant le toisé géométrique, les $\frac{3}{14}$ de la montée 11ᵖ $\frac{1}{2}$ seront 2 $\frac{13}{28}$; et en y joignant l'épaisseur
2ᵖ $\frac{1}{4}$, l'on aura 4ᵖ $\frac{5}{7}$, qui étant multipliés par le
diametre 23ᵖ, puis par la longueur 12ᵖ, l'on aura
aussi 1301ᵖ $\frac{1}{7}$.

Mais si l'épaisseur de la voûte étoit 1ᵖ 6° avec
le même diametre et la même longueur, le toisé
cube géométrique auroit pro-
duit . . . . . . 1094ᵖ 1° 9ˡ
et le toisé d'usage auroit produit 867 5 2

Le cube, toisé géométriquement,
excede celui toisé suivant l'usage, de 226ᵖ 8 7ˡ

Si la même voûte n'avoit eu que 15° d'épaisseur, son cube géométrique au-
roit été . . . . . 1025ᴾ 1° 8ˡ
et le cube, suivant le toisé d'u-
sage, auroit été 722 10 3

Le toisé cube géométrique auroit
excédé de , ... 302ᴾ 3° 5ˡ

PROBLÊME 2ᵐᵉ.

Etant donné le diametre intérieur d'une voûte
de cloître plein cintre, la montée sous clef, et l'é-
paisseur de la voûte, toiser le cube d'un des pans
de cette voûte, et distinguer toutes les parties qui
le composent.

RÉSOLUTION.

(*Fig.* 102.) Supposons que le demi-diametre
BR = 8ᴾ, l'épaisseur RE de la voûte = 2ᴾ,
l'on aura GB = BE = 10ᴾ, et AB = BR = 8ᴾ:
l'on trouvera que la hauteur FD du segment sera
6ᴾ, et la longueur DC de la naissance de la
douelle sera égale au diametre 16ᴾ intérieur.

1°. Pour toiser le cube du vuide DACBD, multipliez la longueur 16ᴾ par la moitié du demi-diametre intérieur, c'est-à-dire par 4ᴾ, vous aurez
d'abord 64ᴾ; multipliez ce nombre par les $\frac{2}{3}$ de
la montée 8ᴾ, et vous aurez 341ᴾ 4° pour le cube
du vuide.

2°. Pour toiser le cube de la voûte, y compris
le segment engagé dans le mur, multipliez le demi-

diametre extérieur 10^P par trois fois le demi-diametre 8^P intérieur, vous aurez . . . . . 240^P 0$^°$ 0^l
Ajoutez-y le quarré de l'épaisseur 2^P, ci 4 0 0

Somme 244 0 0
Multipliez par les $\frac{2}{3}$ de l'épaisseur 1 4 0
le cube de la voûte sera . . 325 4 0

3°. Pour toiser le cube du segment DFOPHC engagé dans le mur, ajoutez l'épaisseur 2^P de la voûte avec le diametre intérieur 16^P, vous aurez 18^P qu'il faudra multiplier par la hauteur 6^P du segment ; ce qui donnera . . . . . 108^P 0 0
Multipliez par les $\frac{2}{3}$ de l'épaisseur 1 4
le cube du segment sera . . 144 0 0

Si l'on veut avoir le cube du pan de voûte sans y comprendre le segment, l'on retranchera 144^P de 325^P 4$^°$: le reste 181^P 4$^°$ sera le cube que l'on cherche, ci . . . . 181^P 4$^°$

4°. Pour toiser le cube de la partie collatérale de mur NFOILPHM, ôtez du demi-diametre extérieur 10^P les $\frac{2}{3}$ de la hauteur 6^P du segment, le reste sera 6^P que vous multiplierez par le diametre intérieur 16^P; plus, une épaisseur 2^P de voûte, c'est-à-dire par 18ᵖ, vous aurez   .   .   108ᵖ

Multipliez par l'épaisseur   .   .   .   2

le cube de cette partie de mur sera .   .   216ᵖ

5°. Pour toiser le cube du remplissage des reins GFNMHG, faites le cube du demi-diametre exté-rieur 10ᵖ, et vous aurez 1000ᵖ, dont vous prendrez le tiers ; ce qui pro-duira 333ᵖ 4ᵃ

Ôtez du grand diametre 20ᵖ l'é-paisseur 2ᵖ de la voûte, et les $\frac{4}{3}$ de la hauteur 6ᵖ du segment, il restera 10ᵖ que vous multiplierez par le de-mi-diametre extérieur 10ᵖ, et le pro-duit sera 100ᵖ

Ajoutez à ce nombreles $\frac{2}{3}$ du produit de la hauteur 6ᵖ du segment multiplié par l'é-psaiseur 2ᵖ de la voûte, ci   .   8ᵖ

Somme 108ᵖ

Multipliez par l'épaisseur   .   2

Produit   .   .   .   216

Retranchez ce produit du précédent   216   0

le reste sera le cube du remplissage des reins, ci 117ᵖ 4ᵃ

Les cinq parties de voûte ci-dessus, étant réu-es, doivent former le cube du prisme triangu-laire LGIOBP ; la base OBP, étant un triangle dont un côté OP = 20ᵖ, et la perpendiculaire

BE $=$ 10^P, sera 100^P superficiels, qui étant multipliés par la hauteur GB $=$ 10^P, le produit 1000^P
sera le cube de ce prisme.

RÉCAPITULATION.

Cube du vuide	341^P	4*
Cube du segment	144	0
Cube de la voûte sans le segment .	181	4
Cube de la partie de mur au-dessus du segment	216	0
Cube du remplissage des reins . .	117	4
TOTAL	1000^P	0

*Observation pour le toisé cube des dômes et des
pans de voûte plus ou moins longs que les diametres.*

Pour le toisé d'une voûte en dôme l'on fera
le cube de toutes les parties d'un pan de voûte
comme ci-devant, ensuite l'on multipliera chacune des parties par 3 $\frac{1}{7}$.
Pour le toisé d'un pan de voûte plus ou moins
long que son diametre, l'on multipliera chacune
des parties par la longueur du pan proposé, et
l'on divisera le produit par son diametre.

*Observation pour le toisé cube des dômes et des
pans de voûte surmontés ou surbaissés.*

Toisez toutes les parties d'une voûte en plein
cintre sur le même diametre de celle proposée;

ensuite multipliez chacune des parties de la voûte
plein cintre par la montée de celle proposée, et
divisez le produit par le demi-diametre intérieur.

Comparaison du toisé géométrique' avec le toisé
d'usage dans les voûtes de cloître et les dômes.

Pour que le cube d'une voûte de cloître ou
d'un dôme toisé géométriquement soit égal au
toisé cube suivant l'usage, il faut que l'épaisseur
de la voûte soit la cinquieme partie de sa montée.

Prenons pour exemple une voûte de cloître
en plein cintre de 10ᵖ de montée et de 2ᵖ d'é-
paisseur.

Pour toiser cette voûte géométriquement, y
compris le remplissage des reins, et non compris
les segments engagés dans les murs,

prenez le ⅓ de la montée 10ᵖ, ci .	3ᵖ	4°
ajoutez-y l'épaisseur de la voûte .	2	
Somme	5	4
Multipliez par la surface du plan	400	0
le cube géométrique sera . . .	2133ᵖ	4°

Pour toiser cette voûte par la méthode d'usage,
l'on multiplie le pourtour 80ᵖ du plan par la
montée; ce qui produit 800ᵖ de superficie; et y
ajoutant le tiers pour les reins, l'on a 1066ᵖ 8°,
qui étant multipliés par l'épaisseur 2ᵖ, le cube
sera, comme ci-devant, 2133ᵖ 4°.

Mais il n'y a que ce seul cas où le toisé d'usage
s'accorde au toisé géométrique; car si la voûte
proposée n'avoit eu que 1ᵖ 6° d'épaisseur, le toisé

géométrique auroit donné . .	1933ᴾ	4°	0
et le toisé d'usage auroit donné	1600	0	0
Différence . . .	333	4	0

L'on voit que le toisé géométrique, dans ce cas, excede de beaucoup sur celui d'usage, et que l'erreur scroit au préjudice de l'entrepreneur.

Si la même voûte n'avoit eu que 1ᴾ 3° d'épaisseur, le toisé géométrique auroit donné . . . . 1833ᴾ 4°
et le toisé d'usage auroit donné . 1333 4

Il y auroit eu perte pour l'entrepreneur 500 0

Problème 3ᵐᵉ.

Etant donné le diametre d'une lunette de voûte d'arête plein cintre, et son épaisseur, trouver le cube de chacune de ses parties.

Résolution.

(*Fig.* 101.) Supposons que le diametre intérieur BR = 8ᴾ, et que l'épaisseur RE = 2ᴾ, la hauteur FD du segment sera 6ᴾ, la montée TQ sera 8ᴾ, la hauteur KQ sera 10ᴾ, et le grand diametre JO sera 20ᴾ.

Il est bon d'observer que les opérations ci-après donnent le cube d'une lunette, y compris une partie en berceau, dont la longueur DX se trouve égale à l'épaisseur XO de la voûte. L'on
donnera

donnera ensuite d'autres opérations pour les parties d'une lunette, sans y comprendre cette partie en berceau.

1°. Pour toiser le cube du vuide de la lunette, prenez les $\frac{11}{14}$ du grand diametre 20ᴾ,

ci . . . . 15ᴾ 8° 7¹

ôtez-en le $\frac{1}{3}$ du petit diametre 16ᴾ,

ci 5 4 0

reste 10 4 7

Multipliez par le quart du quarré du petit diametre 16ᴾ, ci 64 0 0

le cube du vuide sera 664 5 4

2°. Pour toiser le cube d'une lunette, y compris les deux segments UXOFD, HCP*mn*, engagés dans les murs,

Ajoutez ensemble l'épaisseur 2ᴾ du mur avec le diametre intérieur 16ᴾ, vous aurez 18ᴾ 0 0

Multipliez par 19, ci 19 0 0

le produit sera 342 0 0

Multipliez ce nombre par l'épaisseur 2

Produit 684

Multipliez encore par le demi-grand diametre 10

Produit 6840

Divisez par 21

le quotient donnera . . . 325ᴾ 8° 7¹

Multipliez le quarré 64 du demi-diametre intérieur par les $\frac{2}{3}$ de

P.

Quotient de l'autre part　325ᴾ 8° 7ˡ

l'épaisseur 2ᴾ, et ôtez le produit
du nombre précédent, ci　.　　85　4　0

le reste sera le cube de la lunette　.　　.　　.　　.　　.　240ᴾ 4° 7ˡ

3°. Pour toiser le cube des segments,
　Multipliez la hauteur du segment　6ᴾ 0 0
par le quarré de l'épaisseur　.　.　4　0　0

　　　Produit　.　.　.　.　24　0　0

Prenez les ⅔ du produit, et vous
aurez pour le cube des deux segments　.　.　.　.　.　.　.　16　0　0

4°. Pour toiser le cube d'une lunette, non
compris les segments, l'on fera la différence des
deux produits précédents, ou bien l'on fera l'opération suivante.
　Ajoutez une épaisseur 2ᴾ au diametre intérieur
16ᴾ, vous aurez 18ᴾ que vous
prendrez 19 fois, ci　.　　.　342ᴾ 0 0 0
Multipliez par la moitié du
grand diametre　.　.　.　10

　　Produit　.　.　.　.　3420
Divisez par　.　.　.　.　21

　　Quotient　.　.　.　162 10 3 6
　Ajoutez le quarré 64ᴾ du
demi-diametre intérieur avec
le produit 12ᴾ de la hauteur
6ᴾ du segment par l'épaisseur

Quotient ci-contre 162 10 3 6

de la voûte, vous aurez 76ᵖ, dont les ⅔ seront . . .	50	8	0	
reste	112	2	3	6
Multipliez par l'épaisseur .	2	0	0	
le cube demandé sera . .	224	4	7	

5°. Pour toiser le cube des deux parties de mur &UOINF, MHPLZ*m*, collatérales,

Ôtez de la hauteur 10ᵖ de la voûte les ⅔ de la hauteur 6ᵖ des segments, il restera 6ᵖ que vous multiplierez par le quarré 4ᵖ de l'épaisseur; et le produit 24ᵖ sera le cube demandé, . . . 24ᵖ 0° 0ˡ

6°. Pour toiser le cube des reins d'une lunette de voûte d'arête,

Prenez les 2/21 du cube du demi-grand diametre 10ᵖ, vous aurez d'abord . . . . . 95ᵖ 2° 10ˡ

Ôtez du même demi-diametre 10ᵖ les ⅔ de la hauteur 6ᵖ du segment, et multipliez le reste 6ᵖ par le quarré 4ᵖ de l'épaisseur, ci . 24 0 0 0

Faites la soustraction, et le cube des reins sera . . . . 71ᵖ 2° 10ˡ

P ij

RÉCAPITULATION.

Cube du vuide .   .   .   .   664^P 5e 4^I 0^I
Cube des segments .   .   .   16   0   0   0
Cube de la lunette sans segments   224   4   7   c
Cube des parties de mur collatérales   24   0   0   0
Cube des reins   71   2   10

TOTAL   .   .   .   1000   0   9

Ce total est le cube du prisme élevé sur le plan triangulaire JBO; les 9 lignes qui sont de plus ne proviennent que des fractions.

Méthode pour toiser les différentes parties d'une lunette, sans y comprendre la partie du berceau qui a DX pour longueur.

Pour toiser le cube de la lunette, y compris les reins,

Prenez la 21me partie du diametre intérieur; ajoutez-y l'épaisseur de la voûte, et multipliez la somme par le quarré du demi-diametre intérieur.

Supposons que le diametre intérieur soit 16^P et l'épaisseur 2^P; la 21me partie de 16^P sera 0^P 9e 1^I 8^I, qui étant ajoutée à 2^P, l'on aura 2^P 9e 1^I 8^I; puis, multipliant par le quarré 64^P du demi-diametre, l'on aura   .   .   .   176^P 8e 10^I 8^I.

Pour toiser le cube des reins,

Prenez les $\frac{2}{21}$ du quarré du demi-grand diametre 10^P, ajoutez-y le quarré de l'épaisseur 2^P;

et multipliez la somme par le
même demi-diametre, vous
aurez un premier produit, ci   135^P 2° 10^l 2^t.

Prenez à part les $\frac{3}{7}$ du quarré du grand demi-diametre 10^P;
ajoutez-y les $\frac{2}{3}$ du produit de
la hauteur 6^P du segment par
l'épaisseur 2^P de la voûte, le
produit sera 5o^P 10° 3^l 5^t, qui
étant multipliés par l'épais-
seur, l'on aura à ôter .   .   101   8   6 10

le reste sera la valeur des reins,
ci   33   6   3   4

Pour toiser le cube d'une lunette sans les
reins,

Prenez une fois et un septieme
de fois le quarré 100 du demi-
grand diametre, ci .   .   .   114^P 3° 5^l

plus, $\frac{12}{21}$ de fois le quarré 4^P de l'é-
paisseur de la lunette, ci .   .   3   7 . 5

plus, le produit de la hauteur 6^P
du segment par les $\frac{2}{3}$ de l'épaisseur 2^P, ci   8   0   0

Somme .   .   .   .   125^P 10° 10^l

Ôtez de cette somme une fois
$\frac{5}{11}$ le produit du grand diametre 20^P
multiplié par l'épaisseur 2^P, ci .   54   3   5

Différence .   .   .   71   7   5

Multipliez par l'épaisseur .   .   2   0   0

le cube de la lunette sera .   .   143   2 10

Il est bon d'observer que, dans le toisé de cette lunette, il n'y a point de segment engagé, et qu'il ne peut y en avoir, parceque la courbe, partant de l'angle d'un pilier à l'angle d'un autre pris sur une même ligne, prend sa naissance au même point que les deux naissances des arêtiers, et par ce moyen la lunette forme un angle au-dessus de l'angle d'un des piliers.

Comparaison du toisé d'usage au toisé géométrique d'une lunette de voûte d'arête.

Suivant l'usage, l'on toise la surface de la douelle de la voûte, à laquelle l'on ajoute le quart pour compenser les reins, et l'on indique seulement l'épaisseur; ce qui donne un cube quelconque. Or il est question de voir si le cube d'une lunette avec ses reins, toisé de cette maniere, s'accorde avec le toisé géométrique.

Pour que le toisé d'usage se trouve égal au toisé géométrique, il faudroit que l'épaisseur de la voûte fût la 9me partie du diametre.

Exemple premier. Supposons une voûte d'arête plein cintre de 20^P de diametre intérieur sur 10^P, et dont l'épaisseur soit la 9me partie du diametre, c'est-à-dire $2^P 2^° 8^l$.

Pour toiser le cube de cette voûte géométriquement, prenez le $\frac{1}{6}$ du diametre	3^P	$4^°$	0^l	0
ajoutez le $\frac{1}{7}$ de ce nombre	0	5	8	7
ajoutez encore 4 fois l'épaisseur	8	10	8	0
Somme	12	8	4	7

Somme ci-contre 12 8 4 7

Multipliez par le quarré du
demi-diametre intérieur . 100

le cube de la voûte sera . 1269 10 2 4

Pour toiser cette voûte
suivant l'usage, prenez le
quarré du même diametre 400ᵖ 0° 0ˡ
ajoutez-y le ⅟₇ . . . 57 1 8 7

la surface de la douelle sera 457ᵖ 1° 8ˡ 7
Ajoutez-y le ⅟₄ pour les reins 114 3 5 2

Somme . . . 571 5 1 9
Multipliez par l'épaisseur 2 2 8

le cube sera également . 1269 10 1 2

Si l'épaisseur de cette voûte n'eût été que de
1ᵖ 6°, le toisé géométrique au-
roit donné . . . . 980ᵖ 11° 6ˡ 4′.
et le toisé d'usage auroit donné 857 1 8 7

Le toisé géométrique excede de 123 9 9 9

Si la même voûte n'avoit
eu que 1ᵖ d'épaisseur, son cube
auroit été . . . . 780ᵖ 11° 6ˡ 4′.
et le toisé d'usage auroit donné 571 5 1 9
Le toisé géométrique excede
de . . . . . . 209ᵖ 6° 4ˡ 7′

Si, au lieu d'admettre le quart pour les reins,

P iv

l'on admettoit le tiers, il y auroit encore une très grande différence entre les deux méthodes de toiser, excepté le seul cas où l'épaisseur de la voûte seroit la 11ᵐᵉ partie du diametre.

Exemple deuxieme. Supposons que le diametre intérieur soit 22ᴾ, la montée 11ᴾ, et l'épaisseur 2ᴾ, qui font le 11ᵐᵉ du diametre.

Pour avoir le cube géométriquement, écrivez la 6ᵐᵉ partie du diametre plus le 7ᵐᵉ de cette partie, et 4 fois l'épaisseur, et multipliez la somme par le quarré du demi-diametre, vous aurez . . . . 1475ᴾ $\frac{1}{21}$

Pour toiser suivant l'usage, prenez une fois et un 7ᵐᵉ de fois le quarré du diametre,

la surface de la douelle sera . .	553ᴾ $\frac{1}{7}$
Ajoutez-y le $\frac{1}{3}$ pour les reins . .	184 $\frac{8}{21}$
Somme	737 $\frac{11}{21}$
Multipliez par l'épaisseur . . .	2
vous aurez également . . .	1475ᴾ $\frac{1}{21}$

Mais si cette voûte n'avoit eu que 1ᴾ 6° d'épaisseur, le cube toisé géométriquement auroit été de 1233ᴾ 0° 5ˡ 5ˡ et le cube toisé suivant l'usage auroit été de . . . 1106 3 5 1

Différence . . . 126 9 0 4

Les différentes opérations que l'on vient de faire font assez connoître que l'erreur produite par le toisé d'usage est presque toujours à la perte de l'entrepreneur, excepté le cas où les voûtes ont une très forte épaisseur, ou, pour mieux dire, plus forte que les rapports que nous en avons donnés; ce qui seroit à la perte du bourgeois; mais cela n'arrive guere que dans les voûtes dont les diametres sont très petits: d'ailleurs les différentes méthodes-pratiques, n'étant fondées sur aucun principe, peuvent être rejettées sans difficulté.

Quant aux voûtes surmontées ou surbaissées, soit dômes, soit voûtes de cloître ou d'arête, l'on suivra les mêmes principes que l'on a donnés ci-devant, et ensuite l'on multipliera le cube que l'on aura trouvé par la montée sous clef, et l'on divisera le produit par la moitié du diametre intérieur.

CHAPITRE VI.

Des voûtes gothiques ou en arc d'ogive.

DÉFINITION.

UNE voûte cintrée en ogive est formée de deux arcs de 60 degrés pris sur les deux côtés d'un triangle équilatéral, dont la base sert de rayon.

Le profil d'une voûte est entre deux cintres paralleles décrits avec les mêmes centres pris aux extrémités de la base intérieure: le cintre intérieur est le profil de la douelle ou intrados, et le cintre extérieur est le profil de l'extrados.

Les deux arcs de l'extrados sont plus grands que ceux de l'intrados, étant réunis sur la même ligne à plomb passant par le sommet du triangle, et ont par conséquent plus de 60 degrés.

Description des arcs en ogive.

(*Fig.* 103.) Des extrémités M, D, de la base d'un triangle équilatéral MFD, et de la longueur MD de la base prise pour rayon, décrivez les deux arcs MRF, DPF ; des mêmes points M, D, et de la distance DN, décrivez les arcs NHA, QSA ; du point A abaissez la perpendiculaire AG qui partagera la base MD en deux parties égales ; élevez-les à plomb MC, NB ; terminez par la droite AB parallele à la base : cette figure sera le profil d'une voûte en ogive.

PRINCIPES.

Le profil d'un cintre en ogive pouvant être partagé en deux parties égales par la perpendiculaire AG, nous ne ferons la décomposition que sur une moitié BNGA seulement ; cela nous sera d'autant plus nécessaire, que l'on pourra faire, avec une moitié de voûte en berceau sur un plan quarré, un pan de voûte de cloître et une lunette de voûte d'arête : ainsi le détail fait sur cette moitié servira de base pour établir les principes des autres voûtes.

Les dimensions données sont ordinairement l'écartement pris entre les deux naissances du cintre servant de rayon aux arcs de la douelle, la

montée sous clef, c'est-à-dire la hauteur prise du
dessous de la clef jusqu'au niveau de la naissance
et l'épaisseur de la voûte; mais comme le triangle
MFD est équilatéral, l'on peut se dispenser de
mesurer la montée FG qui a un rapport constant
avec le rayon MD servant de base, à moins que
le sommet F du cintre ne soit plus haut ou plus
bas que le sommet du triangle équilatéral MFD;
ce que nous expliquerons à la fin de ce chapitre.

Comme l'on ne suppose ici que deux dimensions connues, savoir, le rayon de l'arc intérieur,
et l'épaisseur de la voûte; toutes les autres dimensions leur seront rapportées pour n'avoir
qu'une suite de formules générales dans lesquelles
l'on ne trouvera que la lettre r pour désigner le
rayon intérieur, et la lettre p pour désigner l'é-
paisseur de la voûte.

Du sommet A de l'extrados, tirez une droite
AD terminée à l'extrémité D de la base du trian-
gle MFD; prolongez le côté DF du même trian-
gle jusqu'au point E pris sur l'arc NHA; du point
H, où le mur coupe le même arc, tirez un rayon
HD.

Comme l'on suppose la longueur de la voûte
égale dans toutes ses parties, il sera suffisant d'é-
valuer la surface de chacune des parties renfermées dans le parallélogramme BNGA qui représente la coupe à plomb.

La hauteur HM du demi-segment NHM, formé
par l'arc NHA et par la section H de la ligne CM
qui désigne la face intérieure du mur, sera égale
à la racine quarrée de la différence des quarrés
du rayon HD et du rayon MD; et comme l'on

suppose $HD = r + p$ et $MD = r$, l'on aura
$HM = \sqrt{2\,rp + p^2}$; mais pour éviter le signe
radical dans les opérations suivantes, l'on prendra la lettre h pour exprimer la hauteur HM.

Pour faciliter nos opérations, nous nous ser-
virons du rapport de 120 à 377, qui est plus
commode et plus juste que celui de 7 à 22, du
diametre à la circonférence; nous emploierons
aussi la fraction $\frac{13}{15}$ ou $\frac{104}{120}$ pour exprimer la racine
quarrée de $\frac{3}{4}$ dont nous aurons souvent besoin.

L'arc MRF étant de 60 degrés, et ayant supposé son rayon $MD = r$, l'on aura, suivant le
rapport ci-dessus, $MRF = \frac{377\,r}{360}$.

L'arc NHE, pris sous le même angle FDM, et
décrit avec le rayon $ND = r + p$, se trouvera
en faisant $NHE = \frac{377\,r + 377\,p}{360}$.

La montée FG sera égale au produit du rayon
r multiplié par la racine quarrée de $\frac{3}{4}$ ou par $\frac{13}{15}$,
et l'on aura $FG = \frac{13\,r}{15}$.

L'arc EA, étant très petit par rapport à la grandeur du rayon ED, se confond presque avec sa
corde : ainsi l'on considérera le triangle rectangle
EFA comme si ses trois côtés étoient droits; alors
il deviendra semblable au triangle rectangle GFD,
parceque ces deux triangles ont chacun un angle
opposé au point F. Par conséquent l'on aura cette
proportion, $FG : GD :: FE : EA$; ce qui donne
$EA = \frac{GD \times FE}{FG}$. Or $GD = \frac{r}{2}$ étant la moitié du
rayon, $EF = p$ étant l'épaisseur de la voûte, et

l'on a trouvé ci-devant FG $= \frac{13}{15} r$; ainsi, en substituant, l'on trouvera que l'arc EA $= \frac{15}{26} p$. Mais
au lieu de la fraction $\frac{15}{26}$, qui deviendroit embarrassante dans nos opérations, on pourra y substi-
tuer $\frac{208}{360}$, qui n'en diffère que $\frac{1}{1200}$, et l'on aura EA
$= \frac{208}{360}$.

Ajoutant la valeur de l'arc EA avec celle de
l'arc NHE que l'on a trouvé ci-devant, l'on aura
NHA $= \frac{377 r + 585 p}{360}$.

La hauteur totale AG $= \sqrt{\overline{AD^2} - \overline{GD^2}}$; mais
pour éviter cette expression embarrassante dans
des formules compliquées, l'on va donner une
autre valeur de AG, qui n'en différera que de très
peu de chose. Comparant les triangles semblables
EFA, GFD, l'on aura FG : ED :: FE : FA; et
en substituant les valeurs des trois premieres quantités, l'on aura $\frac{13}{15} r$: r :: p : FA; d'où il vient
FA $= \frac{15}{13} p$. Mais cette valeur étant un peu foible,
et d'ailleurs incommode par son dénominateur,
l'on pourra substituer la fraction $\frac{411}{360}$, qui est plus
forte que $\frac{15}{13}$ d'une quantité égale à $\frac{1}{82}$, et l'on aura
FA $= \frac{411 p}{360}$; ajoutant cette valeur avec FG $= \frac{13}{15} r$
$= \frac{312}{360} r$, l'on aura AG $= \frac{312 r + 411 p}{360}$.

Toutes ces dimensions étant rapportées au
rayon r de l'arc intérieur et à l'épaisseur p de la
voûte, l'on pourra en déduire les formules suivantes, dans lesquelles il n'y aura que les lettres
r, p, h, combinées l'une avec les autres.

SECTION Ire.

Du toisé cube des voûtes d'ogive en berceau.

(*Fig.* 103.) La somme des surfaces de toutes les parties du profil d'une demi-voûte en berceau est égale à la surface du rectangle BNGA dans lequel elles sont renfermées ; ce rectangle est égal au produit de la base $NG = \frac{r}{2} + p$, multipliée par sa hauteur $AG = \frac{312\,r + 411\,p}{360}$; ce qui donne $BNGA = \frac{312\,r^2 + 1035\,rp + 822\,p^2}{720}$. Il s'agit présentement de décomposer cette quantité suivant la valeur de chacune des parties représentées dans ce rectangle.

1°. Le profil du vuide, représenté par le demi-segment MRFG, est égal au produit de l'arc MRF multiplié par $\frac{MD}{2}$, moins sa hauteur FG multipliée par $\frac{GD}{2}$, ou par $\frac{MD}{4}$; et substituant les valeurs de ces quantités, l'on aura $MRFG = \frac{221\,r^2}{720}$.

2°. La partie NHM engagée dans le mur, étant pour l'ordinaire un demi-segment dont la fleche devient très petite relativement à la grandeur du rayon de son arc, l'on aura $NHM = HM \times \frac{2}{3}NM = \frac{2}{3}\,hp$.

3°. La demi-voûte, y compris la partie engagée dans le mur, se trouvera en prenant la moitié de la somme des deux arcs NHA, MRF, que l'on multipliera par l'épaisseur NM, et l'on aura NHAFRM $= \frac{754\,rp + 585\,p^2}{720}$.

Si l'on ôte de cette quantité le demi-segment NHM $= \frac{2}{3}\,hp$, l'on aura, pour la valeur de la voûte, non compris ce qui est engagé, AHMRF $= \frac{754\,rp + 585\,p^2}{720} - \frac{2}{3}\,hp$.

4°. Le mur se trouvera en multipliant sa hauteur AG par son épaisseur NM, et l'on aura BNMC $= \frac{104\,rp + 137\,p^2}{120}$; et ôtant la valeur du demi-segment NHM, l'on aura BNHC $= \frac{104\,rp + 137\,p^2}{120} - \frac{2}{3}\,hp$.

5°. Le remplissage des reins, représenté par le profil CHA, se trouvera en ôtant du rectangle CMGA la valeur du vuide MRFG, et la valeur de la partie de voûte AHMRF; ce qui donnera CHA $= \frac{91\,r^2 - 343\,rp - 585\,p^2}{720} + \frac{2}{3}\,hp.$

PROBLÊME.

Etant donné le rayon intérieur MD, ou $r = 24^P$, et l'épaisseur NM, ou $p = 2^P$, trouver la surface de chacune des parties du profil d'un demi-berceau en ogive.

PRÉPARATION.

Le rayon r étant 24^P, son quarré r^2 sera 576^P; l'épaisseur p étant 2^P, son quarré sera 4^P; le quarré de $r + p$, ou de 26^P, sera 676^P; la différence des quarrés 676^P et 576^P sera 100^P, dont la racine 10^P

sera la valeur *h* de la hauteur HM du demi-segment engagé.

RÉSOLUTION.

1°. Pour trouver la surface du profil MRFG du
vuide, multipliez le quarré du

rayon	576ᵖ	
par le nombre . .	221	
Produit . . .	127,296	
Divisez par . . .	720	
vous aurez pour la surface du vuide	176ᵖ 9° ⅗	

2°. Pour trouver la surface du demi-
segment NHM, multipliez sa hauteur　10ᵖ 0
par les ⅔ de l'épaisseur 2ᵖ . . . 　1 4
la surface demandée sera . ∴ . 　13 4

3°. Pour trouver la surface du profil AHMRF
de la voûte, non compris la partie engagée dans
le mur, prenez

754 fois le rayon 24ᵖ . ∴	18,096ᵖ	
585 fois l'épaisseur . .	1,170	
Multipliez la somme . .	19,266	
par l'épaisseur . . .	2	
Produit . . .	38,532	
Divisez par . ∴ ∴	720	
Quotient . . .	53ᵖ 6° ½	
Otez-en la valeur du demi-segment	13 4	
il restera pour la surface deman-dée	40 2 ⅕	

4°.

4°. Pour trouver la surface du profil BNHC du mur, non compris le demi-segment, prenez

104 fois le rayon 24ᴾ . . .	2,496ᴾ
137 fois l'épaisseur 2ᴾ . . .	274
Somme . . .	2,770
Multipliez par l'épaisseur . .	2
Produit	5,540
Divisez par	120
Quotient	46ᴾ 2°
Ôtez-en la valeur du demi-segment	13 4
la surface demandée sera . .	32 10

5°. Pour trouver la surface du profil CHA du remplissage des reins, prenez

91 fois le quarré 576ᴾ du rayon		52,416ᴾ
Multipliez à part 343		
fois le rayon . .	8,232	
585 fois l'épaisseur	1,170	
Somme . .	9,402	18,804
Multipliez par l'é-		
paisseur . . .	2	
Produit à ôter du pré-		
cédent . . .	18,804	
reste		33,612
Divisez par		720
Quotient . . .		46ᴾ 8° $\frac{1}{5}$
Ajoutez-y la valeur du demi-segment		13 4
la surface demandée sera . .		60 0 $\frac{1}{5}$

Q

Faisant la somme des cinq quantités que l'on vient de trouver, l'on aura 323ᵖ 2° pour la surface du rectangle BNGA.

Pour prouver l'exactitude de ces opérations, calculez la hauteur $AG = \frac{104\,r + 137\,p}{120}$,

c'est-à-dire 104 fois le rayon 24ᵖ .	2496ᵖ
plus, 137 fois l'épaisseur 2ᵖ . .	274
	2770
Divisez par ‥ . ‥ ‥	120
la hauteur AG sera	23ᵖ 1°
Multipliez cette hauteur par NG, ci	14
la surface du rectangle sera comme ci-devant	323ᵖ 2°

Si l'on avoit calculé la valeur de AG en prenant la racine de la différence des quarrés de AD et de GD, l'on auroit trouvé AG = 23ᵖ 0° 9' 4', qui diffère peu de ce qu'on a trouvé ci-dessus.

Comme les opérations précédentes ne sont faites que pour la surface des parties renfermées dans le profil d'une demi-voûte, il est constant que l'on aura le cube de chaque partie de la demi-voûte en multipliant chaque partie du profil par sa longueur.

SECTION II.

Du toisé cube des voûtes de cloître en ogive.

(*Fig.* 105.) Toutes les parties, composant le cube d'un pan de voûte de cloître, sont renfermées dans un prisme triangulaire pris entre les

deux bases parallèles GZ&, A*zr*, dont la distance
est égale à la hauteur AG ; en conséquence, le cube
de la somme de toutes ces parties, qui n'est que le
cube de ce prisme, est égal au produit du triangle
GZ& multiplié par la hauteur AG : c'est chacune
de ces parties qu'il s'agit d'évaluer.

(*Fig.* 104.) 1°. Le vuide du pan de voûte est
égal à la hauteur FG multipliée par la longueur
PO, puis par le tiers du rayon MD, moins une
pyramide dont le cube est égal à la même hauteur
FG multipliée par la largeur VU du plan vertical
QVUL, et par le tiers de la moitié GD du rayon,
moins encore le cube fait du produit du demi-
segment MRFG multiplié par la même distance
VU. Comme VU est égal au rayon (*fig.* 105),
l'on aura PFOG $= \frac{91\,r^3}{720}$.

(*Fig.* 104.) 2°. Le cube de la partie de voûte
engagée dans le mur se trouvera en multipliant
sa hauteur HM par la longueur Z&, et par le tiers
du rayon ND de l'arc extérieur, et en ôtant du
produit celui fait de la même hauteur HM multipliée par la longueur PO et par le tiers du rayon
intérieur MD, et le produit fait de la même hauteur HM multipliée par les deux tiers de l'épaisseur NM, et par l'intervalle XS ; ce qui donnera
(*fig.* 105) Oc&Z*b*P $= \frac{2\,hrp + 2\,hp^2}{3}$.

(*Fig.* 104.) 3°. Le cube de la partie de voûte,
qui n'a rien d'engagé dans le mur, se trouvera en
multipliant la hauteur AG par la longueur Z&, et
par le tiers du rayon ND de l'arc extérieur ; puis
en ôtant du produit ; savoir, le produit de FG par

Q ij

PO et par le tiers de MD, le produit de AF par VU et par le tiers de GD, le produit du profil NHAFRM par l'épaisseur NM et par l'intervalle VU, et enfin le cube de la partie engagée dans le mur; ce qui donnera (*fig.* 105) OcAbPFO =

$$\frac{489\,r^2p + 927\,rp^2 + 548\,p^3}{720} - \tfrac{2}{3}\,hrp - \tfrac{2}{3}\,hp^2.$$

(*Fig.* 104.) 4°. Le cube du mur, sans y comprendre la partie engagée dans la voûte, se trouvera en prenant la moitié de la somme des longueurs Z&, PO, de laquelle l'on ôtera l'intervalle XS = MD, et en multipliant le reste par la hauteur AG et par l'épaisseur NM, et en ôtant du produit celui de la partie engagée; ce qui donnera (*fig.* 105) zZ$b$$p$$o$$c$&$r$ =

$$\frac{104\,r^2p + 241\,rp^2 + 137\,p^3}{120} - \tfrac{2}{3}\,hrp - \tfrac{2}{3}\,hp^2.$$

(*Fig.* 104.) 5°. Le cube du remplissage des reins se trouvera en multipliant la moitié de la somme des longueurs PK, TO, par la moitié MG du rayon de l'arc intérieur et par la hauteur totale AG, et en ôtant du produit; savoir, le cube du vuide et le cube de la voûte, non compris la partie engagée; ce qui donnera (*fig.* 105) A$p$$b$$c$$o$A

$$= \frac{65\,r^3 - 283\tfrac{1}{2}\,r^2p - 927\,rp^2 - 548\,p^3}{720} + \frac{2\,hrp + 2\,hp^2}{3}.$$

PROBLÊME.

(*Fig.* 105.) Etant donnés le rayon MD de l'arc intérieur $r = 24^\text{p}$, l'épaisseur NM de la voûte, ou $p = 2^\text{p}$, et la hauteur HM du demi-segment, ou $h = 10^\text{p}$, trouver chacune des parties d'un pan de voûte de cloître renfermées dans le prisme triangulaire G&Z$z$$r$A.

PRÉPARATION.

Faites le quarré du rayon . . .	576^P
plus, son cube	13,824^P
Faites le quarré de l'épaisseur . .	4^P
plus, son cube	8^P
Multipliez le quarré du rayon par l'é-paisseur	1,152^P
Multipliez le quarré de l'épaisseur par le rayon	96^P
Déterminez la hauteur HM de la partie engagée	10^P

RÉSOLUTION.

1°. Pour trouver le cube du vuide PFOG,

multipliez le cube du rayon	13,824^P
par le nombre . . .	91
Produit . . .	1,257,984
Divisez par le nombre .	720
le cube du vuide sera . .	1,747^P 2° $\frac{2}{5}$

2°. Pour trouver le cube de la partie engagée Oc&$z$$b$P,

multipliez le rayon de l'arc extérieur	26^P 0°
par les $\frac{2}{3}$ du produit de sa hauteur 10^P et de l'épaisseur 2^P	13 4
le cube de la partie engagée dans le mur sera	346^P 8°

3°. Pour trouver le cube de la voûte OcAbPFO,

Q iij

sans y comprendre la partie engagée dans le mur, prenez

489 fois le quarré du rayon	281,664ᵖ
927 fois le produit du rayon par l'épaisseur . . .	44,496
548 fois le quarré de l'épaisseur	2,192
Somme	328,352
Multipliez par l'épaisseur .	2
Produit	656,704
Divisez par le nombre . . .	720
Quotient	912ᵖ 1° $\frac{1}{15}$
Ôtez-en le cube de la partie engagée	346 8
le reste sera le cube demandé	565ᵖ 5° $\frac{1}{15}$

4°. Pour trouver le cube du mur zZ b p o c & r, non compris la partie engagée, prenez

104 fois le quarré du rayon .	59,904ᵖ
241 fois le produit du rayon par l'épaisseur	11,568
137 fois le quarré de l'épaisseur	548
Somme	72,020
Multipliez par l'épaisseur .	2
Produit	144,040
Divisez par le nombre . .	120
Quotient	1,200ᵖ 4°
Ôtez-en la valeur de la partie engagée	346 8
le reste sera le cube demandé	853ᵖ 8°

5°. Pour trouver le cube du massif des reins
A*pbco*A, prenez

65 fois le cube du rayon	.	898,560^P

Ôtez-en les quantités ci-après:

283 fois et $\frac{1}{2}$ le
quarré du rayon   163,296

927 fois le produit
du rayon par l'é-
paisseur . . 44,496

548 fois le quarré
de l'épaisseur   2,192   419,968

  Somme . . . 209;984

Multipliez par l'é-
paisseur . . 2

Produit qu'il faut
ôter   . . . 419,968

reste		478,592
Divisez par le nombre . .		720
Quotient . . .		664^P 8° $\frac{8}{15}$
Ajoutez le cube de la partie engagée		346 8
le cube demandé sera . .		1,011^P 4° $\frac{8}{15}$

La somme des cinq quantités que l'on vient de
trouver sera égale au cube du prisme triangulaire
dans lequel elles sont comprises; car, en multipliant la hauteur AG = 23^P 1° par la moitié de
Z & ou 14^P, puis par la distance NG = 14^P, l'on
aura 4524^P 4°.

SECTION IIIme.

Des lunettes de voûte d'arête en ogive.

Une demi-voûte en berceau, prise sur un plan quarré, étant égale à la somme d'un pan de voûte de cloître et d'une lunette de voûte d'arête, il sera facile d'en déduire les formules suivantes.

(*Fig.* 106.) 1°. Pour le vuide de la lunette, l'on aura

$$X n FGS = \frac{65\,r^3 + 221\,r^2 p}{360}.$$

2°. Pour les deux parties de voûte engagées dans les piliers, l'on aura deux fois

$$sq\,cT\& = \tfrac{2}{3}\,hp^2.$$

3°. Pour la partie de voûte, non compris les piliers passant au travers, l'on aura deux fois

$$sq\,BnFAcT = \frac{265\,r^2 p + 1166\,rp^2 + 622\,p^3}{720} - \tfrac{2}{3}\,hp^2.$$

4°. Pour les deux piliers, déduction faite des parties engagées, l'on aura deux fois

$$sq\&cor = \frac{137\,p^3 + 104\,rp^2}{120} - \tfrac{2}{3}\,hp^2.$$

5°. Pour le remplissage des deux parties de reins, l'on aura deux fois

$$BqcAos = \frac{26\,r^3 + 122\tfrac{1}{3}\,r^2 p - 344\,rp^2 - 622\,p^3}{720} + \tfrac{2}{3}\,hp^2.$$

PROBLÊME.

Etant donnés le rayon intérieur $r = 24^p$ et

l'épaisseur $p = 2^p$ d'une lunette de voûte d'arête en ogive, trouver le cube de chacune des parties renfermées dans le prisme triangulaire qui les compose.

RÉSOLUTION.

1°. Pour le vuide de la lunette, prenez

65 fois le rayon . . .	1,560^p
221 fois l'épaisseur . .	442
Somme . . .	2,002
Multipliez par le quarré du rayon	576
Produit . . .	1,153,152
Divisez par . . .	360
le quotient sera le cube demandé . . .	3,203^p 2° $\frac{2}{5}$

2°. Pour trouver le cube des deux parties de voûte engagées dans les piliers, multipliez la hauteur du segment engagé . . . . 10^p
par le quarré de l'épaisseur 4

Produit 40

Prenez-en les $\frac{2}{3}$, vous aurez pour cube demandé . . . . . 26^p 8°

3°. Pour trouver le cube de la lunette, non

compris les deux parties engagées dans les piliers, prenez

265 fois le quarré du rayon	152,640ᵖ
1166 fois le produit du rayon par l'épaisseur . . .	55,968
622 fois le quarré de l'épaisseur	2,488
Somme	211,096
Multipliez par l'épaisseur .	2
Produit	422,192
Divisez par le nombre . .	720
Quotient . . .	586ᵖ 4° $\frac{8}{15}$
Ôtez-en la valeur des parties engagées	26 8
le reste sera le cube demandé	559ᵖ 8° $\frac{8}{15}$

4°. Pour avoir le cube des deux piliers, non compris les parties engagées dans la lunette, prenez

137 fois l'épaisseur . .	274ᵖ
104 fois le rayon . . .	2,496
Somme . . .	2,770
Multipliez par le quarré de l'épaisseur	4
Produit	11,080
Divisez par le nombre . .	120
Quotient . . .	92ᵖ 4°
Ôtez-en la valeur des parties engagées	26 8
le reste sera le cube demandé	65ᵖ 8°

5°. Pour trouver le cube du remplissage des reins, prenez

26 fois le cube du rayon	.	359,424^P
122 fois et $\frac{1}{2}$ le quarré du rayon multiplié par l'épaisseur	.	141,120
Somme . . .		500,544

Retranchez de la somme

$\left.\begin{array}{l} 344 \text{ fois le quarré de l'épaisseur mul-} \\ \text{tiplié par le rayon} \quad 33,024 \\ 622 \text{ fois le cube de} \\ \text{l'épaisseur} \quad . \quad \underline{4,976} \\ \hspace{3cm} 38,000 \end{array}\right\}$ 38,000

reste . . .	.	462,544
Divisez par le nombre .	.	720
Quotient . .	.	642^P 5° $\frac{1}{15}$
Ajoutez-y la valeur des parties engagées . . .	.	26 8
le cube demandé sera .	.	669^P 1° $\frac{1}{15}$

La somme des cinq quantités que l'on vient de trouver sera égale au prisme dans lequel elles sont comprises, et donnera 4524^P 4° comme la somme des parties d'une voûte de cloître.

Remarques importantes.

Les voûtes en ogive ont les mêmes propriétés que celles en anse de panier; elles peuvent également être surmontées ou surbaissées, et dans ce cas la courbe ne peut être qu'une portion de parabole et non un arc de cercle. Or toutes les parties respectives d'une voûte surmontée ou surbaissée, élevées sur le même plan d'une voûte en ogive formée de deux arcs de 60 degrés, étant élevées ou abaissées parallelement entre les mêmes à-plombs, sont proportionnelles à leurs montées, ou à quelques autres hauteurs correspondantes. Ainsi l'on suivra, dans ce cas, le principe établi pour les voûtes cintrées en anse de panier ou en ellipse.

L'on peut dire aussi que les pans de voûte, ou les lunettes, plus ou moins longs que le rayon de l'arc extérieur, et construits avec le même arc, sont entre eux comme leurs longueurs ; et l'on pourra suivre également, dans ce second cas, le principe des voûtes en anse de panier ou en ellipse.

Une voûte ronde, ou un dôme en ogive, sera trois fois et un septieme, ou trois fois et $\frac{17}{120}$ plus grande qu'un pan de voûte pris sur un plan quarré. L'on construit de ces voûtes pour les fours à chaux ; mais elles sont tronquées au sommet pour le passage de la fumée.

Comme personne n'a produit jusqu'à présent des formules d'évaluation pour trouver les cubes des différentes voûtes dont on a parlé ci-devant, il eût été impossible d'en appliquer les principes à la statique, pour laquelle il est absolument nécessaire de connoître les poids des masses poussantes, afin de leur appliquer des masses suffisamment fortes pour résister à la poussée : or le poids naturel des corps pesants est un des donnés du problême d'équilibre ; donc, ne connoissant point sa valeur, l'on ne peut s'assurer si le corps qui doit résister sera suffisamment fort pour en empêcher l'écartement.

SIXIEME PARTIE.

Des nombres quarrés et cubiques, et de l'utilité des tables de ces nombres pour l'extraction des racines.

DÉFINITION.

CETTE partie, qui auroit pu être placée à la suite de la premiere partie du Manuel d'architecture, et que l'on a jugé à propos de placer à la fin du Traité à cause de sa grande étendue, comprend les différentes méthodes que l'on peut employer pour l'extraction des racines quarrées et des racines cubiques. L'on y a joint de nouvelles méthodes beaucoup plus courtes et plus faciles qu'aucune de celles qui ont été mises en usage jusqu'à présent, et qui paroissoient, pour ainsi dire, impraticables.

Ces nouvelles méthodes se pratiquent par de simples additions répétées plusieurs fois, plus ou moins, selon le degré auquel l'on veut pousser l'extraction plus ou moins avant; et comme elles n'ont rien de difficile, soit pour la racine quarrée, soit pour la racine cubique, l'on peut dire qu'elles méritent la préférence sur les autres.

L'on nomme *puissance* le résultat d'un nombre multiplié une ou plusieurs fois par lui-même, et ce nombre se nomme *racine* de la puissance qu'il a produite.

La premiere puissance d'un nombre est ce nombre lui-même, et n'a point de racine. La seconde puissance se nomme *quarré*; c'est le produit d'un nombre multiplié une fois par lui-même, et ce nombre se nomme *racine quarrée*. La troisieme puissance, que l'on nomme *cube*, est produite d'un nombre multiplié deux fois par lui-même, et ce nombre s'appelle *racine cubique*. L'on peut dire la même chose de la quatrieme puissance, de la cinquieme, et ainsi des autres; mais ces dernieres ne sont point en usage dans les opérations de l'architecture.

Cependant l'on peut trouver la racine quatrieme en prenant deux fois la racine quarrée d'une quatrieme puissance; la racine sixieme se trouve en prenant d'abord la racine quarrée, et ensuite la racine cubique de celle-ci; la racine huitieme se trouve en prenant la racine quarrée trois fois de suite; la neuvieme, en prenant deux fois de suite celle troisieme, et ainsi de toute autre racine dont l'exposant est multiple de 2 et de 3: mais la racine cinquieme, celle septieme, et enfin celle dont l'exposant est un nombre premier, ne peuvent se trouver par le moyen des racines seconde et troisieme, et dépendent chacune d'une opération particuliere.

CHAPITRE PREMIER.

Des quarrés et de leurs racines.

Quoique l'on ait donné au sixieme chapitre de la premiere partie de ce traité différentes méthodes pour extraire la racine quarrée, il est nécessaire d'en répéter ici quelques unes pour faire connoître l'utilité des tables. Il est bon de faire remarquer que les quarrés de ces tables ont une distance entre chaque tranche de deux chiffres, et que les cubes ont une distance entre chaque tranche de trois chiffres.

PROBLÊME 1ᵉʳ.

Trouver la racine du nombre quarré 11478544.

SOLUTION.

Cherchez ce nombre dans les tables dans une colonne des quarrés, et vous trouverez à côté 3388 pour la racine de ce nombre.

PROBLÊME 2ᵐᵉ.

Trouver la racine approchée du nombre 78654578 qui n'est pas quarré parfait.

SOLUTION.

Cherchez dans les tables, et vous trouverez que le plus grand quarré du nombre proposé est 78641424, dont la racine 8868 se trouve sur la même ligne dans la colonne des racines.

Ôtez ce quarré du nombre proposé, il restera 13154 qui ne peut donner à la racine que des quantités fractionnaires; or l'on peut trouver, par les fractions décimales, les chiffres de la racine:

ajoutez

ajoutez au reste autant de zéro que vous avez de chiffres à la racine trouvée, et vous aurez 13154.0000 que vous diviserez par le double 17736 de la racine; il viendra au quotient 0,7416, qui étant joint à la racine, l'on aura 8868.7416 pour racine approchée du nombre proposé.

Si la quantité donnée exprime des pieds quarrés, multipliez le reste 13154 par 12, et vous aurez 157848, qui étant divisé par 17736, le quotient donnera 8° avec un reste 15960; multipliez ce reste par 12, et continuez de diviser, vous trouverez 10^1, et ensuite 9$'$ avec un reste que vous pourrez négliger.

Remarques sur la propriété des nombres quarrés.

1°. Un quarré quelconque est égal à la somme d'une progression arithmétique $\div 1 . 3 . 5 . 7 . 9$ etc. dont le nombre des termes exprime la racine.

La somme d'une progression de cinq termes sera donc égale au quarré 25 du nombre des termes; ce qu'il est facile de reconnoître.

2°. Le plus grand terme d'une progression arithmétique, commençant par l'unité, et dont la raison est 2, est égal au double de la racine du quarré que produit la somme de ses termes, moins l'unité.

Le nombre quarré 49 étant égal à la somme des termes d'une progression arithmétique, sa racine 7 exprimera le nombre des termes; et le double de 7, moins l'unité, sera 13 pour le plus grand terme de cette progression.

3°. La somme d'une suite de quarrés, commen-

R

çant par l'unité, est égale au double de la racine du plus grand quarré, plus l'unité, multiplié par le tiers de la somme des racines de cette suite.

Soit 169 le plus grand d'une suite de quarrés, sa racine est 13, dont le double est 26; et ajoutant l'unité, l'on a 27 : la somme des racines de tous les quarrés qui composent cette suite est 91, dont le tiers est $30\frac{1}{3}$; multipliant 27 par $30\frac{1}{3}$, l'on aura 819 pour la somme des quarrés.

4°. Lorsqu'une suite de quarrés ne commence pas par l'unité, la somme des racines se trouve en ôtant le plus petit quarré du plus grand, et en ajoutant à la différence la racine du plus petit quarré avec la racine du plus grand, puis en prenant moitié de la somme.

Soit 9 le premier d'une suite de quarrés dont le plus grand est 64, la différence de ces deux quarrés sera 55; la racine du plus petit est 3, et celle du plus grand est 8; la somme de ces trois derniers nombres est 66, dont la moitié 33 exprime la somme des racines des quarrés 9, 16, 25, 36, 49, 64.

Les remarques que l'on vient de faire donnent une grande facilité pour trouver par l'addition la racine approchée d'un nombre qui n'est pas un quarré parfait.

PROBLÊME 3ᵐᵉ.

Trouver, par l'addition, la racine très approchée de la vraie racine du nombre 593, qui n'est pas un quarré parfait.

SOLUTION.

Ce nombre n'ayant que trois chiffres, l'on peut y ajouter quatre zéro, et l'on aura 593.0000. Cherchant dans les tables le plus grand quarré contenu dans ce nombre, l'on trouvera 592.9225 dont la racine est 24,35.

Ajoutez deux zéro au quarré trouvé dans les tables,

vous aurez 592922500

Ajoutez un zéro à la racine, vous aurez 24350, dont le double moins un est . . . . 48699 A

Ajoutez à ces nombres . . 2 B

le quarré de 24351 sera . . 592971201

Ajoutez à ce quarré les nombres A, B, augmentés de 2, . . 48703

le quarré de 24352 sera . . 593019904

Le dernier quarré étant plus grand que le nombre proposé 593, l'on prendra celui qui précede pour le plus grand quarré, dont la racine est 24351.

Ajoutez deux zéro à ce quar-
ré   59297120100
le double de la racine augmen-
té d'un zéro sera 487020, et
ôtant 1, il restera   .   .   . 487019 C
Ajoutez 2 à ces nombres   . 2 D

le quarré de 243511 sera   . 59297607121
Ajoutez-y les nombres C, D,
augmentés de 2,   .   .   . 487023

le quarré de 243512 sera .   . 59298094144
Ajoutez-y le nombre qui le précede, augmenté de 2, .   . 487025

le quarré de 243513 sera   . 59298581169
Continuez à ajouter de même 487027

le quarré de 243514 sera   . 59299068196
Ajoutez de même   .   .   . 487029

le quarré de 243515 sera   . 59299555225

En continuant d'ajouter, l'on trouvera un
nombre plus grand que celui proposé ; ainsi l'on
prendra 243515 pour la racine du plus grand
quarré contenu dans 593.

Il est évident que l'on pourroit, par cette méthode, pousser l'extraction de la racine aussi loin
qu'on pourroit le desirer, sans employer de calculs difficiles ; car, en portant l'opération à la plus
grande rigueur, l'on n'auroit que neuf additions
fort simples pour trouver chaque chiffre que l'on
voudroit ajouter à la racine : ainsi en moins d'une
heure l'on peut trouver la racine d'un nombre de
plus de soixante chiffres ; ce qu'on auroit peine à

trouver en une demi-journée en suivant les regles ordinaires.

PROBLÊME 4me.

Trouver, par l'addition, la racine quarrée très approchée de la racine du plus grand quarré contenu dans 179^p réduite tout de suite en pieds et parties de pied.

SOLUTION.

Vous trouverez dans les tables 169 pour le plus grand quarré contenu dans le nombre proposé, dont la racine est 13.

Il s'agit maintenant de trouver des pouces à la racine ; par conséquent les termes de la progression arithmétique, dont la somme donne le quarré 169^p, doivent être exprimés en pieds et pouces, et la raison, ou différence des termes, doit être 2^c. Ceci posé,

Doublez la racine 13^p, vous aurez 26^p dont vous ôterez 1^c, et il restera 25^p 11^c, dont la 12me partie 2^p 1^c 11^l sera le plus grand terme de la progression.

R iij

Ecrivez le quarré trouvé . 169ᵖ 0° 0¹
ajoutez le plus grand terme de
la progression . . . . 2 1 11 A
ajoutez la 12ᵐᵉ partie de la différence 2ʳ . . : . . 0 0 2 B

le quarré de 13ᵖ 1° sera . . 171 2 1
Ajoutez-y les deux nombres A,
B, augmentés de 2¹, . . 2 2 3

le quarré de 13ᵖ 2° sera . . 173 4 4
Ajoutez-y le nombre qui le précede, augmenté de 2ʳ, . . 2 2 5

le quarré de 13ᵖ 3° sera . . 175 6 9
Continuez d'ajouter de même 2 2 7

le quarré de 13ᵖ 4° sera . ~ 177 9 4

En continuant d'ajouter, l'on trouveroit un
nombre plus grand que 179ᵖ; ainsi l'on prendra
177ᵖ 9° 4¹ pour le plus grand quarré dont la racine est 13ᵖ 4°.

Pour trouver des lignes à la racine, il faut supposer que le quarré trouvé est la somme d'une
progression arithmétique dont les termes sont
composés de pieds, pouces, lignes, prismes et
secondes; car le produit d'une quantité de pieds,
pouces et lignes multipliée par elle-même, donne
des pieds, pouces, lignes, prismes et secondes:
ainsi la raison de cette progression sera 2″.

Pour avoir le plus grand terme de la progression, doublez la racine 13ᵖ 4°, vous aurez 26ᵖ 8°;
ôtez-en 1¹, il restera 26ᵖ 7° 11¹; prenez-en deux
fois de suite la 12ᵐᵉ partie, et vous aurez 0ᵖ 2° 2¹
7′ 11″ pour le plus grand terme.

Écrivez le plus grand quarré trouvé ci-devant ajoutez le plus grand ter-me . . . .

177ᴾ	9°	4¹	0'	0"	
0	2	2	7	11	A

plus, la raison des ter-mes . . . .

| 0 | 0 | 0 | 0 | 2 | B |

le quarré de 13ᴾ 4° 1¹ sera . . . .

| 177 | 11 | 6 | 8 | 1 |

Ajoutez-y les deux quan-tités A, B, augmentées de 2", ...

| 0 | 2 | 2 | 8 | 3 | C |

quarré de 13ᴾ 4° 2¹ .

| 178 | 1 | 9 | 4 | 4 |

Ajoutez-y la quantité C augmentée de 2" .

| 0 | 2 | 2 | 8 | 5 |

quarré de 13ᴾ 4° 3¹ .

| 178 | 4 | 0 | 0 | 9 |

Continuez d'ajouter de même . . . .

| 0 | 2 | 2 | 8 | 7 |

quarré de 13ᴾ 4° 4¹ .

| 178 | 6 | 2 | 9 | 4 |

Continuez de même .

| 0 | 2 | 2 | 8 | 9 |

quarré de 13ᴾ 4° 5¹ .

| 178 | 8 | 5 | 6 | 1 |

Continuez d'ajouter .

| 0 | 2 | 2 | 8 | 11 |

quarré de 13ᴾ 4° 6¹ .

| 178 | 10 | 8 | 3 | 0 |

La racine du plus grand quarré du nombre pro-posé sera 13ᴾ 4° 6¹.

Il est clair que, si l'on vouloit trouver des points ou prismes à la racine, l'on n'auroit qu'à suivre la même opération. Ainsi, pour trouver le plus grand terme de la progression, doublez la racine 13ᴾ 4° 6¹, vous aurez 26ᴾ 9° 0¹; ôtez-en 1', il res-tera 26ᴾ 8° 11¹ 11"; divisez cette quantité 3 fois

R iv

par 12, et le plus grand terme sera 0^P 0° 2^l $2^l 8^{ll}$ 11^{lll} 11^{lv}; la raison, ou différence des termes, sera 2^{lv} : ainsi, continuant à faire des additions comme ci-devant, l'on trouvera un quarré dont la racine contiendra des prismes. L'on peut suivre la même opération pour trouver des secondes, puis des tiers, et ainsi de suite à l'infini.

Si le nombre proposé exprimoit des toises, on le supposeroit d'abord exprimer des pieds ; et après que l'on auroit trouvé, comme ci-devant, la racine du plus grand quarré, l'on caractérisera le nombre entier de toise au lieu de pied, et l'on prendra la moitié des pouces, lignes, etc. que l'on caractérisera de pieds, pouces, etc. Ainsi, dans le problême précédent, l'on a trouvé 13^P $4^o 6^l$ pour la racine approchée de 179^P ; par conséquent l'on aura 13^t $2^P 3^o$ pour la racine approchée de 179^t.

CHAPITRE II.

Des quantités cubiques, et de l'extraction de leurs racines par le secours des tables des quarrés et des cubes.

LES tables des nombres cubiques, jointes à celles des nombres quarrés, fournissent un moyen très facile pour l'extraction de la racine cubique : car l'on peut trouver dans les tables la racine cubique d'un nombre composé de douze chiffres ; et avec le secours de la table des quarrés, l'on peut trouver la racine d'un nombre composé d'une plus grande quantité de chiffres.

Mais avant de donner les principes que nous proposons, il est bon de donner quelques regles par les principes généraux qui ont toujours été suivis, pour faire connoître la différence considérable qu'il y a entre les opérations faites suivant les uns et les autres de ces principes.

Principes généraux pour l'extraction de la racine cubique.

Il faut supposer que la racine cubique d'un nombre est composée de deux parties ; ainsi ce nombre comprendra le cube de la premiere partie, trois fois le quarré de la premiere partie multiplié par la seconde, trois fois le quarré de la seconde partie multiplié par la premiere, et le cube de la seconde partie.

Si l'on prend 45 pour racine, le cube de 45 sera donc composé,

1°. du cube de 40	64000
2°. de trois fois le quarré de 40 multiplié par 5	24000
3°. de trois fois le quarré de 5 multiplié par 40	3000
4°. du cube de 5	125
le cube de 45 sera	91125

En effet, si l'on multiplie 45 deux fois par lui-même, l'on retrouvera le même nombre qu'on vient de trouver.

Ce principe établi, il sera facile de concevoir

comment l'on peut trouver la racine cubique d'un nombre ; mais l'opération qu'il faut suivre est très longue et très difficile : cependant, pour satisfaire à ce que l'on avance, l'on va en donner des exemples.

Pour abréger les expressions qui deviendroient embarrassantes, l'on emploiera des mots abrégés : ainsi, pour exprimer le cube du premier terme, l'on écrira cub. 1er; pour le cube du deuxime terme, l'on écrira cub. 2e; pour le triple du quarré du premier terme, l'on écrira trip. q. 1er; et pour le triple du quarré du deuxieme terme, l'on écrira trip. q. 2e.

PROBLÊME 1er.

Lon demande la racine cubique du nombre 49775116036625.

SOLUTION.

Partagez le nombre proposé par tranches de trois chiffres chacune, et le nombre de tranches fera connoître le nombre de chiffres que la racine doit avoir.

Je cherche le plus grand cube contenu dans la premiere tranche à gauche, et je trouve 27 que j'écris au-dessous; je pose sa racine 3 dans l'accollade; je retranche 27 de 49, et il reste 22 à côté duquel je descends la seconde tranche 775; ce qui me donne 22775 pour premier dividende ; je mets un point sur le premier chiffre de la tranche que j'ai descendu.

49|775|116|036|625
27
.
22775
19656
——
3119116
2774863
——
344253036
323958752
——
20294284625
20294284625
——
, 0000000000

36785 RACINE.	
27 . . .	trip. q. 1er 3.
324 . . .	trip.prod.36 par 1er 3
6 . . .	2e terme.
1944 . . .	
216 . .	cube 2e terme.
19656 . .	nomb. à ôter.
3888 . .	trip. q. 1er 36.
756 . .	trip. 1er par 2me.
39636 . .	
7 . .	2me terme.
277452 . .	
343 .	quarré 2me 7.
2774863 .	nomb. à ôter.
404067 .	trip. q. 1er 367.
8808 .	trip. 1er par 2me.
4049478 .	
8.	2me terme 8.
32395824 .	
512	cub. 2me terme.
323958752	nomb. à ôter.
40853052 .	trip. q. 1er 3678.
55170	trip. 1er par 2me.
405885690	
5	2me terme.
2029428450	
125	cub. 2me terme.
20294284625	nomb. à ôter.

Pour trouver le premier diviseur, je prends trois fois le quarré du 1er terme 3, et j'ai 27; je cherche combien 227 contient de fois 27, et je trouve 7. Mais ce nombre est trop fort; ce que l'on peut reconnoître en faisant l'opération: ainsi

je prends 6 que je pose à la racine à la suite de 3,
et j'ai 36.

Je prends 3 fois le produit de 36 par le 1ᵉʳ terme 3, et j'ai 324 que je multiplie par le second
terme 6 ; ce qui me donne 1944 auquel je joins
le cube 216 du second terme 6, en observant de
l'éloigner d'un chiffre à droite, et j'ai 19656 que
j'ôte du dividende, et il reste 3119 à côté duquel
je descends la 3ᵐᵉ tranche, en observant de mettre un point sur son premier chiffre ; ce qui me
donne 3119116 pour second dividende. Il s'agit
à présent de trouver un second diviseur.

Je considere les deux chiffres 36 que je viens
de trouver comme le premier terme de la racine,
et le chiffre que je cherche comme le second terme. Je triple le quarré du 1ᵉʳ terme 36, et j'ai
3888 pour second diviseur.

Je cherche combien ce diviseur peut être contenu de fois dans le second dividende, en laissant
les deux chiffres à droite du point, et je trouve 7
que j'écris à la racine. Je prends 3 fois le produit
du 1ᵉʳ terme 36 par le second terme 7, et j'ai
756 que j'ajoute à 3888 en l'éloignant d'un chiffre
à droite ; ce qui me donne 39636 que je multiplie par le second terme 7, et j'ai 277452 auquel je joins le cube 343 du second terme en l'é-
loignant d'un chiffre à droite ; cela me donne
2774863 que j'ôte du dividende, et il reste
344253 à côté duquel je descends la 4ᵐᵉ tranche
036, et je mets un point sur son premier chiffre;
ce qui me donne 344253036 pour 3ᵐᵉ dividende.

Pour trouver le 3ᵐᵉ diviseur, je considere les
trois chiffres 367 que je viens de trouver comme

le 1er terme de la racine, et celui que je cherche
comme le second terme ; alors je prends trois fois
le quarré de 367, et j'ai 404067 pour 3me diviseur ; je cherche combien ce diviseur est contenu
de fois dans le 3me dividende duquel j'ai supposé
supprimés les deux chiffres à droite du point, et
je trouve 8 que j'écris à la racine à côté de 367.

Je prends trois fois le produit du 1er terme 367
par le second terme 8, et j'ai 8808 que je place
sous le diviseur en éloignant d'un chiffre à droite ;
je fais la somme que je multiplie par le second
terme 8, et j'ai 32395824 auquel je joins le cube
512 du 2me terme en éloignant d'un chiffre, et
j'ai 323958752 que j'ôte du dividende ; il reste
20294284 à côté duquel je descends la 5me tranche 625, et j'ai 20294284625 pour 4me dividende
en observant un point sur le premier chiffre de
cette tranche.

Pour trouver le 4me diviseur, je considere les
quatre chiffres 3678 trouvés comme le premier
terme de la racine ; je prends trois fois le quarré
de ce nombre, et j'ai 40583052 pour 4me diviseur ; je cherche combien ce nombre peut être
contenu de fois dans le 4me dividende, et je trouve
5 que j'écris à la racine.

Je prends trois fois le produit du premier terme 3678 par le second terme 5, et j'ai 55170 que
j'ajoute au diviseur en éloignant ce nombre d'un
chiffre à droite ; ce qui me donne 405885690 que
je multiplie par le second terme 5, et j'ajoute au
produit le cube 125 du second terme en éloignant
d'un chiffre à droite, j'ai 20294284625 que
j'ôte du dividende, et il reste zéro : par consé-

quent le nombre 36785 que j'ai trouvé est la racine juste du nombre proposé.

Si le nombre proposé n'étoit pas un cube parfait, l'on y ajouteroit des tranches de trois zéro chacune, et l'on continueroit de diviser de la même maniere, en observant de placer un point avant les chiffres décimaux de la racine.

L'on va donner ci-après le moyen de trouver la racine cubique d'un nombre complexe en suivant l'ordre général que l'on vient de prescrire.

PROBLÊME 2me.

L'on demande la racine cubique de 192to 5^{p} 3 2^{1} 6^{l} 2^{ll} 8^{lll}.

SOLUTION.

Pour bien entendre cette opération, l'on désignera les toises-cubes par ^{tt}, les pieds de toise-cube par ^{tp}, les pouces de toise-cube par ^{to}, les lignes par ^{tl}, et ainsi du reste; et pour désigner des toises quarrées, l'on écrira ^{tt}; pour des pieds de toise quarrée, l'on écrira ^{tp}, et ainsi des autres. Nous ne placerons point ces expressions dans l'opération pour éviter l'embarras.

192^t 5^p 3° 2^l 6^l $2^{ll}8^{lll}$ ($5^t 4^p 8^o$ RACINE.

125

67 5 3 2 6 2 8) 75   trip. q. de 5^t.

6   10   trip. 1er par 2me.

  85

407 1 7 3 1 4 4^p 2me terme.

341 4 8   340

65 2 11 3 1 4   1 4 8 cub. 2me terme.

12   341 4 8 nomb. à ôter.

785 5 3 1 4   96 2 trip. q. $5^t 4^p$.

785 5 3 1 4   1 5 4 trip. 1er par 2me.

  0 0 0 0 0   98 1 4

  8° 2me terme.

  785 4 8

  0 0 7 1 4 cub. 2me term.

  785 5 3 1 4 nomb. à ôter.

Le plus grand cube contenu dans 192 est 125, dont la racine est 5; j'écris 5^t à la racine, et 125 sous le nombre entier: puis, faisant la soustraction, il reste $67^m 5^{tp} 3^{tto} 2^{tl} 6^{tl} 2^{tll} 8^{tll}$ que je réduis en ^{tp} en multipliant par 6; ce qui donne $407^{tp} 1^{tto} 7^{tl} 3^{tl} 1^{tll} 4^{tlll}$ pour 1er dividende.

Je prends trois fois le quarré du 1er terme 5^t de la racine, et j'ai 75^n pour 1er diviseur.

Je cherche combien 407^{tp} contient de fois 75^{it}, et je trouve 5^p; mais ce nombre étant trop fort parcequ'il faut que j'ajoute au diviseur trois fois le produit du 1er terme par le second, je prends 4^p que j'écris à la racine.

Je prends trois fois le produit du 1ᵉʳ terme 5ᵗ par le second terme 0ᵗ 4ᵖ, et j'ai 10ᵘ que j'ajoute au diviseur ; ce qui fait 85ᵘ que je multiplie par le second terme 4ᵖ, et j'ai 340ᵗᵖ auquel j'ajoute le cube du second terme calculé comme on le voit ci-contre, et dont je dirai la raison ci-après ; la somme est 341ᵗᵖ 4ᵗᵗᵒ 8ᵘˡ que j'ôte du 1ᵉʳ dividende, et il reste 65ᵗᵖ 2ᵗᵗᵒ 11ᵗᵗˡ 3ᵘˡ 1ᵘˡˡ 4ᵘˡˡˡ ; je réduis ce nombre en pouces en le multipliant par 12, et j'ai 785ᵗᵗᵒ 5ᵗˡ 3ᵘˡ 1ᵘˡˡ 4ᵘˡˡˡ pour second dividende.

	0ᵗ	4ᵖ	0ᵒ
	0	4	c
	0	2	8
4ᵖ			
	1	4	8

Pour trouver un second diviseur, je considere les 5ᵗ 4ᵖ que j'ai trouvé comme le 1ᵉʳ terme de la racine, et le nombre que je cherche comme le second terme ; je prends donc trois fois le quarré de 5ᵗ 4ᵖ, et j'ai 96ᵘ 2ᵗᵖ pour second diviseur.

Je cherche combien 785ᵗᵗᵒ contient de fois 96ᵘ, et je trouve 8° que j'écris à la racine.

Je prends trois fois le produit du 1ᵉʳ terme 5ᵗ 4ᵖ par le second terme 8°, et j'ai 1ᵘ 5ᵗᵖ 4ᵗᵒ que j'ajoute au second diviseur ; ce qui fait 98ᵘ 1ᵗᵖ 4ᵗᵒ que je multiplie par le second terme 8°, et j'ai 785ᵗᵗᵒ 4ᵗˡ 8ᵘˡ auquel je joins le cube de 8° que je calcule comme on le voit ci-contre ; ce qui me donne cette somme 785ᵗᵗᵒ 5ᵗˡ 3ᵘˡ 1ᵘˡˡ 4ᵘˡˡˡ que j'ôte du dividende, et il reste zéro ; ce qui m'assure que 5ᵗ 4ᵖ 8° est la racine juste de la quantité proposée.

	0ᵗ	0ᵖ	8ᵒ
	0	0	8
	0	0	0	10	8
8ᵒ			
	0	0	7	1	4

Lorsque la quantité donnée n'est pas un cube parfait, l'on continue de diviser toujours de même jusqu'à jusqu'à ce qu'on veuille abandonner le reste que l'on considérera comme nul.

OBSERVATION.

L'on pourroit faire une objection sur le pro-duit de $98^{u} 1^{p} 4^{to}$ par 8°, qui devroit être 785^{m} $4^{po} 8^{loo}$; mais lorsqu'on aura fait attention à la nature du calcul, l'on sera assuré que cette quan-tité peut être convertie en celle-ci $785^{to} 4^{ul} 8^{ul}$.

Si l'on multiplie $98^{u} 1^{p} 4^{to}$ par $0^{t} 0^{p} 8^{o}$, le produit sera $10^{ul} 5^{up} 5^{uo} 9^{ul} 4^{ul}$, lequel étant ré-duit en ^{up} en le multipliant par 6, l'on aura 65^{up} $2^{uo} 10^{ul} 8^{ul}$, qui étant encore réduit en ^{to} en le multipliant par 12, le produit sera $785^{to} 4^{ul} 8^{ul}$ tel qu'on l'a trouvé dans le produit de $98^{u} 1^{p} 4^{to}$ par 8°.

L'on pourra dire la même chose sur le cube de 8° calculé comme on a vu ci-devant, et qui doit donner, par la même raison, $0^{to} 0^{ul} 7^{ul} 1^{ull}$ 4^{urr}.

Maniere de se servir des tables des nombres cubiques.

Pour trouver la racine cubique d'un nombre qui aura moins de treize chiffres, l'on cherchera dans les tables le plus grand cube contenu dans ce nombre, et l'on trouvera sa racine à côté.

Si le nombre proposé n'est pas un cube par-fait, l'on ôtera le plus grand cube du nombre pro-posé, et l'on divisera le reste comme aux pro-blêmes précédents, en ajoutant des quantités dé-

S

cimales, ou en réduisant les restes en pieds, e
pouces, etc.

REMARQUE.

La méthode précédente, qui est la seule qu
l'on ait adoptée pour l'extraction des racines cu
biques, est très longue et très fatigante; c'est c
qui m'a engagé à chercher une nouvelle méthod
plus courte et plus facile, par laquelle l'on peu
faire en une heure plus qu'on ne pourroit faire et
huit jours par les méthodes ordinaires, et cel;
sans se fatiguer aucunement la mémoire. Le théo
rême suivant renferme toute la théorie des opéra
tions que je donne par cette méthode.

THÉORÊME.

Un cube quelconque est égal au tiers de l;
somme des termes d'une progression arithmétique, *dont la raison est 6 et le premier terme 3,*
multipliée par le nombre de termes.

DÉMONSTRATION.

Représentez-vous la progression arithmétique
÷ 3 . 9 . 15 . 21 . 27, composée de cinq termes,
la somme de cette progression est 75, dont le tiers
25 représente le quarré du nombre 5 de termes.
Ainsi, faisant le produit de 25 par 5, l'on aura le
cube 5 qui est 125; ce qui est évident.

REMARQUE.

Le théorême que l'on vient de démontrer

fournit un moyen très facile pour approcher de la racine cubique d'un nombre quelconque aussi près que l'on voudra ; ce qui sera d'autant plus aisé, que les tables donneront d'abord la racine d'un nombre composé de douze chiffres, et que le surplus de l'opération se fera par de simples additions. L'on va d'abord faire connoître comment l'on trouve la somme et le plus grand terme de la progression qui concourt à la composition d'un cube.

PROBLÊME 1ᵉʳ.

Etant donnés le nombre cubique 8000 et sa racine 20, trouver la somme des termes de la progression qui a servi à former ce cube.

SOLUTION.

La somme des termes peut se trouver de deux manieres : 1°. en multipliant le cube 8000 par 3, et en divisant le produit 24000 par la racine 20 ; ce qui donne 1200 pour la somme que l'on demande.

2°. En multipliant la racine 20 par elle-même, et en prenant trois fois le produit 400 ; ce qui donne également 1200.

PROBLÊME 2ᵐᵉ.

Etant donnée la racine cubique d'un nombre, trouver le plus grand terme de la progression arithmétique qui a concouru à former ce nombre.

S ij

SOLUTION.

Soit 20 la racine donnée: si l'on en ôte l'unité, il restera 19, qui étant multiplié par la raison 6 des termes, le produit sera 114; et en ajoutant le premier terme 3 de la progression, l'on aura 117 pour le plus grand de tous les termes.

PROBLÊME 3ᵐᵉ.

Etant donnés la somme et le plus grand terme de la progression avec le cube résultant de cette progression et sa racine, trouver le cube d'une racine augmentée de l'unité.

SOLUTION.

L'on ajoutera ensemble la somme des termes, le plus grand terme, et la raison 6 de la progression; ce qui donnera un nombre dont on prendra le tiers que l'on multipliera par la racine augmentée d'une unité: le produit sera le cube que l'on cherche.

Par exemple, soit 117 le plus grand terme d'une progression dont la raison est 6 et le premier terme 3; soient 1200 la somme des termes, 8000 le cube résultant de cette progression, et 20 sa racine.

Somme des termes .	. .	1200
plus grand des termes	. .	117
raison de la progression	. .	6
somme de ces nombres	. .	1323
tiers de cette somme	. . .	441
Multipliez par la racine 20 augmentée de l'unité		21
Produit ou cube de 21 .	. .	9261

Le cube de 20 et celui de 21 étant connus, l'on aura facilement celui de 22, celui de 23, et ainsi de suite, par de simples additions réitérées autant de fois qu'il sera nécessaire.

PROBLÊME 4.me

Etant donnés le cube de 20 et celui de 21, trouver, par l'addition, le cube de 22.

SOLUTION.

Ajoutez au cube de 21 la différence qu'il y a entre ce cube et celui de 20 plus six fois la racine 21, la somme sera le cube de 22; et en continuant de même, l'on aura le cube de 23, celui de 24, et ainsi de suite à l'infini.

EXEMPLE.

L'on vient de trouver que le cube de
21 est 9261
La différence de ce cube à celui de 20
est 1261
6 fois la racine 21 est 126

Cube de 22 . . . . . : 10648
Différence de ce cube au précédent . 1387
6 fois la racine 22 132

Cube de 23 . . . : . . . 12167

REMARQUE.

L'on peut trouver le cube d'un nombre augmenté de l'unité par un moyen plus facile que ci-
devant, et qui nous servira dans les opérations
ci-après ; ce que l'on va voir par le problême suivant.

PROBLÊME 5me.

Etant donné le cube 8000 de 20, trouver le
cube de 21.

SOLUTION.

Ecrivez le cube de 21 . . : 8000
ajoutez la somme des termes . . . 1200
trois fois la racine 20 60
plus, l'unité 1

le cube de 21 sera 9261

PROBLÊME 6ᵐᵉ.

Trouver, par le moyen de l'addition, la racine cubique d'un cube quelconque, parfait ou impar-fait.

SOLUTION.

Soit 3906 le nombre donné qui n'est pas un cube parfait. Ce nombre n'ayant que quatre chiffres, ajoutez-y deux tranches de zéro, c'est-à-dire six zéro, et vous aurez 3906.000000, dont le plus grand cube peut se trouver dans les tables.

Ainsi, cherchant dans les tables des cubes le nombre qui approche le plus de celui proposé augmenté de deux tranches, vous trouverez 3899547224, dont la racine est 1574.

Pour trouver un chiffre de plus à la racine, ajoutez-y un zéro, et trois zéro à son cube, vous aurez cette nouvelle racine 15740, dont le cube est 3899547224000.

Prenez dans les tables trois fois le quarré de 15740, et vous aurez 743242800 pour la somme des termes de la progression (1).

_____

(1) Dans le cours de l'opération l'on ne mettra pas de point entre le nombre entier et le nombre fractionnaire, pour éviter de la confusion, sauf à séparer ces nombres à la fin du calcul.

Pour trouver le cube de la racine augmentée de l'unité, ajoutez ensemble

le cube de 15740　　：　：　：　：　3899547224000
la somme des termes　.　.　.　.　743242800
trois fois la racine 15740　.　.　.　47220
plus, l'unité　.　.　.　.　.　.　1

le cube de 15741 sera　：　.　：　.　3900290514021
Ajoutez la différence de ces deux cubes　743290021
avec 6 fois la racine 15741　.　.　94446

le cube de 15742 sera　.　：　.　.　3901033898488
Ajoutez la différence de ce cube au précédent　.　.　.　.　.　.
avec 6 fois la racine 15742　.　.　743384467
　94452

le cube de 15743 sera　.　：　：　：　3901777377407
Ajoutez de même la différence　.　.　743478919
et 6 fois la dernière racine　.　.　94458

le cube de 15744 sera　.　.　.　3902520950784
Continuez d'ajouter la différence　.　743573377
avec 6 fois la dernière racine　.　94464

le cube de 15745 sera　.　.　.　.　3903264618625
Ajoutez la différence des derniers cubes　743667841
avec 6 fois la racine　.　.　.　94470

le cube de 15746 sera　.　.　.　：　3904008380936
Ajoutez la différence des derniers cubes　743762311
avec 6 fois la racine　.　.　.　94476

le cube de 15747 sera　.　：　.　.　3904752237723
Ajoutez la différence idem　.　.　.　743856787
avec 6 fois la racine　.　.　.　94482

le cube de 15748 sera　.　.　：　.　3905496188992

Si l'on continue à ajouter, l'on trouvera un cube plus grand que le nombre 3906 proposé; ainsi la racine du plus grand cube contenu dans ce nombre sera 15.748.

Pour trouver un chiffre de plus à la nouvelle racine, ajoutez-y un zéro, et vous aurez 157480, dont le triple du quarré se trouvera aisément.

L'on a trouvé ci-devant que
le quarré de 157400 est . . 24774760000
Doublez le nombre 157400, et vous aurez 314800, qui étant multiplié par les derniers chiffres 80, le produit sera . . . 25184000
Ajoutez le quarré de 80 . . 6400
le quarré de 157480 sera ⁒ . 24799950400
trois fois ce quarré sera la somme des termes, ci 74399851200

Pour trouver la racine plus grande d'une unité que 157480, écrivez le cube que l'on a trouvé ci-devant, en y ajoutant trois zéro; puis suivez les mêmes opérations jusqu'à ce que vous trouviez le plus grand cube qui puisse être contenu dans le nombre proposé. *Voyez les opérations de la page suivante.*

Cube de 157480	3905496188992000
Somme des termes . . .	74399851200
3 fois la racine	472440
plus, l'unité	1
Cube de 157481 . . .	3905570589315641
Différence des cubes . . .	74400323641
6 fois la racine du dernier . .	944886
Cube de 157482	3905644990584168
Différence	74401268527
6 fois la racine	944892
Cube de 157483	3905719392797587
Différence	74402213419
6 fois la racine	944898
Cube de 157484	3905793795955904
Différence	74403158317
6 fois la racine	944904
Cube de 157485	3905868200059125
Différence	74404103221
6 fois la racine	944910
Cube de 157486	3905942605107256

Ce dernier cube étant le plus grand qui puisse être contenu dans le nombre proposé 3906 augmenté de douze zéro, l'on prendra 15.7486 pour sa racine très approchée.

Continuant la même opération, l'on trouvera à la racine autant de chiffres fractionnaires que l'on voudra sans beaucoup de peine, puisqu'il n'y a que des additions à faire, comme on le peut remarquer dans les opérations précédentes, où la différence des deux cubes est égale à la somme des deux nombres intermédiaires qui sont entre ces cubes, et six fois la racine se trouve en ajoutant 6 au dernier de ces deux nombres.

PROBLÊME 7me.

L'on demande la racine cubique d'un nombre arbitraire 25378ᵖ réduite tout de suite en pieds, pouces, lignes, etc.

SOLUTION.

Cherchez dans les tables le plus grand cube contenu dans le nombre proposé, et vous trouverez 24389, dont la racine est 29ᵖ; et le quarré, suivant les mêmes tables, est 841ᵖ. Ecrivez les quatre quantités ci-après.

Cube trouvé	24389ᵖ	0°	0'	0'')
Les $\frac{1}{4}$ ou le $\frac{1}{4}$ du quarré 841ᵖ	210	3	0	0
3 fois la racine 29ᵖ divisée 2 fois par 12	0	7	3	0
plus, l'unité placée au rang des points	0	0	0	1
Cube de 29ᵖ 1°	24599	10	3	1
Différence des deux cubes	210	10	3	1
6 fois la racine 29ᵖ 1° divisée deux fois par 12	1	2	6	6
Cube de 29ᵖ 2°	24811	11	0	8
Différence des deux cubes	212	0	9	7
6 fois la racine 29ᵖ 2° divisée deux fois par 12	1	2	7	
Cube de 29ᵖ 3°	25025	2	5	3
Différence des cubes	213	3	4	7
6 fois la racine 29ᵖ 3° divisée de même	1	2	7	6
Cube de 29ᵖ 4°	25239	8	5	4

Continuant d'ajouter, l'on trouveroit un cube plus grand que le nombre 25378ᵖ proposé; ainsi l'on aura d'abord 29ᵖ 4° pour la racine du plus grand cube contenu dans ce nombre.

Pour trouver des lignes à la racine, il faut d'a-

bord calculer le quarré de la racine 29ᵖ 4° déja
trouvée ; ce qui est facile à faire.

		P	°	'
L'on a déjà le quarré de 29ᵖ, qui est .	:	841ᵖ	0	0
Ajoutez le produit de 29ᵖ par le double de 4°		19	4	0
plus, le quarré de 4°		0	1	4
Le quarré de 29ᵖ 4° sera . . .	:	860	5	4

		P	°	¹	'	''	'''	''''
Ecrivez le cube que l'on vient de trouver, ci .		25239ᵖ	8°	5¹	4'	0''	0'''	0''''
Prenez 3 fois le quarré ci-dessus divisé 2 fois par 12		17	11	1	4	0	0	0
3 fois la racine 29ᵖ 4° di-visée 4 fois par 12 .		0	0	0	7	4	0	0
plus, le cube de 1 ligne .		0	0	0	0	0	0	1
Cube de 29ᵖ 4° 1¹ .		25257	7	7	3	4	0	1
Différence des cubes .		17	11	1	11	4	0	1
6 fois la racine divisée 4 fois par 12 . .		0	0	1	2	8	0	6
Cube de 29ᵖ 4° 2¹ .		25275	6	10	5	4	0	8
Différence . . .		17	11	3	2	0	0	7
6 fois la racine divisée idem . . .		0	0	1	2	8	1	0
Cube de 29ᵖ 4° 3¹ .		25293	6	2	10	0	2	3
Différence . . .		17	11	4	4	8	1	7
6 fois la racine divisée id.		0	0	1	2	8	1	6
Cube de 29ᵖ 4° 4¹ .		25311	5	8	5	4	5	4
Différence . . .		17	11	5	7	4	3	1
6 fois la racine divisée id.		0	0	1	2	8	2	0
Cube de 29ᵖ 4° 5¹ .		25329	5	3	3	4	10	5
Différence . . .		17	11	6	10	0	5	1
6 fois la racine divisée id.		0	0	1	2	8	2	6
Cube de 29ᵖ 4° 6¹ .		25347	4	11	4	1	6	0
Différence . . .		17	11	8	0	8	7	7
6 fois la racine divisée id.		0	0	1	2	8	3	0
Cube de 29ᵖ 4° 7¹ .		25365	4	8	7	6	4	7.

Si l'on continue d'ajouter, l'on trouvera un cube plus grand que le nombre 25378^p proposé; ainsi l'on pourra prendre 29^p 4° 7^1 pour la racine cubique du plus grand cube contenu dans ce nombre.

L'on peut remarquer qu'il n'y a rien de difficile dans ces opérations, et qu'il n'y a que des additions fort simples à faire; car lorsque l'on prend la différence de deux cubes qui se suivent, c'est la somme des deux nombres intermédiaires que l'on prend; de même que, pour prendre six fois une racine divisée deux fois ou quatre fois par douze, c'est la même chose qu'en ajoutant 6 à la fin du second nombre intermédiaire qui précede.

Si l'on vouloit trouver des prismes, des secondes, des tiers, etc. à la racine, l'on n'auroit qu'à suivre toujours le même procédé, en observant seulement que, pour trouver des prismes, l'on divisera les différences six fois par 12; pour trouver des secondes, on les divisera huit fois, et ainsi des autres : ce qui n'a encore rien de difficile; car, en divisant ces quantités par 12, l'on retrouve les mêmes nombres éloignés d'un rang à droite.

Quand le nombre proposé exprime des toises, il faut supposer qu'il exprime des pieds, puis faire les opérations précédentes; et après que l'on a trouvé la racine, l'on exprimera en toises le nombre entier, et l'on prendra la moitié de la suite. Ainsi, en supposant que le nombre proposé soit 25378^t dont on a trouvé la racine exprimée par 29^p 4° 7^1, en mettant toise au lieu de pied, pied au lieu de pouce, pouce en place de ligne, et en prenant la moitié de la suite du nombre entier, la racine de ce nombre sera 29′ 2′ 3ᵖ 6ˡ.

Méthode pour trouver la somme d'une progression quarrée.

PROBLÊME.

Le premier terme d'une progression quarrée croissante, et le nombre des termes, étant donnés, trouver la somme de tous les quarrés de cette progression.

SOLUTION.

Il est indifférent par quel nombre quarré doit commencer la progression, pourvu que les racines soient en progression arithmétique des nombres naturels, tels que leurs différences soient l'unité.

1°. Ajoutez 2 au quarré du nombre des termes de la progression quarrée, et prenez le tiers de la somme, ôtez-en le nombre des termes, et multipliez le reste par ce même nombre.

2°. Multipliez le premier terme donné par le nombre des termes.

3°. Ajoutez un au double de la racine du premier terme donné, et multipliez la somme par le nombre des termes moins un, puis par la moitié du nombre des termes.

La somme de ces trois quantités sera égale à la somme des termes de la progression.

EXEMPLE.

Soient 25 le premier quarré de la progression, et 7 le nombre des termes.

Le quarré de 7 est 49, et, y ajoutant 2, l'on a 51, dont le tiers est 17; ôtant de ce nombre celui 7 des termes, il reste 10, qui étant multiplié par le même nombre 7, l'on a   70

Le premier terme 25 étant multiplié par le nombre 7 des termes, donne . . . 175

La racine du premier terme est 5, dont le double plus un donne 11, qui étant multiplié par le nombre des termes moins un, c'est-à-dire par 6, le produit est 66, qui étant encore multiplié par la moitié $3\frac{1}{2}$ du nombre des termes, l'on a 231

La somme de la progression quarrée de sept termes, dont le premier est 25, sera   476

PROBLÊME.

Le plus grand terme d'une progression quarrée décroissante, et le nombre des termes, étant donnés, trouver la somme de la progression.

SOLUTION.

Ce problême se résout de la même maniere que le précédent; mais il est nécessaire de trouver le premier terme de la progression, et ensuite l'on fera l'opération comme dans l'exemple ci-dessus.

Pour trouver le plus petit quarré d'une progression, dont le plus grand quarré est donné avec le
nombre des termes, doublez la racine du plus
grand quarré; ôtez-en le double du nombre des
termes moins un ; prenez la moitié du reste, et
vous aurez la racine du plus petit quarré.

Par exemple, soit 121 le plus grand terme, la
racine est 11, dont le double est 22 : soit 6 le nombre des termes, ôtez-en l'unité, vous aurez 5,
dont le double est 10, qui étant ôté de 22, restera 12, dont la moitié 6 est la racine du plus petit
quarré 36; ce qui est évident. Ainsi le premier
quarré et le nombre de termes étant connus, l'on
trouvera la somme comme ci-devant.

*Méthode pour trouver la somme des termes d'une
progression cubique.*

Avant de chercher la somme des termes d'une
progression cubique, il est nécessaire de faire
connoître l'analyse des nombres cubiques par une
voie différente de celle qui a été démontrée dans
le dernier théorême.

1°. Un cube quelconque est égal à six fois la
somme d'une progression composée, telle que
chaque terme soit égal à la somme des nombres
naturels, comme 1, 1 + 2, 3 + 3, 6 + 4, 10 +
5, 15 + 6, etc. plus au nombre des termes de
cette progression plus l'unité.

Ainsi, faisant la somme des sept termes 1, 3, 6, 10, 15, 21, 28, l'on a 84, qui étant pris 6 fois, le produit est 504

Ajoutant le nombre de termes 7 plus l'unité, l'on a 8

La somme de ces deux nombres sera le cube du nombre des termes plus l'unité, c'est-à-dire de 8, et l'on aura . . . 512

Ce que l'on vient de démontrer est très évident à la seule inspection, et peut avoir lieu à une progression cubique d'un nombre quelconque de termes.

L'on déduit de ce principe une méthode facile pour trouver la somme de tous les termes d'une progression des nombres cubiques commençant par l'unité.

2°. La somme de tous les nombres cubiques d'une progression donnée, commençant par l'unité, est égale au quarré du terme qui suit immédiatement le plus grand de la progression composée.

Ce terme se trouvera en élevant au quarré la racine du plus grand cube, et en y ajoutant la même racine, puis en prenant la moitié de la somme.

Par exemple, si l'on suppose que 512 soit le plus grand cube de la progression cubique, la racine cubique de ce nombre est 8, dont le quarré est 64 ; si l'on y ajoute la même racine 8, l'on aura 72, dont la moitié 36 exprimera le terme qui suit le plus grand de la progression composée.

T

De même le plus grand terme de la progression composée se trouvera en ôtant la racine du plus grand cube, du quarré de cette même racine, et en prenant la moitié de la différence.

Ainsi, 512 étant le plus grand cube d'une progression commençant par l'unité, sa racine sera 8, dont le quarré est 64; si l'on en ôte 8, il restera 56, dont la moitié 28 sera le plus grand terme de la progression composée.

Donc, puisque la somme de tous les cubes d'une progression cubique donnée est égale au quarré du plus grand terme de la progression composée, l'on aura $1+8+27+64+125+216+343+512 = 36 \times 36$.

Comme cette opération n'a rien de difficile, elle pourra servir à trouver la somme d'une progression cubique commençant par tel nombre que l'on voudra, en prenant la différence des sommes de deux progressions commençant par l'unité, dont l'une auroit, pour le plus grand terme, le premier de la progression donnée, et l'autre le dernier de cette même progression.

Soient pour exemple les nombres cubiques 125; 216; 343; 512: l'on aura, pour la somme S, des termes commençant par l'unité jusques compris le plus grand $S = 36 \times 36 = 1296$.

Et pour la somme S des termes commençant par l'unité, jusques compris celui que précède le plus petit, l'on aura $s = 100$, lequel nombre sera le quarré du plus grand terme de la progression composée jusqu'au plus petit cube donné.

Faisant la différence de ces deux nombres, l'on aura $S - s = 1296 - 100 = 1196 = 125 + 216 + 343 + 512$.

Il suit de cette découverte que l'on peut trouver, par un moyen très simple, la somme d'un nombre considérable de quantités cubiques que l'on ne pourroit trouver que par une quantité considérable d'additions.

Moyen pour éviter les additions réitérées dans l'extraction des racines suivant les méthodes précédentes.

SECTION 1re.

Pour l'extraction des racines quarrées.

EXEMPLE 1er.

Soit 8072 le nombre donné, vous trouverez dans les tables que le plus grand quarré contenu dans ce nombre est 7921, et que la racine est 89. La différence de ce quarré au nombre donné est 151.

Ajoutez un zéro à la différence, et vous aurez 151.0 que vous diviserez par le double 178 de la racine, le quotient sera 8 pour le chiffre décimal que vous mettrez à la racine; ce qui donnera 89.8.

Pour élever ce nouveau nombre au quarré, ajoutez le nombre 0.8 au double 178
de la racine, et vous aurez 178.8
Multipliez par le même nombre . . 0.8
                                          ————
Produit. 143.04
Ajoutez le quarré trouvé . . . 7921.00
                                          ————
le quarré de 89.8 sera 8064.04

T ij

Pour trouver un second chiffre décimal à la racine, ôtez le quarré trouvé du nombre donné, il restera 7.96 que vous diviserez par le double 179.6 de la racine; le quotient sera quatre pour le second chiffre décimal que l'on cherche, et vous aurez 89.84. pour racine.

Pour élever ce nombre au quarré, ajoutez 0.04 au double 179.6 de la racine

trouvée ci-devant, et vous aurez .	179.64
Multipliez par	0.04
Produit	7.1856
Ajoutez le quarré précédent . .	8064.04
le quarré de 89,84 sera . . .	8071.2256

Continuant la même opération, l'on parviendra à approcher de plus en plus de la racine quarrée du nombre proposé.

EXEMPLE 2me.

Soit 179ᵖ le nombre proposé, dont le plus grand quarré, suivant les tables, est 169, et sa racine est 13; la différence du quarré au nombre donné est 10.

Prenez le douzieme du double 26ᵖ de la racine, et vous aurez 2ᵖ 2°; cherchez combien ce nombre est contenu de fois dans 10ᵖ, vous trouverez 4 fois; le nombre 4 sera les pouces qu'il faudra ajouter à la racine.

Ajoutez 4° au double 26ᵖ de la
racine, et prenez le 12ᵐᵉ de la
somme . . . . . . 2ᵖ 2° 4ˡ
Multipliez par le même chiffre . 4

Produit	8	9	4
Ajoutez le quarré ci-dessus . .	169	0	0
le quarré de 13ᵖ 4° sera . .	177	9	4

Pour trouver des lignes à la racine, ôtez le
quarré précédent du nombre donné, il restera
1ᵖ 2° 8ˡ que vous diviserez par le double 26ᵖ 8°
de la racine divisée deux fois par 12, c'est-à-dire
par 0ᵖ 2° 2ˡ 8ˡ, le quotient 6 sera le nombre de
lignes que l'on cherche.

Ajoutez 6ˡ au double 26ᵖ 8° de la racine, et
divisez la somme deux
fois par 12, vous aurez   0ᵖ 2° 2ˡ 8ˡ 6ˡˡ
Multipliez par le même
nombre   6

Produit . . .	1	1	4	3	0
Ajoutez le quarré précédent	177	9	4	0	0
le quarré de 13ᵖ 4° 6ˡ sera	178	10	8	3

Il est évident qu'en continuant la même opération, qui n'a d'ailleurs rien de difficile, l'on
approchera de plus en plus de la vraie racine.

T iij.

Section 2ᵐᵉ.

Pour l'extraction des racines cubiques.

L'extraction de la racine cubique se fera dans le même ordre que l'on vient de prescrire pour la racine quarrée; mais comme les progressions pour les cubes sont d'une nature différente de celles qui servent aux quarrés, il est à propos d'en faire connoître les propriétés.

L'on n'a besoin, pour l'extraction des racines cubiques, que de deux progressions de onze termes seulement, dont la premiere est composée des nombres naturels commençant par l'unité, et la seconde est composée des sommes des nombres naturels; ce sont des différentes sommes dont nous avons besoin.

La seconde de ces deux progressions a une propriété telle que la somme d'un nombre quelconque de termes est égale à la somme des produits des termes correspondants de deux progressions des nombres naturels disposées à contre-sens, ayant chacune le même nombre de termes. Pour mieux faire entendre ceci, nous allons prendre pour exemple la progression des six premiers termes 1, 3, 6, 10, 15, 21, dont la somme est 56.

$$\div 1 \,.\, 2 \,.\, 3 \,.\, 4 \,.\, 5 \,.\, 6 \,.$$
$$6 \,.\, 5 \,.\, 4 \,.\, 3 \,.\, 2 \,.\, 1 \div$$

$$\overline{6 + 10 + 12 + 12 + 10 + 6}$$

Ajoutant ces différents produits, l'on trouvera également 56 pour la somme des six premiers termes de la progression composée. Mais pour éviter de calculer les sommes des progressions toutes les fois que l'on en aura besoin, nous allons donner une table où les différentes sommes seront indiquées par les nombres naturels depuis un jusqu'à onze.

Nombres na-
turels . . . 1.2. 3 . 4 . 5 . 6 . 7 . 8 . 9 . 10 . 11.
Sommes des
nombres na-
turels . . . 1.3. 6 .10.15.21.28. 36 . 45 . 55 . 66.
Sommes des
nomb. com-
posés . . . 1.4. 10.20.35.56.84.120.165.220.286.

Lorsqu'on aura besoin, *par exemple,* de la somme des sept premiers termes de la progression naturelle, l'on prendra le nombre 28 qui est au-dessous de 7; et pour avoir la somme des sept premiers termes de la progression composée, l'on prendra le nombre 84 qui répond au nombre 7. Cette opération est d'abord facile à saisir au coup-d'œil. L'on va prendre pour exemples des nombres dont on s'est déja servi ci-devant.

EXEMPLE 1ᵉʳ.

Soit 3906 le nombre proposé dont on veut extraire la racine cubique: l'on trouvera dans les tables que le plus grand cube contenu dans ce nombre est 3375, et que sa racine est 15. Ôtez

T iv

le cube du nombre donné, le reste sera 53ℓ

Pour trouver un premier chiffre décimal à la racine, écrivez son quarré   225

Ajoutez la racine divisée une fois par 10 . . . .   1.5

       Somme 226.5

Multipliez par $\frac{3}{10}$ 0.3

       Produit 67.95

Ajoutez le cube de $\frac{1}{10}$ 0.001

       Somme 67.951

Ajoutez trois zéro au reste, et vous aurez 531.000 que vous diviserez par la somme ci-contre, le quotient donnera 7 pour le premier chiffre décimal de la racine : (ce nombre servira à indiquer qu'il faut prendre la somme 21 des six premiers nombres naturels, et la somme 35 des cinq premiers nombres composés, desquelles sommes l'on fera usage ci-après.)

Multipliez la somme ci-contre par le quotient   7

       Produit 475.657

Produit ci-contre . . . 475.657

Ajoutez une unité décimale
à la racine 15, vous aurez
15.1, qui étant multipliés
par le nombre 21 trouvé ci-
dessus, le produit donnera 317.1
Ajoutez-y la somme 35 indiquée ci-devant, et divisée
une fois par 10 . . . 3.5

    Somme . . . 320.6

Portez six fois cette somme divisée
deux fois par 10 sous le produit précédent. 19.236
Ajoutez le cube précédent . . 3375.000

le cube de 15.7 sera . . . 3869.893

Pour trouver un second chiffre décimal à la
racine, ôtez le cube que l'on vient de trouver du
nombre proposé, il restera, en ajoutant trois zéro, 36.107000 ; puis faites le
quarré de la racine 15.7 . . 246.49
Ajoutez la racine divisée deux
fois par 10 . . . . . 0.157

    Somme 246.647
Multipliez par $\frac{3}{100}$ 0.03

    Produit 7.39941
Ajoutez le cube de $\frac{1}{100}$ . . 0.000001

    Somme 7.399411

Somme de l'autre part . 7.399411

Cherchez combien le reste 36.107000
contient de fois cette somme, et vous
trouverez 4 pour le second chiffre décimal de la racine ; (ce nombre fait connoître qu'il faut prendre la somme 6
des trois premiers nombres naturels,
et la somme 4 des deux premiers nombres composés.)
Multipliez la somme ci-contre par le
nombre trouvé 4
_____

Produit 29.597644
Ajoutez une unité déci-
male à la racine trouvée,
vous aurez 15.71 que
vous multiplierez par la
somme 6 qui vient d'être
indiquée, le produit se-
ra 94.26
Ajoutez la 2ᵐᵉ somme 4
que l'on vient d'indi-
quer, en divisant deux
fois par 10 . . . 0.04
_____

Somme . . . 94.30

Portez sous le produit 6 fois cette
somme divisée quatre fois par 10   0.056580
Ajoutez le cube précédent . .   3869.893000
_____

le cube de 15.74 sera . . .   3899.547224
_____

Continuant la même regle, l'on trouvera un

cube qui approchera infiniment du nombre donné en très peu de temps, et sans se donner beaucoup de peine. L'on verra par les tables que ce
cube est très juste.

EXEMPLE 2ᵐᵉ.

Soit 25378ᴾ le nombre proposé dont on veut
tirer la racine cubique tout de suite réduite en
pieds, pouces et lignes. Vous trouverez dans les
tables 24389 pour le plus grand cube contenu
dans ce nombre, et vous trouverez à côté 29 pour
sa racine. Retranchez le cube trouvé du nombre
donné, il restera 989.

Le quarré de 29ᴾ . . .	841ᴾ	0	0	0
La racine 29 divisée une fois par 12	2	5	0	0
Somme	843	5	0	0
Prenez le quart de la somme	210	10	3	0
Ajoutez le cube de 1° . .	0	0	0	1
Somme	210	10	3	1

Divisez la différence 989 par
la somme que l'on vient de
trouver, et vous trouverez 4
que vous placerez à la racine
au rang des pouces; ce qui
fera 29ᴾ 4°.

Multipliez la somme par le
nombre que l'on vient de
trouver . . . . .

			4
Produit	843	5	0	4

Produit de l'autre part . . 843   5   o   4

Ôtez 1 de 4, reste 3 pour le nombre de termes de la progression naturelle; ainsi la somme des trois premiers termes sera 6.

Ajoutez 1° à la racine 29^p, vous aurez 29^p 1° que vous multiplierez par 6, le produit sera . . .   174   6

Ajoutez la somme 4 des deux premiers termes de la progression composée divisée par 12. .   o   4

Somme . .   174   10

Prenez-en la moitié . . .   87   5

Divisez une fois par 12 . .   7   3   5   o

Ajoutez le cube trouvé . .   24389

le cube de 29^p 4° sera . .   25239   8   5   4

Pour trouver des lignes à la racine, faites le quarré de 29P 4° . . .   860P 5 4

Ajoutez la racine divisée par le quarré de 12 . . . , . . .   0 2 5 4

Somme 860 7 9 4

Prenez-en le quart . . .   215 1 11 4

Prenez le 12me du quart . .   17 11 1 11 4
Ajoutez le cube de 1¹ . .   0 0 0 0 0 1

Somme 17 11 1 11 4 0 1

Prenez la différence du cube de 29P 4° et du nombre proposé, elle se trouvera de 138P 3 6 8, qui étant divisée par la la somme précédente, le quotient 7 sera le nombre de lignes qu'il faut ajouter à la racine; ce qui sera 29P 4o 7¹.
Multipliez la somme précédente par   7

    Produit . . .   125 6 1 7 4 0 7
(Le nombre 7 que l'on vient de trouver indique qu'il faut prendre la somme des 6 premiers termes des nombres naturels, et la somme des 5 premiers termes de la progression composée.)
    Ajoutez 11 à la racine 29P 4°, vous aurez 29P 4o 1¹, qui étant multipliés par la somme 21 des 6 premiers termes, le produit sera . . .   616 1 9
Ajoutez la somme 35 des 5 premiers termes composés divisée deux fois par 12   0 2 11

Somme . .   616 4 8

Prenez-en la moitié .   308 2 4

Divisez trois fois par 12, et vous aurez   0 2 1 8 2 4 0
Ajoutez le cube de 29P 4o. . .   25239 8 5 4 0 0 0

le cube de 29P 4o 71 sera . .   25365 4 8 7 6 4 7

    Pour trouver des prismes à la racine, faites le quarré de la racine précédente   863P 3 7 0 1
Ajoutez la racine 29P 4o 71 divisée 3 fois par 12   0 0 2 5 4 7

Somme . .   863 3 9 5 5 7

Somme de l'autre part. — 863 3 9 5 5 7

Prenez-en le quart . . — 215 9 11 4̄ 4 4 9

Divisez deux fois par 12 . — 1 5 11 9 11 4̄ 4 4 9
Ajoutez le cube de 1¹ . . — 0 0 0 0 0 0 0 0 0 1

Somme . . . — 1 5 11 9 11 4̄ 4 4 9 1

Ôtez le cube précédent du nombre donné, il restera 12P 7 3 4 5 7 5, qui étant divisés par la somme ci-contre, le quotient sera . . . — 8

Produit de la somme par le quotient . . . — 11 11 10 7 6 10 11 2 0 8

(Le nombre 8 indique qu'il faut ajouter 8' à la racine, et en même temps qu'il faut prendre la somme 28 des sept premiers nombres naturels, et la somme 56 des six premiers nombres composés.)

Ecrivez la racine augmentée de 1'. . — 29P 4 7 1
Multipliez par 28

Produit . — 822 8 6 4
Ajoutez la somme 56 divisée 3 fois par 12 . — o o 4 8

Somme . — 822 8 11 o

La moitié de la somme . — 411 4 5 6

Divisez 5 fois par 12, et portez le quotient sous le produit ci-contre . . . — o o o 2 10 3 4 5 6 o
Ajoutez le cube précédent . — 25365 4 8 7 6 4 7

Le cube de 29P 4° 7¹ 8' sera — 25377 4 7 5 11 6 10 7 6 8

Pour peu que l'on observe avec attention l'ordre qui a été suivi dans les quatre derniers exemples, l'on verra que le même ordre peut être employé à élever au quarré ou au cube un nombre complexe composé de pieds et parties de pieds plus facilement que par les multiplications ordinaires, et notamment pour élever au cube: car, après que l'on aura pris dans les tables le quarré ou le cube du nombre de pieds, l'on trouvera, suivant les opérations précédentes, le quarré ou le cube du nombre de pieds et pouces donnés, ensuite celui du nombre de pieds, pouces et lignes, puis le quarré ou le cube du même nombre accompagné de prismes, de secondes, etc.

Lorsque le nombre entier proposé sera plus grand que 10000, qui est le plus grand des nombres naturels des tables, on le divisera par un nombre simple, ou par un nombre de deux chiffres, ainsi que les pouces, lignes, etc. puis, faisant l'opération comme il est dit ci-devant, soit pour élever au quarré ou au cube, l'on multipliera le quarré ou le cube trouvé par le quarré ou le cube du nombre que l'on aura pris pour diviseur, selon la puissance à laquelle le nombre proposé aura été élevé, et le produit sera la puissance de ce nombre.

De même que, lorsqu'il s'agira d'extraire une racine d'un nombre complexe donné, et que le nombre entier sera plus grand que la plus grande puissance des tables, l'on divisera le nombre complexe par le quarré ou le cube d'un nombre simple pour que les entiers du quotient se trouvent dans les tables; puis, ayant extrait la racine quarrée ou cubique par les méthodes précédentes, on la multipliera par la racine du nombre qui aura servi de diviseur au nombre donné, et le produit sera la racine demandée.

Les calculs précédents sont déduits des calculs différentiels; ce qui est d'un si grand avantage, que, pour peu que l'on en saisisse l'analyse, l'on sera surpris de la rapidité étonnante des opérations destinées à élever un nombre au quarré ou au cube, ou à extraire la racine quarrée ou cubique d'un nombre donné; et j'ai peine à croire qu'il soit possible d'en trouver de plus expéditives.

FIN.

ERRATA.

page	ligne	en place de	lisez
25	26	un cube	un cube de
40	3	que donne	que donnent
40	18	1 6 0 0	3 0 0 0
72	8	à un cercle	au même cercle
76	24	009,6	009,2
78	22	892479	892339.
	24	89 2 11	89 2 9
81	18	DEC	DCE
129	22	64 0 4	64 0 0
130	8	64 0 4	64 0 0
	9 et 11	38 9 7 11	38 9 11 11
	12	1 10 7 8	1 10 7 10
	16	22 7 8	22 7 10 . 0
134	19	places	plans
173	27	et l'on nomme x	et que l'on nomme x
208	20	superficie	superficiels
218	1	8	218
221	18	l'épsaiseur	l'épaisseur
267	22	40853052	40583052

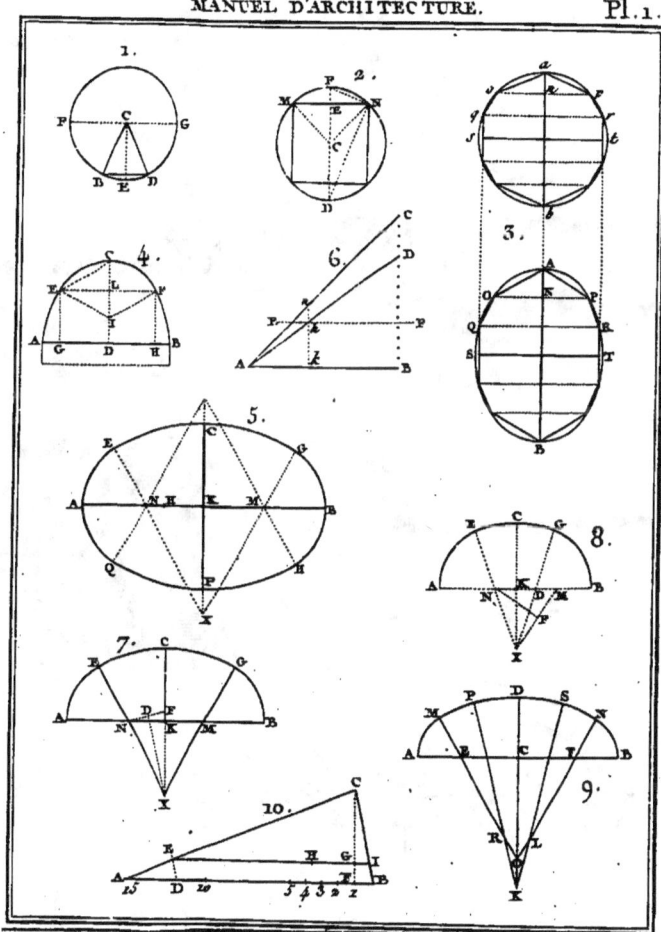

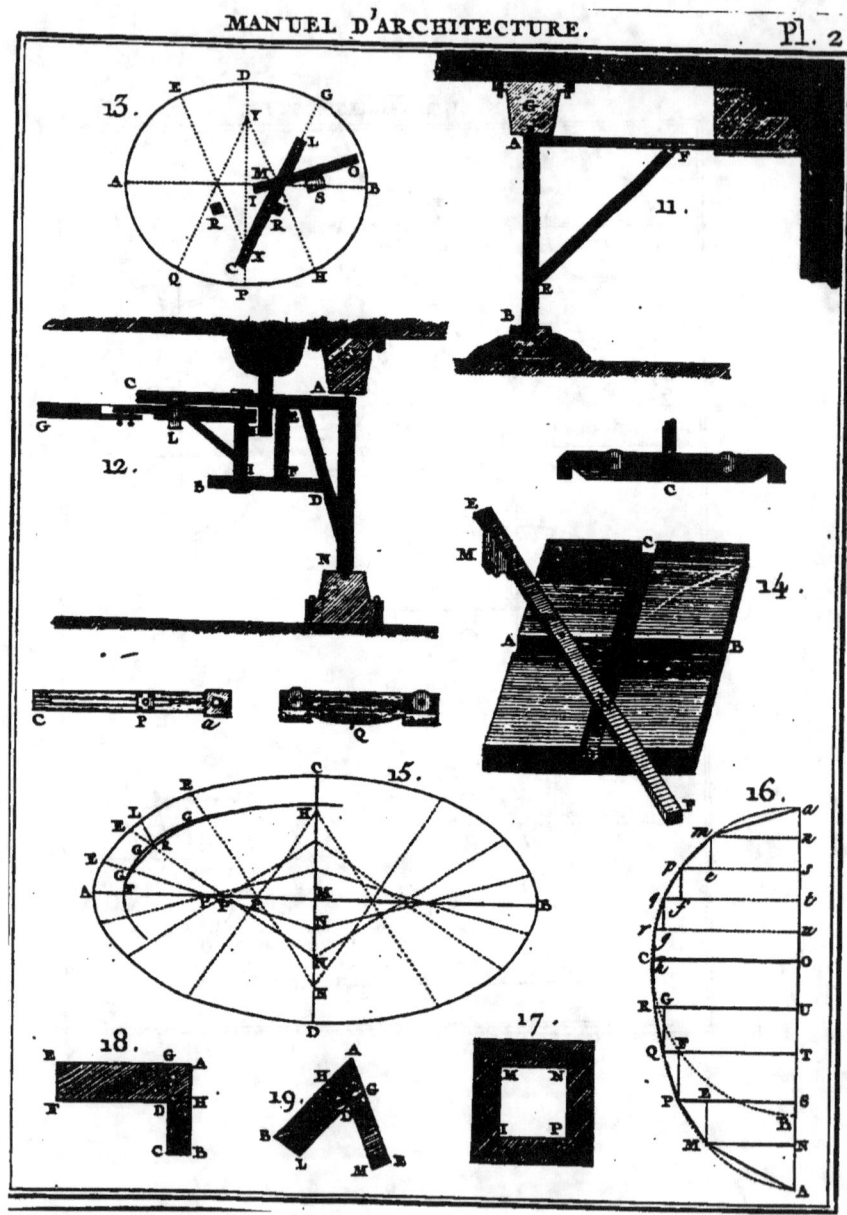

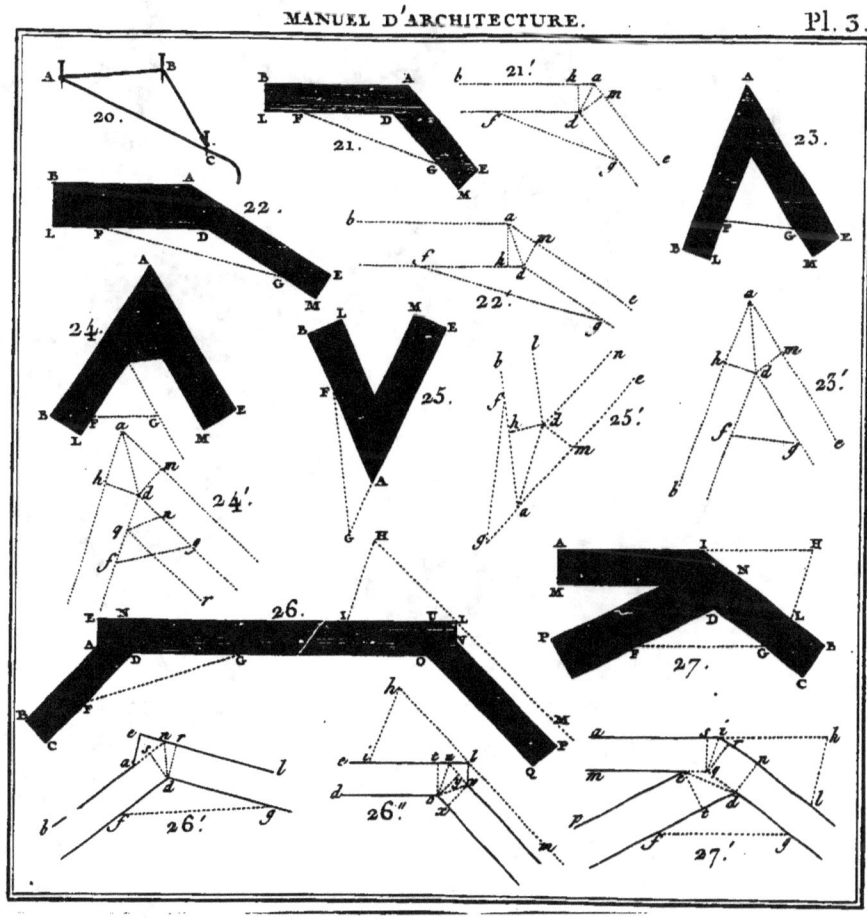

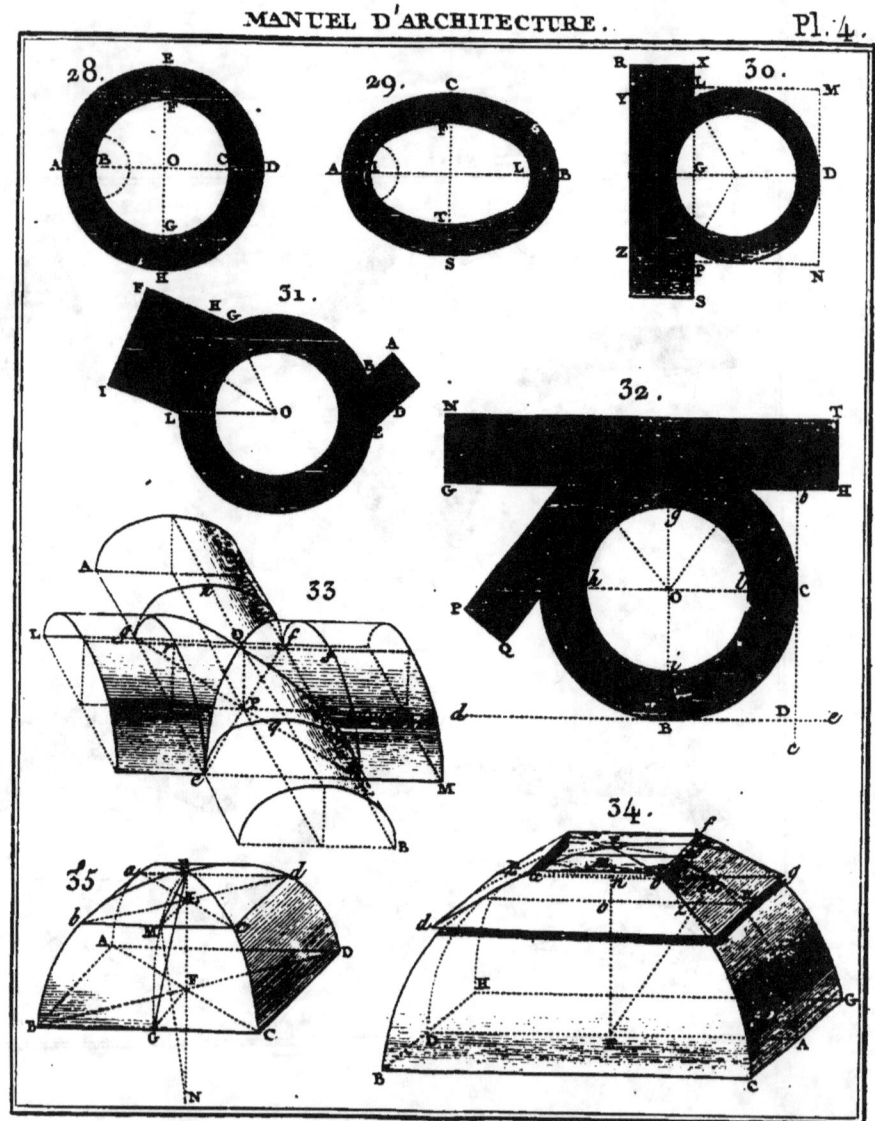

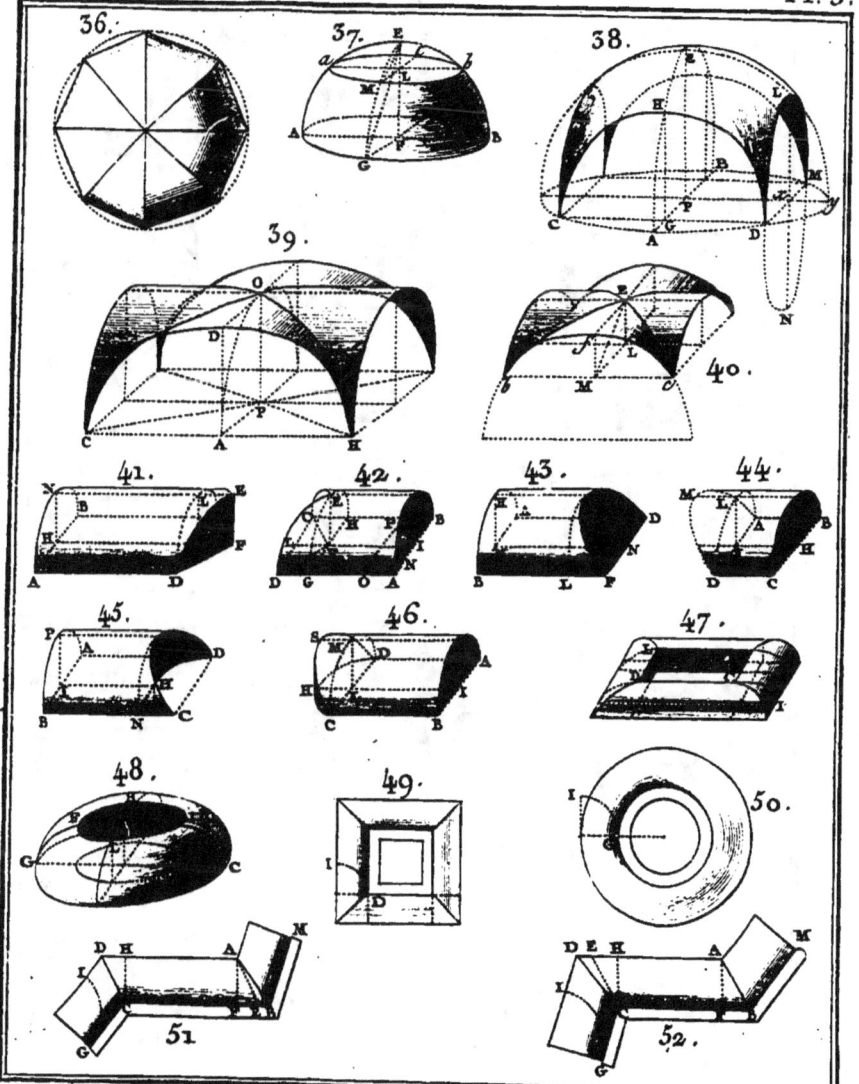

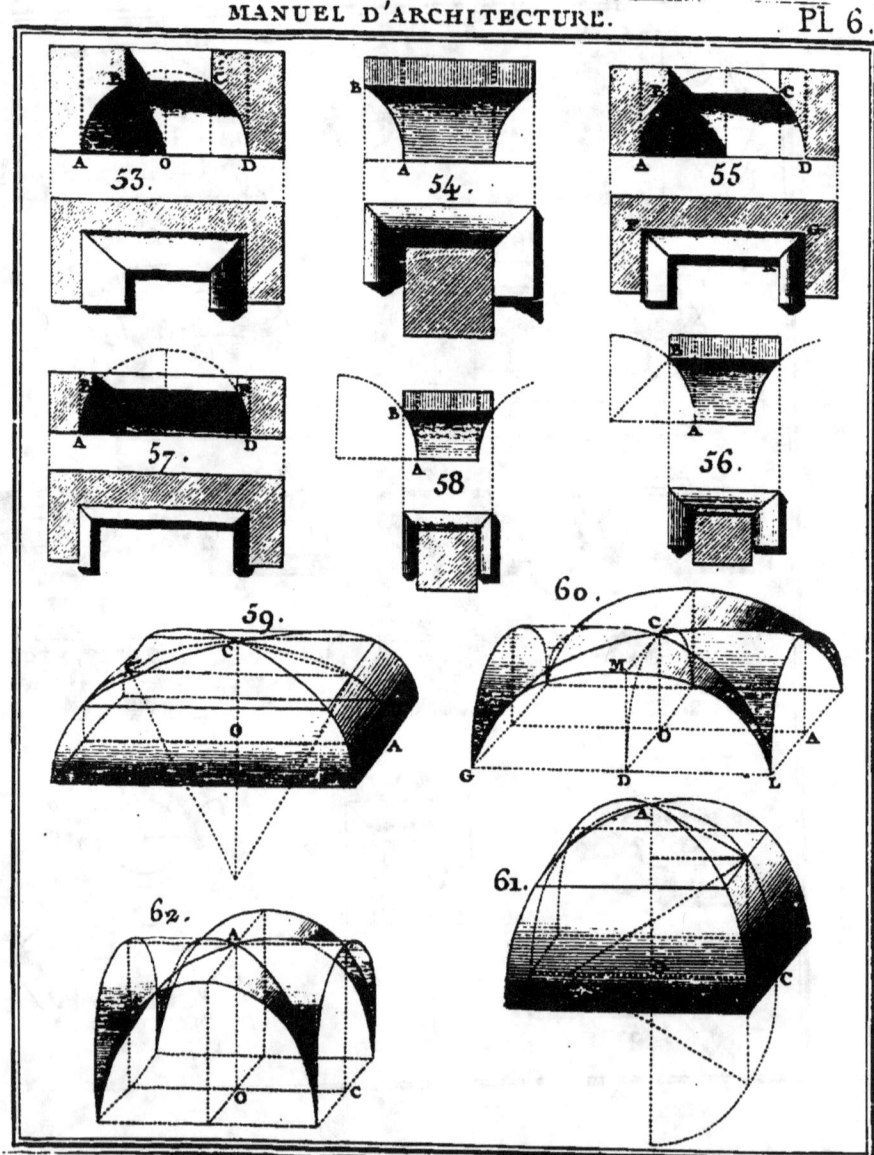

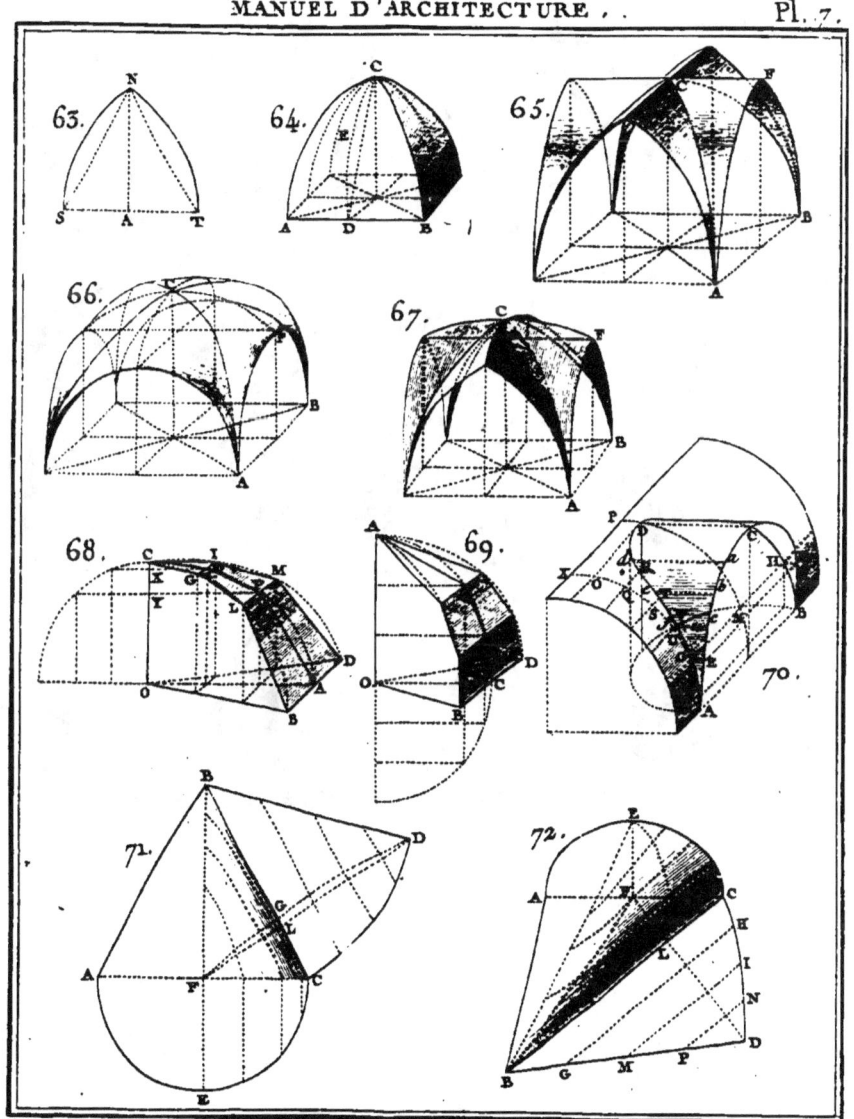

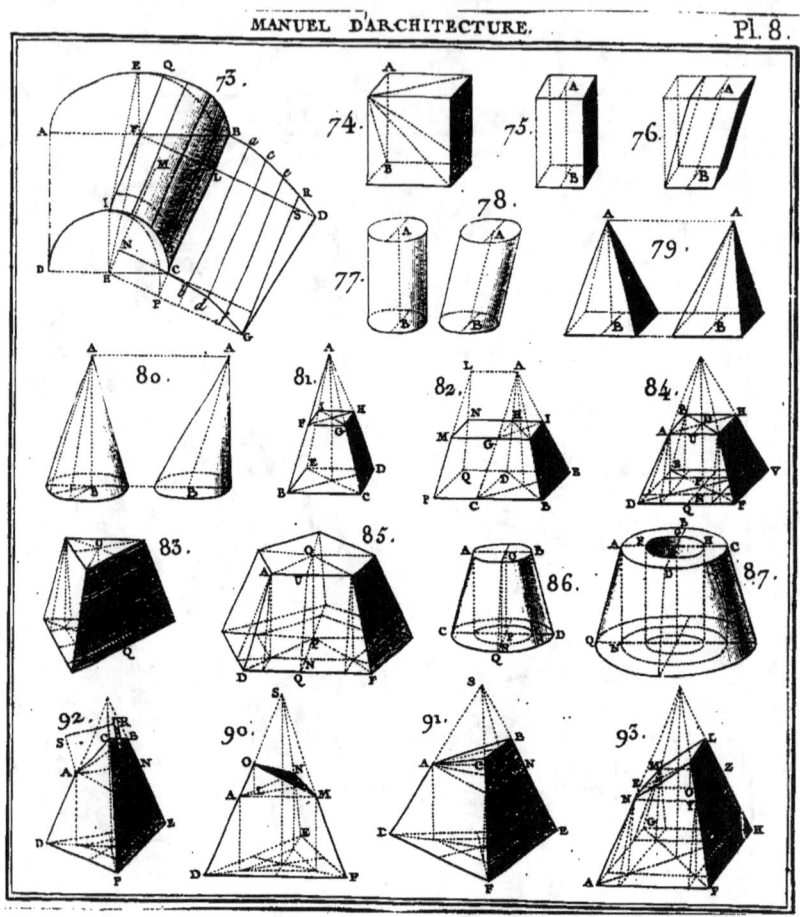

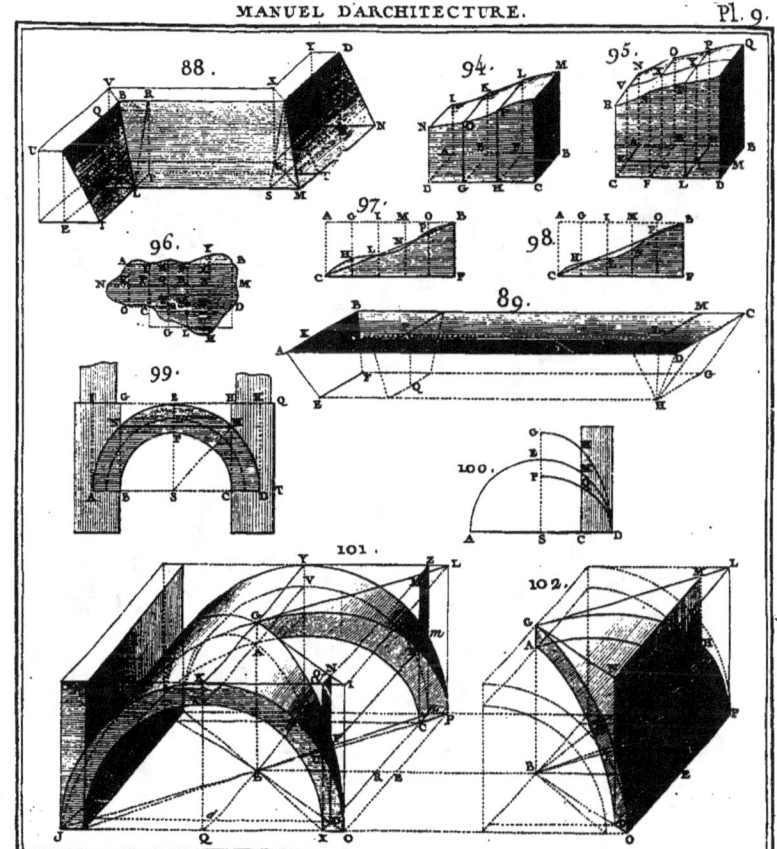

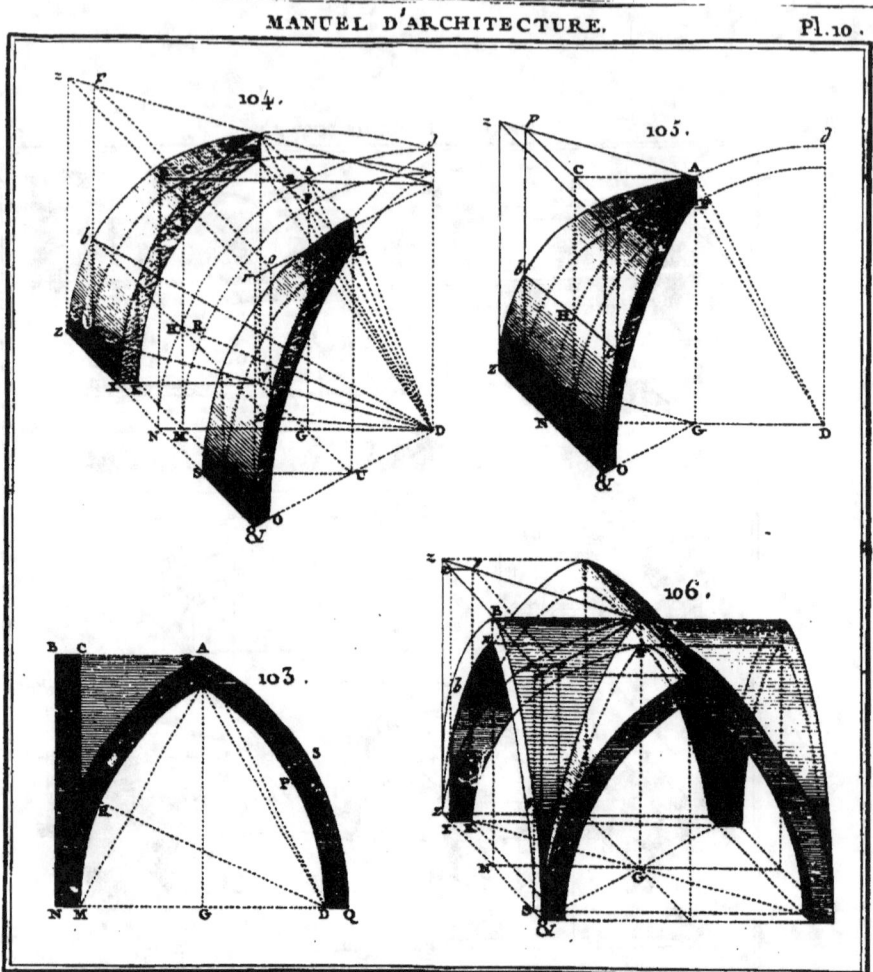

TABLES

DES NOMBRES QUARRÉS

ET CUBIQUES,

ET DES RACINES DE CES NOMBRES,

depuis 1, jusqu'à 10,000.

V

Racines.	Quarrés.	Cubes.	Racines.	Quarrés.	Cubes.
1	1	1	51	26 01	132 651
2	4	8	52	27 04	140 608
3	9	27	53	28 09	148 877
4	16	64	54	29 16	157 464
5	25	125	55	30 25	166 375
6	36	216	56	31 36	175 616
7	49	343	57	32 49	185 193
8	64	512	58	33 64	195 112
9	81	729	59	34 81	205 379
10	1 00	1 000	60	36 00	216 000
11	1 21	1 331	61	37 21	226 981
12	1 44	1 728	62	38 44	238 328
13	1 69	2 197	63	39 69	250 047
14	1 96	2 744	64	40 96	262 144
15	2 25	3 375	65	42 25	274 625
16	2 56	4 096	66	43 56	287 496
17	2 89	4 913	67	44 89	300 763
18	3 24	5 832	68	46 24	314 432
19	3 61	6 859	69	47 61	328 509
20	4 00	8 000	70	49 00	343 000
21	4 41	9 261	71	50 41	357 911
22	4 84	10 648	72	51 84	373 248
23	5 29	12 167	73	53 29	389 017
24	5 76	13 824	74	54 76	405 224
25	6 25	15 625	75	56 25	421 875
26	6 76	17 576	76	57 76	438 976
27	7 29	19 683	77	59 29	456 533
28	7 84	21 952	78	60 84	474 552
29	8 41	24 389	79	62 41	493 039
30	9 00	27 000	80	64 00	512 000
31	9 61	29 791	81	65 61	531 441
32	10 24	32 768	82	67 24	551 368
33	10 89	35 937	83	68 89	571 787
34	11 56	39 304	84	70 56	592 704
35	12 25	42 875	85	72 25	614 125
36	12 96	46 656	86	73 96	636 056
37	13 69	50 653	87	75 69	658 503
38	14 44	54 872	88	77 44	681 472
39	15 21	59 319	89	79 21	704 969
40	16 00	64 000	90	81 00	729 000
41	16 81	68 921	91	82 81	753 571
42	17 64	74 088	92	84 64	778 688
43	18 49	79 507	93	86 49	804 357
44	19 36	85 184	94	88 36	830 584
45	20 25	91 125	95	90 25	857 375
46	21 16	97 336	96	92 16	884 736
47	22 09	103 823	97	94 09	912 673
48	23 04	110 592	98	96 04	941 192
49	24 01	117 649	99	98 01	970 299
50	25 00	125 000	100	1 00 00	1 000 000

Racines.	Quarrés.	Cubes.	Racines.	Quarrés.	Cubes.
101	1 02 01	1 030 301	151	2 28 01	3 442 951
102	1 04 04	1 061 208	152	2 31 04	3 511 808
103	1 06 09	1 092 727	153	2 34 09	3 581 577
104	1 08 16	1 124 864	154	2 37 16	3 652 264
105	1 10 25	1 157 625	155	2 40 25	3 723 875
106	1 12 36	1 191 016	156	2 43 36	3 796 416
107	1 14 49	1 225 043	157	2 46 49	3 869 893
108	1 16 64	1 259 712	158	2 49 64	3 944 312
109	1 18 81	1 295 029	159	2 52 81	4 019 679
110	1 21 00	1 331 000	160	2 56 00	4 096 000
111	1 23 21	1 367 631	161	2 59 21	4 173 281
112	1 25 44	1 404 928	162	2 62 44	4 251 528
113	1 27 69	1 442 897	163	2 65 69	4 330 747
114	1 29 96	1 481 544	164	2 68 96	4 410 944
115	1 32 25	1 520 875	165	2 72 25	4 492 125
116	1 34 56	1 560 896	166	2 75 56	4 574 296
117	1 36 89	1 601 613	167	2 78 89	4 657 463
118	1 39 24	1 643 032	168	2 82 24	4 741 632
119	1 41 61	1 685 159	169	2 85 61	4 826 809
120	1 44 00	1 728 000	170	2 89 00	4 913 000
121	1 46 41	1 771 561	171	2 92 41	5 000 211
122	1 48 84	1 815 848	172	2 95 84	5 088 448
123	1 51 29	1 860 867	173	2 99 29	5 177 717
124	1 53 76	1 906 624	174	3 02 76	5 268 024
125	1 56 25	1 953 125	175	3 06 25	5 359 375
126	1 58 76	2 000 376	176	3 09 76	5 451 776
127	1 61 29	2 048 383	177	3 13 29	5 545 233
128	1 63 84	2 097 152	178	3 16 84	5 639 752
129	1 66 41	2 146 689	179	3 20 41	5 735 339
130	1 69 00	2 197 000	180	3 24 00	5 832 000
131	1 71 61	2 248 091	181	3 27 61	5 929 741
132	1 74 24	2 299 968	182	3 31 24	6 028 568
133	1 76 89	2 352 637	183	3 34 89	6 128 487
134	1 79 56	2 406 104	184	3 38 56	6 229 504
135	1 82 25	2 460 375	185	3 42 25	6 331 625
136	1 84 96	2 515 456	186	3 45 96	6 434 856
137	1 87 69	2 571 353	187	3 49 69	6 539 203
138	1 90 44	2 628 072	188	3 53 44	6 644 672
139	1 93 21	2 685 619	189	3 57 21	6 751 269
140	1 96 00	2 744 000	190	3 61 00	6 859 000
141	1 98 81	2 803 221	191	3 64 81	6 967 871
142	2 01 64	2 863 288	192	3 68 64	7 077 888
143	2 04 49	2 924 207	193	3 72 49	7 189 057
144	2 07 36	2 985 984	194	3 76 36	7 301 384
145	2 10 25	3 048 625	195	3 80 25	7 414 875
146	2 13 16	3 112 136	196	3 84 16	7 529 536
147	2 16 09	3 176 523	197	3 88 09	7 645 373
148	2 19 04	3 241 792	198	3 92 04	7 762 392
149	2 22 01	3 307 949	199	3 96 01	7 880 599
150	2 25 00	3 375 000	200	4 00 00	8 000 000

150

200

Racines.	Quarrés.	Cubes.	Racines.	Quarrés.	Cubes.
201	4 04 01	8 120 601	251	6 30 01	15 813 251
202	4 08 04	8 242 408	252	6 35 04	16 003 008
203	4 12 09	8 365 427	253	6 40 09	16 194 277
204	4 16 16	8 489 664	254	6 45 16	16 387 064
205	4 20 25	8 615 125	255	6 50 25	16 581 375
206	4 24 36	8 741 816	256	6 55 36	16 777 216
207	4 28 49	8 869 743	257	6 60 49	16 974 593
208	4 32 64	8 998 912	258	6 65 64	17 173 512
209	4 36 81	9 129 329	259	6 70 81	17 373 979
210	4 41 00	9 261 000	260	6 76 00	17 576 000
211	4 45 21	9 393 931	261	6 81 21	17 779 581
212	4 49 44	9 528 128	262	6 86 44	17 984 728
213	4 53 69	9 663 597	263	6 91 69	18 191 447
214	4 57 96	9 800 344	264	6 96 96	18 399 744
215	4 62 25	9 938 375	265	7 02 25	18 609 625
216	4 66 56	10 077 696	266	7 07 56	18 821 096
217	4 70 89	10 218 313	267	7 12 89	19 034 163
218	4 75 24	10 360 232	268	7 18 24	19 248 832
219	4 79 61	10 503 459	269	7 23 61	19 465 109
220	4 84 00	10 648 000	270	7 29 00	19 683 000
221	4 88 41	10 793 861	271	7 34 41	19 902 511
222	4 92 84	10 941 048	272	7 39 84	20 123 648
223	4 97 29	11 089 567	273	7 45 29	20 346 417
224	5 01 76	11 239 424	274	7 50 76	20 570 824
225	5 06 25	11 390 625	275	7 56 25	20 796 875
226	5 10 76	11 543 176	276	7 61 76	21 024 576
227	5 15 29	11 697 083	277	7 67 29	21 253 933
228	5 19 84	11 852 352	278	7 72 84	21 484 952
229	5 24 41	12 008 989	279	7 78 41	21 717 639
230	5 29 00	12 167 000	280	7 84 00	21 952 000
231	5 33 61	12 326 391	281	7 89 61	22 188 041
232	5 38 24	12 487 168	282	7 95 24	22 425 768
233	5 42 89	12 649 537	283	8 00 89	22 665 187
234	5 47 56	12 812 904	284	8 06 56	22 906 304
235	5 52 25	12 977 875	285	8 12 25	23 149 125
236	5 56 96	13 144 256	286	8 17 96	23 393 656
237	5 61 69	13 312 053	287	8 23 69	23 639 903
238	5 66 44	13 481 272	288	8 29 44	23 887 872
239	5 71 21	13 651 919	289	8 35 21	24 137 569
240	5 76 00	13 824 000	290	8 41 00	24 389 000
241	5 80 81	13 997 521	291	8 46 81	24 642 171
242	5 85 64	14 172 488	292	8 52 64	24 897 088
243	5 90 49	14 348 907	293	8 58 49	25 153 757
244	5 95 36	14 526 784	294	8 64 36	25 412 184
245	6 00 25	14 706 125	295	8 70 25	25 672 375
246	6 05 16	14 886 936	296	8 76 16	25 934 336
247	6 10 09	15 069 223	297	8 82 09	26 198 073
248	6 15 04	15 252 992	298	8 88 04	26 463 592
249	6 20 01	15 438 249	299	8 94 01	26 730 899
250	6 25 00	15 625 000	300	9 00 00	27 000 000

250

300

Racines.	Quarrés.	Cubes.	Racines.	Quarrés.	Cubes.
301	9 06 01	27 270 901	351	12 32 01	43 243 551
302	9 12 04	27 543 608	352	12 39 04	43 614 208
303	9 18 09	27 818 127	353	12 46 09	43 986 077
304	9 24 16	28 094 464	354	12 53 16	44 361 864
305	9 30 25	28 372 625	355	12 60 25	44 738 875
306	9 36 36	28 652 616	356	12 67 36	45 118 016
307	9 42 49	28 934 443	357	12 74 49	45 499 293
308	9 48 64	29 218 112	358	12 81 64	45 882 712
309	9 54 81	29 503 629	359	12 88 81	46 268 279
310	9 61 00	29 791 000	360	12 96 00	46 656 000
311	9 67 21	30 080 231	361	13 03 21	47 045 881
312	9 73 44	30 371 328	362	13 10 44	47 437 928
313	9 79 69	30 664 297	363	13 17 69	47 832 147
314	9 85 96	30 959 144	364	13 24 96	48 228 544
315	9 92 25	31 255 875	365	13 32 25	48 627 125
316	9 98 56	31 554 496	366	13 39 56	49 027 896
317	10 04 89	31 855 013	367	13 46 89	49 430 863
318	10 11 24	32 157 432	368	13 54 24	49 836 032
319	10 17 61	32 461 759	369	13 61 61	50 243 409
320	10 24 00	32 768 000	370	13 69 00	50 653 000
321	10 30 41	33 076 161	371	13 76 41	51 064 811
322	10 36 84	33 386 248	372	13 83 84	51 478 848
323	10 43 29	33 698 267	373	13 91 29	51 895 117
324	10 49 76	34 012 224	374	13 98 76	52 313 624
325	10 56 25	34 328 125	375	14 06 25	52 734 375
326	10 62 76	34 645 976	376	14 13 76	53 157 376
327	10 69 29	34 965 783	377	14 21 29	53 582 633
328	10 75 84	35 287 552	378	14 28 84	54 010 152
329	10 82 41	35 611 289	379	14 36 41	54 439 939
330	10 89 00	35 937 000	380	14 44 00	54 872 000
331	10 95 61	36 264 691	381	14 51 61	55 306 341
332	11 02 24	36 594 368	382	14 59 24	55 742 968
333	11 08 89	36 926 037	383	14 66 89	56 181 887
334	11 15 56	37 259 704	384	14 74 56	56 623 104
335	11 22 25	37 595 375	385	14 82 25	57 066 625
336	11 28 96	37 933 056	386	14 89 96	57 512 456
337	11 35 69	38 272 753	387	14 97 69	57 960 603
338	11 42 44	38 614 472	388	15 05 44	58 411 072
339	11 49 21	38 958 219	389	15 13 21	58 863 869
340	11 56 00	39 304 000	390	15 21 00	59 319 000
341	11 62 81	39 651 821	391	15 28 81	59 776 471
342	11 69 64	40 001 688	392	15 36 64	60 236 288
343	11 76 49	40 353 607	393	15 44 49	60 698 457
344	11 83 36	40 707 584	394	15 52 36	61 162 084
345	11 90 25	41 063 625	395	15 60 25	61 629 875
346	11 97 16	41 421 736	396	15 68 16	62 099 136
347	12 04 09	41 781 923	397	15 76 09	62 570 773
348	12 11 04	42 144 192	398	15 84 04	63 044 792
349	12 18 01	42 508 549	399	15 92 01	63 521 199
350	12 25 00	42 875 000	400	16 00 00	64 000 000

350

400

Racines.	Quarrés.	Cubes.	Racines.	Quarrés.	Cubes.
401	16 08 01	64 481 201	451	20 34 01	91 733 851
402	16 16 04	64 964 808	452	20 43 04	92 345 408
403	16 24 09	65 450 827	453	20 52 09	92 959 677
404	16 32 16	65 939 264	454	20 61 16	93 576 664
405	16 40 25	66 430 125	455	20 70 25	94 196 375
406	16 48 36	66 923 416	456	20 79 36	94 818 816
407	16 56 49	67 419 143	457	20 88 49	95 443 993
408	16 64 64	67 917 312	458	20 97 64	96 071 912
409	16 72 81	68 417 929	459	21 06 81	96 702 579
410	16 81 00	68 921 000	460	21 16 00	97 336 000
411	16 89 21	69 426 531	461	21 25 21	97 972 181
412	16 97 44	69 934 528	462	21 34 44	98 611 128
413	17 05 69	70 444 997	463	21 43 69	99 252 847
414	17 13 96	70 957 944	464	21 52 96	99 897 344
415	17 22 25	71 473 375	465	21 62 25	100 544 625
416	17 30 56	71 991 296	466	21 71 56	101 194 696
417	17 38 89	72 511 713	467	21 80 89	101 847 563
418	17 47 24	73 034 632	468	21 90 24	102 503 232
419	17 55 61	73 560 059	469	21 99 61	103 161 709
420	17 64 00	74 088 000	470	22 09 00	103 823 000
421	17 72 41	74 618 461	471	22 18 41	104 487 111
422	17 80 84	75 151 448	472	22 27 84	105 154 048
423	17 89 29	75 686 967	473	22 37 29	105 823 817
424	17 97 76	76 225 024	474	22 46 76	106 496 424
425	18 06 25	76 765 625	475	22 56 25	107 171 875
426	18 14 76	77 308 776	476	22 65 76	107 850 176
427	18 23 29	77 854 483	477	22 75 29	108 531 333
428	18 31 84	78 402 752	478	22 84 84	109 215 352
429	18 40 41	78 953 589	479	22 94 41	109 902 239
430	18 49 00	79 507 000	480	23 04 00	110 592 000
431	18 57 61	80 062 991	481	23 13 61	111 284 641
432	18 66 24	80 621 568	482	23 23 24	111 980 168
433	18 74 89	81 182 737	483	23 32 89	112 678 587
434	18 83 56	81 746 504	484	23 42 56	113 379 904
435	18 92 25	82 312 875	485	23 52 25	114 084 125
436	19 00 96	82 881 856	486	23 61 96	114 791 256
437	19 09 69	83 453 453	487	23 71 69	115 501 303
438	19 18 44	84 027 672	488	23 81 44	116 214 272
439	19 27 21	84 604 519	489	23 91 21	116 930 169
440	19 36 00	85 184 000	490	24 01 00	117 649 000
441	19 44 81	85 766 121	491	24 10 81	118 370 771
442	19 53 64	86 350 888	492	24 20 64	119 095 488
443	19 62 49	86 938 307	493	24 30 49	119 823 157
444	19 71 36	87 528 384	494	24 40 36	120 553 784
445	19 80 25	88 121 125	495	24 50 25	121 287 375
446	19 89 16	88 716 536	496	24 60 16	122 023 936
447	19 98 09	89 314 623	497	24 70 09	122 763 473
448	20 07 04	89 915 392	498	24 80 04	123 505 992
449	20 16 01	90 518 849	499	24 90 01	124 251 499
450	20 25 00	91 125 000	500	25 00 00	125 000 000

Ra-cines.	Quarrés.	Cubes.	Ra-cines.	Quarrés.	Cubes.
501	25 10 01	125 751 501	551	30 36 01	167 284 151
502	25 20 04	126 506 008	552	30 47 04	168 196 608
503	25 30 09	127 263 527	553	30 58 09	169 112 377
504	25 40 16	128 024 064	554	30 69 16	170 031 464
505	25 50 25	128 787 625	555	30 80 25	170 953 875
506	25 60 36	129 554 216	556	30 91 36	171 879 616
507	25 70 49	130 323 843	557	31 02 49	172 808 693
508	25 80 64	131 096 512	558	31 13 64	173 741 112
509	25 90 81	131 872 229	559	31 24 81	174 676 879
510	26 01 00	132 651 000	560	31 36 00	175 616 000
511	26 11 21	133 432 831	561	31 47 21	176 558 481
512	26 21 44	134 217 728	562	31 58 44	177 504 328
513	26 31 69	135 005 697	563	31 69 69	178 453 547
514	26 41 96	135 796 744	564	31 80 96	179 406 144
515	26 52 25	136 590 875	565	31 92 25	180 362 125
516	26 62 56	137 388 096	566	32 03 56	181 321 496
517	26 72 89	138 188 413	567	32 14 89	182 284 263
518	26 83 24	138 991 832	568	32 26 24	183 250 432
519	26 93 61	139 798 359	569	32 37 61	184 220 009
520	27 04 00	140 608 000	570	32 49 00	185 193 000
521	27 14 41	141 420 761	571	32 60 41	186 169 411
522	27 24 84	142 236 648	572	32 71 84	187 149 248
523	27 35 29	143 055 667	573	32 83 29	188 132 517
524	27 45 76	143 877 824	574	32 94 76	189 119 224
525	27 56 25	144 703 125	575	33 06 25	190 109 375
526	27 66 76	145 531 576	576	33 17 76	191 102 976
527	27 77 29	146 363 183	577	33 29 29	192 100 033
528	27 87 84	147 197 952	578	33 40 84	193 100 552
529	27 98 41	148 035 889	579	33 52 41	194 104 539
530	28 09 00	148 877 000	580	33 64 00	195 112 000
531	28 19 61	149 721 291	581	33 75 61	196 122 941
532	28 30 24	150 568 768	582	33 87 24	197 137 368
533	28 40 89	151 419 437	583	33 98 89	198 155 287
534	28 51 56	152 273 304	584	34 10 56	199 176 704
535	28 62 25	153 130 375	585	34 22 25	200 201 625
536	28 72 96	153 990 656	586	34 33 96	201 230 056
537	28 83 69	154 854 153	587	34 45 69	202 262 003
538	28 94 44	155 720 872	588	34 57 44	203 297 472
539	29 05 21	156 590 819	589	34 69 21	204 336 469
540	29 16 00	157 464 000	590	34 81 00	205 379 000
541	29 26 81	158 340 421	591	34 92 81	206 425 071
542	29 37 64	159 220 088	592	35 04 64	207 474 688
543	29 48 49	160 103 007	593	35 16 49	208 527 857
544	29 59 36	160 989 184	594	35 28 36	209 584 584
545	29 70 25	161 878 625	595	35 40 25	210 644 875
546	29 81 16	162 771 336	596	35 52 16	211 708 736
547	29 92 09	163 667 323	597	35 64 09	212 776 173
548	30 03 04	164 566 592	598	35 76 04	213 847 192
549	30 14 01	165 469 149	599	35 88 01	214 921 799
550	30 25 00	166 375 000	600	36 00 00	216 000 000

550   600

Racines.	Quarrés.	Cubes.	Racines.	Quarrés.	Cubes.
601	36 12 01	217 081 801	651	42 38 01	275 894 451
602	36 24 04	218 167 208	652	42 51 04	277 167 808
603	36 36 09	219 256 227	653	42 64 09	278 445 077
604	36 48 16	220 348 864	654	42 77 16	279 726 264
605	36 60 25	221 445 125	655	42 90 25	281 011 375
606	36 72 36	222 545 016	656	43 03 36	282 300 416
607	36 84 49	223 648 543	657	43 16 49	283 593 393
608	36 96 64	224 755 712	658	43 29 64	284 890 312
609	37 08 81	225 866 529	659	43 42 81	286 191 179
610	37 21 00	226 981 000	660	43 56 00	287 496 000
611	37 33 21	228 099 131	661	43 69 21	288 804 781
612	37 45 44	229 220 928	662	43 82 44	290 117 528
613	37 57 69	230 346 397	663	43 95 69	291 434 247
614	37 69 96	231 475 544	664	44 08 96	292 754 944
615	37 82 25	232 608 375	665	44 22 25	294 079 625
616	37 94 56	233 744 896	666	44 35 56	295 408 296
617	38 06 89	234 885 113	667	44 48 89	296 740 963
618	38 19 24	235 029 032	668	44 62 24	298 077 632
619	38 31 61	237 176 659	669	44 75 61	299 418 309
620	38 44 00	238 328 000	670	44 89 00	300 763 000
621	38 56 41	239 483 061	671	45 02 41	302 111 711
622	38 68 84	240 641 848	672	45 15 84	303 464 448
623	38 81 29	241 804 367	673	45 29 29	304 821 217
624	38 93 76	242 970 624	674	45 42 76	306 182 024
625	39 06 25	244 140 625	675	45 56 25	307 546 875
626	39 18 76	245 314 376	676	45 69 76	308 915 776
627	39 31 29	246 491 883	677	45 83 29	310 288 733
628	39 43 84	247 673 152	678	45 96 84	311 665 752
629	39 56 41	248 858 189	679	46 10 41	313 046 839
630	39 69 00	250 047 000	680	46 24 00	314 432 000
631	39 81 61	251 239 591	681	46 37 61	315 821 241
632	39 94 24	252 435 968	682	46 51 24	317 214 568
633	40 06 89	253 636 137	683	46 64 89	318 611 987
634	40 19 56	254 840 104	684	46 78 56	320 013 504
635	40 32 25	256 047 875	685	46 92 25	321 419 125
636	40 44 96	257 259 456	686	47 05 96	322 828 856
637	40 57 69	258 474 853	687	47 19 69	324 242 703
638	40 70 44	259 694 072	688	47 33 44	325 660 672
639	40 83 21	260 917 119	689	47 47 21	327 082 769
640	40 96 00	262 144 000	690	47 61 00	328 509 000
641	41 08 81	263 374 721	691	47 74 81	329 939 371
642	41 21 64	264 609 288	692	47 88 64	331 373 888
643	41 34 49	265 847 707	693	48 02 49	332 812 557
644	41 47 36	267 089 984	694	48 16 36	334 255 384
645	41 60 25	268 336 125	695	48 30 25	335 702 375
646	41 73 16	269 586 136	696	48 44 16	337 153 536
647	41 86 09	270 840 023	697	48 58 09	338 608 873
648	41 99 04	272 097 792	698	48 72 04	340 068 392
649	42 12 01	273 359 449	699	48 86 01	341 532 099
650	42 25 00	274 625 000	700	49 00 00	343 000 000

650   700   X.

Ra-cines.	Quarrés.	Cubes.	Ra-cines.	Quarrés.	Cubes.
701	49 14 01	344 472 101	751	56 40 01	423 564 751
702	49 28 04	345 948 408	752	56 55 04	425 259 008
703	49 42 09	347 428 927	753	56 70 09	426 957 777
704	49 56 16	348 913 664	754	56 85 16	428 661 064
705	49 70 25	350 402 625	755	57 00 25	430 368 875
706	49 84 36	351 895 816	756	57 15 36	432 081 216
707	49 98 49	353 393 243	757	57 30 49	433 798 093
708	50 12 64	354 894 912	758	57 45 64	435 519 512
709	50 26 81	356 400 829	759	57 60 81	437 245 479
710	50 41 00	357 911 000	760	57 76 00	438 976 000
711	50 55 21	359 425 431	761	57 91 21	440 711 081
712	50 69 44	360 944 128	762	58 06 44	442 450 728
713	50 83 69	362 467 097	763	58 21 69	444 194 947
714	50 97 96	363 994 344	764	58 36 96	445 943 744
715	51 12 25	365 525 875	765	58 52 25	447 697 125
716	51 26 56	367 061 696	766	58 67 56	449 455 096
717	51 40 89	368 601 813	767	58 82 89	451 217 663
718	51 55 24	370 146 232	768	58 98 24	452 984 832
719	51 69 61	371 694 959	769	59 13 61	454 756 609
720	51 84 00	373 248 000	770	59 29 00	456 533 000
721	51 98 41	374 805 361	771	59 44 41	458 314 011
722	52 12 84	376 367 048	772	59 59 84	460 099 648
723	52 27 9	377 933 067	773	59 75 29	461 889 917
724	52 41 76	379 503 424	774	59 90 76	463 684 824
725	52 56 25	381 078 125	775	60 06 25	465 484 375
726	52 70 76	382 657 176	776	60 21 76	467 288 576
727	52 85 29	384 240 583	777	60 37 29	469 097 433
728	52 99 84	385 828 352	778	60 52 84	470 910 952
729	53 14 41	387 420 489	779	60 68 41	472 729 139
730	53 29 00	389 017 000	780	60 84 00	474 552 000
731	53 43 61	390 617 891	781	60 99 61	476 379 541
732	53 58 24	392 223 168	782	61 15 24	478 211 768
733	53 72 89	393 832 837	783	61 30 89	480 048 687
734	53 87 56	395 446 904	784	61 46 56	481 890 304
735	54 02 25	397 065 375	785	61 62 25	483 736 625
736	54 16 96	398 688 256	786	61 77 96	485 587 656
737	54 31 69	400 315 553	787	61 93 69	487 443 403
738	54 46 44	401 947 272	788	62 09 44	489 303 872
739	54 61 21	403 583 419	789	62 25 21	491 169 069
740	54 76 00	405 224 000	790	62 41 00	493 039 000
741	54 90 81	406 869 021	791	62 56 81	494 913 671
742	55 05 64	408 518 488	792	62 72 64	496 793 088
743	55 20 49	410 172 407	793	62 88 49	498 677 257
744	55 35 36	411 830 784	794	63 04 36	500 566 184
745	55 50 25	413 493 625	795	63 20 25	502 459 875
746	55 65 16	415 160 936	796	63 36 16	504 358 336
747	55 80 09	416 832 723	797	63 52 09	506 261 573
748	55 95 04	418 508 992	798	63 68 04	508 169 592
749	56 10 01	420 189 749	799	63 84 01	510 082 399
750	56 25 00	421 875 000	800	64 00 00	512 000 000

750.

800

Racines.	Quarrés.	Cubes.	Racines.	Quarrés.	Cubes.
801	64 16 01	513 922 401	851	72 42 01	616 295 051
802	64 32 04	515 849 608	852	72 59 04	618 470 208
803	64 48 09	517 781 627	853	72 76 09	620 650 477
804	64 64 16	519 718 464	854	72 93 16	622 835 864
805	64 80 25	521 660 125	855	73 10 25	625 026 375
806	64 96 36	523 606 616	856	73 27 36	627 222 016
807	65 12 49	525 557 943	857	73 44 49	629 422 793
808	65 28 64	527 514 112	858	73 61 64	631 628 712
809	65 44 81	529 475 129	859	73 78 81	633 839 779
810	65 61 00	531 441 000	860	73 96 00	636 056 000
811	65 77 21	533 411 731	861	74 13 21	638 277 381
812	65 93 44	535 387 328	862	74 30 44	640 503 928
813	66 09 69	537 367 797	863	74 47 69	642 735 647
814	66 25 96	539 353 144	864	74 64 96	644 972 544
815	66 42 25	541 343 375	865	74 82 25	647 214 625
816	66 58 56	543 338 496	866	74 99 56	649 461 896
817	66 74 89	545 338 513	867	75 16 89	651 714 363
818	66 91 24	547 343 432	868	75 34 24	653 972 032
819	67 07 61	549 353 259	869	75 51 61	656 234 909
820	67 24 00	551 368 000	870	75 69 00	658 503 000
821	67 40 41	553 387 661	871	75 86 41	660 776 311
822	67 56 84	555 412 248	872	76 03 84	663 054 848
823	67 73 29	557 441 767	873	76 21 29	665 338 617
824	67 89 76	559 476 224	874	76 38 76	667 627 624
825	68 06 25	561 515 625	875	76 56 25	669 921 875
826	68 22 76	563 559 976	876	76 73 76	672 221 376
827	68 39 29	565 609 283	877	76 91 29	674 526 133
828	68 55 84	567 663 552	878	77 08 84	676 836 152
829	68 72 41	569 722 789	879	77 26 41	679 151 439
830	68 89 00	571 787 000	880	77 44 00	681 472 000
831	69 05 61	573 856 191	881	77 61 61	683 797 841
832	69 22 24	575 930 368	882	77 79 24	686 128 968
833	69 38 89	578 009 537	883	77 96 89	688 465 387
834	69 55 56	580 093 704	884	78 14 56	690 807 104
835	69 72 25	582 182 875	885	78 32 25	693 154 125
836	69 88 96	584 277 056	886	78 49 96	695 506 456
837	70 05 69	586 376 253	887	78 67 69	697 864 103
838	70 22 44	588 480 472	888	78 85 44	700 227 072
839	70 39 21	590 589 719	889	79 03 21	702 595 369
840	70 56 00	592 704 000	890	79 21 00	704 969 000
841	70 72 81	594 823 321	891	79 38 81	707 347 971
842	70 89 64	596 947 688	892	79 56 64	709 732 288
843	71 06 49	599 077 107	893	79 74 49	712 121 957
844	71 23 36	601 211 584	894	79 92 36	714 516 984
845	71 40 25	603 351 125	895	80 10 25	716 917 375
846	71 57 16	605 495 736	896	80 28 16	719 323 136
847	71 74 09	607 645 423	897	80 46 09	721 734 273
848	71 91 04	609 800 192	898	80 64 04	724 150 792
849	72 08 01	611 960 049	899	80 82 01	726 572 699
850	72 25 00	614 125 000	900	81 00 00	729 000 000

Racines	Quarrés	Cubes		Racines	Quarrés	Cubes
901	81 18 01	731 432 701		951	90 44 01	860 085 351
902	81 36 04	733 870 808		952	90 63 04	862 801 408
903	81 54 09	736 314 327		953	90 82 09	865 523 177
904	81 72 16	738 763 264		954	91 01 16	868 250 664
905	81 90 25	741 217 625		955	91 20 25	870 983 875
906	82 08 36	743 677 416		956	91 39 36	873 722 816
907	82 26 49	746 142 643		957	91 58 49	876 467 493
908	82 44 64	748 613 312		958	91 77 64	879 217 912
909	82 62 81	751 089 429		959	91 96 81	881 974 079
910	82 81 00	753 571 000		960	92 16 00	884 736 000
911	82 99 21	756 058 031		961	92 35 21	887 503 681
912	83 17 44	758 550 528		962	92 54 44	890 277 128
913	83 35 69	761 048 497		963	92 73 69	893 056 347
914	83 53 96	763 551 944		964	92 92 96	895 841 344
915	83 72 25	766 060 875		965	93 12 25	898 632 125
916	83 90 56	768 575 296		966	93 31 56	901 428 696
917	84 08 89	771 095 213		967	93 50 89	904 231 063
918	84 27 24	773 620 632		968	93 70 24	907 039 232
919	84 45 61	776 151 559		969	93 89 61	909 853 209
920	84 64 00	778 688 000		970	94 09 00	912 673 000
921	84 82 41	781 229 961		971	94 28 41	915 498 611
922	85 00 84	783 777 448		972	94 47 84	918 330 048
923	85 19 29	786 330 467		973	94 67 29	921 167 317
924	85 37 76	788 889 024		974	94 86 76	924 010 424
925	85 56 25	791 453 125		975	95 06 25	926 859 375
926	85 74 76	794 022 776		976	95 25 76	929 714 176
927	85 93 29	796 597 983		977	95 45 29	932 574 833
928	86 11 84	799 178 752		978	95 64 84	935 441 352
929	86 30 41	801 765 089		979	95 84 41	938 313 739
930	86 49 00	804 357 000		980	96 04 00	941 192 000
931	86 67 61	806 954 491		981	96 23 61	944 076 141
932	86 86 24	809 557 568		982	96 43 24	946 966 168
933	87 03 89	812 166 237		983	96 62 89	949 862 087
934	87 23 56	814 780 504		984	96 82 56	952 763 904
935	87 42 25	817 400 375		985	97 02 25	955 671 625
936	87 60 96	820 025 856		986	97 21 96	958 585 256
937	87 79 69	822 656 953		987	97 41 69	961 504 803
938	87 98 44	825 293 672		988	97 61 44	964 430 272
939	88 17 21	827 936 019		989	97 81 21	967 361 669
940	88 36 00	830 584 000		990	98 01 00	970 299 000
941	88 54 81	833 237 621		991	98 20 81	973 242 271
942	88 73 64	835 896 888		992	98 40 64	976 191 488
943	88 92 49	838 561 807		993	98 60 49	979 146 657
944	89 11 36	841 232 384		994	98 80 36	982 107 784
945	89 30 25	843 908 625		995	99 00 25	985 074 875
946	89 49 16	846 590 536		996	99 20 16	988 047 936
947	89 68 09	849 278 123		997	99 40 09	991 026 973
948	89 87 04	851 971 392		998	99 60 04	994 011 992
949	90 06 01	854 670 349		999	99 80 01	997 002 999
950	90 25 00	857 375 000		1000	1 00 00 00	1 000 000 000

950   1000

Racines.	Quarrés.	Cubes.	Racines.	Quarrés.	Cubes.
1001	1 00 20 01	1 003 003 001	1051	1 10 46 01	1 160 935 651
1002	1 00 40 04	1 006 012 008	1052	1 10 67 04	1 164 252 608
1003	1 00 60 09	1 009 027 227	1053	1 10 88 09	1 167 575 877
1004	1 00 80 16	1 012 048 064	1054	1 11 09 16	1 170 905 464
1005	1 01 00 25	1 015 075 125	1055	1 11 30 25	1 174 241 375
1006	1 01 20 36	1 018 108 216	1056	1 11 51 36	1 177 583 616
1007	1 01 40 49	1 021 147 343	1057	1 11 72 49	1 180 932 193
1008	1 01 60 64	1 024 192 512	1058	1 11 93 64	1 184 287 112
1009	1 01 80 81	1 027 243 729	1059	1 12 14 81	1 187 648 379
1010	1 02 01 00	1 030 301 000	1060	1 12 36 00	1 191 016 000
1011	1 02 21 21	1 033 364 331	1061	1 12 57 21	1 194 389 981
1012	1 02 41 44	1 036 433 728	1062	1 12 78 44	1 197 770 328
1013	1 02 61 69	1 039 509 197	1063	1 12 99 69	1 201 157 047
1014	1 02 81 96	1 042 590 744	1064	1 13 20 96	1 204 550 144
1015	1 03 02 25	1 045 678 375	1065	1 13 42 25	1 207 949 625
1016	1 03 22 56	1 048 772 096	1066	1 13 63 56	1 211 355 496
1017	1 03 42 89	1 051 871 913	1067	1 13 84 89	1 214 767 763
1018	1 03 63 24	1 054 977 832	1068	1 14 06 24	1 218 186 432
1019	1 03 83 61	1 058 089 859	1069	1 14 27 61	1 221 611 509
1020	1 04 04 00	1 061 208 000	1070	1 14 49 00	1 225 043 000
1021	1 04 24 41	1 064 332 261	1071	1 14 70 41	1 228 480 911
1022	1 04 44 84	1 067 462 648	1072	1 14 91 84	1 231 925 248
1023	1 04 65 29	1 070 599 167	1073	1 15 13 29	1 235 376 017
1024	1 04 85 76	1 073 741 824	1074	1 15 34 76	1 238 833 224
1025	1 05 06 25	1 076 890 625	1075	1 15 56 25	1 242 296 875
1026	1 05 26 76	1 080 045 576	1076	1 15 77 76	1 245 766 976
1027	1 05 47 29	1 083 206 683	1077	1 15 99 29	1 249 243 333
1028	1 05 67 84	1 086 373 952	1078	1 16 20 84	1 252 726 552
1029	1 05 88 41	1 089 547 389	1079	1 16 42 41	1 256 216 039
1030	1 06 09 00	1 092 727 000	1080	1 16 64 00	1 259 712 000
1031	1 06 29 61	1 095 912 791	1081	1 16 85 61	1 263 214 441
1032	1 06 50 24	1 099 104 768	1082	1 17 07 24	1 266 723 368
1033	1 06 70 89	1 102 302 937	1083	1 17 28 89	1 270 238 787
1034	1 06 91 56	1 105 507 304	1084	1 17 50 56	1 273 760 704
1035	1 07 12 25	1 108 717 875	1085	1 17 72 25	1 277 289 125
1036	1 07 32 96	1 111 934 656	1086	1 17 93 96	1 280 824 056
1037	1 07 53 69	1 115 157 653	1087	1 18 15 69	1 284 365 503
1038	1 07 74 44	1 118 386 872	1088	1 18 37 44	1 287 913 472
1039	1 07 95 21	1 121 622 319	1089	1 18 59 21	1 291 467 969
1040	1 08 16 00	1 124 864 000	1090	1 18 81 00	1 295 029 000
1041	1 08 36 81	1 128 111 921	1091	1 19 02 81	1 298 596 571
1042	1 08 57 64	1 131 366 088	1092	1 19 24 64	1 302 170 688
1043	1 08 78 49	1 134 626 507	1093	1 19 46 49	1 305 751 357
1044	1 08 99 36	1 137 893 184	1094	1 19 68 36	1 309 338 584
1045	1 09 20 25	1 141 166 125	1095	1 19 90 25	1 312 932 375
1046	1 09 41 16	1 144 445 336	1096	1 20 12 16	1 316 532 736
1047	1 09 62 09	1 147 730 823	1097	1 20 34 09	1 320 139 673
1048	1 09 83 04	1 151 022 592	1098	1 20 56 04	1 323 753 192
1049	1 10 04 01	1 154 320 649	1099	1 20 78 01	1 327 373 299
1050	1 10 25 00	1 157 625 000	1100	1 21 00 00	1 331 000 000

Racines.	Quarrés.	Cubes.	Racines.	Quarrés.	Cubes.
1101	1 21 22 01	1 334 633 301	1151	1 32 48 01	1 524 845 951
1102	1 21 44 04	1 338 273 208	1152	1 32 71 04	1 528 823 808
1103	1 21 66 09	1 341 919 727	1153	1 32 94 09	1 532 808 577
1104	1 21 88 16	1 345 572 864	1154	1 33 17 16	1 536 800 264
1105	1 22 10 25	1 349 232 625	1155	1 33 40 25	1 540 798 875
1106	1 22 32 36	1 352 899 016	1156	1 33 63 36	1 544 804 416
1107	1 22 54 49	1 356 572 043	1157	1 33 86 49	1 548 816 893
1108	1 22 76 64	1 360 251 712	1158	1 34 09 64	1 552 836 312
1109	1 22 98 81	1 363 938 029	1159	1 34 32 81	1 556 862 679
1110	1 23 21 00	1 367 631 000	1160	1 34 56 00	1 560 896 000
1111	1 23 43 21	1 371 330 631	1161	1 34 79 21	1 564 936 281
1112	1 23 65 44	1 375 036 928	1162	1 35 02 44	1 568 983 528
1113	1 23 87 69	1 378 749 897	1163	1 35 25 69	1 573 037 747
1114	1 24 09 96	1 382 469 544	1164	1 35 48 96	1 577 098 944
1115	1 24 32 25	1 386 195 875	1165	1 35 72 25	1 581 167 125
1116	1 24 54 56	1 389 928 896	1166	1 35 95 56	1 585 242 296
1117	1 24 76 89	1 393 668 613	1167	1 36 18 89	1 589 324 463
1118	1 24 99 24	1 397 415 032	1168	1 36 42 24	1 593 413 632
1119	1 25 21 61	1 401 168 159	1169	1 36 65 61	1 597 509 809
1120	1 25 44 00	1 404 928 000	1170	1 36 89 00	1 601 613 000
1121	1 25 66 41	1 408 694 561	1171	1 37 12 41	1 605 723 211
1122	1 25 88 84	1 412 467 848	1172	1 37 35 84	1 609 840 448
1123	1 26 11 29	1 416 247 867	1173	1 37 59 29	1 613 964 717
1124	1 26 33 76	1 420 034 624	1174	1 37 82 76	1 618 096 024
1125	1 26 56 25	1 423 828 125	1175	1 38 06 25	1 622 234 375
1126	1 26 78 76	1 427 628 376	1176	1 38 29 76	1 626 379 776
1127	1 27 01 29	1 431 435 383	1177	1 38 53 29	1 630 532 233
1128	1 27 23 84	1 435 249 152	1178	1 38 76 84	1 634 691 752
1129	1 27 46 41	1 439 069 689	1179	1 39 00 41	1 638 858 339
1130	1 27 69 00	1 442 897 000	1180	1 39 24 00	1 643 032 000
1131	1 27 91 61	1 446 731 091	1181	1 39 47 61	1 647 212 741
1132	1 28 14 24	1 450 571 968	1182	1 39 71 24	1 651 400 568
1133	1 28 36 89	1 454 419 637	1183	1 39 94 89	1 655 595 487
1134	1 28 59 56	1 458 274 104	1184	1 40 18 56	1 659 797 504
1135	1 28 82 25	1 462 135 375	1185	1 40 42 25	1 664 006 625
1136	1 29 04 96	1 466 003 456	1186	1 40 65 96	1 668 222 856
1137	1 29 27 69	1 469 878 353	1187	1 40 89 69	1 672 446 203
1138	1 29 50 44	1 473 760 072	1188	1 41 13 44	1 676 676 672
1139	1 29 73 21	1 477 648 619	1189	1 41 37 21	1 680 914 269
1140	1 29 96 00	1 481 544 000	1190	1 41 61 00	1 685 159 000
1141	1 30 18 81	1 485 446 221	1191	1 41 84 81	1 689 410 871
1142	1 30 41 64	1 489 355 288	1192	1 42 08 64	1 693 669 888
1143	1 30 64 49	1 493 271 207	1193	1 42 32 49	1 697 936 057
1144	1 30 87 36	1 497 193 984	1194	1 42 56 36	1 702 209 384
1145	1 31 10 25	1 501 123 625	1195	1 42 80 25	1 706 489 875
1146	1 31 33 16	1 505 060 136	1196	1 43 04 16	1 710 777 536
1147	1 31 56 09	1 509 003 523	1197	1 43 28 09	1 715 072 373
1148	1 31 79 04	1 512 953 792	1198	1 43 52 04	1 719 374 392
1149	1 32 02 01	1 516 910 949	1199	1 43 76 01	1 723 683 599
1150	1 32 25 00	1 520 875 000	1200	1 44 00 00	1 728 000 000

1150   1200

Racines.	Quarrés.	Cubes.	Racines.	Quarrés.	Cubes.
1201	1 44 24 01	1 732 323 601	1251	1 56 50 01	1 957 816 251
1202	1 44 48 04	1 736 654 408	1252	1 56 75 04	1 962 515 008
1203	1 44 72 09	1 740 992 427	1253	1 57 00 09	1 967 221 277
1204	1 44 96 16	1 745 337 664	1254	1 57 25 16	1 971 935 064
1205	1 45 20 25	1 749 690 125	1255	1 57 50 25	1 976 656 375
1206	1 45 44 36	1 754 049 816	1256	1 57 75 36	1 981 385 216
1207	1 45 68 49	1 758 416 743	1257	1 58 00 49	1 986 121 593
1208	1 45 92 64	1 762 790 912	1258	1 58 25 64	1 990 865 512
1209	1 46 16 81	1 767 172 329	1259	1 58 50 81	1 995 616 979
1210	1 46 41 00	1 771 561 000	1260	1 58 76 00	2 000 376 000
1211	1 46 65 21	1 775 956 931	1261	1 59 01 21	2 005 142 581
1212	1 46 89 44	1 780 360 128	1262	1 59 26 44	2 009 916 728
1213	1 47 13 69	1 784 770 597	1263	1 59 51 69	2 014 698 447
1214	1 47 37 96	1 789 188 344	1264	1 59 76 96	2 019 487 744
1215	1 47 62 25	1 793 613 375	1265	1 60 02 25	2 024 284 625
1216	1 47 86 56	1 798 045 696	1266	1 60 27 56	2 029 089 096
1217	1 48 10 89	1 802 485 313	1267	1 60 52 89	2 033 901 163
1218	1 48 35 24	1 806 932 232	1268	1 60 78 24	2 038 720 832
1219	1 48 59 61	1 811 386 459	1269	1 61 03 61	2 043 548 109
1220	1 48 84 00	1 815 848 000	1270	1 61 29 00	2 048 383 000
1221	1 49 08 41	1 820 316 861	1271	1 61 54 41	2 053 225 511
1222	1 49 32 84	1 824 793 048	1272	1 61 79 84	2 058 075 648
1223	1 49 57 29	1 829 276 567	1273	1 62 05 29	2 062 933 417
1224	1 49 81 76	1 833 767 424	1274	1 62 30 76	2 067 798 824
1225	1 50 06 25	1 838 265 625	1275	1 62 56 25	2 072 671 875
1226	1 50 30 76	1 842 771 176	1276	1 62 81 76	2 077 552 576
1227	1 50 55 29	1 847 284 083	1277	1 63 07 29	2 082 440 933
1228	1 50 79 84	1 851 804 352	1278	1 63 33 84	2 087 336 952
1229	1 51 04 41	1 856 331 989	1279	1 63 58 41	2 092 240 639
1230	1 51 29 00	1 860 867 000	1280	1 63 84 00	2 097 152 000
1231	1 51 53 61	1 865 409 391	1281	1 64 09 61	2 102 071 041
1232	1 51 78 24	1 869 959 168	1282	1 64 35 24	2 106 997 768
1233	1 52 02 89	1 874 516 337	1283	1 64 60 89	2 111 932 187
1234	1 52 27 56	1 879 080 904	1284	1 64 86 56	2 116 874 304
1235	1 52 52 25	1 883 652 875	1285	1 65 12 25	2 121 824 125
1236	1 52 76 96	1 888 232 256	1286	1 65 37 96	2 126 781 656
1237	1 53 01 69	1 892 819 053	1287	1 65 63 69	2 131 746 903
1238	1 53 26 44	1 897 413 272	1288	1 65 89 44	2 136 719 872
1239	1 53 51 21	1 902 014 919	1289	1 66 15 21	2 141 700 569
1240	1 53 76 00	1 906 624 000	1290	1 66 41 00	2 146 689 000
1241	1 54 00 81	1 911 240 521	1291	1 66 66 81	2 151 685 171
1242	1 54 25 64	1 915 864 488	1292	1 66 92 64	2 156 689 088
1243	1 54 50 49	1 920 495 907	1293	1 67 18 49	2 161 700 757
1244	1 54 75 36	1 925 134 784	1294	1 67 44 36	2 166 720 184
1245	1 55 00 25	1 929 781 125	1295	1 67 70 25	2 171 747 375
1246	1 55 25 16	1 934 434 936	1296	1 67 96 16	2 176 782 336
1247	1 55 50 09	1 939 096 223	1297	1 68 22 09	2 181 825 073
1248	1 55 75 04	1 943 764 992	1298	1 68 48 04	2 186 875 592
1249	1 56 00 01	1 948 441 249	1299	1 68 74 01	2 191 933 899
1250	1 56 25 00	1 953 125 000	1300	1 69 00 00	2 197 000 000

1250

1300

Ra-cines.	Quarrés.	Cubes.	Ra-cines.	Quarrés.	Cubes.
1301	1 69 26 01	2 202 073 901	1351	1 82 52 01	2 465 846 551
1302	1 69 52 04	2 207 155 608	1352	1 82 79 04	2 471 326 208
1303	1 69 78 09	2 212 245 127	1353	1 83 06 09	2 476 813 977
1304	1 70 04 16	2 217 342 464	1354	1 83 33 16	2 482 309 864
1305	1 70 30 25	2 222 447 625	1355	1 83 60 25	2 487 813 875
1306	1 70 56 36	2 227 560 616	1356	1 83 87 36	2 493 326 016
1307	1 70 82 49	2 232 681 443	1357	1 84 14 49	2 498 846 293
1308	1 71 08 64	2 237 810 112	1358	1 84 41 64	2 504 374 712
1309	1 71 34 81	2 242 946 629	1359	1 84 68 81	2 509 911 279
1310	1 71 61 00	2 248 091 000	1360	1 84 96 00	2 515 456 000
1311	1 71 87 21	2 253 243 231	1361	1 85 23 21	2 521 008 881
1312	1 72 13 44	2 258 403 328	1362	1 85 50 44	2 526 569 928
1313	1 72 39 69	2 263 571 297	1363	1 85 77 69	2 532 139 147
1314	1 72 65 96	2 268 747 144	1364	1 86 04 96	2 537 716 544
1315	1 72 92 25	2 273 930 875	1365	1 86 32 25	2 543 302 125
1316	1 73 18 56	2 279 122 496	1366	1 86 59 56	2 548 895 896
1317	1 73 44 89	2 284 322 013	1367	1 86 85 89	2 554 497 863
1318	1 73 71 24	2 289 529 432	1368	1 87 14 24	2 560 108 032
1319	1 73 97 61	2 294 744 759	1369	1 87 41 61	2 565 726 409
1320	1 74 24 00	2 299 968 000	1370	1 87 69 00	2 571 353 000
1321	1 74 50 41	2 305 199 161	1371	1 87 96 41	2 576 987 811
1322	1 74 76 84	2 310 438 248	1372	1 88 23 84	2 582 630 848
1323	1 75 03 29	2 315 685 267	1373	1 88 51 29	2 588 282 117
1324	1 75 29 76	2 320 940 224	1374	1 88 78 76	2 593 941 624
1325	1 75 56 25	2 326 203 125	1375	1 89 06 25	2 599 609 375
1326	1 75 82 76	2 331 473 976	1376	1 89 33 76	2 605 285 376
1327	1 76 09 29	2 336 752 783	1377	1 89 61 29	2 610 969 633
1328	1 76 35 84	2 342 039 552	1378	1 89 88 84	2 616 662 152
1329	1 76 62 41	2 347 334 289	1379	1 90 16 41	2 622 362 939
1330	1 76 89 00	2 352 637 000	1380	1 90 44 00	2 628 072 000
1331	1 77 15 61	2 357 947 691	1381	1 90 71 61	2 633 789 341
1332	1 77 42 24	2 363 266 368	1382	1 90 99 24	2 639 514 968
1333	1 77 68 89	2 368 593 037	1383	1 91 26 89	2 645 248 887
1334	1 77 95 56	2 373 927 704	1384	1 91 54 56	2 650 991 104
1335	1 78 22 25	2 379 270 375	1385	1 91 82 25	2 656 741 625
1336	1 78 48 96	2 384 621 056	1386	1 92 09 96	2 662 500 455
1337	1 78 75 69	2 389 979 753	1387	1 92 37 69	2 668 267 603
1338	1 79 02 44	2 395 346 472	1388	1 92 65 44	2 674 043 072
1339	1 79 29 21	2 400 721 219	1389	1 92 93 21	2 679 826 869
1340	1 79 56 00	2 406 104 000	1390	1 93 21 00	2 685 619 000
1341	1 79 82 81	2 411 494 821	1391	1 93 48 81	2 691 419 471
1342	1 80 09 64	2 416 893 688	1392	1 93 76 64	2 697 228 288
1343	1 80 36 49	2 422 300 607	1393	1 94 04 49	2 703 045 457
1344	1 80 63 36	2 427 715 584	1394	1 94 32 36	2 708 870 984
1345	1 80 90 25	2 433 138 625	1395	1 94 60 25	2 714 704 875
1346	1 81 17 16	2 438 569 736	1396	1 94 88 16	2 720 547 136
1347	1 81 44 09	2 444 008 923	1397	1 95 16 09	2 726 397 773
1348	1 81 71 04	2 449 456 192	1398	1 95 44 04	2 732 256 792
1349	1 81 98 01	2 454 911 549	1399	1 95 72 01	2 738 124 199
1350	1 82 25 00	2 460 375 000	1400	1 96 00 00	2 744 000 000

Racines.	Quarrés.	Cubes.	Racines.	Quarrés.	Cubes.
1401	1 96 28 01	2 749 884 201	1451	2 10 54 01	3 054 936 851
1402	1 96 56 04	2 755 776 808	1452	2 10 83 04	3 061 257 408
1403	1 96 84 09	2 761 677 827	1453	2 11 12 09	3 067 586 677
1404	1 97 12 16	2 767 537 264	1454	2 11 41 16	3 073 924 664
1405	1 97 40 25	2 773 505 125	1455	2 11 70 25	3 080 271 375
1406	1 97 68 36	2 779 431 416	1456	2 11 99 36	3 086 626 816
1407	1 97 96 49	2 785 366 143	1457	2 12 28 49	3 092 990 993
1408	1 98 24 64	2 791 309 312	1458	2 12 57 64	3 099 363 912
1409	1 98 52 81	2 797 260 929	1459	2 12 86 81	3 105 745 579
1410	1 98 81 00	2 803 221 000	1460	2 13 16 00	3 112 136 000
1411	1 99 09 21	2 809 189 531	1461	2 13 45 21	3 118 535 181
1412	1 99 37 44	2 815 166 528	1462	2 13 74 44	3 124 943 128
1413	1 99 65 69	2 821 151 997	1463	2 14 03 69	3 131 359 847
1414	1 99 93 96	2 827 145 944	1464	2 14 32 96	3 137 785 344
1415	2 00 22 25	2 833 148 375	1465	2 14 62 25	3 144 219 625
1416	2 00 50 56	2 839 159 296	1466	2 14 91 56	3 150 662 696
1417	2 00 78 89	2 845 178 713	1467	2 15 20 89	3 157 114 563
1418	2 01 07 24	2 851 206 632	1468	2 15 50 24	3 163 575 232
1419	2 01 35 61	2 857 243 059	1469	2 15 79 61	3 170 044 709
1420	2 01 64 00	2 863 288 000	1470	2 16 09 00	3 176 523 000
1421	2 01 92 41	2 869 341 461	1471	2 16 38 41	3 183 010 111
1422	2 02 20 84	2 875 403 448	1472	2 16 67 84	3 189 506 048
1423	2 02 49 29	2 881 473 967	1473	2 16 97 29	3 196 010 817
1424	2 02 77 76	2 887 553 024	1474	2 17 26 76	3 202 524 424
1425	2 03 06 25	2 893 640 625	1475	2 17 56 25	3 209 046 875
1426	2 03 34 76	2 899 736 776	1476	2 17 85 76	3 215 578 176
1427	2 03 63 29	2 905 841 483	1477	2 18 15 29	3 222 118 333
1428	2 03 91 84	2 911 954 752	1478	2 18 44 84	3 228 667 352
1429	2 04 20 41	2 918 076 589	1479	2 18 74 41	3 235 225 239
1430	2 04 49 00	2 924 207 000	1480	2 19 04 00	3 241 792 000
1431	2 04 77 61	2 930 345 991	1481	2 19 33 61	3 248 367 641
1432	2 05 06 24	2 936 493 568	1482	2 19 63 24	3 254 952 168
1433	2 05 34 89	2 942 649 737	1483	2 19 92 89	3 261 545 287
1434	2 05 63 56	2 948 814 504	1484	2 20 22 56	3 268 147 904
1435	2 05 92 25	2 954 987 875	1485	2 20 52 25	3 274 759 125
1436	2 06 20 96	2 961 169 856	1486	2 20 81 96	3 281 379 256
1437	2 06 49 69	2 967 360 453	1487	2 21 11 69	3 288 008 303
1438	2 06 78 44	2 973 559 672	1488	2 21 41 44	3 294 646 352
1439	2 07 07 21	2 979 767 519	1489	2 21 71 21	3 301 293 169
1440	2 07 36 00	2 985 984 000	1490	2 22 01 00	3 307 949 000
1441	2 07 64 81	2 992 209 121	1491	2 22 30 81	3 314 613 771
1442	2 07 93 64	2 998 442 888	1492	2 22 60 64	3 321 287 488
1443	2 08 22 49	3 004 685 307	1493	2 22 90 49	3 327 970 157
1444	2 08 51 36	3 010 936 384	1494	2 23 20 36	3 334 661 784
1445	2 08 80 25	3 017 196 125	1495	2 23 50 25	3 341 362 375
1446	2 09 09 16	3 023 464 536	1496	2 23 80 16	3 348 071 936
1447	2 09 38 09	3 029 741 623	1497	2 24 10 09	3 354 790 473
1448	2 09 67 04	3 036 027 392	1498	2 24 40 04	3 361 517 992
1449	2 09 96 01	3 042 321 849	1499	2 24 70 01	3 368 254 499
1450	2 10 25 00	3 048 625 000	1500	2 25 00 00	3 375 000 000

1450

Ra-cines.	Quarrés.	Cubes.	Ra-cines.	Quarrés.	Cubes.
1501	2 25 30 01	3 381 754 501	1551	2 40 56 01	3 731 087 151
1502	2 25 60 04	3 388 518 008	1552	2 40 87 04	3 738 308 608
1503	2 25 90 09	3 395 290 527	1553	2 41 18 09	3 745 539 377
1504	2 26 20 16	3 422 072 064	1554	2 41 49 16	3 752 779 464
1505	2 26 50 25	3 408 862 625	1555	2 41 80 25	3 760 028 875
1506	2 26 80 36	3 415 662 216	1556	2 42 11 36	3 767 287 616
1507	2 27 10 49	3 422 470 843	1557	2 42 42 49	3 774 555 693
1508	2 27 40 64	3 429 288 512	1558	2 42 73 64	3 781 833 112
1509	2 27 70 81	3 436 115 229	1559	2 43 04 81	3 789 119 879
1510	2 28 01 00	3 442 951 000	1560	2 43 36 00	3 796 416 000
1511	2 28 31 21	3 449 795 831	1561	2 43 67 21	3 803 721 481
1512	2 28 61 44	3 456 649 728	1562	2 43 98 44	3 811 036 328
1513	2 28 91 69	3 463 512 647	1563	2 44 29 69	3 818 360 547
1514	2 29 21 96	3 470 384 744	1564	2 44 60 96	3 825 694 144
1515	2 29 52 25	3 477 265 875	1565	2 44 92 25	3 833 037 125
1516	2 29 82 56	3 484 156 096	1566	2 45 23 56	3 840 389 496
1517	2 30 12 89	3 491 055 413	1567	2 45 54 89	3 847 751 263
1518	2 30 43 24	3 497 963 832	1568	2 45 86 24	3 855 122 432
1519	2 30 73 61	3 504 881 359	1569	2 46 17 61	3 862 503 009
1520	2 31 04 00	3 511 808 000	1570	2 46 49 00	3 869 893 000
1521	2 31 34 41	3 518 743 761	1571	2 46 80 41	3 877 292 411
1522	2 31 64 84	3 525 688 648	1572	2 47 11 84	3 884 701 248
1523	2 31 95 29	3 532 642 667	1573	2 47 43 29	3 892 119 517
1524	2 32 25 76	3 539 605 824	1574	2 47 74 76	3 899 547 224
1525	2 32 56 25	3 546 578 125	1575	2 48 06 25	3 906 984 375
1526	2 32 86 76	3 553 559 576	1576	2 48 37 76	3 914 430 976
1527	2 33 17 29	3 560 550 183	1577	2 48 69 29	3 921 887 033
1528	2 33 47 84	3 567 549 952	1578	2 49 00 84	3 929 352 552
1529	2 33 78 41	3 574 558 889	1579	2 49 32 41	3 936 827 539
1530	2 34 09 00	3 581 577 000	1580	2 49 64 00	3 944 312 000
1531	2 34 39 61	3 588 604 291	1581	2 49 95 61	3 951 805 941
1532	2 34 70 24	3 595 640 768	1582	2 50 27 24	3 959 309 368
1533	2 35 00 89	3 602 686 437	1583	2 50 58 89	3 966 822 287
1534	2 35 31 56	3 609 741 304	1584	2 50 90 56	3 974 344 704
1535	2 35 62 25	3 616 805 375	1585	2 51 22 25	3 981 876 625
1536	2 35 92 96	3 623 878 656	1586	2 51 53 96	3 989 418 056
1537	2 36 23 69	3 630 961 153	1587	2 51 85 69	3 996 969 003
1538	2 36 54 44	3 638 052 872	1588	2 52 17 44	4 004 529 472
1539	2 36 85 21	3 645 153 819	1589	2 52 49 21	4 012 099 469
1540	2 37 16 00	3 652 264 000	1590	2 52 81 00	4 019 679 000
1541	2 37 46 81	3 659 383 421	1591	2 53 12 81	4 027 268 071
1542	2 37 77 64	3 666 512 088	1592	2 53 44 64	4 034 866 688
1543	2 38 08 49	3 673 650 007	1593	2 53 76 49	4 042 474 857
1544	2 38 39 36	3 680 797 184	1594	2 54 08 36	4 050 092 584
1545	2 38 70 25	3 687 953 625	1595	2 54 40 25	4 057 719 875
1546	2 39 01 16	3 695 119 336	1596	2 54 72 16	4 065 356 736
1547	2 39 32 09	3 702 294 323	1597	2 55 04 09	4 073 003 173
1548	2 39 63 04	3 709 478 592	1598	2 55 36 04	4 080 659 192
1549	2 39 94 01	3 716 672 149	1599	2 55 68 01	4 088 324 799
1550	2 40 25 00	3 723 875 000	1600	2 56 00 00	4 096 000 000

Racines.	Quarrés.	Cubes.	Racines.	Quarrés.	Cubes.
1601	2 56 32 01	4 105 684 801	1651	2 72 58 01	4 500 297 451
1602	2 56 64 04	4 111 379 208	1652	2 72 91 04	4 508 479 808
1603	2 56 96 09	4 119 083 227	1653	2 73 24 09	4 516 672 077
1604	2 57 28 16	4 126 796 864	1654	2 73 57 16	4 524 874 264
1605	2 57 60 25	4 134 520 125	1655	2 73 90 25	4 533 086 375
1606	2 57 92 36	4 142 253 016	1656	2 74 23 36	4 541 308 416
1607	2 58 24 49	4 149 995 543	1657	2 74 56 49	4 549 540 393
1608	2 58 56 64	4 157 747 712	1658	2 74 89 64	4 557 782 312
1609	2 58 88 81	4 165 509 529	1659	2 75 22 81	4 566 034 179
1610	2 59 21 00	4 173 281 000	1660	2 75 56 00	4 574 296 000
1611	2 59 53 21	4 181 062 131	1661	2 75 89 21	4 582 567 781
1612	2 59 85 44	4 188 852 928	1662	2 76 22 44	4 590 849 528
1613	2 60 17 69	4 196 653 397	1663	2 76 55 69	4 599 141 247
1614	2 60 49 96	4 204 463 544	1664	2 76 88 96	4 607 442 944
1615	2 60 82 25	4 212 283 375	1665	2 77 22 25	4 615 754 625
1616	2 61 14 56	4 220 112 896	1666	2 77 55 56	4 624 076 296
1617	2 61 46 89	4 227 952 113	1667	2 77 88 89	4 632 407 963
1618	2 61 79 24	4 235 801 032	1668	2 78 22 24	4 640 749 632
1619	2 62 11 61	4 243 659 659	1669	2 78 55 61	4 649 101 309
1620	2 62 44 00	4 251 528 000	1670	2 78 89 00	4 657 463 000
1621	2 62 76 41	4 259 406 061	1671	2 79 22 41	4 665 834 711
1622	2 63 08 84	4 267 293 848	1672	2 79 55 84	4 674 216 448
1623	2 63 41 29	4 275 191 367	1673	2 79 89 29	4 682 608 217
1624	2 63 73 76	4 283 098 624	1674	2 80 22 76	4 691 010 024
1625	2 64 06 25	4 291 015 625	1675	2 80 56 25	4 699 421 875
1626	2 64 38 76	4 298 942 376	1676	2 80 89 76	4 707 843 776
1627	2 64 71 29	4 306 878 883	1677	2 81 23 29	4 716 275 733
1628	2 65 03 84	4 314 825 152	1678	2 81 56 84	4 724 717 752
1629	2 65 36 41	4 322 781 189	1679	2 81 90 41	4 733 169 839
1630	2 65 69 00	4 330 747 000	1680	2 82 24 00	4 741 632 000
1631	2 66 01 61	4 338 722 591	1681	2 82 57 61	4 750 104 241
1632	2 66 34 24	4 346 707 968	1682	2 82 91 24	4 758 586 568
1633	2 66 66 89	4 354 703 137	1683	2 83 24 89	4 767 078 987
1634	2 66 99 56	4 362 708 104	1684	2 83 58 56	4 775 581 504
1635	2 67 32 25	4 370 722 875	1685	2 83 92 25	4 784 094 125
1636	2 67 64 96	4 378 747 456	1686	2 84 25 96	4 792 616 856
1637	2 67 97 69	4 386 781 853	1687	2 84 59 69	4 801 149 703
1638	2 68 30 44	4 394 826 072	1688	2 84 93 44	4 809 692 672
1639	2 68 63 21	4 402 880 119	1689	2 85 27 21	4 818 245 769
1640	2 68 96 00	4 410 944 000	1690	2 85 61 00	4 826 809 000
1641	2 69 28 81	4 419 017 721	1691	2 85 94 81	4 835 382 371
1642	2 69 61 64	4 427 101 288	1692	2 86 28 64	4 843 965 888
1643	2 69 94 49	4 435 194 707	1693	2 86 62 49	4 852 559 557
1644	2 70 27 36	4 443 297 984	1694	2 86 96 36	4 861 163 384
1645	2 70 60 25	4 451 411 125	1695	2 87 30 25	4 869 777 375
1646	2 70 93 16	4 459 534 136	1696	2 87 64 16	4 878 401 536
1647	2 71 26 09	4 467 667 023	1697	2 87 98 09	4 887 035 873
1648	2 71 59 04	4 475 809 792	1698	2 88 32 04	4 895 680 392
1649	2 71 92 01	4 483 962 449	1699	2 88 66 01	4 904 335 099
1650	2 72 25 00	4 492 125 000	1700	2 89 00 00	4 913 000 000

1650 1700

Racines.	Quarrés.	Cubes.	Racines.	Quarrés.	Cubes.
1701	2 89 34 01	4 921 675 101	1751	3 06 60 01	5 368 567 751
1702	2 89 68 04	4 930 360 408	1752	3 06 95 04	5 377 771 008
1703	2 90 02 09	4 939 055 927	1753	3 07 30 09	5 386 984 777
1704	2 90 36 16	4 947 761 664	1754	3 07 65 16	5 396 209 064
1705	2 90 70 25	4 956 477 625	1755	3 08 00 25	5 405 443 875
1706	2 91 04 36	4 965 203 816	1756	3 08 35 36	5 414 689 216
1707	2 91 38 49	4 973 940 243	1757	3 08 70 49	5 423 945 093
1708	2 91 72 64	4 982 686 912	1758	3 09 05 64	5 433 211 512
1709	2 92 06 81	4 991 443 829	1759	3 09 40 81	5 442 488 479
1710	2 92 41 00	5 000 211 000	1760	3 09 76 00	5 451 776 000
1711	2 92 75 21	5 008 988 431	1761	3 10 11 21	5 461 074 081
1712	2 93 09 44	5 017 776 128	1762	3 10 46 44	5 470 382 728
1713	2 93 43 69	5 026 574 097	1763	3 10 81 69	5 479 701 947
1714	2 93 77 96	5 035 382 344	1764	3 11 16 96	5 489 031 744
1715	2 94 12 25	5 044 200 875	1765	3 11 52 25	5 498 372 125
1716	2 94 46 56	5 053 029 696	1766	3 11 87 56	5 507 723 096
1717	2 94 80 89	5 061 868 813	1767	3 12 22 89	5 517 084 663
1718	2 95 15 24	5 070 718 232	1768	3 12 58 24	5 526 456 832
1719	2 95 49 61	5 079 577 959	1769	3 12 93 61	5 535 839 609
1720	2 95 84 00	5 088 448 000	1770	3 13 29 00	5 545 233 000
1721	2 96 18 41	5 097 328 361	1771	3 13 64 41	5 554 637 011
1722	2 96 52 84	5 106 219 048	1772	3 13 99 84	5 564 051 648
1723	2 96 87 29	5 115 120 067	1773	3 14 35 29	5 573 476 917
1724	2 97 21 76	5 124 031 424	1774	3 14 70 76	5 582 912 824
1725	2 97 56 25	5 132 953 125	1775	3 15 06 25	5 592 359 375
1726	2 97 90 76	5 141 885 176	1776	3 15 41 76	5 601 816 576
1727	2 98 25 29	5 150 827 583	1777	3 15 77 29	5 611 284 433
1728	2 98 59 84	5 159 780 352	1778	3 16 12 84	5 620 762 952
1729	2 98 94 41	5 168 743 489	1779	3 16 48 41	5 630 252 139
1730	2 99 29 00	5 177 717 000	1780	3 16 84 00	5 639 752 000
1731	2 99 63 61	5 186 700 891	1781	3 17 19 61	5 649 262 541
1732	2 99 98 24	5 195 695 168	1782	3 17 55 24	5 658 783 768
1733	3 00 32 89	5 204 699 857	1783	3 17 90 89	5 668 315 687
1734	3 00 67 56	5 213 714 904	1784	3 18 26 56	5 677 858 304
1735	3 01 02 25	5 222 740 375	1785	3 18 62 25	5 687 411 625
1736	3 01 36 96	5 231 776 256	1786	3 18 97 96	5 696 975 656
1737	3 01 71 69	5 240 822 553	1787	3 19 33 69	5 706 550 403
1738	3 02 06 44	5 249 879 272	1788	3 19 69 44	5 716 135 872
1739	3 02 41 21	5 258 946 419	1789	3 20 05 21	5 725 732 069
1740	3 02 76 00	5 268 024 000	1790	3 20 41 00	5 735 339 000
1741	3 03 10 81	5 277 112 021	1791	3 20 76 81	5 744 956 671
1742	3 03 45 64	5 286 210 488	1792	3 21 12 64	5 754 585 088
1743	3 03 80 49	5 295 319 407	1793	3 21 48 49	5 764 224 257
1744	3 04 15 36	5 304 438 784	1794	3 21 84 36	5 773 874 184
1745	3 04 50 25	5 313 568 625	1795	3 22 20 25	5 785 534 875
1746	3 04 85 16	5 322 708 936	1796	3 22 56 16	5 793 206 336
1747	3 05 20 09	5 331 859 723	1797	3 22 92 09	5 802 888 573
1748	3 05 55 04	5 341 020 992	1798	3 23 28 04	5 812 581 592
1749	3 05 90 01	5 350 192 749	1799	3 23 64 01	5 822 285 399
1750	3 06 25 00	5 359 375 000	1800	3 24 00 00	5 832 000 000

Racines.	Quarrés.	Cubes.	Racines.	Quarrés.	Cubes.
1801	3 24 36 01	5 841 725 201	1851	3 42 62 01	6 341 898 051
1802	3 24 72 04	5 851 491 508	1852	3 42 99 04	6 352 182 208
1803	3 25 08 09	5 861 228 627	1853	3 43 36 09	6 362 477 477
1804	3 25 44 16	5 870 956 464	1854	3 43 73 16	6 372 783 864
1805	3 25 80 25	5 880 735 125	1855	3 44 10 25	6 383 101 375
1806	3 26 16 36	5 890 514 616	1856	3 44 47 36	6 393 430 016
1807	3 26 52 49	5 900 304 913	1857	3 44 84 49	6 403 769 793
1808	3 26 88 64	5 910 106 112	1858	3 45 21 64	6 414 120 712
1809	3 27 24 81	5 919 918 129	1859	3 45 58 81	6 424 482 779
1810	3 27 61 00	5 929 741 000	1860	3 45 96 00	6 434 856 000
1811	3 27 97 21	5 939 574 731	1861	3 46 33 21	6 445 240 381
1812	3 28 35 44	5 949 419 328	1862	3 46 70 44	6 455 635 928
1813	3 28 69 69	5 959 274 797	1863	3 47 07 69	6 466 042 647
1814	3 29 05 96	5 969 141 144	1864	3 47 44 96	6 476 460 544
1815	3 29 42 25	5 979 018 375	1865	3 47 82 25	6 486 889 625
1816	3 29 78 56	5 988 906 496	1866	3 48 19 56	6 497 329 896
1817	3 30 14 89	5 998 805 513	1867	3 48 56 89	6 507 781 363
1818	3 30 51 24	6 008 715 432	1868	3 48 94 24	6 518 244 032
1819	3 30 87 61	6 018 636 259	1869	3 49 31 61	6 528 717 909
1820	3 31 24 00	6 028 568 000	1870	3 49 69 00	6 539 203 000
1821	3 31 60 41	6 038 510 661	1871	3 50 06 41	6 549 699 311
1822	3 31 96 84	6 048 464 248	1872	3 50 43 84	6 560 206 848
1823	3 32 33 29	6 058 428 767	1873	3 50 81 29	6 570 725 617
1824	3 32 69 76	6 068 404 224	1874	3 51 18 76	6 581 255 624
1825	3 33 06 25	6 078 390 625	1875	3 51 56 25	6 591 796 875
1826	3 33 42 76	6 088 387 976	1876	3 51 93 76	6 602 349 376
1827	3 33 79 29	6 098 396 283	1877	3 52 31 29	6 612 913 133
1828	3 34 15 84	6 108 415 552	1878	3 52 68 84	6 623 488 152
1829	3 34 52 41	6 118 445 789	1879	3 53 06 41	6 634 074 439
1830	3 34 89 00	6 128 487 000	1880	3 53 44 00	6 644 672 000
1831	3 35 25 61	6 138 539 191	1881	3 53 81 61	6 655 280 841
1832	3 35 62 24	6 148 602 368	1882	3 54 19 24	6 665 900 968
1833	3 35 98 89	6 158 676 537	1883	3 54 56 89	6 676 532 387
1834	3 36 35 56	6 168 761 704	1884	3 54 94 56	6 687 175 104
1835	3 36 72 25	6 178 857 875	1885	3 55 32 25	6 697 829 125
1836	3 37 08 96	6 188 965 056	1886	3 55 69 96	6 708 494 456
1837	3 37 45 69	6 199 083 253	1887	3 56 07 69	6 719 171 103
1838	3 37 82 44	6 209 212 472	1888	3 56 45 44	6 729 859 072
1839	3 38 19 21	6 219 352 719	1889	3 56 83 21	6 740 558 369
1840	3 38 56 00	6 229 504 000	1890	3 57 21 00	6 751 269 000
1841	3 38 92 81	6 239 656 321	1891	3 57 58 81	6 761 990 971
1842	3 39 29 64	6 249 839 688	1892	3 57 96 64	6 772 724 288
1843	3 39 66 49	6 260 024 107	1893	3 58 34 49	6 783 468 957
1844	3 40 03 36	6 270 219 584	1894	3 58 72 36	6 794 224 984
1845	3 40 40 25	6 280 426 125	1895	3 59 10 25	6 804 992 375
1846	3 40 77 16	6 290 643 736	1896	3 59 48 16	6 815 771 136
1847	3 41 14 09	6 300 872 423	1897	3 59 86 09	6 826 561 273
1848	3 41 51 04	6 311 112 192	1898	3 60 24 04	6 837 362 792
1849	3 41 88 01	6 321 363 049	1899	3 60 62 01	6 848 175 699
1850	3 42 25 00	6 331 625 000	1900	3 61 00 00	6 859 000 000

1850

1900/

Racines.	Quarrés.	Cubes.	Racines.	Quarrés.	Cubes.
1901	3 61 38 01	6 869 835 701	1951	3 80 64 01	7 426 288 351
1902	3 61 76 04	6 880 682 808	1952	3 81 03 04	7 437 713 408
1903	3 62 14 09	6 891 541 327	1953	3 81 42 09	7 449 150 177
1904	3 62 52 16	6 902 411 264	1954	3 81 81 16	7 460 598 664
1905	3 62 90 25	6 913 292 625	1955	3 82 20 25	7 472 058 875
1906	3 63 28 36	6 924 185 416	1956	3 82 59 36	7 483 530 816
1907	3 63 66 49	6 935 089 643	1957	3 82 98 49	7 495 014 493
1908	3 64 04 64	6 946 005 312	1958	3 83 37 64	7 506 509 912
1909	3 64 42 81	6 956 932 429	1959	3 83 76 81	7 518 017 079
1910	3 64 81 00	6 967 871 000	1960	3 84 16 00	7 529 536 000
1911	3 65 19 21	6 978 821 031	1961	3 84 55 21	7 541 066 681
1912	3 65 57 44	6 989 782 528	1962	3 84 94 44	7 552 609 128
1913	3 65 95 69	7 000 755 497	1963	3 85 33 69	7 564 163 347
1914	3 66 33 96	7 011 739 914	1964	3 85 72 96	7 575 729 344
1915	3 66 72 25	7 022 735 875	1965	3 86 12 25	7 587 307 125
1916	3 67 10 56	7 033 743 296	1966	3 86 51 56	7 598 896 696
1917	3 67 48 89	7 044 762 213	1967	3 86 90 89	7 610 498 063
1918	3 67 87 24	7 055 792 632	1968	3 87 30 24	7 622 111 232
1919	3 68 25 61	7 066 834 559	1969	3 87 69 61	7 633 736 209
1920	3 68 64 00	7 077 888 000	1970	3 88 09 00	7 645 373 000
1921	3 69 02 41	7 088 952 961	1971	3 88 48 41	7 657 021 611
1922	3 69 40 84	7 100 029 448	1972	3 88 87 84	7 668 682 048
1923	3 69 79 29	7 111 117 467	1973	3 89 27 29	7 680 354 317
1924	3 70 17 76	7 122 217 024	1974	3 89 66 76	7 692 038 424
1925	3 70 56 25	7 133 328 125	1975	3 90 06 25	7 703 734 375
1926	3 70 94 76	7 144 450 776	1976	3 90 45 76	7 715 442 176
1927	3 71 33 29	7 155 584 983	1977	3 90 85 29	7 727 161 833
1928	3 71 71 84	7 166 730 752	1978	3 91 24 84	7 738 893 352
1929	3 72 10 41	7 177 888 089	1979	3 91 64 41	7 750 656 739
1930	3 72 49 00	7 189 057 000	1980	3 92 04 00	7 762 392 000
1931	3 72 87 61	7 200 237 491	1981	3 92 43 61	7 774 159 141
1932	3 73 26 24	7 211 429 568	1982	3 92 85 24	7 785 938 168
1933	3 73 64 89	7 222 653 237	1983	3 93 22 89	7 797 729 087
1934	3 74 03 56	7 233 848 504	1984	3 93 62 56	7 809 531 904
1935	3 74 42 25	7 245 075 375	1985	3 94 02 25	7 821 346 625
1936	3 74 80 96	7 256 313 856	1986	3 94 41 96	7 833 173 256
1937	3 75 19 69	7 267 563 953	1987	3 94 81 69	7 845 011 803
1938	3 75 58 44	7 278 825 672	1988	3 95 21 44	7 856 862 272
1939	3 75 97 21	7 290 099 019	1989	3 95 61 21	7 868 724 669
1940	3 76 36 00	7 301 384 000	1990	3 96 01 00	7 880 599 000
1941	3 76 74 81	7 312 680 621	1991	3 96 40 81	7 892 485 271
1942	3 77 13 64	7 323 988 888	1992	3 96 80 64	7 904 383 488
1943	3 77 52 49	7 335 308 807	1993	3 97 20 49	7 916 293 657
1944	3 77 91 36	7 346 640 384	1994	3 97 60 36	7 928 215 784
1945	3 78 30 25	7 357 983 625	1995	3 98 00 25	7 940 149 875
1946	3 78 69 16	7 369 338 536	1996	3 98 40 16	7 952 095 936
1947	3 79 08 09	7 380 705 123	1997	3 98 80 09	7 964 063 973
1948	3 79 47 04	7 392 083 392	1998	3 99 20 04	7 976 023 992
1949	3 79 86 01	7 403 473 349	1999	3 99 60 01	7 988 005 999
1950	3 80 25 00	7 414 875 000	2000	4 00 00 00	8 000 000 000

1950

2000

Racines.	Quarrés.	Cubes.	Racines.	Quarrés.	Cubes.
2001	4 00 40 01	8 012 006 001	2051	4 20 66 01	8 627 738 651
2002	4 00 80 04	8 024 024 008	2052	4 21 07 04	8 640 364 608
2003	4 01 20 09	8 036 054 027	2053	4 21 48 09	8 653 002 877
2004	4 01 60 16	8 048 096 064	2054	4 21 89 16	8 665 653 464
2005	4 02 00 25	8 060 150 125	2055	4 22 30 25	8 678 316 375
2006	4 02 40 36	8 072 216 216	2056	4 22 71 36	8 690 991 616
2007	4 02 80 49	8 084 294 343	2057	4 23 12 49	8 703 679 193
2008	4 03 20 64	8 096 384 512	2058	4 23 53 64	8 716 379 112
2009	4 03 60 81	8 108 486 729	2059	4 23 94 81	8 729 091 379
2010	4 04 01 00	8 120 601 000	2060	4 24 36 00	8 741 816 000
2011	4 04 41 21	8 132 727 331	2061	4 24 77 21	8 754 552 981
2012	4 04 81 44	8 144 865 728	2062	4 25 18 44	8 767 302 328
2013	4 05 21 69	8 157 016 197	2063	4 25 59 69	8 780 064 047
2014	4 05 61 96	8 169 178 744	2064	4 26 00 96	8 792 838 144
2015	4 06 02 25	8 181 353 375	2065	4 26 42 25	8 805 624 625
2016	4 06 42 56	8 193 540 096	2066	4 26 83 56	8 818 423 496
2017	4 06 82 89	8 205 738 913	2067	4 27 24 89	8 831 234 763
2018	4 07 23 24	8 217 949 832	2068	4 27 66 24	8 844 058 432
2019	4 07 63 61	8 230 172 859	2069	4 28 07 61	8 856 894 509
2020	4 08 04 00	8 242 408 000	2070	4 28 49 00	8 869 743 000
2021	4 08 44 41	8 254 655 261	2071	4 28 90 41	8 882 603 911
2022	4 08 84 84	8 266 914 648	2072	4 29 31 84	8 895 477 248
2023	4 09 25 29	8 279 186 167	2073	4 29 73 29	8 908 363 017
2024	4 09 65 76	8 291 469 824	2074	4 30 14 76	8 921 261 224
2025	4 10 05 25	8 303 765 625	2075	4 30 56 25	8 934 171 875
2026	4 10 46 76	8 316 073 576	2076	4 30 97 76	8 947 094 976
2027	4 10 87 29	8 328 393 683	2077	4 31 39 29	8 960 030 533
2028	4 11 27 84	8 340 725 952	2078	4 31 80 84	8 972 978 552
2029	4 11 68 41	8 353 070 389	2079	4 32 22 41	8 985 939 039
2030	4 12 09 00	8 365 427 000	2080	4 32 64 00	8 998 912 000
2031	4 12 49 61	8 377 795 791	2081	4 33 05 61	9 011 897 441
2032	4 12 90 24	8 390 176 768	2082	4 33 47 24	9 024 895 368
2033	4 13 30 89	8 402 569 937	2083	4 33 88 89	9 037 905 787
2034	4 13 71 56	8 414 975 304	2084	4 34 30 56	9 050 928 704
2035	4 14 12 25	8 427 392 875	2085	4 34 72 25	9 063 964 125
2036	4 14 52 96	8 439 822 656	2086	4 35 13 96	9 077 012 056
2037	4 14 93 69	8 452 264 653	2087	4 35 55 69	9 090 072 503
2038	4 15 34 44	8 464 718 872	2088	4 35 97 44	9 103 145 472
2039	4 15 75 21	8 477 185 319	2089	4 36 39 21	9 116 230 969
2040	4 16 16 00	8 489 664 000	2090	4 36 81 00	9 129 329 000
2041	4 16 56 81	8 502 154 921	2091	4 37 22 81	9 142 439 571
2042	4 16 97 64	8 514 658 088	2092	4 37 64 64	9 155 562 688
2043	4 17 38 49	8 527 173 507	2093	4 38 06 49	9 168 698 357
2044	4 17 79 36	8 539 701 184	2094	4 38 48 36	9 181 846 384
2045	4 18 20 25	8 552 241 125	2095	4 38 90 25	9 195 007 375
2046	4 18 61 16	8 564 793 336	2096	4 39 32 16	9 208 180 736
2047	4 19 02 09	8 577 357 823	2097	4 39 74 09	9 221 366 673
2048	4 19 43 04	8 589 934 592	2098	4 40 16 04	9 234 565 192
2049	4 19 84 01	8 602 523 649	2099	4 40 58 01	9 247 776 299
2050	4 20 25 00	8 615 125 000	2100	4 41 00 00	9 261 000 000

2050   2100

Racines.	Quarrés.	Cubes.	Racines.	Quarrés.	Cubes.
2101	4 41 42 01	9 274 236 301	2151	4 62 68 01	9 952 248 951
2102	4 41 84 04	9 287 485 208	2152	4 63 11 04	9 966 135 808
2103	4 42 26 09	9 300 746 727	2153	4 63 54 09	9 980 035 577
2104	4 42 68 16	9 314 020 864	2154	4 63 97 16	9 993 948 264
2105	4 43 10 25	9 327 307 625	2155	4 64 40 25	10 007 873 875
2106	4 43 52 36	9 340 607 016	2156	4 64 83 36	10 021 812 416
2107	4 43 94 49	9 353 919 043	2157	4 65 26 49	10 035 763 893
2108	4 44 36 64	9 367 243 712	2158	4 65 69 64	10 049 728 312
2109	4 44 78 81	9 380 581 029	2159	4 66 12 81	10 063 705 679
2110	4 45 21 00	9 393 931 000	2160	4 66 56 00	10 077 696 000
2111	4 45 63 21	9 407 293 631	2161	4 66 99 21	10 091 699 281
2112	4 46 05 44	9 420 668 928	2162	4 67 42 44	10 105 715 528
2113	4 46 47 69	9 434 056 897	2163	4 67 85 69	10 119 744 747
2114	4 46 89 96	9 447 457 544	2164	4 68 28 96	10 133 786 944
2115	4 47 32 25	9 460 870 875	2165	4 68 72 25	10 147 842 125
2116	4 47 74 56	9 474 296 896	2166	4 69 15 56	10 161 910 296
2117	4 48 16 89	9 487 735 613	2167	4 69 58 89	10 175 991 463
2118	4 48 59 24	9 501 187 032	2168	4 70 02 24	10 190 085 632
2119	4 49 01 61	9 514 651 159	2169	4 70 45 61	10 204 192 809
2120	4 49 44 00	9 528 128 000	2170	4 70 89 00	10 218 313 000
2121	4 49 86 41	9 541 617 561	2171	4 71 32 41	10 232 446 211
2122	4 50 28 84	9 555 119 848	2172	4 71 75 84	10 246 592 448
2123	4 50 71 29	9 568 634 867	2173	4 72 19 29	10 260 751 717
2124	4 51 13 76	9 582 162 624	2174	4 72 62 76	10 274 924 024
2125	4 51 56 25	9 595 703 125	2175	4 73 06 25	10 289 109 375
2126	4 51 98 76	9 609 256 376	2176	4 73 49 76	10 303 307 776
2127	4 52 41 29	9 622 822 383	2177	4 73 93 29	10 317 519 233
2128	4 52 83 84	9 636 401 152	2178	4 74 36 84	10 331 743 752
2129	4 53 26 41	9 649 992 689	2179	4 74 80 41	10 345 981 339
2130	4 53 69 00	9 663 597 000	2180	4 75 24 00	10 360 232 000
2131	4 54 11 61	9 677 214 091	2181	4 75 67 61	10 374 495 741
2132	4 54 54 24	9 690 843 968	2182	4 76 11 24	10 388 772 568
2133	4 54 96 89	9 704 486 637	2183	4 76 54 89	10 403 062 487
2134	4 55 39 56	9 718 142 104	2184	4 76 98 56	10 417 365 504
2135	4 55 82 25	9 731 810 375	2185	4 77 42 25	10 431 681 625
2136	4 56 24 96	9 745 491 456	2186	4 77 85 96	10 445 910 856
2137	4 56 67 69	9 759 185 353	2187	4 78 29 69	10 460 353 203
2138	4 57 10 44	9 772 892 072	2188	4 78 73 44	10 474 708 672
2139	4 57 53 21	9 786 611 619	2189	4 79 17 21	10 489 077 269
2140	4 57 96 00	9 800 344 000	2190	4 79 61 00	10 503 459 000
2141	4 58 38 81	9 814 089 221	2191	4 80 04 81	10 517 853 871
2142	4 58 81 64	9 827 847 288	2192	4 80 48 64	10 532 261 888
2143	4 59 24 49	9 841 618 207	2193	4 80 92 49	10 546 683 057
2144	4 59 67 36	9 855 401 984	2194	4 81 36 36	10 561 117 384
2145	4 60 10 25	9 869 198 625	2195	4 81 80 25	10 575 564 875
2146	4 60 53 16	9 883 008 136	2196	4 82 24 16	10 590 025 536
2147	4 60 96 09	9 896 830 523	2197	4 82 68 09	10 604 499 373
2148	4 61 39 04	9 910 665 792	2198	4 83 12 04	10 618 986 392
2149	4 61 82 01	9 924 513 949	2199	4 83 56 01	10 633 486 599
2150	4 62 25 00	9 938 375 000	2200	4 84 00 00	10 648 000 000

Racines.	Quarrés.	Cubes.
2201	4 84 44 01	10 662 526 601
2202	4 84 88 04	10 677 066 408
2203	4 85 32 09	10 691 619 427
2204	4 85 76 16	10 706 185 664
2205	4 86 20 25	10 720 765 125
2206	4 86 64 36	10 735 357 816
2207	4 87 08 49	10 749 063 743
2208	4 87 52 64	10 764 582 912
2209	4 87 96 81	10 779 215 329
2210	4 88 41 00	10 793 861 000
2211	4 88 85 21	10 808 519 931
2212	4 89 29 44	10 823 192 128
2213	4 89 73 69	10 837 877 597
2214	4 90 17 96	10 852 576 344
2215	4 90 62 25	10 867 288 375
2216	4 91 06 56	10 882 013 696
2217	4 91 50 89	10 896 752 313
2218	4 91 95 24	10 911 504 232
2219	4 92 39 61	10 926 269 459
2220	4 92 84 00	10 941 048 000
2221	4 93 28 41	10 955 839 861
2222	4 93 72 84	10 970 645 048
2223	4 94 17 29	10 985 463 567
2224	4 94 61 76	11 000 295 424
2225	4 95 06 25	11 015 140 625
2226	4 95 50 76	11 029 999 176
2227	4 95 95 29	11 044 871 083
2228	4 96 39 84	11 059 756 352
2229	4 96 84 41	11 074 654 989
2230	4 97 29 00	11 089 567 000
2231	4 97 73 61	11 104 492 391
2232	4 98 18 24	11 119 431 168
2233	4 98 62 89	11 134 383 337
2234	4 99 07 56	11 149 348 904
2235	4 99 52 25	11 164 327 875
2236	4 99 96 96	11 179 320 256
2237	5 00 41 69	11 194 326 053
2238	5 00 86 44	11 209 345 272
2239	5 01 31 21	11 224 377 919
2240	5 01 76 00	11 239 424 000
2241	5 02 20 81	11 254 483 521
2242	5 02 65 64	11 269 556 488
2243	5 03 10 49	11 284 642 907
2244	5 03 55 36	11 299 742 784
2245	5 04 00 25	11 314 856 125
2246	5 04 45 16	11 329 982 936
2247	5 04 90 09	11 345 123 223
2248	5 05 35 04	11 360 276 992
2249	5 05 80 01	11 375 444 249
2250	5 06 25 00	11 390 625 000

Racines.	Quarrés.	Cubes.
2251	5 06 70 01	11 405 819 251
2252	5 07 15 04	11 421 027 008
2253	5 07 60 09	11 436 248 277
2254	5 08 05 16	11 451 483 064
2255	5 08 50 25	11 466 731 375
2256	5 08 95 36	11 481 993 216
2257	5 09 40 49	11 497 268 593
2258	5 09 85 64	11 512 557 512
2259	5 10 30 81	11 527 859 979
2260	5 10 76 00	11 543 176 000
2261	5 11 21 .	11 558 505 581
2262	5 11 66 44	11 573 848 728
2263	5 12 11 69	11 589 205 447
2264	5 12 56 96	11 604 575 744
2265	5 13 02 25	11 619 959 625
2266	5 13 47 56	11 635 357 096
2267	5 13 92 89	11 650 768 163
2268	5 14 38 24	11 666 192 832
2269	5 14 83 61	11 681 631 109
2270	5 15 29 00	11 697 083 000
2271	5 15 74 41	11 712 548 511
2272	5 16 19 84	11 728 027 648
2273	5 16 65 29	11 743 520 417
2274	5 17 10 76	11 759 026 824
2275	5 17 56 25	11 774 546 875
2276	5 18 01 76	11 790 080 576
2277	5 18 47 29	11 805 627 933
2278	5 18 92 84	11 821 188 952
2279	5 19 38 41	11 836 763 639
2280	5 19 84 00	11 852 352 000
2281	5 20 29 61	11 867 954 641
2282	5 20 75 24	11 883 569 768
2283	5 21 20 89	11 899 199 187
2284	5 21 66 56	11 914 842 304
2285	5 22 12 25	11 930 499 125
2286	5 22 57 96	11 946 169 656
2287	5 23 03 69	11 961 853 903
2288	5 23 49 44	11 977 551 872
2289	5 23 95 21	11 993 263 569
2290	5 24 41 00	12 008 989 000
2291	5 24 86 81	12 024 728 171
2292	5 25 32 64	12 040 481 088
2293	5 25 78 49	12 056 247 757
2294	5 26 24 36	12 072 028 184
2295	5 26 70 25	12 087 822 375
2296	5 27 16 16	12 103 630 336
2297	5 27 62 09	12 119 452 073
2298	5 28 08 04	12 135 287 592
2299	5 28 54 01	12 151 136 899
2300	5 29 00 00	12 167 000 000

Racines.	Quarrés.	Cubes.
2301	5 29 46 01	12 182 876 901
2302	5 29 92 04	12 198 767 608
2303	5 30 38 09	12 214 672 127
2304	5 30 84 16	12 230 590 464
2305	5 31 30 25	12 246 522 625
2306	5 31 76 36	12 262 468 616
2307	5 32 22 49	12 278 428 443
2308	5 32 68 64	12 294 402 112
2309	5 33 14 81	12 310 389 629
2310	5 33 61 00	12 326 391 000
2311	5 34 07 21	12 342 406 231
2312	5 34 53 44	12 358 435 328
2313	5 34 99 69	12 374 478 297
2314	5 35 45 96	12 390 535 144
2315	5 35 92 25	12 406 605 875
2316	5 36 38 56	12 422 690 496
2317	5 36 84 89	12 438 789 013
2318	5 37 31 24	12 454 901 432
2319	5 37 77 61	12 471 027 759
2320	5 38 24 00	12 487 168 000
2321	5 38 70 41	12 503 322 161
2322	5 39 16 84	12 519 490 248
2323	5 39 63 29	12 535 672 267
2324	5 40 09 76	12 551 868 224
2325	5 40 56 25	12 568 078 125
2326	5 41 02 76	12 584 301 976
2327	5 41 49 29	12 600 539 783
2328	5 41 95 84	12 616 791 552
2329	5 42 42 41	12 633 057 289
2330	5 42 89 00	12 649 337 000
2331	5 43 35 61	12 665 630 691
2332	5 43 82 24	12 681 938 368
2333	5 44 28 89	12 698 260 037
2334	5 44 75 56	12 714 595 704
2335	5 45 22 25	12 730 945 375
2336	5 45 68 96	12 747 309 056
2337	5 46 15 69	12 763 686 753
2338	5 46 62 44	12 780 078 472
2339	5 47 09 21	12 796 484 219
2340	5 47 56 00	12 812 904 000
2341	5 48 02 81	12 829 337 821
2342	5 48 49 64	12 845 785 688
2343	5 48 96 49	12 862 247 607
2344	5 49 43 36	12 878 723 584
2345	5 49 90 25	12 895 213 625
2346	5 50 37 16	12 911 717 736
2347	5 50 84 09	12 928 235 923
2348	5 51 31 04	12 944 768 192
2349	5 51 78 01	12 961 314 549
2350	5 52 25 00	12 977 875 000

Racines.	Quarrés.	Cubes.
2351	5 52 72 01	12 994 449 551
2352	5 53 19 04	13 011 038 208
2353	5 53 66 09	13 027 640 977
2354	5 54 13 16	13 044 257 864
2355	5 54 60 25	13 060 888 875
2356	5 55 07 36	13 077 534 016
2357	5 55 54 49	13 094 193 293
2358	5 56 01 64	13 110 866 712
2359	5 56 48 81	13 127 554 279
2360	5 56 96 00	13 144 256 000
2361	5 57 43 21	13 160 971 881
2362	5 57 90 44	13 177 701 928
2363	5 58 37 69	13 194 446 147
2364	5 58 84 96	13 211 204 544
2365	5 59 32 25	13 227 977 125
2366	5 59 79 56	13 244 763 896
2367	5 60 26 89	13 261 564 863
2368	5 60 74 24	13 278 380 032
2369	5 61 21 61	13 295 209 409
2370	5 61 69 00	13 312 053 000
2371	5 62 16 41	13 328 910 811
2372	5 62 63 84	13 345 782 848
2373	5 63 11 29	13 362 669 117
2374	5 63 58 76	13 379 569 624
2375	5 64 06 25	13 396 484 375
2376	5 64 53 76	13 413 413 376
2377	5 65 01 29	13 430 356 633
2378	5 65 48 84	13 447 314 152
2379	5 65 96 41	13 464 285 939
2380	5 66 44 00	13 481 272 000
2381	5 66 92 61	13 498 272 341
2382	5 67 39 24	13 515 286 968
2383	5 67 86 89	13 532 315 887
2384	5 68 34 56	13 549 359 104
2385	5 68 82 25	13 566 416 625
2386	5 69 29 96	13 583 488 456
2387	5 69 77 69	13 600 574 603
2388	5 70 25 44	13 617 675 072
2389	5 70 73 21	13 634 789 869
2390	5 71 21 00	13 651 949 000
2391	5 71 68 81	13 669 062 471
2392	5 72 16 64	13 686 220 288
2393	5 72 64 49	13 703 392 457
2394	5 73 12 36	13 720 578 984
2395	5 73 60 25	13 737 779 875
2396	5 74 08 16	13 754 995 136
2397	5 74 56 09	13 772 224 773
2398	5 75 04 04	13 789 468 792
2399	5 75 52 01	13 806 727 199
2400	5 76 00 00	13 824 000 000

2350   2400

Racines.	Quarrés.	Cubes.	Racines.	Quarrés.	Cubes.
2401	5 76 48 01	13 841 287 201	2451	6 00 74 01	14 724 129 851
2402	5 76 96 04	13 858 588 808	2452	6 01 23 04	14 742 149 408
2403	5 77 44 09	13 875 904 827	2453	6 01 72 09	14 760 215 677
2404	5 77 92 16	13 893 235 264	2454	6 02 21 16	14 778 272 664
2405	5 78 40 25	13 910 580 125	2455	6 02 70 25	14 796 345 375
2406	5 78 88 36	13 927 939 416	2456	6 03 19 36	14 814 434 816
2407	5 79 36 49	13 945 313 143	2457	6 03 68 49	14 832 537 993
2408	5 79 84 64	13 962 701 312	2458	6 04 17 64	14 850 655 912
2409	5 80 32 81	13 980 103 929	2459	6 04 66 81	14 868 788 579
2410	5 80 81 00	13 997 521 000	2460	6 05 16 00	14 886 936 000
2411	5 81 29 21	14 014 952 531	2461	6 05 65 21	14 905 098 181
2412	5 81 77 44	14 032 398 528	2462	6 06 14 44	14 923 275 128
2413	5 82 25 69	14 049 858 997	2463	6 06 63 69	14 941 466 847
2414	5 82 73 96	14 067 333 944	2464	6 07 12 96	14 959 673 344
2415	5 83 22 25	14 084 823 375	2465	6 07 62 25	14 977 894 625
2416	5 83 70 56	14 102 327 296	2466	6 08 11 56	14 996 130 696
2417	5 84 18 89	14 119 845 713	2467	6 08 60 89	15 014 381 563
2418	5 84 67 24	14 137 378 632	2468	6 09 10 24	15 032 647 232
2419	5 85 15 61	14 154 926 059	2469	6 09 59 61	15 050 927 709
2420	5 85 64 00	14 172 488 000	2470	6 10 09 00	15 069 223 000
2421	5 86 12 41	14 190 064 461	2471	6 10 58 41	15 087 533 111
2422	5 86 60 84	14 207 655 448	2472	6 11 07 84	15 105 858 048
2423	5 87 09 29	14 225 260 967	2473	6 11 57 29	15 124 197 817
2424	5 87 57 76	14 242 881 024	2474	6 12 06 76	15 142 552 424
2425	5 88 06 25	14 260 515 625	2475	6 12 56 25	15 160 921 875
2426	5 88 54 76	14 278 164 776	2476	6 13 05 76	15 179 306 176
2427	5 89 03 29	14 295 828 483	2477	6 13 55 29	15 197 705 333
2428	5 89 51 84	14 313 506 752	2478	6 14 04 84	15 216 119 352
2429	5 90 00 41	14 331 199 589	2479	6 14 54 41	15 234 548 239
2430	5 90 49 00	14 348 907 000	2480	6 15 04 00	15 252 992 000
2431	5 90 97 61	14 366 628 991	2481	6 15 53 61	15 271 450 641
2432	5 91 46 24	14 384 365 568	2482	6 16 03 24	15 289 924 168
2433	5 91 94 89	14 402 116 737	2483	6 16 52 89	15 308 412 587
2434	5 92 43 56	14 419 882 504	2484	6 17 02 56	15 326 915 904
2435	5 92 92 25	14 437 662 875	2485	6 17 52 25	15 345 434 125
2436	5 93 40 96	14 455 457 856	2486	6 18 01 96	15 363 967 256
2437	5 93 89 69	14 473 267 453	2487	6 18 51 69	15 382 515 303
2438	5 94 38 44	14 491 091 672	2488	6 19 01 44	15 401 078 272
2439	5 94 87 21	14 508 930 519	2489	6 19 51 21	15 419 656 169
2440	5 95 36 00	14 526 784 000	2490	6 20 01 00	15 438 249 000
2441	5 95 84 81	14 544 652 121	2491	6 20 50 81	15 456 856 771
2442	5 96 33 64	14 562 534 888	2492	6 21 00 64	15 475 479 488
2443	5 96 82 49	14 580 432 307	2493	6 21 50 49	15 494 117 157
2444	5 97 31 36	14 598 344 384	2494	6 22 00 36	15 512 769 784
2445	5 97 80 25	14 616 271 125	2495	6 22 50 25	15 531 437 375
2446	5 98 29 16	14 634 212 536	2496	6 23 00 16	15 550 119 936
2447	5 98 78 09	14 652 168 623	2497	6 23 50 09	15 568 817 473
2448	5 99 27 04	14 670 139 392	2498	6 24 00 04	15 587 529 992
2449	5 99 76 01	14 688 124 849	2499	6 24 50 01	15 606 257 499
2450	6 00 25 00	14 706 125 000	2500	6 25 00 00	15 625 000 000

2450

2500

Racines.	Quarrés.	Cubes.	Racines.	Quarrés.	Cubes.
2501	6 25 50 01	15 643 757 501	2551	6 50 76 01	16 600 890 151
2502	6 26 00 04	15 662 536 008	2552	6 51 27 04	16 620 420 608
2503	6 26 50 09	15 681 317 527	2553	6 51 78 09	16 639 966 377
2504	6 27 00 16	15 700 120 064	2554	6 52 29 16	16 659 527 464
2505	6 27 50 25	15 718 937 625	2555	6 52 80 25	16 679 103 875
2506	6 28 00 36	15 737 770 216	2556	6 53 31 36	16 698 695 616
2507	6 28 50 49	15 756 617 843	2557	6 53 82 49	16 718 302 693
2508	6 29 00 64	15 775 480 512	2558	6 54 33 64	16 737 925 112
2509	6 29 50 81	15 794 358 229	2559	6 54 84 81	16 757 562 879
2510	6 30 01 00	15 813 251 000	2560	6 55 36 00	16 777 216 000
2511	6 30 51 21	15 832 158 831	2561	6 55 87 21	16 796 884 481
2512	6 31 01 44	15 851 081 728	2562	6 56 38 44	16 815 568 328
2513	6 31 51 69	15 870 019 697	2563	6 56 89 69	16 836 267 547
2514	6 32 01 96	15 888 972 744	2564	6 57 40 96	16 855 982 144
2515	6 32 52 25	15 907 940 875	2565	6 57 92 25	16 875 712 125
2516	6 33 02 56	15 926 924 096	2566	6 58 43 56	16 895 457 496
2517	6 33 52 89	15 945 922 413	2567	6 58 94 89	16 915 218 263
2518	6 34 03 24	15 964 935 832	2568	6 59 46 24	16 934 994 432
2519	6 34 53 61	15 983 964 359	2569	6 59 97 61	16 954 786 009
2520	6 35 04 00	16 003 008 000	2570	6 60 49 00	16 974 593 000
2521	6 35 54 41	16 022 066 761	2571	6 61 00 41	16 994 415 411
2522	6 36 04 84	16 041 140 648	2572	6 61 51 84	17 014 253 248
2523	6 36 55 29	16 060 229 667	2573	6 62 03 29	17 034 106 517
2524	6 37 05 76	16 079 333 824	2574	6 62 54 76	17 053 975 224
2525	6 37 56 25	16 098 453 125	2575	6 63 06 25	17 073 859 375
2526	6 38 06 76	16 117 587 576	2576	6 63 57 76	17 093 758 976
2527	6 38 57 29	16 136 737 183	2577	6 64 09 29	17 113 674 033
2528	6 39 07 84	16 155 901 952	2578	6 64 60 84	17 133 604 552
2529	6 39 58 41	16 175 081 889	2579	6 65 12 41	17 153 550 539
2530	6 40 09 00	16 194 277 000	2580	6 65 64 00	17 173 512 000
2531	6 40 59 61	16 213 487 291	2581	6 66 15 61	17 193 488 941
2532	6 41 10 24	16 232 712 768	2582	6 66 67 24	17 213 481 368
2533	6 41 60 89	16 251 953 437	2583	6 67 18 89	17 233 489 287
2534	6 42 11 56	16 271 209 304	2584	6 67 70 56	17 253 512 704
2535	6 42 62 25	16 290 480 375	2585	6 68 22 25	17 273 551 625
2536	6 43 12 96	16 309 766 656	2586	6 68 73 96	17 293 606 056
2537	6 43 63 69	16 329 068 153	2587	6 69 25 69	17 313 676 003
2538	6 44 14 44	16 348 384 872	2588	6 69 77 44	17 333 761 472
2539	6 44 65 21	16 367 716 819	2589	6 70 29 21	17 353 862 469
2540	6 45 16 00	16 387 064 000	2590	6 70 81 00	17 373 979 000
2541	6 45 66 81	16 406 426 421	2591	6 71 32 81	17 394 111 071
2542	6 46 17 64	16 425 804 088	2592	6 71 84 64	17 414 258 688
2543	6 46 68 49	16 445 197 007	2593	6 72 36 49	17 434 421 857
2544	6 47 19 36	16 464 605 184	2594	6 72 88 36	17 454 600 584
2545	6 47 70 25	16 484 028 625	2595	6 73 40 25	17 474 794 875
2546	6 48 21 16	16 503 467 336	2596	6 73 92 16	17 495 004 736
2547	6 48 72 09	16 522 921 323	2597	6 74 44 09	17 515 230 173
2548	6 49 23 04	16 542 390 592	2598	6 74 96 04	17 535 471 192
2549	6 49 74 01	16 561 875 149	2599	6 75 48 01	17 555 727 799
2550	6 50 25 00	16 581 375 000	2600	6 76 00 00	17 576 000 000

Racines.	Quarrés.	Cubes.	Racines.	Quarrés.	Cubes.
2601	6 76 52 01	17 595 287 801	2651	7 02 78 01	18 630 700 451
2602	6 77 04 04	17 616 541 208	2652	7 03 31 04	18 651 791 808
2603	6 77 56 09	17 636 910 227	2653	7 03 84 09	18 672 899 077
2604	6 78 08 16	17 657 243 864	2654	7 04 37 16	18 694 022 264
2605	6 78 60 25	17 677 545 125	2655	7 04 90 25	18 715 161 375
2606	6 79 12 36	17 697 961 016	2656	7 05 43 36	18 736 316 416
2607	6 79 64 49	17 718 542 543	2657	7 05 96 49	18 757 487 393
2608	6 80 16 64	17 738 739 712	2658	7 06 49 64	18 778 674 312
2609	6 80 68 81	17 759 152 529	2659	7 07 02 81	18 799 877 179
2610	6 81 21 00	17 779 581 000	2660	7 07 56 00	18 821 096 000
2611	6 81 73 21	17 800 025 131	2661	7 08 09 21	18 842 330 781
2612	6 82 25 44	17 820 484 928	2662	7 08 62 44	18 863 581 528
2613	6 82 77 69	17 840 960 397	2663	7 09 15 69	18 884 848 247
2614	6 83 29 96	17 861 451 544	2664	7 09 68 96	18 906 130 944
2615	6 83 82 25	17 881 958 375	2665	7 10 22 25	18 927 429 625
2616	6 84 34 56	17 902 480 896	2666	7 10 75 56	18 948 744 296
2617	6 84 86 89	17 923 019 113	2667	7 11 28 89	18 970 074 963
2618	6 85 39 24	17 943 573 032	2668	7 11 82 24	18 991 421 632
2619	6 85 91 61	17 964 142 659	2669	7 12 35 61	19 012 784 309
2620	6 86 44 00	17 984 728 000	2670	7 12 89 00	19 034 163 000
2621	6 86 96 41	18 005 329 061	2671	7 13 42 41	19 055 557 711
2622	6 87 48 84	18 025 945 848	2672	7 13 95 84	19 076 968 448
2623	6 88 01 29	18 046 578 367	2673	7 14 49 29	19 098 395 217
2624	6 88 53 76	18 067 226 624	2674	7 15 02 76	19 119 838 024
2625	6 89 06 25	18 087 890 625	2675	7 15 56 25	19 141 296 875
2626	6 89 58 76	18 108 570 376	2676	7 16 09 76	19 162 771 776
2627	6 90 11 29	18 129 265 883	2677	7 16 63 29	19 184 262 733
2628	6 90 63 84	18 149 977 152	2678	7 17 16 84	19 205 769 752
2629	6 91 16 41	18 170 794 189	2679	7 17 70 41	19 227 292 839
2630	6 91 69 00	18 191 447 000	2680	7 18 24 00	19 248 832 000
2631	6 92 21 61	18 212 205 591	2681	7 18 77 61	19 270 387 241
2632	6 92 74 24	18 232 979 968	2682	7 19 31 24	19 291 958 568
2633	6 93 26 89	18 253 770 137	2683	7 19 84 89	19 313 545 987
2634	6 93 79 56	18 274 576 104	2684	7 20 38 56	19 335 149 504
2635	6 94 32 25	18 295 397 875	2685	7 20 92 25	19 356 769 125
2636	6 94 84 96	18 316 235 456	2686	7 21 45 96	19 378 404 856
2637	6 95 37 69	18 337 088 853	2687	7 21 99 69	19 400 056 703
2638	6 95 90 44	18 357 958 072	2688	7 22 53 44	19 421 724 672
2639	6 96 43 21	18 378 843 119	2689	7 23 07 21	19 443 408 769
2640	6 96 96 00	18 399 744 000	2690	7 23 61 00	19 465 109 000
2641	6 97 48 81	18 420 660 721	2691	7 24 14 81	19 486 825 371
2642	6 98 01 64	18 441 593 288	2692	7 24 68 64	19 508 557 888
2643	6 98 54 49	18 462 541 707	2693	7 25 22 49	19 530 306 557
2644	6 99 07 36	18 483 505 984	2694	7 25 76 36	19 552 071 384
2645	6 99 60 25	18 504 486 125	2695	7 26 30 25	19 573 852 375
2646	7 00 13 16	18 525 482 136	2696	7 26 84 16	19 595 649 536
2647	7 00 66 09	18 546 494 023	2697	7 27 38 09	19 617 462 873
2648	7 01 19 04	18 567 521 792	2698	7 27 92 04	19 639 292 392
2649	7 01 72 01	18 588 565 449	2699	7 28 46 01	19 661 138 099
2650	7 02 25 00	18 609 625 000	2700	7 29 00 00	19 683 000 000

2650

2700

Racines.	Quarrés.	Cubes.	Racines.	Quarrés.	Cubes.
2701	7 29 54 01	19 704 878 101	2751	7 56 80 01	20 819 570 751
2702	7 30 08 04	19 726 772 408	2752	7 57 35 04	20 842 283 008
2703	7 30 62 09	19 748 682 927	2753	7 57 90 09	20 865 011 777
2704	7 31 16 16	19 770 609 664	2754	7 58 45 16	20 887 757 064
2705	7 31 70 25	19 792 552 625	2755	7 59 00 25	20 910 518 875
2706	7 32 24 36	19 814 511 816	2756	7 59 55 36	20 933 297 216
2707	7 32 78 49	19 836 487 243	2757	7 60 10 49	20 956 092 093
2708	7 33 32 64	19 858 478 912	2758	7 60 65 64	20 978 903 512
2709	7 33 86 81	19 880 486 829	2759	7 61 20 81	21 001 731 479
2710	7 34 41 00	19 902 511 000	2760	7 61 76 00	21 024 576 000
2711	7 34 95 21	19 924 552 431	2761	7 62 31 21	21 047 437 081
2712	7 35 49 44	19 946 608 128	2762	7 62 86 44	21 070 314 728
2713	7 36 03 69	19 968 681 097	2763	7 63 41 69	21 093 208 947
2714	7 36 57 96	19 990 770 344	2764	7 63 96 96	21 116 119 744
2715	7 37 12 25	20 012 875 875	2765	7 64 52 25	21 139 047 125
2716	7 37 66 56	20 034 997 696	2766	7 65 07 56	21 161 991 096
2717	7 38 20 89	20 057 135 813	2767	7 65 62 89	21 184 951 663
2718	7 38 75 24	20 079 290 232	2768	7 66 18 24	21 207 928 832
2719	7 39 29 61	20 101 460 959	2769	7 66 73 61	21 230 922 609
2720	7 39 84 00	20 123 648 000	2770	7 67 29 00	21 253 933 000
2721	7 40 38 41	20 145 851 361	2771	7 67 84 41	21 276 960 011
2722	7 40 92 84	20 168 071 048	2772	7 68 39 84	21 300 003 648
2723	7 41 47 29	20 190 307 067	2773	7 68 95 29	21 323 063 917
2724	7 42 01 76	20 212 559 424	2774	7 69 50 76	21 346 140 824
2725	7 42 56 25	20 234 828 125	2775	7 70 06 25	21 369 234 375
2726	7 43 10 76	20 257 113 176	2776	7 70 61 76	21 392 344 576
2727	7 43 65 29	20 279 414 583	2777	7 71 17 29	21 415 471 433
2728	7 44 19 84	20 301 732 352	2778	7 71 72 84	21 438 614 952
2729	7 44 74 41	20 324 066 489	2779	7 72 28 41	21 461 775 139
2730	7 45 29 00	20 346 417 000	2780	7 72 84 00	21 484 952 000
2731	7 45 83 61	20 368 783 891	2781	7 73 39 61	21 508 145 541
2732	7 46 38 24	20 391 167 168	2782	7 73 95 24	21 531 355 768
2733	7 46 92 89	20 413 566 837	2783	7 74 50 89	21 554 582 687
2734	7 47 47 56	20 435 982 904	2784	7 75 06 56	21 577 826 304
2735	7 48 02 25	20 458 415 375	2785	7 75 62 25	21 601 086 625
2736	7 48 56 96	20 480 864 256	2786	7 76 17 96	21 624 363 656
2737	7 49 11 69	20 503 329 553	2787	7 76 73 69	21 647 657 403
2738	7 49 66 44	20 525 811 272	2788	7 77 29 44	21 670 967 872
2739	7 50 21 21	20 548 309 419	2789	7 77 85 21	21 694 295 069
2740	7 50 76 00	20 570 824 000	2790	7 78 41 00	21 717 639 000
2741	7 51 30 81	20 593 355 021	2791	7 78 96 81	21 740 999 671
2742	7 51 85 64	20 615 902 488	2792	7 79 52 64	21 764 377 088
2743	7 52 40 49	20 638 466 407	2793	7 80 08 49	21 787 771 257
2744	7 52 95 36	20 661 046 784	2794	7 80 64 36	21 811 182 184
2745	7 53 50 25	20 683 643 625	2795	7 81 20 25	21 834 609 875
2746	7 54 05 16	20 706 256 936	2796	7 81 76 16	21 858 054 336
2747	7 54 60 09	20 728 886 723	2797	7 82 32 09	21 881 515 573
2748	7 55 15 04	20 751 532 992	2798	7 82 88 04	21 904 993 592
2749	7 55 70 01	20 774 195 749	2799	7 83 44 01	21 928 488 399
2750	7 56 25 00	20 796 875 000	2800	7 84 00 00	21 952 000 000

2750   2800

Racines	Quarres.	Cubes.	Racines	Quarrés.	Cubes.
2801	7 84 56 01	21 975 528 401	2851	8 12 82 01	23 173 501 051
2802	7 85 12 04	21 999 073 608	2852	8 13 39 04	23 197 894 208
2803	7 85 68 09	22 022 635 627	2853	8 13 96 09	23 222 304 477
2804	7 86 24 16	22 046 214 464	2854	8 14 53 16	23 246 731 864
2805	7 86 80 25	22 069 810 125	2855	8 15 10 25	23 271 176 375
2806	7 87 36 36	22 093 422 616	2856	8 15 67 36	23 295 638 016
2807	7 87 92 49	22 117 051 943	2857	8 16 24 49	23 320 116 793
2808	7 88 48 64	22 140 698 112	2858	8 16 81 64	23 344 612 712
2809	7 89 04 81	22 164 361 129	2859	8 17 38 81	23 369 125 779
2810	7 89 61 00	22 188 041 000	2860	8 17 96 00	23 393 656 000
2811	7 90 17 21	22 211 737 731	2861	8 18 53 21	23 418 203 381
2812	7 90 73 44	22 235 451 328	2862	8 19 10 44	23 442 767 928
2813	7 91 29 69	22 259 181 797	2863	8 19 67 69	23 467 349 647
2814	7 91 85 96	22 282 929 144	2864	8 20 24 96	23 491 948 544
2815	7 92 42 25	22 306 693 375	2865	8 20 82 25	23 516 564 625
2816	7 92 98 56	22 330 474 496	2866	8 21 39 56	23 541 197 896
2817	7 93 54 89	22 354 272 513	2867	8 21 96 89	23 565 848 363
2818	7 94 11 24	22 378 087 432	2868	8 22 54 24	23 590 516 032
2819	7 94 67 61	22 401 919 259	2869	8 23 11 61	23 615 200 909
2820	7 95 24 00	22 425 768 000	2870	8 23 69 00	23 639 903 000
2821	7 95 80 41	22 449 633 661	2871	8 24 26 41	23 664 622 311
2822	7 96 36 84	22 473 516 248	2872	8 24 83 84	23 689 358 848
2823	7 96 93 29	22 497 415 767	2873	8 25 41 29	23 714 112 617
2824	7 97 49 76	22 521 332 224	2874	8 25 98 76	23 738 883 624
2825	7 98 06 25	22 545 265 625	2875	8 26 56 25	23 763 671 875
2826	7 98 62 76	22 569 215 976	2876	8 27 13 76	23 788 477 376
2827	7 99 19 29	22 593 183 283	2877	8 27 72 29	23 813 300 133
2828	7 99 75 84	22 617 167 552	2878	8 28 28 84	23 838 140 152
2829	8 00 32 41	22 641 168 789	2879	8 28 86 41	23 862 997 439
2830	8 00 89 00	22 665 187 000	2880	8 29 44 00	23 887 872 000
2831	8 01 45 61	22 689 222 191	2881	8 30 01 61	23 912 763 841
2832	8 02 02 24	22 713 274 368	2882	8 30 59 24	23 937 672 968
2833	8 02 58 89	22 737 343 537	2883	8 31 16 89	23 962 599 387
2834	8 03 15 56	22 761 429 704	2884	8 31 74 56	23 987 543 104
2835	8 03 72 25	22 785 532 875	2885	8 32 32 25	24 012 504 125
2836	8 04 28 96	22 809 653 056	2886	8 32 89 96	24 037 482 456
2837	8 04 85 69	22 833 790 253	2887	8 33 47 69	24 062 478 103
2838	8 05 42 44	22 857 944 472	2888	8 34 05 44	24 087 491 072
2839	8 05 99 21	22 882 115 719	2889	8 34 63 21	24 112 521 369
2840	8 06 56 00	22 906 304 000	2890	8 35 21 00	24 137 569 000
2841	8 07 12 81	22 930 509 321	2891	8 35 78 81	24 162 633 971
2842	8 07 69 64	22 954 731 688	2892	8 36 36 64	24 187 716 288
2843	8 08 26 49	22 978 971 107	2893	8 36 94 49	24 212 815 957
2844	8 08 83 36	23 003 227 584	2894	8 37 52 36	24 237 932 984
2845	8 09 40 25	23 027 501 125	2895	8 38 10 25	24 263 067 375
2846	8 09 97 16	23 051 791 736	2896	8 38 68 16	24 288 219 136
2847	8 10 54 09	23 076 099 423	2897	8 39 26 09	24 313 388 273
2848	8 11 11 04	23 100 424 192	2898	8 39 84 04	24 338 574 792
2849	8 11 68 01	23 124 766 049	2899	8 40 42 01	24 363 778 699
2850	8 12 25 00	23 149 125 000	2900	8 41 00 00	24 389 000 000

2850

2900

Racines.	Quarrés.	Cubes.	Racines.	Quarrés.	Cubes.
2901	8 41 58 01	24 414 238 701	2951	8 70 84 01	25 698 491 351
2902	8 42 16 04	24 439 494 808	2952	8 71 43 04	25 724 625 408
2903	8 42 74 09	24 464 768 327	2953	8 72 02 09	25 750 777 177
2904	8 43 32 16	24 490 059 264	2954	8 72 61 16	25 776 946 664
2905	8 43 90 25	24 515 367 625	2955	8 73 20 25	25 803 133 875
2906	8 44 48 36	24 540 693 416	2956	8 73 79 36	25 829 338 816
2907	8 45 06 49	24 566 036 643	2957	8 74 38 49	25 855 561 493
2908	8 45 64 64	24 591 397 312	2958	8 74 97 64	25 881 801 912
2909	8 46 22 81	24 616 775 429	2959	8 75 56 81	25 908 060 079
2910	8 46 81 00	24 642 171 000	2960	8 76 16 00	25 934 336 000
2911	8 47 39 21	24 667 584 031	2961	8 76 75 21	25 960 629 681
2912	8 47 97 44	24 693 014 528	2962	8 77 34 44	25 986 941 128
2913	8 48 55 69	24 718 462 497	2963	8 77 93 69	26 013 270 347
2914	8 49 13 96	24 743 927 944	2964	8 78 52 96	26 039 617 344
2915	8 49 72 25	24 769 410 875	2965	8 79 12 25	26 065 982 125
2916	8 50 30 56	24 794 911 296	2966	8 79 71 56	26 092 364 696
2917	8 50 88 89	24 820 429 213	2967	8 80 30 89	26 118 765 063
2918	8 51 47 24	24 845 964 632	2968	8 80 90 24	26 145 183 232
2919	8 52 05 61	24 871 517 559	2969	8 81 49 61	26 171 619 209
2920	8 52 64 00	24 897 088 000	2970	8 82 09 00	26 198 073 000
2921	8 53 22 41	24 922 675 961	2971	8 82 68 41	26 224 544 611
2922	8 53 80 84	24 948 281 448	2972	8 83 27 84	26 251 034 048
2923	8 54 39 29	24 973 904 467	2973	8 83 87 29	26 277 541 317
2924	8 54 97 76	24 999 545 024	2974	8 84 46 76	26 304 066 424
2925	8 55 56 25	25 025 203 125	2975	8 85 06 25	26 330 609 375
2926	8 56 14 76	25 050 878 776	2976	8 85 65 76	26 357 170 176
2927	8 56 73 29	25 076 571 983	2977	8 86 25 29	26 383 748 833
2928	8 57 31 84	25 102 282 752	2978	8 86 84 84	26 410 345 352
2929	8 57 90 41	25 128 011 089	2979	8 87 44 41	26 436 959 739
2930	8 58 49 00	25 153 757 000	2980	8 88 04 00	26 463 592 000
2931	8 59 07 61	25 179 520 491	2981	8 88 63 61	26 490 242 141
2932	8 59 66 24	25 205 301 568	2982	8 89 23 24	26 516 910 168
2933	8 60 24 89	25 231 100 237	2983	8 89 82 89	26 543 596 087
2934	8 60 83 56	25 256 916 504	2984	8 90 42 56	26 570 299 904
2935	8 61 42 25	25 282 750 375	2985	8 91 02 25	26 597 021 625
2936	8 62 00 96	25 308 601 856	2986	8 91 61 96	26 623 761 256
2937	8 62 59 69	25 334 470 953	2987	8 92 21 69	26 650 518 803
2938	8 63 18 44	25 360 357 672	2988	8 92 81 44	26 677 294 272
2939	8 63 77 21	25 386 262 019	2989	8 93 41 21	26 704 087 669
2940	8 64 36 00	25 412 184 000	2990	8 94 01 00	26 730 899 000
2941	8 64 94 81	25 438 123 621	2991	8 94 60 81	26 757 728 271
2942	8 65 53 64	25 464 080 888	2992	8 95 20 64	26 784 575 488
2943	8 66 12 49	25 490 055 807	2993	8 95 80 49	26 811 440 657
2944	8 66 71 36	25 516 048 384	2994	8 96 40 36	26 838 323 784
2945	8 67 30 25	25 542 058 625	2995	8 97 00 25	26 865 224 875
2946	8 67 89 16	25 568 086 536	2996	8 97 60 16	26 892 143 936
2947	8 68 48 09	25 594 132 123	2997	8 98 20 09	26 919 080 973
2948	8 69 07 04	25 620 195 392	2998	8 98 80 04	26 946 035 992
2949	8 69 66 01	25 646 276 349	2999	8 99 40 01	26 973 008 999
2950	8 70 25 00	25 672 375 000	3000	9 00 00 00	27 000 000 000

2950   3000

Ra-cines.	Quarrés.	Cubes.	Ra-cines.	Quarrés.	Cubes.
3001	9 00 60 01	27 027 009 001	3051	9 30 86 01	28 400 541 651
3002	9 01 20 04	27 054 036 008	3052	9 31 47 04	28 428 476 608
3003	9 01 80 09	27 081 081 027	3053	9 32 08 09	28 456 429 877
3004	9 02 40 16	27 108 144 064	3054	9 32 69 16	28 484 401 464
3005	9 03 00 25	27 135 225 125	3055	9 33 30 25	28 512 391 375
3006	9 03 60 36	27 162 324 216	3056	9 33 91 36	28 540 399 616
3007	9 04 20 49	27 189 441 343	3057	9 34 52 49	28 568 426 193
3008	9 04 80 64	27 216 576 512	3058	9 35 13 64	28 596 471 112
3009	9 05 40 81	27 243 729 729	3059	9 35 74 81	28 624 534 379
3010	9 06 01 00	27 270 901 000	3060	9 36 36 00	28 652 616 000
3011	9 06 61 21	27 298 090 331	3061	9 36 97 21	28 680 715 081
3012	9 07 21 44	27 325 297 728	3062	9 37 58 44	28 708 834 328
3013	9 07 81 69	27 352 525 197	3063	9 38 19 69	28 736 971 047
3014	9 08 41 96	27 379 766 744	3064	9 38 80 96	28 765 126 144
3015	9 09 02 25	27 407 028 375	3065	9 39 42 25	28 793 299 625
3016	9 09 62 56	27 434 308 096	3066	9 40 03 56	28 821 491 496
3017	9 10 22 89	27 461 605 913	3067	9 40 64 89	28 849 701 763
3018	9 10 83 24	27 488 921 832	3068	9 41 26 24	28 877 930 432
3019	9 11 43 61	27 516 255 859	3069	9 41 87 61	28 906 177 509
3020	9 12 04 00	27 543 608 000	3070	9 42 49 00	28 934 443 000
3021	9 12 64 41	27 570 978 261	3071	9 43 10 41	28 962 726 911
3022	9 13 24 84	27 598 366 648	3072	9 43 71 84	28 991 029 248
3023	9 13 85 29	27 625 773 167	3073	9 44 33 29	29 019 350 017
3024	9 14 45 76	27 653 197 824	3074	9 44 94 76	29 047 689 224
3025	9 15 06 25	27 680 640 625	3075	9 45 56 25	29 076 046 875
3026	9 15 66 76	27 708 101 576	3076	9 46 17 76	29 104 422 976
3027	9 16 27 29	27 735 580 683	3077	9 46 79 29	29 132 817 533
3028	9 16 87 84	27 763 077 952	3078	9 47 40 84	29 161 230 552
3029	9 17 48 41	27 790 593 389	3079	9 48 02 41	29 189 662 039
3030	9 18 09 00	27 818 127 000	3080	9 48 64 00	29 218 112 000
3031	9 18 69 61	27 845 678 791	3081	9 49 25 61	29 246 580 441
3032	9 19 30 24	27 873 248 768	3082	9 49 87 24	29 275 067 368
3033	9 19 90 89	27 900 836 937	3083	9 50 48 89	29 303 572 787
3034	9 20 51 56	27 928 443 304	3084	9 51 10 56	29 332 096 704
3035	9 21 12 25	27 956 067 875	3085	9 51 72 25	29 360 639 125
3036	9 21 72 96	27 983 710 656	3086	9 52 33 96	29 389 200 056
3037	9 22 33 69	28 011 371 653	3087	9 52 95 69	29 417 779 503
3038	9 22 94 44	28 039 050 872	3088	9 53 57 44	29 446 377 472
3039	9 23 55 21	28 066 748 519	3089	9 54 19 21	29 474 993 969
3040	9 24 16 00	28 094 464 000	3090	9 54 81 00	29 503 629 000
3041	9 24 76 81	28 122 197 921	3091	9 55 42 81	29 532 282 571
3042	9 25 37 64	28 149 950 088	3092	9 56 04 64	29 560 955 688
3043	9 25 98 49	28 177 720 507	3093	9 56 66 49	29 589 645 357
3044	9 26 59 36	28 205 509 184	3094	9 57 28 36	29 618 354 584
3045	9 27 20 25	28 233 316 125	3095	9 57 90 25	29 647 082 375
3046	9 27 81 16	28 261 141 336	3096	9 58 52 16	29 675 828 736
3047	9 28 42 09	28 288 984 823	3097	9 59 14 09	29 704 593 673
3048	9 29 03 04	28 316 846 592	3098	9 59 76 04	29 733 377 192
3049	9 29 64 01	28 344 726 649	3099	9 60 38 01	29 762 179 299
3050	9 30 25 00	28 372 625 000	3100	9 61 00 00	29 791 000 000

Racines.	Quarrés.	Cubes.
3101	9 61 62 01	29 819 839 301
3102	9 62 24 04	29 848 697 208
3103	9 62 86 09	29 877 573 727
3104	9 63 48 16	29 906 468 864
3105	9 64 10 25	29 935 382 625
3106	9 64 72 36	29 964 315 016
3107	9 65 34 49	29 993 266 043
3108	9 65 96 64	30 022 235 712
3109	9 66 58 81	30 051 224 029
3110	9 67 21 00	30 080 231 000
3111	9 67 83 21	30 109 256 631
3112	9 68 45 44	30 138 300 928
3113	9 69 07 69	30 167 363 897
3114	9 69 69 96	30 196 445 544
3115	9 70 32 25	30 225 545 875
3116	9 70 94 56	30 254 664 896
3117	9 71 56 89	30 283 802 613
3118	9 72 19 24	30 312 959 032
3119	9 72 81 61	30 342 134 159
3120	9 73 44 00	30 371 328 000
3121	9 74 06 41	30 400 540 561
3122	9 74 68 84	30 429 771 848
3123	9 75 31 29	30 459 021 867
3124	9 75 93 76	30 488 290 624
3125	9 76 56 25	30 517 578 125
3126	9 77 18 76	30 546 884 376
3127	9 77 81 29	30 576 209 383
3128	9 78 43 84	30 605 553 152
3129	9 79 06 41	30 634 915 689
3130	9 79 69 00	30 664 297 000
3131	9 80 31 61	30 693 697 091
3132	9 80 94 24	30 723 115 968
3133	9 81 56 89	30 752 553 637
3134	9 82 19 56	30 782 010 104
3135	9 82 82 25	30 811 485 375
3136	9 83 44 96	30 840 979 456
3137	9 84 07 69	30 870 492 353
3138	9 84 70 44	30 900 024 072
3139	9 85 33 21	30 929 574 619
3140	9 85 96 00	30 959 144 000
3141	9 86 58 81	30 988 732 221
3142	9 87 21 64	31 018 339 288
3143	9 87 84 49	31 047 965 207
3144	9 88 47 36	31 077 609 984
3145	9 89 10 25	31 107 273 625
3146	9 89 73 16	31 136 956 136
3147	9 90 36 09	31 166 657 523
3148	9 90 99 04	31 196 377 792
3149	9 91 62 01	31 226 116 949
3150	9 92 25 00	31 255 875 000

3150

Racines.	Quarrés.	Cubes.
3151	9 92 88 01	31 285 651 951
3152	9 93 51 04	31 315 447 808
3153	9 94 14 09	31 345 262 577
3154	9 94 77 16	31 375 096 264
3155	9 95 40 25	31 404 948 875
3156	9 96 03 36	31 434 820 416
3157	9 96 66 49	31 464 710 893
3158	9 97 29 64	31 494 620 312
3159	9 97 92 81	31 524 548 679
3160	9 98 56 00	31 554 496 000
3161	9 99 19 21	31 584 462 281
3162	9 99 82 44	31 614 447 528
3163	10 00 45 69	31 644 451 747
3164	10 01 08 96	31 674 474 944
3165	10 01 72 25	31 704 517 125
3166	10 02 35 56	31 734 578 296
3167	10 02 98 89	31 764 658 463
3168	10 03 62 24	31 794 757 632
3169	10 04 25 61	31 824 875 809
3170	10 04 89 00	31 855 013 000
3171	10 05 52 41	31 885 169 211
3172	10 06 15 84	31 915 344 448
3173	10 06 79 29	31 945 538 717
3174	10 07 42 76	31 975 752 024
3175	10 08 06 25	32 005 984 375
3176	10 08 69 76	32 036 235 776
3177	10 09 33 29	32 066 506 233
3178	10 09 96 84	32 096 795 752
3179	10 10 60 41	32 127 104 339
3180	10 11 24 00	32 157 432 000
3181	10 11 87 61	32 187 778 741
3182	10 12 51 24	32 218 144 568
3183	10 13 14 89	32 248 529 487
3184	10 13 78 56	32 278 933 504
3185	10 14 42 25	32 309 356 625
3186	10 15 05 96	32 339 798 856
3187	10 15 69 69	32 370 260 203
3188	10 16 33 44	32 400 740 672
3189	10 16 97 21	32 431 240 269
3190	10 17 61 00	32 461 759 000
3191	10 18 24 81	32 492 296 871
3192	10 18 88 64	32 522 853 888
3193	10 19 52 49	32 553 430 057
3194	10 20 16 36	32 584 025 384
3195	10 20 80 25	32 614 639 875
3196	10 21 44 16	32 645 273 536
3197	10 22 08 09	32 675 926 373
3198	10 22 72 04	32 706 598 392
3199	10 23 36 01	32 737 289 599
3200	10 24 00 00	32 768 000 000

3200

Racines.	Quarrés.	Cubes.	Racines.	Quarrés.	Cubes.
3201	10 24 64 01	32 798 729 501	3251	10 56 90 01	34 359 822 251
3202	10 25 28 04	32 829 478 408	3252	10 57 55 04	34 391 539 008
3203	10 25 92 09	32 860 246 427	3253	10 58 20 09	34 423 275 277
3204	10 26 56 16	32 891 033 664	3254	10 58 85 16	34 455 031 064
3205	10 27 20 25	32 921 840 125	3255	10 59 50 25	34 486 806 375
3206	10 27 84 36	32 952 665 816	3256	10 60 15 36	34 518 601 216
3207	10 28 48 49	32 983 510 743	3257	10 60 80 49	34 550 415 593
3208	10 29 12 64	33 014 374 912	3258	10 61 45 64	34 582 249 512
3209	10 29 76 81	33 045 258 329	3259	10 62 10 81	34 614 102 979
3210	10 30 41 00	33 076 161 000	3260	10 62 76 00	34 645 976 000
3211	10 31 05 21	33 107 082 931	3261	10 63 41 21	34 677 868 581
3212	10 31 69 44	33 138 024 128	3262	10 64 06 44	34 709 780 728.
3213	10 32 33 69	33 168 984 597	3263	10 64 71 69	34 741 712 447
3214	10 32 97 96	33 199 964 344	3264	10 65 36 96	34 773 663 744
3215	10 33 62 25	33 230 963 375	3265	10 66 02 25	34 805 634 625
3216	10 34 26 56	33 261 981 696	3266	10 66 67 56	34 837 625 096
3217	10 34 90 89	33 293 019 313	3267	10 67 32 89	34 869 635 163
3218	10 35 55 24	33 324 076 232	3268	10 67 98 24	34 901 664 832
3219	10 36 19 61	33 355 152 459	3269	10 68 63 61	34 933 714 109
3220	10 36 84 00	33 386 248 000	3270	10 69 29 00	34 965 783 000
3221	10 37 48 41	33 417 362 861	3271	10 69 94 41	34 997 871 511
3222	10 38 12 84	33 448 497 048	3272	10 70 59 84	35 029 979 648
3223	10 38 77 29	33 479 650 567	3273	10 71 25 29	35 062 107 417
3224	10 39 41 76	33 510 823 424	3274	10 71 90 76	35 094 254 824
3225	10 40 06 25	33 542 015 625	3275	10 72 56 25	35 126 421 875
3226	10 40 70 76	33 573 227 176	3276	10 73 21 76	35 158 608 576
3227	10 41 35 29	33 604 458 083	3277	10 73 87 29	35 190 814 933
3228	10 41 99 84	33 635 708 352	3278	10 74 52 84	35 223 040 952
3229	10 42 64 41	33 666 977 989	3279	10 75 18 41	35 255 286 639
3230	10 43 29 00	33 698 267 000	3280	10 75 84 00	35 287 552 000
3231	10 43 93 61	33 729 575 391	3281	10 76 49 61	35 319 837 041
3232	10 44 58 24	33 760 903 168	3282	10 77 15 24	35 352 141 768
3233	10 45 22 89	33 792 250 337	3283	10 77 80 89	35 384 466 187
3234	10 45 87 56	33 823 616 904	3284	10 78 46 56	35 416 810 304
3235	10 46 52 25	33 855 002 875	3285	10 79 12 25	35 449 174 125
3236	10 47 16 96	33 886 408 256	3286	10 79 77 96	35 481 557 656
3237	10 47 81 69	33 917 833 053	3287	10 80 43 69	35 513 960 903
3238	10 48 46 44	33 949 277 272	3288	10 81 09 44	35 546 383 872
3239	10 49 11 21	33 980 740 919	3289	10 81 75 21	35 578 826 569
3240	10 49 76 00	34 012 224 000	3290	10 82 41 00	35 611 289 000
3241	10 50 40 81	34 043 726 521	3291	10 83 06 81	35 643 771 171
3242	10 51 05 64	34 075 248 488	3292	10 83 72 64	35 676 273 088
3243	10 51 70 49	34 106 789 907	3293	10 84 38 49	35 708 794 757
3244	10 52 35 36	34 138 350 784	3294	10 85 04 36	35 741 336 184
3245	10 53 00 25	34 169 931 125	3295	10 85 70 25	35 773 897 375
3246	10 53 65 16	34 201 530 936	3296	10 86 36 16	35 806 478 336
3247	10 54 30 09	34 233 150 223	3297	10 87 02 09	35 839 079 073
3248	10 54 95 04	34 264 788 992	3298	10 87 68 04	35 871 699 592
3249	10 55 60 01	34 296 447 249	3299	10 88 34 01	35 904 339 899
3250	10 56 25 00	34 328 125 000	3300	10 89 00 00	35 937 000 000

Racines.	Quarrés.	Cubes.	Racines.	Quarrés.	Cubes.
3301	10 89 66 01	35 979 679 901	3351	11 22 92 01	37 629 052 551
3302	10 90 32 04	36 002 379 608	3352	11 23 59 04	37 662 750 208
3303	10 90 98 09	36 035 045 127	3353	11 24 26 09	37 696 467 977
3304	10 91 64 16	36 067 858 464	3354	11 24 93 16	37 730 205 864
3305	10 92 30 25	36 100 547 625	3355	11 25 60 25	37 763 963 875
3306	10 92 96 36	36 133 376 616	3356	11 26 27 36	37 797 742 016
3307	10 93 62 49	36 166 175 443	3357	11 26 94 49	37 831 540 293
3308	10 94 28 64	36 198 993 112	3358	11 27 61 64	37 865 358 712
3309	10 94 94 81	36 231 852 629	3359	11 28 28 81	37 899 197 279
3310	10 95 61 00	36 264 691 000	3360	11 28 96 00	37 933 056 000
3311	10 96 27 21	36 297 549 231	3361	11 29 63 21	37 966 934 881
3312	10 96 93 44	36 330 467 328	3362	11 30 30 44	38 000 853 928
3313	10 97 59 69	36 363 385 297	3363	11 30 97 69	38 034 793 147
3314	10 98 25 96	36 396 323 144	3364	11 31 64 96	38 068 692 544
3315	10 98 92 25	36 429 280 875	3365	11 32 32 25	38 102 602 125
3316	10 99 58 56	36 462 258 496	3366	11 32 99 56	38 136 631 896
3317	11 00 24 89	36 495 256 013	3367	11 33 66 89	38 170 631 863
3318	11 00 91 24	36 528 273 432	3368	11 34 34 24	38 204 652 032
3319	11 01 57 61	36 561 310 759	3369	11 35 01 61	38 238 692 409
3320	11 02 24 00	36 594 368 000	3370	11 35 69 00	38 272 753 000
3321	11 02 90 41	36 627 445 161	3371	11 36 36 41	38 306 833 811
3322	11 03 56 84	36 660 542 248	3372	11 37 03 84	38 340 934 848
3323	11 04 23 29	36 693 659 267	3373	11 37 71 29	38 375 056 117
3324	11 04 89 76	36 726 796 224	3374	11 38 38 76	38 409 197 624
3325	11 05 56 25	36 759 953 125	3375	11 39 06 25	38 443 359 375
3326	11 06 22 76	36 793 129 976	3376	11 39 73 76	38 477 541 376
3327	11 06 89 29	36 826 326 783	3377	11 40 41 29	38 511 743 633
3328	11 07 55 84	36 859 543 552	3378	11 41 08 84	38 545 966 152
3329	11 08 22 41	36 892 780 289	3379	11 41 76 41	38 580 208 939
3330	11 08 89 00	36 926 037 000	3380	11 42 44 00	38 614 472 000
3331	11 09 55 61	36 959 313 691	3381	11 43 11 61	38 648 755 341
3332	11 10 22 24	36 992 610 368	3382	11 43 79 24	38 683 058 968
3333	11 10 88 89	37 025 927 037	3383	11 44 46 89	38 717 382 887
3334	11 11 55 56	37 059 263 704	3384	11 45 14 56	38 751 727 104
3335	11 12 22 25	37 092 620 375	3385	11 45 82 25	38 786 091 625
3336	11 12 88 96	37 125 997 056	3386	11 46 49 96	38 820 476 456
3337	11 13 55 69	37 159 393 753	3387	11 47 17 69	38 854 881 603
3338	11 14 22 44	37 192 810 472	3388	11 47 85 44	38 889 307 072
3339	11 14 89 21	37 226 247 219	3389	11 48 53 21	38 923 752 869
3340	11 15 56 00	37 259 704 000	3390	11 49 21 00	38 958 219 000
3341	11 16 22 81	37 293 180 821	3391	11 49 88 81	38 992 705 471
3342	11 16 89 64	37 326 677 688	3392	11 50 56 64	39 027 212 288
3343	11 17 56 49	37 360 194 607	3393	11 51 24 49	39 061 739 457
3344	11 18 23 36	37 393 731 584	3394	11 51 92 36	39 096 286 984
3345	11 18 90 25	37 427 288 625	3395	11 52 60 25	39 130 854 875
3346	11 19 57 16	37 460 865 736	3396	11 53 28 16	39 165 443 136
3347	11 20 24 09	37 493 462 923	3397	11 53 96 09	39 200 051 773
3348	11 20 91 04	37 528 080 192	3398	11 54 64 04	39 234 680 792
3349	11 21 58 01	37 561 717 549	3399	11 55 32 01	39 269 330 199
3350	11 22 25 00	37 595 375 000	3400	11 56 00 00	39 304 000 000

3350   3400

Racines.	Quarrés.	Cubes.	Racines.	Quarrés.	Cubes.
3401	11 56 68 01	39 338 692 201	3451	11 90 94 01	41 099 342 851
3402	11 57 36 04	39 373 400 808	3452	11 91 63 04	41 135 081 408
3403	11 58 04 09	39 408 131 827	3453	11 92 32 09	41 170 840 677
3404	11 58 72 16	39 442 885 264	3454	11 93 01 16	41 206 620 664
3405	11 59 40 25	39 477 655 125	3455	11 93 70 25	41 242 421 375
3406	11 60 08 36	39 512 447 416	3456	11 94 39 36	41 278 242 816
3407	11 60 76 49	39 547 260 143	3457	11 95 08 49	41 314 084 993
3408	11 61 44 64	39 582 093 312	3458	11 95 77 64	41 349 947 912
3409	11 62 12 81	39 616 946 929	3459	11 96 46 81	41 385 831 579
3410	11 62 81 00	39 651 821 000	3460	11 97 16 00	41 421 736 000
3411	11 63 49 21	39 686 715 531	3461	11 97 85 21	41 457 661 181
3412	11 64 17 44	39 721 630 528	3462	11 98 54 44	41 493 607 128
3413	11 64 85 69	39 756 565 997	3463	11 99 23 69	41 529 573 847
3414	11 65 53 96	39 791 521 944	3464	11 99 92 96	41 565 561 344
3415	11 66 22 25	39 826 498 375	3465	12 00 62 25	41 601 569 625
3416	11 66 90 56	39 861 495 296	3466	12 01 31 56	41 637 598 696
3417	11 67 58 89	39 896 512 713	3467	12 02 00 89	41 673 648 563
3418	11 68 27 24	39 931 550 632	3468	12 02 70 24	41 709 719 232
3419	11 68 95 61	39 966 609 059	3469	12 03 39 61	41 745 810 709
3420	11 69 64 00	40 001 688 000	3470	12 04 09 00	41 781 923 000
3421	11 70 32 41	40 036 787 461	3471	12 04 78 41	41 818 056 111
3422	11 71 00 84	40 071 907 448	3472	12 05 47 84	41 854 210 048
3423	11 71 69 29	40 107 047 967	3473	12 06 17 29	41 890 384 817
3424	11 72 37 76	40 142 209 024	3474	12 06 86 76	41 926 580 424
3425	11 73 06 25	40 177 390 625	3475	12 07 56 25	41 962 796 875
3426	11 73 74 76	40 212 592 776	3476	12 08 25 76	41 999 034 176
3427	11 74 43 29	40 247 815 483	3477	12 08 95 29	42 035 292 333
3428	11 75 11 84	40 283 058 752	3478	12 09 64 84	42 071 571 352
3429	11 75 80 41	40 318 322 589	3479	12 10 34 41	42 107 871 239
3430	11 76 49 00	40 353 607 000	3480	12 11 04 00	42 144 192 000
3431	11 77 17 61	40 388 911 991	3481	12 11 73 61	42 180 533 641
3432	11 77 86 24	40 424 237 368	3482	12 12 43 24	42 216 896 168
3433	11 78 54 89	40 459 583 737	3483	12 13 12 89	42 253 279 587
3434	11 79 23 56	40 494 950 504	3484	12 13 82 56	42 289 683 904
3435	11 79 92 25	40 530 337 875	3485	12 14 52 25	42 326 109 125
3436	11 80 60 96	40 565 745 856	3486	12 15 21 96	42 362 555 256
3437	11 81 29 69	40 601 174 453	3487	12 15 91 69	42 399 022 303
3438	11 81 98 44	40 636 623 672	3488	12 16 61 44	42 435 510 272
3439	11 82 67 21	40 672 093 519	3489	12 17 31 21	42 472 019 169
3440	11 83 36 00	40 707 584 000	3490	12 18 01 00	42 508 549 000
3441	11 84 04 81	40 743 095 121	3491	12 18 70 81	42 545 099 771
3442	11 84 73 64	40 778 626 888	3492	12 19 40 64	42 581 671 488
3443	11 85 42 49	40 814 179 307	3493	12 20 10 49	42 618 264 157
3444	11 86 11 36	40 849 752 384	3494	12 20 80 36	42 654 877 784
3445	11 86 80 25	40 885 346 125	3495	12 21 50 25	42 691 512 375
3446	11 87 49 16	40 920 960 536	3496	12 22 20 16	42 728 167 936
3447	11 88 18 09	40 956 595 623	3497	12 22 90 09	42 764 844 473
3448	11 88 87 04	40 992 251 392	3498	12 23 60 04	42 801 541 992
3449	11 89 56 01	41 027 927 849	3499	12 24 30 01	42 838 260 499
3450	11 90 25 00	41 063 625 000	3500	12 25 00 00	42 875 000 000

3450

3500

Racines.	Quarrés.	Cubes.	Racines.	Quarrés.	Cubes.
3501	12 25 70 01	42 911 760 501	3551	12 60 96 01	44 776 693 151
3502	12 26 40 04	42 938 542 008	3552	12 61 67 04	44 814 532 608
3503	12 27 10 09	42 985 344 527	3553	12 62 38 09	44 852 393 377
3504	12 27 80 16	43 022 168 064	3554	12 63 09 16	44 890 275 464
3505	12 28 50 25	43 059 012 625	3555	12 63 80 25	44 928 178 875
3506	12 29 20 36	43 095 878 216	3556	12 64 51 36	44 966 103 616
3507	12 29 90 49	43 132 764 843	3557	12 65 22 49	45 004 049 693
3508	12 30 60 64	43 169 672 512	3558	12 65 93 64	45 042 017 112
3509	12 31 30 81	43 206 601 229	3559	12 66 64 81	45 080 005 879
3510	12 32 01 00	43 243 551 000	3560	12 67 36 00	45 118 016 000
3511	12 32 71 21	43 280 521 831	3561	12 68 07 21	45 156 047 481
3512	12 33 41 44	43 317 513 728	3562	12 68 78 44	45 194 100 328
3513	12 34 11 69	43 354 526 697	3563	12 69 49 69	45 232 174 547
3514	12 34 81 96	43 391 560 744	3564	12 70 20 96	45 270 270 144
3515	12 35 52 25	43 428 615 875	3565	12 70 92 25	45 308 387 125
3516	12 36 22 56	43 465 692 096	3566	12 71 63 56	45 346 525 496
3517	12 36 92 89	43 502 789 413	3567	12 72 34 89	45 384 685 263
3518	12 37 63 24	43 539 907 832	3568	12 73 06 24	45 422 866 432
3519	12 38 33 61	43 577 047 359	3569	12 73 77 61	45 461 069 009
3520	12 39 04 00	43 614 208 000	3570	12 74 49 00	45 499 293 000
3521	12 39 74 41	43 651 389 761	3571	12 75 20 41	45 537 538 411
3522	12 40 44 84	43 688 592 648	3572	12 75 91 84	45 575 805 248
3523	12 41 15 29	43 725 816 667	3573	12 76 63 29	45 614 093 517
3524	12 41 85 76	43 763 061 824	3574	12 77 34 76	45 652 403 224
3525	12 42 56 25	43 800 328 125	3575	12 78 06 25	45 690 734 375
3526	12 43 26 76	43 837 615 576	3576	12 78 77 76	45 729 086 976
3527	12 43 97 29	43 874 924 183	3577	12 79 49 29	45 767 461 033
3528	12 44 67 84	43 912 253 952	3578	12 80 20 84	45 805 856 552
3529	12 45 38 41	43 959 604 689	3579	12 80 92 41	45 844 273 539
3530	12 46 09 00	43 986 977 000	3580	12 81 64 00	45 882 712 000
3531	12 46 79 61	44 024 370 291	3581	12 82 35 61	45 921 171 941
3532	12 47 50 24	44 061 784 768	3582	12 83 07 24	45 959 653 568
3533	12 48 20 89	44 099 220 437	3583	12 83 78 89	45 998 156 287
3534	12 48 91 56	44 136 677 304	3584	12 84 50 56	46 036 680 704
3535	12 49 62 25	44 174 155 375	3585	12 85 22 25	46 075 226 625
3536	12 50 32 96	44 211 654 656	3586	12 85 93 96	46 113 794 056
3537	12 51 03 69	44 249 175 153	3587	12 86 65 69	46 152 383 003
3538	12 51 74 44	44 286 716 872	3588	12 87 37 44	46 190 993 472
3539	12 52 45 21	44 324 279 819	3589	12 88 09 21	46 229 625 469
3540	12 53 16 00	44 361 864 000	3590	12 88 81 00	46 268 279 000
3541	12 53 86 81	44 399 469 421	3591	12 89 52 81	46 306 954 071
3542	12 54 57 64	44 437 096 088	3592	12 90 24 64	46 345 650 688
3543	12 55 28 49	44 474 744 007	3593	12 90 96 49	46 384 368 857
3544	12 55 99 36	44 512 413 184	3594	12 91 68 36	46 423 108 584
3545	12 56 70 25	44 550 103 625	3595	12 92 40 25	46 461 869 875
3546	12 57 41 16	44 587 815 336	3596	12 93 12 16	46 500 652 736
3547	12 58 12 09	44 625 548 323	3597	12 93 84 09	46 539 457 173
3548	12 58 83 04	44 663 302 592	3598	12 94 56 04	46 578 283 192
3549	12 59 54 01	44 701 078 149	3599	12 95 28 01	46 617 130 799
3550	12 60 25 00	44 738 875 000	3600	12 96 00 00	46 656 000 000

3550

3600

Racines.	Quarrés.	Cubes.	Racines.	Quarrés.	Cubes.
3601	12 96 72 01	46 694 890 801	3651	13 32 98 01	48 667 103 451
3602	12 97 44 04	46 733 863 208	3652	13 33 71 04	48 707 103 808
3603	12 98 16 09	46 772 737 227	3653	13 34 44 09	48 747 126 077
3604	12 98 88 16	46 811 692 864	3654	13 35 17 16	48 787 170 264
3605	12 99 60 25	46 850 670 125	3655	13 35 90 25	48 827 236 375
3606	13 00 32 36	46 889 669 016	3656	13 36 63 36	48 867 324 416
3607	13 01 04 49	46 928 689 543	3657	13 37 36 49	48 907 434 393
3608	13 01 76 64	46 967 751 712	3658	13 38 07 64	48 947 566 312
3609	13 02 48 81	47 006 795 529	3659	13 38 82 81	48 987 720 179
3610	13 03 21 00	47 045 881 000	3660	13 39 56 00	49 027 896 000
3611	13 03 93 21	47 084 988 131	3661	13 40 29 21	49 068 093 781
3612	13 04 65 44	47 124 116 928	3662	13 41 02 44	49 108 313 528
3613	13 05 37 69	47 163 267 397	3663	13 41 75 69	49 148 555 247
3614	13 06 09 96	47 202 439 544	3664	13 42 48 96	49 188 818 944
3615	13 06 82 25	47 241 633 375	3665	13 43 22 25	49 229 104 625
3616	13 07 54 56	47 280 848 896	3666	13 43 95 56	49 269 412 296
3617	13 08 26 89	47 320 086 113	3667	13 44 68 89	49 309 741 963
3618	13 08 99 24	47 359 345 032	3668	13 45 42 24	49 350 093 632
3619	13 09 71 61	47 398 625 659	3669	13 46 15 61	49 390 467 309
3620	13 10 44 00	47 437 928 000	3670	13 46 89 00	49 430 863 000
3621	13 11 16 41	47 477 252 061	3671	13 47 62 41	49 471 280 711
3622	13 11 88 84	47 516 597 848	3672	13 48 35 84	49 511 720 448
3623	13 12 61 29	47 555 965 367	3673	13 49 09 29	49 552 182 217
3624	13 13 33 76	47 595 354 624	3674	13 49 82 76	49 592 666 024
3625	13 14 06 25	47 634 765 625	3675	13 50 56 25	49 633 171 875
3626	13 14 78 76	47 674 198 376	3676	13 51 29 76	49 673 699 776
3627	13 15 51 29	47 713 652 883	3677	13 52 03 29	49 714 249 733
3628	13 16 23 84	47 753 129 152	3678	13 52 76 84	49 754 821 752
3629	13 16 96 41	47 792 627 189	3679	13 53 50 41	49 795 415 839
3630	13 17 69 00	47 832 147 000	3680	13 54 24 00	49 836 032 000
3631	13 18 41 61	47 871 688 591	3681	13 54 97 61	49 876 670 241
3632	13 19 14 24	47 911 251 968	3682	13 55 71 24	49 917 330 568
3633	13 19 86 89	47 950 837 137	3683	13 56 44 89	49 958 012 987
3634	13 20 59 56	47 990 444 104	3684	13 57 18 56	49 998 717 504
3635	13 21 32 25	48 030 072 875	3685	13 57 92 25	50 039 444 125
3636	13 22 04 96	48 069 723 456	3686	13 58 65 96	50 080 192 856
3637	13 22 77 69	48 109 395 853	3687	13 59 39 69	50 120 963 703
3638	13 23 50 44	48 149 090 072	3688	13 60 13 44	50 161 756 672
3639	13 24 23 21	48 188 806 119	3689	13 60 87 21	50 202 571 769
3640	13 24 96 00	48 228 544 000	3690	13 61 61 00	50 243 409 000
3641	13 25 68 81	48 268 303 721	3691	13 62 34 81	50 284 268 371
3642	13 26 41 64	48 308 085 288	3692	13 63 08 64	50 325 149 888
3643	13 27 14 49	48 347 888 707	3693	13 63 82 49	50 366 053 557
3644	13 27 87 36	48 387 713 984	3694	13 64 56 36	50 406 979 384
3645	13 28 60 25	48 427 561 125	3695	13 65 30 25	50 447 927 375
3646	13 29 33 16	48 467 430 136	3696	13 66 04 16	50 488 897 536
3647	13 30 06 09	48 507 321 023	3697	13 66 78 09	50 529 889 873
3648	13 30 79 04	48 547 233 792	3698	13 67 52 04	50 570 904 392
3649	13 31 52 01	48 587 168 449	3699	13 68 26 01	50 611 941 099
3650	13 32 25 00	48 627 125 000	3700	13 69 00 00	50 653 000 000

3650

Ra-cines.	Quarrés.	Cubes.	Ra-cines.	Quarrés.	Cubes.
3701	13 69 74 01	50 692 081 101	3751	14 07 00 01	52 776 373 751
3702	13 70 48 04	50 735 184 408	3752	14 07 75 04	52 818 795 008
3703	13 71 22 09	50 776 509 927	3753	14 08 50 09	52 861 038 777
3704	13 71 96 16	50 817 457 664	3754	14 09 25 16	52 903 305 064
3705	13 72 70 25	50 858 627 625	3755	14 10 00 25	52 945 593 875
3706	13 73 44 36	50 899 819 816	3756	14 10 75 36	52 987 905 216
3707	13 74 18 49	50 941 034 343	3757	14 11 50 49	53 030 239 093
3708	13 74 92 64	50 982 270 912	3758	14 12 25 64	53 072 595 512
3709	13 75 66 81	51 023 529 829	3759	14 13 00 81	53 114 974 479
3710	13 76 41 00	51 064 811 000	3760	14 13 76 00	53 157 376 000
3711	13 77 15 21	51 106 114 431	3761	14 14 51 21	53 199 800 081
3712	13 77 89 44	51 147 440 128	3762	14 15 26 44	53 242 246 728
3713	13 78 63 69	51 188 788 097	3763	14 16 01 69	53 284 715 947
3714	13 79 37 96	51 230 158 344	3764	14 16 76 96	53 327 207 744
3715	13 80 12 25	51 271 550 875	3765	14 17 52 25	53 369 722 125
3716	13 80 86 56	51 312 965 696	3766	14 18 27 56	53 412 259 096
3717	13 81 60 89	51 354 402 813	3767	14 19 02 89	53 454 818 663
3718	13 82 35 24	51 395 862 232	3768	14 19 78 24	53 497 400 832
3719	13 83 09 61	51 437 343 959	3769	14 20 53 61	53 540 005 609
3720	13 83 84 00	51 478 848 000	3770	14 21 29 00	53 582 633 000
3721	13 84 58 41	51 520 374 561	3771	14 22 04 41	53 625 283 011
3722	13 85 32 84	51 561 924 048	3772	14 22 79 84	53 667 955 648
3723	13 86 07 29	51 603 491 067	3773	14 23 55 29	53 710 650 917
3724	13 86 81 76	51 645 087 424	3774	14 24 30 76	53 753 368 824
3725	13 87 56 25	51 686 703 125	3775	14 25 06 25	53 796 109 375
3726	13 88 30 76	51 728 341 176	3776	14 25 81 76	53 838 872 576
3727	13 89 05 29	51 770 001 583	3777	14 26 57 29	53 881 658 433
3728	13 89 79 84	51 811 684 352	3778	14 27 32 84	53 924 466 952
3729	13 90 54 41	51 853 389 489	3779	14 28 08 41	53 967 298 139
3730	13 91 29 00	51 895 117 000	3780	14 28 84 00	54 010 152 000
3731	13 92 03 61	51 936 866 891	3781	14 29 59 61	54 053 028 541
3732	13 92 78 24	51 978 639 168	3782	14 30 35 24	54 095 927 768
3733	13 93 52 89	52 020 433 837	3783	14 31 10 89	54 138 849 687
3734	13 94 27 56	52 062 250 904	3784	14 31 86 56	54 181 794 304
3735	13 95 02 25	52 104 090 375	3785	14 32 62 25	54 224 761 625
3736	13 95 76 96	52 145 952 256	3786	14 33 37 96	54 267 751 656
3737	13 96 51 69	52 187 836 553	3787	14 34 13 69	54 310 764 403
3738	13 97 26 44	52 229 743 272	3788	14 34 89 44	54 353 799 872
3739	13 98 01 21	52 271 672 419	3789	14 35 65 21	54 396 858 069
3740	13 98 76 00	52 313 624 000	3790	14 36 41 00	54 439 939 000
3741	13 99 50 81	52 355 598 021	3791	14 37 16 81	54 483 042 671
3742	14 00 25 64	52 397 594 488	3792	14 37 92 64	54 526 169 088
3743	14 01 00 49	52 439 613 407	3793	14 38 68 49	54 569 318 257
3744	14 01 75 36	52 481 654 784	3794	14 39 44 36	54 612 490 184
3745	14 02 50 25	52 523 718 625	3795	14 40 20 25	54 655 684 875
3746	14 03 25 16	52 565 804 936	3796	14 40 96 16	54 698 902 336
3747	14 04 00 09	52 607 913 723	3797	14 41 72 09	54 742 142 573
3748	14 04 75 04	52 650 044 992	3798	14 42 48 04	54 785 405 592
3749	14 05 50 01	52 692 198 749	3799	14 43 24 01	54 828 691 399
3750	14 06 25 00	52 734 375 000	3800	14 44 00 00	54 872 000 000

3750   3800

Ra-cines.	Quarrés.	Cubes.	Ra-cines.	Quarrés.	Cubes.
3801	14 44 76 01	54 915 331 401	3851	14 83 02 01	57 111 104 051
3802	14 45 52 04	54 958 685 608	3852	14 83 79 04	57 155 606 208
3803	14 46 28 09	55 002 062 627	3853	14 84 56 09	57 200 131 477
3804	14 47 04 16	55 045 462 464	3854	14 85 33 16	57 244 679 864
3805	14 47 80 25	55 088 885 125	3855	14 86 10 25	57 289 251 375
3806	14 48 56 36	55 132 330 616	3856	14 86 87 36	57 333 846 016
3807	14 49 32 49	55 175 798 943	3857	14 87 64 49	57 378 463 793
3808	14 50 08 64	55 219 290 112	3858	14 88 41 64	57 423 104 712
3809	14 50 84 81	55 262 804 129	3859	14 89 18 81	57 467 768 779
3810	14 51 61 00	55 306 341 000	3860	14 89 96 00	57 512 456 000
3811	14 52 37 21	55 349 900 731	3861	14 90 73 21	57 557 166 381
3812	14 53 13 44	55 393 483 528	3862	14 91 50 44	57 601 899 928
3813	14 53 89 69	55 437 088 797	3863	14 92 27 69	57 646 656 647
3814	14 54 65 96	55 480 717 144	3864	14 93 04 96	57 691 436 544
3815	14 55 42 25	55 524 368 375	3865	14 93 82 25	57 736 239 625
3816	14 56 18 56	55 568 042 496	3866	14 94 59 56	57 781 065 896
3817	14 56 94 89	55 611 739 513	3867	14 95 36 89	57 825 915 363
3818	14 57 71 24	55 655 459 432	3868	14 96 14 24	57 870 788 032
3819	14 58 47 61	55 699 202 259	3869	14 96 91 61	57 915 683 909
3820	14 59 24 00	55 742 968 000	3870	14 97 69 00	57 960 603 000
3821	14 60 00 41	55 786 756 661	3871	14 98 46 41	58 005 545 311
3822	14 60 76 84	55 830 568 248	3872	14 99 23 84	58 050 510 848
3823	14 61 53 29	55 874 402 767	3873	15 00 01 29	58 095 499 617
3824	14 62 29 76	55 918 260 224	3874	15 00 78 76	58 140 511 624
3825	14 63 06 25	55 962 140 625	3875	15 01 56 25	58 185 546 875
3826	14 63 82 76	56 006 043 976	3876	15 02 33 76	58 230 605 376
3827	14 64 59 29	56 049 970 283	3877	15 03 11 29	58 275 687 133
3828	14 65 35 84	56 093 919 552	3878	15 03 88 84	58 320 792 152
3829	14 66 12 41	56 137 891 789	3879	15 04 66 41	58 365 920 439
3830	14 66 89 00	56 181 887 000	3880	15 05 44 00	58 411 072 000
3831	14 67 65 61	56 225 905 191	3881	15 06 21 61	58 456 246 841
3832	14 68 42 24	56 269 946 368	3882	15 06 99 24	58 501 444 968
3833	14 69 18 89	56 314 010 537	3883	15 07 76 89	58 546 666 387
3834	14 69 95 56	56 358 097 704	3884	15 08 54 56	58 591 911 104
3835	14 70 72 25	56 402 207 875	3885	15 09 32 25	58 637 179 125
3836	14 71 48 96	56 446 341 056	3886	15 10 09 96	58 682 470 456
3837	14 72 25 69	56 490 497 253	3887	15 10 87 69	58 727 785 103
3838	14 73 02 44	56 534 676 472	3888	15 11 65 44	58 773 123 072
3839	14 73 79 21	56 578 878 719	3889	15 12 43 21	58 818 484 369
3840	14 74 56 00	56 623 104 000	3890	15 13 21 00	58 863 869 000
3841	14 75 32 81	56 667 352 321	3891	15 13 98 81	58 909 276 971
3842	14 76 09 64	56 711 623 688	3892	15 14 76 64	58 954 708 288
3843	14 76 86 49	56 755 918 107	3893	15 15 54 49	59 000 162 957
3844	14 77 63 36	56 800 235 584	3894	15 16 32 36	59 045 640 984
3845	14 78 40 25	56 844 576 125	3895	15 17 10 25	59 091 142 375
3846	14 79 17 16	56 888 939 736	3896	15 17 88 16	59 136 667 136
3847	14 79 94 09	56 933 326 423	3897	15 18 66 09	59 182 215 273
3848	14 80 71 04	56 977 736 192	3898	15 19 44 04	59 227 786 792
3849	14 81 48 01	57 022 169 049	3899	15 20 22 01	59 273 381 699
3850	14 82 25 00	57 066 625 000	3900	15 21 00 00	59 319 000 000

Racines	Quarrés.	Cubes.	Racines	Quarrés.	Cubes.
3901	15 21 78 01	59 364 641 701	3951	15 61 04 01	61 676 694 351
3902	15 22 56 04	59 410 505 808	3952	15 61 83 04	61 723 537 408
3903	15 23 34 09	59 455 945 327	3953	15 62 62 09	61 770 404 177
3904	15 24 12 16	59 501 707 264	3954	15 63 41 16	61 817 294 664
3905	15 24 90 25	59 547 442 625	3955	15 64 20 25	61 864 208 875
3906	15 25 68 36	59 593 291 416	3956	15 64 99 36	61 911 146 816
3907	15 26 46 49	59 638 983 643	3957	15 65 78 49	61 958 108 493
3908	15 27 24 64	59 684 789 312	3958	15 66 57 64	62 005 093 912
3909	15 28 02 81	59 730 618 429	3959	15 67 36 81	62 052 103 079
3910	15 28 81 00	59 776 471 000	3960	15 68 16 00	62 099 136 000
3911	15 29 59 21	59 822 347 031	3961	15 68 95 21	62 146 192 681
3912	15 30 37 44	59 868 246 528	3962	15 69 74 44	62 193 273 128
3913	15 31 15 69	59 914 169 497	3963	15 70 53 69	62 240 377 347
3914	15 31 93 96	59 960 115 944	3964	15 71 32 96	62 287 505 344
3915	15 32 72 25	60 006 085 875	3965	15 72 12 25	62 334 657 125
3916	15 33 50 56	60 052 079 296	3966	15 72 91 56	62 381 832 696
3917	15 34 28 89	60 098 096 213	3967	15 73 70 89	62 429 032 063
3918	15 35 07 24	60 144 136 632	3968	15 74 50 24	62 476 255 232
3919	15 35 85 61	60 190 200 559	3969	15 75 29 61	62 523 502 209
3920	15 36 64 00	60 236 288 000	3970	15 76 09 00	62 570 773 000
3921	15 37 42 41	60 282 398 961	3971	15 76 88 41	62 618 067 611
3922	15 38 20 84	60 328 533 448	3972	15 77 67 84	62 665 386 048
3923	15 38 99 29	60 374 691 467	3973	15 78 47 29	62 712 728 317
3924	15 39 77 76	60 420 873 024	3974	15 79 26 76	62 760 094 424
3925	15 40 56 25	60 467 078 125	3975	15 80 06 25	62 807 484 375
3926	15 41 34 76	60 513 306 776	3976	15 80 85 76	62 854 898 176
3927	15 42 13 29	60 559 558 983	3977	15 81 65 29	62 902 335 833
3928	15 42 91 84	60 605 835 752	3978	15 82 44 84	62 949 797 352
3929	15 43 70 41	60 652 136 089	3979	15 83 24 41	62 997 282 739
3930	15 44 49 00	60 698 457 000	3980	15 84 04 00	63 044 792 000
3931	15 45 27 61	60 744 803 491	3981	15 84 83 61	63 092 325 141
3932	15 46 06 24	60 791 173 568	3982	15 85 63 24	63 139 882 168
3933	15 46 84 89	60 837 567 237	3983	15 86 42 89	63 187 463 087
3934	15 47 63 56	60 883 984 504	3984	15 87 22 56	63 235 007 904
3935	15 48 42 25	60 930 425 375	3985	15 88 02 25	63 282 696 625
3936	15 49 20 96	60 976 889 856	3986	15 88 81 96	63 330 349 256
3937	15 49 99 69	61 023 377 953	3987	15 89 61 69	63 378 025 803
3938	15 50 78 44	61 069 889 672	3988	15 90 41 44	63 425 726 272
3939	15 51 57 21	61 116 425 019	3989	15 91 21 21	63 473 450 669
3940	15 52 36 00	61 162 984 000	3990	15 92 01 00	63 521 199 000
3941	15 53 14 81	61 209 566 621	3991	15 92 80 81	63 568 971 271
3942	15 53 93 64	61 256 172 888	3992	15 93 60 64	63 616 767 488
3943	15 54 72 49	61 302 802 807	3993	15 94 40 49	63 664 587 657
3944	15 55 51 36	61 349 456 384	3994	15 95 20 36	63 712 431 784
3945	15 56 30 25	61 396 133 625	3995	15 96 00 25	63 760 299 875
3946	15 57 09 16	61 442 834 536	3996	15 96 80 16	63 808 191 936
3947	15 57 88 09	61 489 559 123	3997	15 97 60 09	63 856 107 973
3948	15 58 67 04	61 536 307 392	3998	15 98 40 04	63 904 047 992
3949	15 59 46 01	61 583 079 349	3999	15 99 20 01	63 952 011 999
3950	15 60 25 00	61 629 875 000	4000	16 00 00 00	64 000 000 000

3950   4000

Ra-cines.	Quarrés.	Cubes.	Ra-cines.	Quarrés.	Cubes.
4001	16 00 80 01	64 048 012 001	4051	16 41 06 01	66 479 344 651
4002	16 01 60 04	64 096 048 008	4052	16 41 87 04	66 528 588 608
4003	16 02 40 09	64 144 108 027	4053	16 42 68 09	66 577 856 877
4004	16 03 20 16	64 192 192 064	4054	16 43 49 16	66 627 149 464
4005	16 04 00 25	64 240 300 125	4055	16 44 30 25	66 676 466 375
4006	16 04 80 36	64 288 432 216	4056	16 45 11 36	66 725 807 616
4007	16 05 60 49	64 336 588 343	4057	16 45 92 49	66 775 173 193
4008	16 06 40 64	64 384 768 512	4058	16 46 73 64	66 824 563 112
4009	16 07 20 81	64 432 972 729	4059	16 47 54 81	66 873 977 379
4010	16 08 01 00	64 481 201 000	4060	16 48 36 00	66 923 416 000
4011	16 08 81 21	64 529 453 331	4061	16 49 17 21	66 972 878 981
4012	16 09 61 44	64 577 729 728	4062	16 49 98 44	67 022 366 328
4013	16 10 41 69	64 626 030 197	4063	16 50 79 69	67 071 878 047
4014	16 11 21 96	64 674 354 744	4064	16 51 60 96	67 121 414 144
4015	16 12 02 25	64 722 703 375	4065	16 52 42 25	67 170 974 625
4016	16 12 82 56	64 771 076 096	4066	16 53 23 56	67 220 559 496
4017	16 13 62 89	64 819 472 913	4067	16 54 04 89	67 270 168 763
4018	16 14 43 24	64 867 893 832	4068	16 54 86 24	67 319 802 432
4019	16 15 23 61	64 916 338 859	4069	16 55 67 61	67 369 460 509
4020	16 16 04 00	64 964 808 000	4070	16 56 49 00	67 419 143 000
4021	16 16 84 41	65 013 301 261	4071	16 57 30 41	67 468 849 911
4022	16 17 64 84	65 061 818 648	4072	16 58 11 84	67 518 581 248
4023	16 18 45 29	65 110 360 167	4073	16 58 93 29	67 568 337 017
4024	16 19 25 76	65 158 925 824	4074	16 59 74 76	67 618 117 224
4025	16 20 06 25	65 207 515 625	4075	16 60 56 25	67 667 921 875
4026	16 20 86 76	65 256 129 576	4076	16 61 37 76	67 717 750 976
4027	16 21 67 29	65 304 767 683	4077	16 62 19 29	67 767 604 533
4028	16 22 47 84	65 353 429 952	4078	16 63 00 84	67 817 482 552
4029	16 23 28 41	65 402 116 389	4079	16 63 82 41	67 867 385 039
4030	16 24 09 00	65 450 827 000	4080	16 64 64 00	67 917 312 000
4031	16 24 89 61	65 499 561 791	4081	16 65 45 61	67 967 263 441
4032	16 25 70 24	65 548 320 768	4082	16 66 27 24	68 017 239 368
4033	16 26 50 89	65 597 103 037	4083	16 67 08 89	68 067 239 787
4034	16 27 31 56	65 645 911 304	4084	16 67 90 56	68 117 254 704
4035	16 28 12 25	65 694 742 875	4085	16 68 72 25	68 167 314 125
4036	16 28 92 96	65 743 598 656	4086	16 69 53 96	68 217 388 056
4037	16 29 73 69	65 792 478 653	4087	16 70 35 69	68 267 486 503
4038	16 30 54 44	65 841 382 872	4088	16 71 17 44	68 317 609 472
4039	16 31 35 21	65 890 311 319	4089	16 71 99 21	68 367 756 969
4040	16 32 16 00	65 939 264 000	4090	16 72 81 00	68 417 929 000
4041	16 32 96 81	65 988 240 921	4091	16 73 62 81	68 468 125 571
4042	16 33 77 64	66 037 242 088	4092	16 74 44 64	68 518 346 688
4043	16 34 58 49	66 086 267 507	4093	16 75 26 49	68 568 592 357
4044	16 35 39 36	66 135 317 184	4094	16 76 08 36	68 618 862 584
4045	16 36 20 25	66 184 391 125	4095	16 76 90 25	68 669 157 375
4046	16 37 01 16	66 233 489 336	4096	16 77 72 16	68 719 476 736
4047	16 37 82 09	66 282 611 823	4097	16 78 54 09	68 769 820 673
4048	16 38 63 04	66 331 758 592	4098	16 79 36 04	68 820 189 192
4049	16 39 44 01	66 380 929 649	4099	16 80 18 01	68 870 582 299
4050	16 40 25 00	66 430 125 000	4100	16 81 00 00	68 921 000 000

Racines.	Quarrés.	Cubes.	Racines.	Quarrés.	Cubes.
4101	16 81 82 01	68 971 442 301	4151	17 23 08 01	71 525 054 951
4102	16 82 64 04	69 021 909 208	4152	17 23 91 04	71 576 759 808
4103	16 83 46 09	69 072 400 727	4153	17 24 74 09	71 628 489 577
4104	16 84 28 16	69 122 916 864	4154	17 25 57 16	71 680 244 264
4105	16 85 10 25	69 173 457 625	4155	17 26 40 25	71 732 023 875
4106	16 85 92 36	69 224 023 016	4156	17 27 23 36	71 783 828 416
4107	16 86 74 49	69 274 613 043	4157	17 28 06 49	71 835 657 893
4108	16 87 56 64	69 325 227 712	4158	17 28 89 64	71 887 512 312
4109	16 88 38 81	69 375 867 029	4159	17 29 72 81	71 939 391 679
4110	16 89 21 00	69 426 531 000	4160	17 30 56 00	71 991 296 000
4111	16 90 03 21	69 477 219 631	4161	17 31 39 21	72 043 225 281
4112	16 90 85 44	69 527 932 928	4162	17 32 22 44	72 095 179 528
4113	16 91 67 69	69 578 670 897	4163	17 33 05 69	72 147 158 747
4114	16 92 49 96	69 629 433 544	4164	17 33 88 96	72 199 162 944
4115	16 93 32 25	69 680 220 875	4165	17 34 72 25	72 251 192 125
4116	16 94 14 56	69 731 032 896	4166	17 35 55 56	72 303 246 296
4117	16 94 96 89	69 781 869 613	4167	17 36 38 89	72 355 325 463
4118	16 95 79 24	69 832 731 032	4168	17 37 22 24	72 407 429 632
4119	16 96 61 61	69 883 617 159	4169	17 38 05 61	72 459 558 809
4120	16 97 44 00	69 934 528 000	4170	17 38 89 00	72 511 713 000
4121	16 98 26 41	69 985 463 561	4171	17 39 72 41	72 563 892 211
4122	16 99 08 84	70 036 423 848	4172	17 40 55 84	72 616 096 448
4123	16 99 91 29	70 087 408 867	4173	17 41 39 29	72 668 325 717
4124	17 00 73 76	70 138 418 624	4174	17 42 22 76	72 720 580 024
4125	17 01 56 25	70 189 453 125	4175	17 43 06 25	72 772 859 375
4126	17 02 38 76	70 240 512 376	4176	17 43 89 76	72 825 163 776
4127	17 03 21 29	70 291 596 383	4177	17 44 73 29	72 877 493 233
4128	17 04 03 84	70 342 705 152	4178	17 45 56 84	72 929 847 752
4129	17 04 86 41	70 393 838 689	4179	17 46 40 41	72 982 227 339
4130	17 05 69 00	70 444 997 000	4180	17 47 24 00	73 034 632 000
4131	17 06 51 61	70 496 180 091	4181	17 48 07 61	73 087 061 741
4132	17 07 34 24	70 547 387 968	4182	17 48 91 24	73 139 516 568
4133	17 08 16 89	70 598 620 637	4183	17 49 74 89	73 191 996 487
4134	17 08 99 56	70 649 878 104	4184	17 50 58 56	73 244 501 504
4135	17 09 82 25	70 701 160 375	4185	17 51 42 25	73 297 031 625
4136	17 10 64 96	70 752 467 456	4186	17 52 25 96	73 349 586 856
4137	17 11 47 69	70 803 799 353	4187	17 53 09 69	73 402 167 203
4138	17 12 30 44	70 855 156 072	4188	17 53 93 44	73 454 772 672
4139	17 13 13 21	70 906 537 619	4189	17 54 77 21	73 507 403 269
4140	17 13 96 00	70 957 944 000	4190	17 55 61 00	73 560 059 000
4141	17 14 78 81	71 009 375 221	4191	17 56 44 81	73 612 739 871
4142	17 15 61 64	71 060 831 288	4192	17 57 28 64	73 665 445 888
4143	17 16 44 49	71 112 312 207	4193	17 58 12 49	73 718 177 057
4144	17 17 27 36	71 163 817 984	4194	17 58 96 36	73 770 933 384
4145	17 18 10 25	71 215 348 625	4195	17 59 80 25	73 823 714 875
4146	17 18 93 16	71 266 904 136	4196	17 60 64 16	73 876 521 536
4147	17 19 76 09	71 318 484 523	4197	17 61 48 09	73 929 353 373
4148	17 20 59 04	71 370 089 792	4198	17 62 32 04	73 982 210 392
4149	17 21 42 01	71 421 719 949	4199	17 63 16 01	74 035 092 599
4150	17 22 25 00	71 473 375 000	4200	17 64 00 00	74 088 000 000

Ra-cines.	Quarrés.	Cubes.	Ra-cines.	Quarrés.	Cubes.
4201	17 64 84 01	74 140 632 601	4251	18 07 10 01	76 819 825 151
4202	17 65 68 04	74 193 840 408	4252	18 07 95 04	76 874 051 008
4203	17 66 52 09	74 246 873 427	4253	18 08 80 09	76 928 302 277
4204	17 67 36 16	74 299 881 664	4254	18 09 65 16	76 982 579 064
4205	17 68 20 25	74 352 915 125	4255	18 10 50 25	77 036 881 375
4206	17 69 04 36	74 405 973 816	4256	18 11 35 36	77 091 209 216
4207	17 69 88 49	74 459 057 743	4257	18 12 20 49	77 145 562 593
4208	17 70 72 64	74 512 166 912	4258	18 13 05 64	77 199 941 512
4209	17 71 56 81	74 565 301 329	4259	18 13 90 81	77 254 345 979
4210	17 72 41 00	74 618 461 000	4260	18 14 76 00	77 308 776 000
4211	17 73 25 21	74 671 645 931	4261	18 15 61 21	77 363 231 581
4212	17 74 09 44	74 724 856 128	4262	18 16 46 44	77 417 712 728
4213	17 74 93 69	74 778 091 597	4263	18 17 31 69	77 472 219 447
4214	17 75 77 96	74 831 352 344	4264	18 18 16 96	77 526 751 744
4215	17 76 62 25	74 884 638 375	4265	18 19 02 25	77 581 309 625
4216	17 77 46 56	74 937 949 696	4266	18 19 87 56	77 635 893 096
4217	17 78 30 89	74 991 286 313	4267	18 20 72 89	77 690 502 163
4218	17 79 15 24	75 044 648 232	4268	18 21 58 24	77 745 136 832
4219	17 79 99 61	75 098 036 459	4269	18 22 43 61	77 799 797 109
4220	17 80 84 00	75 151 448 000	4270	18 23 29 00	77 854 483 000
4221	17 81 68 41	75 204 885 861	4271	18 24 14 41	77 909 194 511
4222	17 82 52 84	75 258 349 048	4272	18 24 99 84	77 963 931 648
4223	17 83 37 29	75 311 837 567	4273	18 25 85 29	78 018 694 417
4224	17 84 21 76	75 365 351 424	4274	18 26 70 76	78 073 482 824
4225	17 85 06 25	75 418 890 625	4275	18 27 56 25	78 128 296 875
4226	17 85 90 76	75 472 455 176	4276	18 28 41 76	78 183 136 576
4227	17 86 75 29	75 526 045 083	4277	18 29 27 29	78 238 001 933
4228	17 87 59 84	75 579 660 352	4278	18 30 12 84	78 292 892 952
4229	17 88 44 41	75 633 300 989	4279	18 30 98 41	78 347 809 639
4230	17 89 29 00	75 686 967 000	4280	18 31 84 00	78 402 752 000
4231	17 90 13 61	75 740 658 391	4281	18 32 69 61	78 457 720 041
4232	17 90 98 24	75 794 375 168	4282	18 33 55 24	78 512 713 768
4233	17 91 82 89	75 848 117 337	4283	18 34 40 89	78 567 733 187
4234	17 92 67 56	75 901 884 904	4284	18 35 26 56	78 622 778 304
4235	17 93 52 25	75 955 677 875	4285	18 36 12 25	78 677 849 125
4236	17 94 36 96	76 009 496 256	4286	18 36 97 96	78 732 945 656
4237	17 95 21 69	76 063 340 053	4287	18 37 85 69	78 788 067 903
4238	17 96 06 44	76 117 203 272	4288	18 38 69 44	78 843 215 872
4239	17 96 91 21	76 171 103 919	4289	18 39 55 21	78 898 389 569
4240	17 97 76 00	76 225 024 000	4290	18 40 41 00	78 953 589 000
4241	17 98 60 81	76 278 969 521	4291	18 41 26 81	79 008 814 171
4242	17 99 45 64	76 332 940 488	4292	18 42 12 64	79 064 065 088
4243	18 00 30 49	76 386 936 007	4293	18 42 98 49	79 119 341 757
4244	18 01 15 36	76 440 958 784	4294	18 43 84 36	79 174 644 184
4245	18 02 00 25	76 495 006 125	4295	18 44 70 25	79 229 972 375
4246	18 02 85 16	76 549 078 936	4296	18 45 56 16	79 285 326 336
4247	18 03 70 09	76 603 177 223	4297	18 46 42 09	79 340 706 073
4248	18 04 55 04	76 657 300 992	4298	18 47 28 04	79 396 111 592
4249	18 05 40 01	76 711 450 249	4299	18 48 14 01	79 451 542 899
4250	18 06 25 00	76 765 625 000	4300	18 49 00 00	79 507 000 000

4250

4300

Ra-cines	Quarrés.	Cubes.	Ra-cines	Quarrés.	Cubes.
4301	18 49 86 01	79 562 482 901	4351	18 93 12 01	82 369 655 551
4302	18 50 72 04	79 617 991 608	4352	18 93 99 04	82 426 462 208
4303	18 51 58 09	79 673 526 127	4353	18 94 86 09	82 483 294 977
4304	18 52 44 16	79 729 086 464	4354	18 95 73 16	82 540 153 864
4305	18 53 30 25	79 784 672 625	4355	18 96 60 25	82 597 038 875
4306	18 54 16 36	79 840 284 616	4356	18 97 47 36	82 653 950 016
4307	18 55 02 49	79 895 922 443	4357	18 98 34 49	82 710 887 293
4308	18 55 88 64	79 951 586 112	4358	18 99 21 64	82 767 850 712
4309	18 56 74 81	80 007 275 629	4359	19 00 08 81	82 824 840 279
4310	18 57 61 00	80 062 991 000	4360	19 00 96 00	82 881 856 000
4311	18 58 47 21	80 118 732 231	4361	19 01 83 21	82 938 897 881
4312	18 59 33 44	80 174 499 328	4362	19 02 70 44	82 995 965 928
4313	18 60 19 69	80 230 292 297	4363	19 03 57 69	83 053 060 147
4314	18 61 05 96	80 286 111 144	4364	19 04 44 96	83 110 180 544
4315	18 61 92 25	80 341 955 875	4365	19 05 32 25	83 167 327 125
4316	18 62 78 56	80 397 826 496	4366	19 06 19 56	83 224 499 896
4317	18 63 64 89	80 453 723 013	4367	19 07 06 89	83 281 698 863
4318	18 64 51 24	80 509 645 432	4368	19 07 94 24	83 338 924 032
4319	18 65 37 61	80 565 593 759	4369	19 08 81 61	83 396 175 409
4320	18 66 24 00	80 621 568 000	4370	19 09 69 00	83 453 453 000
4321	18 67 10 41	80 677 568 161	4371	19 10 56 41	83 510 756 811
4322	18 67 96 84	80 733 594 248	4372	19 11 43 84	83 568 086 848
4323	18 68 83 29	80 789 646 267	4373	19 12 31 29	83 625 443 117
4324	18 69 69 76	80 845 724 224	4374	19 13 18 76	83 682 825 624
4325	18 70 56 25	80 901 828 125	4375	19 14 06 25	83 740 234 375
4326	18 71 42 76	80 957 957 976	4376	19 14 93 76	83 797 669 376
4327	18 72 29 29	81 014 113 783	4377	19 15 81 29	83 855 130 633
4328	18 73 15 84	81 070 295 552	4378	19 16 68 84	83 912 618 152
4329	18 74 02 41	81 126 503 289	4379	19 17 56 41	83 970 131 939
4330	18 74 89 00	81 182 737 000	4380	19 18 44 00	84 027 672 000
4331	18 75 75 61	81 238 996 691	4381	19 19 31 61	84 085 238 341
4332	18 76 62 24	81 295 282 368	4382	19 20 19 24	84 142 830 968
4333	18 77 48 89	81 351 594 037	4383	19 21 06 89	84 200 449 887
4334	18 78 35 56	81 407 931 704	4384	19 21 94 56	84 258 095 104
4335	18 79 22 25	81 464 295 375	4385	19 22 82 25	84 315 766 625
4336	18 80 08 96	81 520 685 056	4386	19 23 69 96	84 373 464 456
4337	18 80 95 69	81 577 100 753	4387	19 24 57 69	84 431 188 603
4338	18 81 82 44	81 633 542 472	4388	19 25 45 44	84 488 939 072
4339	18 82 69 21	81 690 010 219	4389	19 26 33 21	84 546 715 869
4340	18 83 56 00	81 746 504 000	4390	19 27 21 00	84 604 519 000
4341	18 84 42 81	81 803 023 821	4391	19 28 08 81	84 662 348 471
4342	18 85 29 64	81 859 569 688	4392	19 28 96 64	84 720 204 288
4343	18 86 16 49	81 916 141 607	4393	19 29 84 49	84 778 086 457
4344	18 87 03 36	81 972 739 584	4394	19 30 72 36	84 835 994 984
4345	18 87 90 25	82 029 363 625	4395	19 31 60 25	84 893 929 875
4346	18 88 77 16	82 086 013 736	4396	19 32 48 16	84 951 891 136
4347	18 89 64 09	82 142 689 923	4397	19 33 36 09	85 009 878 773
4348	18 90 51 04	82 199 392 192	4398	19 34 24 04	85 067 892 792
4349	18 91 38 01	82 256 120 549	4399	19 35 12 01	85 125 933 199
4350	18 92 25 00	82 312 875 000	4400	19 36 00 00	85 184 000 000

4350

4400

Ra-cines.	Quarrés.	Cubes.	Ra-cines.	Quarrés.	Cubes.
4401	19 36 88 01	85 242 055 201	4451	19 81 14 01	88 180 545 851
4402	19 37 76 04	85 300 212 8c8	4452	19 82 03 04	88 239 363 408
4403	19 38 64 09	85 358 358 827	4453	19 82 92 09	88 299 407 677
4404	19 39 52 16	85 416 531 264	4454	19 83 81 16	88 358 958 664
4405	19 40 40 25	85 474 730 125	4455	19 84 70 25	88 418 496 375
4406	19 41 28 36	85 532 955 416	4456	19 85 59 36	88 478 050 816
4407	19 42 16 49	85 591 207 143	4457	19 86 48 49	88 537 651 993
4408	19 43 04 64	85 649 485 512	4458	19 87 37 64	88 597 239 912
4409	19 43 92 81	85 707 789 929	4459	19 88 26 81	88 656 874 579
4410	19 44 81 00	85 766 121 000	4460	19 89 16 00	88 716 536 000
4411	19 45 69 21	85 824 478 531	4461	19 90 05 21	88 776 224 281
4412	19 46 57 44	85 882 862 528	4462	19 90 94 44	88 836 939 128
4413	19 47 45 69	85 941 272 997	4463	19 91 83 69	88 895 680 817
4414	19 48 33 96	85 999 709 944	4464	19 92 72 96	88 955 449 344
4415	19 49 22 25	86 058 173 375	4465	19 93 62 25	89 015 244 625
4416	19 50 10 56	86 116 663 296	4466	19 94 51 56	89 075 066 696
4417	19 50 98 89	86 175 179 713	4467	19 95 40 89	89 134 915 563
4418	19 51 87 24	86 233 722 632	4468	19 96 30 24	89 194 791 232
4419	19 52 75 61	86 292 292 059	4469	19 97 19 61	89 254 693 709
4420	19 53 64 00	86 350 888 000	4470	19 98 09 00	89 314 623 000
4421	19 54 52 41	86 409 510 461	4471	19 98 98 41	89 374 579 111
4422	19 55 40 84	86 468 159 448	4472	19 99 87 84	89 434 562 048
4423	19 56 29 29	86 526 834 967	4473	20 00 77 29	89 494 571 817
4424	19 57 17 76	86 585 537 024	4474	20 01 66 76	89 554 608 424
4425	19 58 06 25	86 644 265 625	4475	20 02 56 25	89 614 671 875
4426	19 58 94 76	86 703 020 776	4476	20 03 45 76	89 674 762 176
4427	19 59 83 29	86 761 802 483	4477	20 04 35 29	89 734 879 333
4428	19 60 71 84	86 820 610 752	4478	20 05 24 84	89 795 023 352
4429	19 61 60 41	86 879 445 589	4479	20 06 14 41	89 855 191 239
4430	19 62 49 00	86 938 307 000	4480	20 07 04 00	89 915 392 000
4431	19 63 37 61	86 997 194 991	4481	20 07 93 61	89 975 616 641
4432	19 64 26 24	87 056 109 368	4482	20 08 83 24	90 035 868 168
4433	19 65 14 89	87 115 050 737	4483	20 09 72 89	90 096 146 587
4434	19 66 03 56	87 174 018 504	4484	20 10 62 56	90 156 451 904
4435	19 66 92 25	87 233 012 875	4485	20 11 52 25	90 216 784 125
4436	19 67 80 96	87 292 033 856	4486	20 12 41 96	90 277 143 256
4437	19 68 69 69	87 351 081 453	4487	20 13 31 69	90 337 529 303
4438	19 69 58 44	87 410 155 672	4488	20 14 21 44	90 397 942 272
4439	19 70 47 21	87 469 256 519	4489	20 15 11 21	90 458 382 169
4440	19 71 36 00	87 528 384 000	4490	20 16 01 00	90 518 849 000
4441	19 72 24 81	87 587 538 121	4491	20 16 90 81	90 579 342 771
4442	19 73 13 64	87 646 718 888	4492	20 17 80 64	90 639 863 488
4443	19 74 02 49	87 705 926 307	4493	20 18 70 49	90 700 411 157
4444	19 74 91 36	87 765 160 384	4494	20 19 60 36	90 760 985 784
4445	19 75 80 25	87 824 421 125	4495	20 20 50 25	90 821 587 375
4446	19 76 69 16	87 883 708 536	4496	20 21 40 16	90 882 215 936
4447	19 77 58 09	87 943 022 623	4497	20 22 30 09	90 942 871 473
4448	19 78 47 04	88 002 363 392	4498	20 23 20 04	91 003 553 992
4449	19 79 36 01	88 061 730 849	4499	20 24 10 01	91 064 263 499
4450	19 80 25 00	88 121 125 000	4500	20 25 00 00	91 125 000 000

4450

4500

Racines.	Quarrés.	Cubes.	Racines.	Quarrés.	Cubes.
4501	20 25 90 01	91 185 763 501	4551	20 71 16 01	94 258 496 151
4502	20 26 80 04	91 246 553 008	4552	20 72 07 04	94 320 644 608
4503	20 27 70 09	91 307 371 527	4553	20 72 98 09	94 382 820 577
4504	20 28 60 16	91 368 216 064	4554	20 73 89 16	94 445 023 464
4505	20 29 50 25	91 429 087 625	4555	20 74 80 25	94 507 253 875
4506	20 30 40 36	91 489 986 216	4556	20 75 71 36	94 569 511 616
4507	20 31 30 49	91 550 911 843	4557	20 76 62 49	94 631 796 693
4508	20 32 20 64	91 611 864 512	4558	20 77 53 64	94 694 109 112
4509	20 33 10 81	91 672 844 229	4559	20 78 44 81	94 756 448 879
4510	20 34 01 00	91 733 851 000	4560	20 79 36 00	94 818 816 000
4511	20 34 91 21	91 794 834 831	4561	20 80 27 21	94 881 210 481
4512	20 35 81 44	91 855 945 728	4562	20 81 18 44	94 943 632 328
4513	20 36 71 96	91 917 035 697	4563	20 82 09 69	95 006 081 547
4514	20 37 61 96	91 978 143 744	4564	20 83 00 96	95 068 558 144
4515	20 38 52 25	92 039 290 875	4565	20 83 92 25	95 131 062 125
4516	20 39 42 56	92 100 460 096	4566	20 84 83 56	95 193 593 496
4517	20 40 32 89	92 161 656 413	4567	20 85 74 89	95 256 152 263
4518	20 41 23 24	92 222 879 832	4568	20 86 66 24	95 318 738 432
4519	20 42 13 61	92 284 130 359	4569	20 87 57 61	95 381 352 009
4520	20 43 04 00	92 345 408 000	4570	20 88 49 00	95 443 993 000
4521	20 43 94 41	92 406 712 761	4571	20 89 40 41	95 506 661 411
4522	20 44 84 84	92 468 044 648	4572	20 90 31 84	95 569 357 248
4523	20 45 75 29	92 529 403 667	4573	20 91 23 29	95 632 080 517
4524	20 46 65 76	92 590 789 824	4574	20 92 14 76	95 694 831 224
4525	20 47 56 25	92 652 202 125	4575	20 93 06 25	95 757 609 375
4526	20 48 46 76	92 713 643 576	4576	20 93 97 76	95 820 414 976
4527	20 49 37 29	92 775 111 183	4577	20 94 89 29	95 883 248 033
4528	20 50 27 84	92 836 605 952	4578	20 95 80 84	95 946 108 552
4529	20 51 18 41	92 898 127 889	4579	20 96 72 41	96 008 996 539
4530	20 52 09 00	92 959 677 000	4580	20 97 64 00	96 071 912 000
4531	20 52 99 61	93 021 253 291	4581	20 98 55 61	96 134 854 941
4532	20 53 90 24	93 082 856 768	4582	20 99 47 24	96 197 825 368
4533	20 54 80 89	93 144 487 437	4583	21 00 38 89	96 260 823 287
4534	20 55 71 56	93 206 145 304	4584	21 01 30 56	96 323 848 704
4535	20 56 62 25	93 267 830 375	4585	21 02 22 25	96 386 901 625
4536	20 57 52 96	93 329 542 656	4586	21 03 13 96	96 449 982 056
4537	20 58 43 69	93 391 282 153	4587	21 04 05 69	96 513 090 003
4538	20 59 34 44	93 453 048 872	4588	21 04 97 44	96 576 225 472
4539	20 60 25 21	93 514 842 819	4589	21 05 89 21	96 639 388 469
4540	20 61 16 00	93 576 664 000	4590	21 06 81 00	96 702 579 000
4541	20 62 06 81	93 638 512 421	4591	21 07 72 81	96 765 797 071
4542	20 62 97 64	93 700 383 088	4592	21 08 64 64	96 829 042 688
4543	20 63 88 49	93 762 291 007	4593	21 09 56 49	96 892 315 857
4544	20 64 79 36	93 824 221 184	4594	21 10 48 36	96 955 616 584
4545	20 65 70 25	93 886 178 625	4595	21 11 40 25	97 018 944 875
4546	20 66 61 16	93 948 163 336	4596	21 12 32 16	97 082 300 736
4547	20 67 52 09	94 010 175 323	4597	21 13 24 09	97 145 684 173
4548	20 68 43 04	94 072 214 592	4598	21 14 16 04	97 209 095 192
4549	20 69 34 01	94 134 281 149	4599	21 15 08 01	97 272 533 799
4550	20 70 25 00	94 196 375 000	4600	21 16 00 00	97 336 000 000

4550

4600

Racines.	Quarrés.	Cubes.	Racines.	Quarrés.	Cubes.
4601	21 16 92 01	97 309 493 801	4651	21 63 18 01	100 609 506 451
4602	21 17 84 04	97 475 015 208	4652	21 64 11 04	100 674 415 808
4603	21 18 76 09	97 526 564 227	4653	21 65 04 09	100 739 353 077
4604	21 19 68 16	97 590 140 864	4654	21 65 97 16	100 804 318 264
4605	21 20 60 25	97 653 745 125	4655	21 66 90 25	100 869 311 375
4606	21 21 52 36	97 717 377 016	4656	21 67 83 36	100 934 332 416
4607	21 22 44 49	97 781 036 543	4657	21 68 76 49	100 999 381 393
4608	21 23 36 64	97 844 723 712	4658	21 69 69 64	101 064 458 312
4609	21 24 28 81	97 908 438 529	4659	21 70 62 81	101 129 563 179
4610	21 25 21 00	97 972 181 000	4660	21 71 56 00	101 194 696 000
4611	21 26 13 21	98 035 951 131	4661	21 72 49 21	101 259 856 781
4612	21 27 05 44	98 099 748 928	4662	21 73 42 44	101 325 045 528
4613	21 27 97 69	98 163 574 397	4663	21 74 35 69	101 390 262 247
4614	21 28 89 96	98 227 427 544	4664	21 75 28 96	101 455 506 944
4615	21 29 82 25	98 291 308 375	4665	21 76 22 25	101 520 779 625
4616	21 30 74 56	98 355 216 896	4666	21 77 15 56	101 586 080 296
4617	21 31 66 89	98 419 153 113	4667	21 78 08 89	101 651 408 963
4618	21 32 59 24	98 483 117 032	4668	21 79 02 24	101 716 765 632
4619	21 33 51 61	98 547 108 659	4669	21 79 95 61	101 782 150 309
4620	21 34 44 00	98 611 128 000	4670	21 80 89 00	101 847 563 000
4621	21 35 36 41	98 675 175 061	4671	21 81 82 41	101 913 003 711
4622	21 36 28 84	98 739 249 848	4672	21 82 75 84	101 978 472 448
4623	21 37 21 29	98 803 352 367	4673	21 83 69 29	102 043 969 217
4624	21 38 13 76	98 867 482 624	4674	21 84 62 76	102 109 494 024
4625	21 39 06 25	98 931 640 625	4675	21 85 56 25	102 175 046 875
4626	21 39 98 76	98 995 826 376	4676	21 86 49 76	102 240 627 776
4627	21 40 91 29	99 060 039 883	4677	21 87 43 29	102 306 236 733
4628	21 41 83 84	99 124 281 152	4678	21 88 36 84	102 371 873 752
4629	21 42 76 41	99 188 550 189	4679	21 89 30 41	102 437 538 839
4630	21 43 69 00	99 252 847 000	4680	21 90 24 00	102 503 232 000
4631	21 44 61 61	99 317 171 591	4681	21 91 17 61	102 568 953 241
4632	21 45 54 24	99 381 523 968	4682	21 92 11 24	102 634 792 568
4633	21 46 46 89	99 445 904 137	4683	21 93 04 89	102 700 479 987
4634	21 47 39 56	99 510 312 104	4684	21 93 98 56	102 766 285 504
4635	21 48 32 25	99 574 747 875	4685	21 94 92 25	102 832 119 125
4636	21 49 24 96	99 639 211 456	4686	21 95 85 96	102 897 980 856
4637	21 50 17 69	99 703 702 853	4687	21 96 79 69	102 963 870 703
4638	21 51 10 44	99 768 222 072	4688	21 97 73 44	103 029 788 672
4639	21 52 03 21	99 832 769 119	4689	21 98 67 21	103 095 734 769
4640	21 52 96 00	99 897 344 000	4690	21 99 61 00	103 161 709 000
4641	21 53 88 81	99 961 946 721	4691	22 00 54 81	103 227 711 371
4642	21 54 81 64	100 026 577 288	4692	22 01 48 64	103 293 741 888
4643	21 55 74 49	100 091 235 707	4693	22 02 42 49	103 359 800 557
4644	21 56 67 36	100 155 921 984	4694	22 03 36 36	103 425 887 384
4645	21 57 60 25	100 220 636 125	4695	22 04 30 25	103 492 002 375
4646	21 58 53 16	100 285 378 136	4696	22 05 24 16	103 558 145 536
4647	21 59 46 09	100 350 148 023	4697	22 06 18 09	103 624 316 873
4648	21 60 39 04	100 414 945 792	4698	22 07 12 04	103 690 516 392
4649	21 61 32 01	100 479 771 449	4699	22 08 06 01	103 756 744 099
4650	21 62 25 00	100 544 625 000	4700	22 09 00 00	103 823 000 000

Ra-cines	Quarrés.	Cubes.	Ra-cines	Quarrés.	Cubes.
4701	22 09 94 01	103 889 284 101	4751	22 57 20 01	107 239 576 751
4702	22 10 88 04	103 955 596 408	4752	22 58 15 04	107 307 307 008
4703	22 11 82 09	104 021 936 927	4753	22 59 10 09	107 375 066 777
4704	22 12 76 16	104 088 305 664	4754	22 60 05 16	107 412 853 064
4705	22 13 70 25	104 154 702 625	4755	22 61 00 25	107 510 668 875
4706	22 14 64 36	104 221 127 816	4756	22 61 95 36	107 578 513 216
4707	22 15 58 49	104 287 581 243	4757	22 62 90 49	107 646 386 093
4708	22 16 52 64	104 354 062 912	4758	22 63 85 64	107 714 287 512
4709	22 17 46 81	104 420 572 829	4759	22 64 80 81	107 782 217 479
4710	22 18 41 00	104 487 111 000	4760	22 65 76 00	107 850 176 000
4711	22 19 35 21	104 553 677 431	4761	22 66 71 21	107 918 163 081
4712	22 20 29 44	104 620 272 128	4762	22 67 66 44	107 986 178 728
4713	22 21 23 69	104 686 895 097	4763	22 68 61 69	108 054 222 947
4714	22 22 17 96	104 753 546 344	4764	22 69 56 96	108 122 295 744
4715	22 23 12 25	104 820 225 875	4765	22 70 52 25	108 190 397 125
4716	22 24 06 56	104 886 933 696	4766	22 71 47 56	108 258 527 096
4717	22 25 00 89	104 953 669 813	4767	22 72 42 89	108 326 685 663
4718	22 25 95 24	105 020 434 232	4768	22 73 38 24	108 394 872 832
4719	22 26 89 61	105 087 226 959	4769	22 74 33 61	108 463 088 609
4720	22 27 84 00	105 154 048 000	4770	22 75 29 00	108 531 333 000
4721	22 28 78 41	105 220 897 361	4771	22 76 24 41	108 599 606 011
4722	22 29 72 84	105 287 775 048	4772	22 77 19 84	108 667 907 648
4723	22 30 67 29	105 354 681 067	4773	22 78 15 29	108 736 237 917
4724	22 31 61 76	105 421 615 424	4774	22 79 10 76	108 804 596 824
4725	22 32 56 25	105 488 578 125	4775	22 80 06 25	108 872 984 375
4726	22 33 50 76	105 555 569 176	4776	22 81 01 76	108 941 400 576
4727	22 34 45 29	105 622 586 583	4777	22 81 97 29	109 009 845 433
4728	22 35 39 84	105 689 636 352	4778	22 82 92 84	109 078 318 952
4729	22 36 34 41	105 756 712 489	4779	22 83 88 41	109 146 821 139
4730	22 37 29 00	105 823 817 000	4780	22 84 84 00	109 215 352 000
4731	22 38 23 61	105 890 949 891	4781	22 85 79 61	109 283 911 541
4732	22 39 18 24	105 958 111 168	4782	22 86 75 24	109 352 499 768
4733	22 40 12 89	106 025 300 837	4783	22 87 70 89	109 421 116 687
4734	22 41 07 56	106 092 518 904	4784	22 88 66 56	109 489 762 304
4735	22 42 02 25	106 159 765 375	4785	22 89 62 25	109 558 436 625
4736	22 42 96 96	106 227 040 256	4786	22 90 57 96	109 627 139 656
4737	22 43 91 69	106 294 343 553	4787	22 91 53 69	109 695 871 403
4738	22 44 86 44	106 361 675 272	4788	22 92 49 44	109 764 631 872
4739	22 45 81 21	106 429 035 419	4789	22 93 45 21	109 833 421 069
4740	22 46 76 00	106 496 424 000	4790	22 94 41 00	109 902 239 000
4741	22 47 70 81	106 563 841 021	4791	22 95 36 81	109 971 085 671
4742	22 48 65 64	106 631 286 488	4792	22 96 32 64	110 039 961 088
4743	22 49 60 49	106 698 760 407	4793	22 97 28 49	110 108 865 257
4744	22 50 55 36	106 766 262 784	4794	22 98 24 36	110 177 798 184
4745	22 51 50 25	106 833 793 625	4795	22 99 20 25	110 246 759 875
4746	22 52 45 16	106 901 352 936	4796	23 00 16 16	110 315 750 336
4747	22 53 40 09	106 968 940 723	4797	23 01 12 09	110 384 769 573
4748	22 54 35 04	107 036 556 992	4798	23 02 08 04	110 453 817 592
4749	22 55 30 01	107 104 201 749	4799	23 03 04 01	110 522 894 399
4750	22 56 25 00	107 171 875 000	4800	23 04 00 00	110 592 000 000

4750   4800

Racines.	Quarrés.	Cubes.	Racines.	Quarrés.	Cubes.
4801	23 04 96 01	110 661 134 401	4851	23 53 22 01	114 154 707 051
4802	23 05 92 04	110 730 297 608	4852	23 54 19 04	114 225 318 208
4803	23 06 88 09	110 799 489 627	4853	23 55 16 09	114 295 958 477
4804	23 07 84 16	110 868 710 464	4854	23 56 13 16	114 366 627 864
4805	23 08 80 25	110 937 960 125	4855	23 57 10 25	114 437 326 375
4806	23 09 76 36	111 007 238 616	4856	23 58 07 36	114 508 054 016
4807	23 10 72 49	111 076 545 343	4857	23 59 04 49	114 578 810 793
4808	23 11 68 64	111 145 881 112	4858	23 60 01 64	114 649 596 712
4809	23 12 64 81	111 215 247 129	4859	23 60 98 81	114 720 411 779
4810	23 13 61 00	111 284 641 000	4860	23 61 96 00	114 791 256 000
4811	23 14 57 21	111 351 063 731	4861	23 62 93 21	114 862 129 381
4812	23 15 53 44	111 423 515 328	4862	23 63 90 44	114 933 031 928
4813	23 16 49 69	111 492 995 797	4863	23 64 87 69	115 003 963 647
4814	23 17 45 96	111 562 505 144	4864	23 65 84 96	115 074 924 544
4815	23 18 42 25	111 632 043 375	4865	23 66 82 25	115 145 914 625
4816	23 19 38 56	111 701 610 496	4866	23 67 79 56	115 216 933 896
4817	23 20 34 89	111 771 206 513	4867	23 68 76 89	115 287 982 363
4818	23 21 31 24	111 840 831 432	4868	23 69 74 24	115 359 060 032
4819	23 22 27 61	111 910 485 259	4869	23 70 71 61	115 430 166 909
4820	23 23 24 00	111 980 168 000	4870	23 71 69 00	115 501 303 000
4821	23 24 20 41	112 049 879 661	4871	23 72 66 41	115 572 468 311
4822	23 25 16 84	112 119 620 248	4872	23 73 63 84	115 643 662 848
4823	23 26 13 29	112 189 389 767	4873	23 74 61 29	115 714 886 617
4824	23 27 09 76	112 259 188 224	4874	23 75 58 76	115 786 139 624
4825	23 28 06 25	112 329 015 625	4875	23 76 56 25	115 857 421 875
4826	23 29 02 76	112 398 871 976	4876	23 77 53 76	115 928 733 376
4827	23 29 99 29	112 468 757 283	4877	23 78 51 29	116 000 074 133
4828	23 30 95 84	112 538 671 552	4878	23 79 48 84	116 071 444 152
4829	23 31 92 41	112 608 614 789	4879	23 80 46 41	116 142 843 439
4830	23 32 89 00	112 678 587 000	4880	23 81 44 00	116 214 272 000
4831	23 33 85 61	112 748 588 191	4881	23 82 41 61	116 285 729 841
4832	23 34 82 24	112 818 618 368	4882	23 83 39 24	116 357 216 968
4833	23 35 78 89	112 888 677 537	4883	23 84 36 89	116 428 733 387
4834	23 36 75 56	112 958 765 704	4884	23 85 34 56	116 500 279 104
4835	23 37 72 25	113 028 882 875	4885	23 86 32 25	116 571 854 125
4836	23 38 68 96	113 099 029 056	4886	23 87 29 96	116 643 458 456
4837	23 39 65 69	113 169 204 253	4887	23 88 27 69	116 715 092 103
4838	23 40 62 44	113 239 408 472	4888	23 89 25 44	116 786 755 072
4839	23 41 59 21	113 309 641 719	4889	23 90 23 21	116 858 447 369
4840	23 42 56 00	113 379 904 000	4890	23 91 21 00	116 930 169 000
4841	23 43 52 81	113 450 195 321	4891	23 92 18 81	117 004 919 971
4842	23 44 49 64	113 520 515 688	4892	23 93 16 64	117 073 700 288
4843	23 45 46 49	113 590 865 107	4893	23 94 14 49	117 145 509 957
4844	23 46 43 36	113 661 243 584	4894	23 95 12 36	117 217 348 984
4845	23 47 40 25	113 731 651 125	4895	23 96 10 25	117 289 217 375
4846	23 48 37 16	113 802 087 736	4896	23 97 08 16	117 361 115 136
4847	23 49 34 09	113 872 553 423	4897	23 98 06 09	117 433 042 273
4848	23 50 31 04	113 943 048 192	4898	23 99 04 04	117 504 998 792
4849	23 51 28 01	114 013 572 049	4899	24 00 02 01	117 576 984 699
4850	23 52 25 00	114 084 125 000	4900	24 01 00 00	117 649 000 000

Racines.	Quarrés.	Cubes.	Racines.	Quarrés.	Cubes.
4901	24 01 98 01	117 721 044 701	4951	24 51 24 01	121 360 897 351
4902	24 02 96 04	117 793 118 808	4952	24 52 23 04	121 434 449 408
4903	24 03 94 09	117 865 222 327	4953	24 53 22 09	121 508 031 177
4904	24 04 92 16	117 937 355 264	4954	24 54 21 16	121 581 642 664
4905	24 05 90 25	118 009 517 625	4955	24 55 20 25	121 655 283 875
4906	24 06 88 36	118 081 709 416	4956	24 56 19 36	121 728 955 816
4907	24 07 86 49	118 153 930 643	4957	24 57 18 49	121 802 655 493
4908	24 08 84 64	118 226 181 312	4958	24 58 17 64	121 876 385 912
4909	24 09 82 81	118 298 461 429	4959	24 59 16 81	121 950 146 079
4910	24 10 81 00	118 370 771 000	4960	24 60 16 00	122 023 936 000
4911	24 11 79 21	118 443 110 031	4961	24 61 15 21	122 097 755 681
4912	24 12 77 44	118 515 478 528	4962	24 62 14 44	122 171 605 128
4913	24 13 75 69	118 587 876 497	4963	24 63 13 69	122 245 484 347
4914	24 14 73 96	118 660 305 944	4964	24 64 12 96	122 319 393 344
4915	24 15 72 25	118 732 760 375	4965	24 65 12 25	122 393 332 125
4916	24 16 70 56	118 805 247 296	4966	24 66 11 56	122 467 300 696
4917	24 17 68 89	118 877 763 213	4967	24 67 10 89	122 541 299 063
4918	24 18 67 24	118 950 308 632	4968	24 68 10 24	122 615 327 232
4919	24 19 65 61	119 022 883 559	4969	24 69 09 61	122 689 385 209
4920	24 20 64 00	119 095 488 000	4970	24 70 09 00	122 763 473 000
4921	24 21 62 41	119 168 121 961	4971	24 71 08 41	122 837 590 611
4922	24 22 60 84	119 240 785 448	4972	24 72 07 84	122 911 738 048
4923	24 23 59 29	119 313 478 467	4973	24 73 07 29	122 985 915 317
4924	24 24 57 76	119 386 201 024	4974	24 74 06 76	123 060 122 424
4925	24 25 56 25	119 458 953 125	4975	24 75 06 25	123 134 359 375
4926	24 26 54 76	119 531 734 776	4976	24 76 05 76	123 208 626 176
4927	24 27 53 29	119 604 545 983	4977	24 77 05 29	123 282 922 833
4928	24 28 51 84	119 677 386 752	4978	24 78 04 84	123 357 249 352
4929	24 29 50 41	119 750 257 089	4979	24 79 04 41	123 431 605 739
4930	24 30 49 00	119 823 157 000	4980	24 80 04 00	123 505 992 000
4931	24 31 47 61	119 896 086 491	4981	24 81 03 61	123 580 408 141
4932	24 32 46 24	119 969 045 568	4982	24 82 03 24	123 654 854 168
4933	24 33 44 89	120 042 034 237	4983	24 83 02 89	123 729 330 087
4934	24 34 43 56	120 115 052 504	4984	24 84 02 56	123 803 835 904
4935	24 35 42 25	120 188 100 375	4985	24 85 02 25	123 878 371 625
4936	24 36 40 96	120 261 177 856	4986	24 86 01 96	123 952 937 256
4937	24 37 39 69	120 334 284 953	4987	24 87 01 69	124 027 532 803
4938	24 38 38 44	120 407 421 672	4988	24 88 01 44	124 102 158 272
4939	24 39 37 21	120 480 588 019	4989	24 89 01 21	124 176 813 669
4940	24 40 36 00	120 553 784 000	4990	24 90 01 00	124 251 499 000
4941	24 41 34 81	120 627 009 621	4991	24 91 00 81	124 326 214 271
4942	24 42 33 64	120 700 264 888	4992	24 92 00 64	124 400 959 488
4943	24 43 32 49	120 773 549 807	4993	24 93 00 49	124 475 734 657
4944	24 44 31 36	120 846 864 384	4994	24 94 00 36	124 550 539 784
4945	24 45 30 25	120 920 208 625	4995	24 95 00 25	124 625 374 875
4946	24 46 29 16	120 993 582 536	4996	24 96 00 16	124 700 239 936
4947	24 47 28 09	121 066 986 123	4997	24 97 00 09	124 775 134 973
4948	24 48 27 04	121 140 419 392	4998	24 98 00 04	124 850 059 992
4949	24 49 26 01	121 213 882 349	4999	24 99 00 01	124 925 014 999
4950	24 50 25 00	121 287 375 000	5000	25 00 00 00	125 000 000 000

4950   5000

Ra-cines.	Quarrés.	Cubes.	Ra-cines.	Quarrés.	Cubes.
5001	25 01 00 01	125 075 015 001	5051	25 51 26 01	128 864 147 651
5002	25 02 00 04	125 150 060 008	5052	25 52 27 04	128 940 700 608
5003	25 03 00 09	125 225 135 027	5053	25 53 28 09	129 017 283 877
5004	25 04 00 16	125 300 240 064	5054	25 54 29 16	129 093 897 464
5005	25 05 00 25	125 375 375 125	5055	25 55 30 25	129 170 541 375
5006	25 06 00 36	125 450 540 216	5056	25 56 31 36	129 247 215 616
5007	25 07 00 49	125 525 735 343	5057	25 57 32 49	129 323 920 193
5008	25 08 00 64	125 600 960 512	5058	25 58 33 64	129 400 655 112
5009	25 09 00 81	125 676 215 729	5059	25 59 34 81	129 477 420 379
5010	25 10 01 00	125 751 501 000	5060	25 60 36 00	129 554 216 000
5011	25 11 01 21	125 826 816 331	5061	25 61 37 21	129 631 041 981
5012	25 12 01 44	125 902 161 728	5062	25 62 38 44	129 707 898 528
5013	25 13 01 69	125 977 537 197	5063	25 63 39 69	129 784 785 047
5014	25 14 01 96	126 052 943 744	5064	25 64 40 96	129 861 702 144
5015	25 15 02 25	126 128 378 375	5065	25 65 42 25	129 938 649 625
5016	25 16 02 56	126 203 844 096	5066	25 66 43 56	130 015 627 496
5017	25 17 02 89	126 279 339 913	5067	25 67 44 89	130 092 635 763
5018	25 18 03 24	126 354 865 832	5068	25 68 46 24	130 169 674 432
5019	25 19 03 61	126 430 421 859	5069	25 69 47 61	130 246 743 509
5020	25 20 04 00	126 506 008 000	5070	25 70 49 00	130 323 843 000
5021	25 21 04 41	126 581 624 261	5071	25 71 50 41	130 400 972 911
5022	25 22 04 84	126 657 270 648	5072	25 72 51 84	130 478 133 248
5023	25 23 05 29	126 732 947 167	5073	25 73 53 29	130 555 324 017
5024	25 24 05 76	126 808 653 824	5074	25 74 54 76	130 632 545 224
5025	25 25 06 25	126 884 390 625	5075	25 75 56 25	130 709 796 875
5026	25 26 06 76	126 960 157 576	5076	25 76 57 76	130 787 078 976
5027	25 27 07 29	127 035 954 683	5077	25 77 59 29	130 864 391 533
5028	25 28 07 84	127 111 781 952	5078	25 78 60 84	130 941 734 552
5029	25 29 08 41	127 187 639 389	5079	25 79 62 41	131 019 108 039
5030	25 30 09 00	127 263 527 000	5080	25 80 64 00	131 096 512 000
5031	25 31 09 61	127 339 444 791	5081	25 81 65 61	131 173 946 441
5032	25 32 10 24	127 415 392 768	5082	25 82 67 24	131 251 411 368
5033	25 33 10 89	127 491 370 937	5083	25 83 68 89	131 328 906 787
5034	25 34 11 56	127 567 379 304	5084	25 84 70 56	131 406 432 704
5035	25 35 12 25	127 643 417 875	5085	25 85 72 25	131 483 989 125
5036	25 36 12 96	127 719 486 656	5086	25 86 73 96	131 561 576 056
5037	25 37 13 69	127 795 585 653	5087	25 87 75 69	131 639 193 503
5038	25 38 14 44	127 871 714 872	5088	25 88 77 44	131 716 841 472
5039	25 39 15 21	127 947 874 319	5089	25 89 79 21	131 794 519 969
5040	25 40 16 00	128 024 064 000	5090	25 90 81 00	131 872 229 000
5041	25 41 16 81	128 100 283 921	5091	25 91 82 81	131 949 968 571
5042	25 42 17 64	128 176 534 088	5092	25 92 84 64	132 027 738 688
5043	25 43 18 49	128 252 814 507	5093	25 93 86 49	132 105 539 357
5044	25 44 19 36	128 329 125 184	5094	25 94 88 36	132 183 370 584
5045	25 45 20 25	128 405 466 125	5095	25 95 90 25	132 261 232 375
5046	25 46 21 16	128 481 837 336	5096	25 96 92 16	132 339 124 736
5047	25 47 22 09	128 558 238 823	5097	25 97 94 09	132 417 047 673
5048	25 48 23 04	128 634 670 592	5098	25 98 96 04	132 495 001 192
5049	25 49 24 01	128 711 132 649	5099	25 99 98 01	132 572 985 299
5050	25 50 25 00	128 787 625 000	5100	26 01 00 00	132 651 000 000

Ra-cines.	Quarrés.	Cubes.	Ra-cines.	Quarrés.	Cubes.
5101	26 02 02 01	132 729 045 301	5151	26 53 28 01	136 670 457 951
5102	26 03 04 04	132 807 121 208	5152	26 54 31 04	136 750 071 808
5103	26 04 06 09	132 885 227 727	5153	26 55 34 09	136 829 716 577
5104	26 05 08 16	132 963 364 864	5154	26 56 37 16	136 909 392 264
5105	26 06 10 25	133 041 532 625	5155	26 57 40 25	136 989 098 875
5106	26 07 12 36	133 119 731 016	5156	26 58 43 36	137 068 836 416
5107	26 08 14 49	133 197 960 043	5157	26 59 46 49	137 148 604 893
5108	26 09 16 64	133 276 219 712	5158	26 60 49 64	137 228 404 312
5109	26 10 18 81	133 354 510 029	5159	26 61 52 81	137 308 234 679
5110	26 11 21 00	133 432 831 000	5160	26 62 56 00	137 388 096 000
5111	26 12 23 21	133 511 182 631	5161	26 63 59 21	137 467 988 281
5112	26 13 25 44	133 589 564 928	5162	26 64 62 44	137 547 911 528
5113	26 14 27 69	133 667 977 897	5163	26 65 65 69	137 627 865 747
5114	26 15 29 96	133 746 421 544	5164	26 66 68 96	137 707 850 944
5115	26 16 32 25	133 824 895 875	5165	26 67 72 25	137 787 867 125
5116	26 17 34 56	133 903 400 896	5166	26 68 75 56	137 867 914 296
5117	26 18 36 89	133 981 936 613	5167	26 69 78 89	137 947 992 463
5118	26 19 39 24	134 060 503 032	5168	26 70 82 24	138 028 101 632
5119	26 20 41 61	134 139 100 159	5169	26 71 85 61	138 108 241 809
5120	26 21 44 00	134 217 728 000	5170	26 72 89 00	138 188 413 000
5121	26 22 46 41	134 296 386 561	5171	26 73 92 41	138 268 615 211
5122	26 23 48 84	134 375 075 848	5172	26 74 95 84	138 348 848 448
5123	26 24 51 29	134 453 795 867	5173	26 75 99 29	138 429 112 717
5124	26 25 53 76	134 532 546 624	5174	26 77 02 76	138 509 408 024
5125	26 26 56 25	134 611 328 125	5175	26 78 06 25	138 589 734 375
5126	26 27 58 76	134 690 140 376	5176	26 79 09 76	138 670 091 776
5127	26 28 61 29	134 768 983 383	5177	26 80 13 29	138 750 480 233
5128	26 29 63 84	134 847 857 152	5178	26 81 16 84	138 830 899 752
5129	26 30 66 41	134 926 761 689	5179	26 82 20 41	138 911 350 339
5130	26 31 69 00	135 005 697 000	5180	26 83 24 00	138 991 832 000
5131	26 32 71 61	135 084 663 091	5181	26 84 27 61	139 072 344 741
5132	26 33 74 24	135 163 659 968	5182	26 85 31 24	139 152 888 568
5133	26 34 76 89	135 242 687 637	5183	26 86 34 89	139 233 463 487
5134	26 35 79 56	135 321 746 104	5184	26 87 38 56	139 314 069 504
5135	26 36 82 25	135 400 835 375	5185	26 88 42 25	139 394 706 625
5136	26 37 84 96	135 479 955 456	5186	26 89 45 96	139 475 374 856
5137	26 38 87 69	135 559 106 353	5187	26 90 49 69	139 556 074 203
5138	26 39 90 44	135 638 288 072	5188	26 91 53 44	139 636 804 672
5139	26 40 93 21	135 717 500 619	5189	26 92 57 21	139 717 566 269
5140	26 41 96 00	135 796 744 000	5190	26 93 61 00	139 798 359 000
5141	26 42 98 81	135 876 018 221	5191	26 94 64 81	139 879 182 871
5142	26 44 01 64	135 955 323 288	5192	26 95 68 64	139 960 037 888
5143	26 45 04 49	136 034 659 207	5193	26 96 72 49	140 040 924 057
5144	26 46 07 36	136 114 025 984	5194	26 97 76 36	140 121 841 384
5145	26 47 10 25	136 193 423 625	5195	26 98 80 25	140 202 789 875
5146	26 48 13 16	136 272 852 136	5196	26 99 84 16	140 283 769 536
5147	26 49 16 09	136 352 311 523	5197	27 00 88 09	140 364 780 373
5148	26 50 19 04	136 431 801 792	5198	27 01 92 04	140 445 822 392
5149	26 51 22 01	136 511 322 949	5199	27 02 96 01	140 526 895 599
5150	26 52 25 00	136 590 875 000	5200	27 04 00 00	140 608 000 000

5150

5200

Racines.	Quarrés.	Cubes.
5201	27 05 04 01	140 689 155 601
5202	27 06 08 04	140 770 302 408
5203	27 07 12 09	140 851 500 427
5204	27 08 16 16	140 932 729 664
5205	27 09 20 25	141 013 990 125
5206	27 10 24 36	141 095 281 816
5207	27 11 28 49	141 176 604 743
5208	27 12 32 64	141 257 958 912
5209	27 13 36 81	141 339 344 329
5210	27 14 41 00	141 420 761 000
5211	27 15 45 21	141 502 208 931
5212	27 16 49 44	141 583 688 128
5213	27 17 53 69	141 665 198 597
5214	27 18 57 96	141 746 740 344
5215	27 19 62 25	141 828 313 375
5216	27 20 66 56	141 909 917 696
5217	27 21 70 89	141 991 553 313
5218	27 22 75 24	142 073 220 232
5219	27 23 79 61	142 154 918 459
5220	27 24 84 00	142 236 648 000
5221	27 25 88 41	142 318 408 861
5222	27 26 92 84	142 400 201 048
5223	27 27 97 29	142 482 024 567
5224	27 29 01 76	142 563 870 424
5225	27 30 06 25	142 645 765 625
5226	27 31 10 76	142 727 683 176
5227	27 32 15 29	142 809 632 083
5228	27 33 19 84	142 891 612 352
5229	27 34 24 41	142 973 623 989
5230	27 35 29 00	143 055 667 000
5231	27 36 33 61	143 137 741 391
5232	27 37 38 24	143 219 847 168
5233	27 38 42 89	143 301 984 337
5234	27 39 47 56	143 384 152 904
5235	27 40 52 25	143 466 352 875
5236	27 41 56 96	143 548 584 256
5237	27 42 61 69	143 630 847 053
5238	27 43 66 44	143 713 141 272
5239	27 44 71 21	143 795 466 919
5240	27 45 76 00	143 877 824 000
5241	27 46 80 81	143 960 212 521
5242	27 47 85 64	144 042 632 488
5243	27 48 90 49	144 125 083 907
5244	27 49 95 36	144 207 566 784
5245	27 51 00 25	144 290 081 125
5246	27 52 05 16	144 372 626 936
5247	27 53 10 09	144 455 204 223
5248	27 54 15 04	144 537 812 992
5249	27 55 20 01	144 620 453 249
5250	27 56 25 00	144 703 125 000

5250

Racines.	Quarrés.	Cubes.
5251	27 57 30 01	144 785 828 251
5252	27 58 35 04	144 868 563 008
5253	27 59 40 09	144 951 329 277
5254	27 60 45 16	145 034 127 064
5255	27 61 50 25	145 116 956 375
5256	27 62 55 36	145 199 817 216
5257	27 63 60 49	145 282 709 593
5258	27 64 65 64	145 365 633 512
5259	27 65 70 81	145 448 588 979
5260	27 66 75 00	145 531 576 000
5261	27 67 81 21	145 614 594 581
5262	27 68 86 44	145 697 644 728
5263	27 69 91 69	145 780 726 447
5264	27 70 96 96	145 863 839 744
5265	27 72 02 25	145 946 984 625
5266	27 73 07 56	146 030 161 096
5267	27 74 12 89	146 113 369 163
5268	27 75 18 24	146 196 608 832
5269	27 76 23 61	146 279 880 109
5270	27 77 29 00	146 363 183 000
5271	27 78 34 41	146 446 517 511
5272	27 79 39 84	146 529 883 648
5273	27 80 45 29	146 613 281 417
5274	27 81 50 76	146 696 710 824
5275	27 82 56 25	146 780 171 875
5276	27 83 61 76	146 863 664 576
5277	27 84 67 29	146 947 188 933
5278	27 85 72 84	147 030 744 952
5279	27 86 78 41	147 114 332 639
5280	27 87 84 00	147 197 952 000
5281	27 88 89 61	147 281 603 041
5282	27 89 95 24	147 365 285 768
5283	27 91 00 89	147 449 000 187
5284	27 92 06 56	147 532 746 304
5285	27 93 12 25	147 616 524 125
5286	27 94 17 96	147 700 333 656
5287	27 95 23 69	147 784 174 903
5288	27 96 29 44	147 868 047 872
5289	27 97 35 21	147 951 952 569
5290	27 98 41 00	148 035 889 000
5291	27 99 46 81	148 119 857 171
5292	28 00 52 64	148 203 857 088
5293	28 01 58 49	148 287 888 757
5294	28 02 64 36	148 371 952 184
5295	28 03 70 25	148 456 047 375
5296	28 04 76 16	148 540 174 336
5297	28 05 82 09	148 624 333 073
5298	28 06 88 04	148 708 523 592
5299	28 07 94 01	148 792 745 899
5300	28 09 00 00	148 877 000 000

5300

Ra-cines.	Quarrés.	Cubes.	Ra-cines.	Quarrés.	Cubes.
5301	28 10 06 01	148 961 285 901	5351	28 63 32 01	153 216 258 551
5302	28 11 12 04	149 045 603 608	5352	28 64 39 04	153 302 174 208
5303	28 12 18 09	149 129 953 127	5353	28 65 46 09	153 388 121 977
5304	28 13 24 16	149 214 334 464	5354	28 66 53 16	153 474 101 864
5305	28 14 30 25	149 298 747 625	5355	28 67 60 25	153 560 113 875
5306	28 15 36 36	149 383 192 616	5356	28 68 67 36	153 646 158 016
5307	28 16 42 49	149 467 669 443	5357	28 69 74 49	153 732 234 293
5308	28 17 48 64	149 552 178 112	5358	28 70 81 64	153 818 342 712
5309	28 18 54 81	149 636 718 629	5359	28 71 88 81	153 904 483 279
5310	28 19 61 00	149 721 291 000	5360	28 72 96 00	153 990 656 000
5311	28 20 67 21	149 805 895 231	5361	28 74 03 21	154 076 860 881
5312	28 21 73 44	149 890 531 328	5362	28 75 10 44	154 163 097 928
5313	28 22 79 69	149 975 199 297	5363	28 76 17 69	154 249 367 147
5314	28 23 85 96	150 059 899 144	5364	28 77 24 96	154 335 668 544
5315	28 24 92 25	150 144 630 875	5365	28 78 32 25	154 422 002 125
5316	28 25 98 56	150 229 394 496	5366	28 79 39 56	154 508 367 896
5317	28 27 04 89	150 314 190 013	5367	28 80 46 89	154 594 765 863
5318	28 28 11 24	150 399 017 432	5368	28 81 54 24	154 681 196 032
5319	28 29 17 61	150 483 876 759	5369	28 82 61 61	154 767 658 409
5320	28 30 24 00	150 568 768 000	5370	28 83 69 00	154 854 153 000
5321	28 31 30 41	150 653 691 161	5371	28 84 76 41	154 940 679 811
5322	28 32 36 84	150 738 646 248	5372	28 85 83 84	155 027 238 848
5323	28 33 43 29	150 823 633 267	5373	28 86 91 29	155 113 830 117
5324	28 34 49 76	150 908 652 224	5374	28 87 98 76	155 200 453 624
5325	28 35 56 25	150 993 703 125	5375	28 89 06 25	155 287 109 375
5326	28 36 62 76	151 078 785 976	5376	28 90 13 76	155 373 797 376
5327	28 37 69 29	151 163 900 783	5377	28 91 21 29	155 460 517 633
5328	28 38 75 84	151 249 047 552	5378	28 92 28 84	155 547 270 152
5329	28 39 82 41	151 334 225 289	5379	28 93 36 41	155 634 054 939
5330	28 40 89 00	151 419 437 000	5380	28 94 44 00	155 720 872 000
5331	28 41 95 61	151 504 679 691	5381	28 95 51 61	155 807 721 341
5332	28 43 02 24	151 589 954 368	5382	28 96 59 24	155 894 602 968
5333	28 44 08 89	151 675 261 037	5383	28 97 66 89	155 981 516 887
5334	28 45 15 56	151 760 599 704	5384	28 98 74 56	156 068 463 104
5335	28 46 22 25	151 845 970 375	5385	28 99 82 25	156 155 441 625
5336	28 47 28 96	151 931 373 056	5386	29 00 89 96	156 242 452 456
5337	28 48 35 69	152 016 807 753	5387	29 01 97 69	156 329 445 603
5338	28 49 42 44	152 102 274 472	5388	29 03 05 44	156 416 571 072
5339	28 50 49 21	152 187 773 219	5389	29 04 13 21	156 503 678 869
5340	28 51 56 00	152 273 304 000	5390	29 05 21 00	156 590 819 000
5341	28 52 62 81	152 358 866 821	5391	29 06 28 81	156 677 991 471
5342	28 53 69 64	152 444 461 688	5392	29 07 36 64	156 765 196 288
5343	28 54 76 49	152 530 088 607	5393	29 08 44 49	156 852 433 457
5344	28 55 83 36	152 615 747 584	5394	29 09 52 36	156 939 702 984
5345	28 56 90 25	152 701 438 625	5395	29 10 60 25	157 027 004 875
5346	28 57 97 16	152 787 161 736	5396	29 11 68 16	157 114 339 136
5347	28 59 04 09	152 872 916 923	5397	29 12 76 09	157 201 705 773
5348	28 60 11 04	152 958 704 192	5398	29 13 84 04	157 289 104 792
5349	28 61 18 01	153 044 523 549	5399	29 14 92 01	157 376 536 199
5350	28 62 25 00	153 130 375 000	5400	29 16 00 00	157 464 000 000

5350   5400

Racines.	Quarrés.	Cubes.	Racines.	Quarrés.	Cubes.
5401	29 17 08 01	157 551 496 201	5451	29 71 34 01	161 967 748 851
5402	29 18 16 04	157 639 024 808	5452	29 72 43 04	162 056 905 408
5403	29 19 24 09	157 726 585 827	5453	29 73 52 09	162 146 094 677
5404	29 20 32 16	157 814 179 264	5454	29 74 61 16	162 235 316 664
5405	29 21 40 25	157 901 805 125	5455	29 75 70 25	162 324 571 375
5406	29 22 48 36	157 989 463 416	5456	29 76 79 36	162 413 858 816
5407	29 23 56 49	158 077 154 143	5457	29 77 88 49	162 503 178 993
5408	29 24 64 64	158 164 877 312	5458	29 78 97 64	162 592 531 912
5409	29 25 72 81	158 252 632 929	5459	29 80 06 81	162 681 917 579
5410	29 26 81 00	158 340 421 000	5460	29 81 16 00	162 771 336 000
5411	29 27 89 21	158 428 241 531	5461	29 82 25 21	162 860 787 181
5412	29 28 97 44	158 516 094 528	5462	29 83 34 44	162 950 271 128
5413	29 30 05 69	158 603 979 997	5463	29 84 43 69	163 039 787 847
5414	29 31 13 96	158 691 897 944	5464	29 85 52 96	163 129 337 344
5415	29 32 22 25	158 779 848 375	5465	29 86 62 25	163 218 919 625
5416	29 33 30 56	158 867 831 296	5466	29 87 71 56	163 308 534 696
5417	29 34 38 89	158 955 846 713	5467	29 88 80 89	163 398 182 563
5418	29 35 47 24	159 043 894 632	5468	29 89 90 24	163 487 863 232
5419	29 36 55 61	159 131 975 059	5469	29 90 99 61	163 577 576 709
5420	29 37 64 00	159 220 088 000	5470	29 92 09 00	163 667 323 000
5421	29 38 72 41	159 308 233 461	5471	29 93 18 41	163 757 102 111
5422	29 39 80 84	159 396 411 448	5472	29 94 27 84	163 846 914 048
5423	29 40 89 29	159 484 621 967	5473	29 95 37 29	163 936 758 817
5424	29 41 97 76	159 572 865 024	5474	29 96 46 76	164 026 636 424
5425	29 43 06 25	159 661 140 625	5475	29 97 56 25	164 116 546 875
5426	29 44 14 76	159 749 448 776	5476	29 98 65 76	164 206 490 176
5427	29 45 23 29	159 837 789 483	5477	29 99 75 29	164 296 466 333
5428	29 46 31 84	159 926 162 752	5478	30 00 84 84	164 386 475 351
5429	29 47 40 41	160 014 568 589	5479	30 01 94 41	164 476 517 239
5430	29 48 49 00	160 103 007 000	5480	30 03 04 00	164 566 592 000
5431	29 49 57 61	160 191 477 991	5481	30 04 13 61	164 656 699 641
5432	29 50 66 24	160 279 981 568	5482	30 05 23 24	164 746 840 168
5433	29 51 74 89	160 368 517 737	5483	30 06 32 89	164 837 013 587
5434	29 52 83 56	160 457 086 504	5484	30 07 42 56	164 927 219 904
5435	29 53 92 25	160 545 687 875	5485	30 08 52 25	165 017 459 125
5436	29 55 00 96	160 634 321 856	5486	30 09 61 96	165 107 731 256
5437	29 56 09 69	160 722 988 453	5487	30 10 71 69	165 198 036 303
5438	29 57 18 44	160 811 687 672	5488	30 11 81 44	165 288 374 272
5439	29 58 27 21	160 900 419 519	5489	30 12 91 21	165 378 745 169
5440	29 59 36 00	160 989 184 000	5490	30 14 01 00	165 469 149 000
5441	29 60 44 81	161 077 981 121	5491	30 15 10 81	165 559 585 771
5442	29 61 53 64	161 166 810 888	5492	30 16 20 64	165 650 055 488
5443	29 62 62 49	161 255 673 307	5493	30 17 30 49	165 740 558 157
5444	29 63 71 36	161 344 568 384	5494	30 18 40 36	165 831 093 784
5445	29 64 80 25	161 433 496 125	5495	30 19 50 25	165 921 662 375
5446	29 65 89 16	161 522 456 536	5496	30 20 60 16	166 012 263 936
5447	29 66 98 09	161 611 449 623	5497	30 21 70 09	166 102 898 473
5448	29 68 07 04	161 700 475 392	5498	30 22 80 04	166 193 565 992
5449	29 69 16 01	161 789 533 849	5499	30 23 90 01	166 284 266 499
5450	29 70 25 00	161 878 625 000	5500	30 25 00 00	166 375 000 000

Racines.	Quarrés.	Cubes.	Rac.	Quarrés.	Cubes.
5501	30 26 10 01	165 465 766 501	5551	30 81 36 01	171 046 299 151
5502	30 27 20 04	166 556 566 008	5552	30 82 47 04	171 138 756 608
5503	30 28 30 09	166 647 398 527	5553	30 83 58 09	171 231 247 377
5504	30 29 40 16	166 738 264 664	5554	30 84 69 16	171 323 771 464
5505	30 30 50 25	166 829 162 625	5555	30 85 80 25	171 416 328 875
5506	30 31 60 36	166 920 094 216	5556	30 86 91 36	171 508 919 616
5507	30 32 70 49	167 011 058 843	5557	30 88 02 49	171 601 543 643
5508	30 33 80 64	167 102 056 512	5558	30 89 13 64	171 694 201 112
5509	30 34 90 81	167 193 087 229	5559	30 90 24 81	171 786 891 879
5510	30 36 01 00	167 284 151 000	5560	30 91 36 00	171 879 616 000
5511	30 37 11 21	167 375 247 831	5561	30 92 47 21	171 972 373 481
5512	30 38 21 44	167 466 377 728	5562	30 93 58 44	172 065 164 328
5513	30 39 31 69	167 557 540 697	5563	30 94 69 69	172 157 988 547
5514	30 40 41 96	167 648 736 744	5564	30 95 80 96	172 250 846 144
5515	30 41 52 25	167 739 965 875	5565	30 96 92 25	172 343 737 125
5516	30 42 62 56	167 831 228 096	5566	30 98 03 56	172 436 661 496
5517	30 43 72 89	167 922 523 413	5567	30 99 14 89	172 529 619 263
5518	30 44 83 24	168 013 851 832	5568	31 00 26 24	172 622 610 432
5519	30 45 93 61	168 105 213 359	5569	31 01 37 61	172 715 635 009
5520	30 47 04 00	168 196 608 000	5570	31 02 49 00	172 808 693 000
5521	30 48 14 41	168 288 035 761	5571	31 03 60 41	172 901 784 411
5522	30 49 24 84	168 379 496 648	5572	31 04 71 84	172 994 909 248
5523	30 50 35 29	168 470 990 667	5573	31 05 83 29	173 088 067 517
5524	30 51 45 76	168 562 517 824	5574	31 06 94 76	173 181 259 224
5525	30 52 56 25	168 654 078 125	5575	31 08 06 25	173 274 484 375
5526	30 53 66 76	168 745 671 576	5576	31 09 17 76	173 367 742 976
5527	30 54 77 29	168 837 298 183	5577	31 10 29 29	173 461 035 033
5528	30 55 87 84	168 928 957 952	5578	31 11 40 84	173 554 360 552
5529	30 56 98 41	169 020 650 889	5579	31 12 52 41	173 647 719 539
5530	30 58 09 00	169 112 377 000	5580	31 13 64 00	173 741 112 000
5531	30 59 19 61	169 204 136 291	5581	31 14 75 61	173 834 537 941
5532	30 60 30 24	169 295 928 768	5582	31 15 87 24	173 927 997 368
5533	30 61 40 89	169 387 754 437	5583	31 16 98 89	174 021 490 287
5534	30 62 51 56	169 479 613 304	5584	31 18 10 56	174 115 016 704
5535	30 63 62 25	169 571 505 375	5585	31 19 22 25	174 208 576 625
5536	30 64 72 96	169 663 430 656	5586	31 20 33 96	174 302 170 056
5537	30 65 83 69	169 755 389 153	5587	31 21 45 69	174 395 797 003
5538	30 66 94 44	169 847 380 872	5588	31 22 57 44	174 489 457 472
5539	30 68 05 21	169 939 405 819	5589	31 23 69 21	174 583 151 469
5540	30 69 16 00	170 031 464 000	5590	31 24 81 00	174 676 879 000
5541	30 70 26 81	170 123 555 421	5591	31 25 93 81	174 770 640 071
5542	30 71 37 64	170 215 680 088	5592	31 27 04 64	174 864 434 688
5543	30 72 48 49	170 307 838 007	5593	31 28 16 49	174 958 262 857
5544	30 73 59 36	170 400 029 184	5594	31 29 28 36	175 052 124 584
5545	30 74 70 25	170 492 253 625	5595	31 30 40 25	175 146 019 875
5546	30 75 81 16	170 584 511 336	5596	31 31 52 16	175 239 948 736
5547	30 76 92 09	170 676 802 323	5597	31 32 64 09	175 333 911 173
5548	30 78 03 04	170 769 126 592	5598	31 33 76 04	175 427 907 192
5549	30 79 14 01	170 861 484 149	5599	31 34 88 01	175 521 936 799
5550	30 80 25 00	170 953 875 000	5600	31 36 00 00	175 616 000 000

5550

5600

Racines.	Quarrés.	Cubes.
5601	31 37 12 01	175 710 096 801
5602	31 38 24 04	175 804 227 208
5603	31 39 36 09	175 898 391 227
5604	31 40 48 16	175 992 588 864
5605	31 41 60 25	176 086 820 125
5606	31 42 72 36	176 181 085 016
5607	31 43 84 49	176 275 383 543
5608	31 44 96 64	176 369 715 712
5609	31 46 08 81	176 463 081 529
5610	31 47 21 00	176 558 481 000
5611	31 48 33 21	176 652 914 131
5612	31 49 45 44	176 747 380 928
5613	31 50 57 69	176 841 881 397
5614	31 51 69 96	176 936 415 544
5615	31 52 82 25	177 030 983 375
5616	31 53 94 56	177 125 584 896
5617	31 55 06 89	177 220 220 113
5618	31 56 19 24	177 314 889 032
5619	31 57 31 61	177 409 591 659
5620	31 58 44 00	177 504 328 000
5621	31 59 56 41	177 599 098 061
5622	31 60 68 84	177 693 901 848
5623	31 61 81 29	177 788 739 367
5624	31 63 93 76	177 883 610 624
5625	31 64 06 25	177 978 515 625
5626	31 65 18 76	178 073 454 376
5627	31 66 31 29	178 168 426 883
5628	31 67 43 84	178 263 433 152
5629	31 68 56 41	178 358 473 189
5630	31 69 69 00	178 453 547 000
5631	31 70 81 61	178 548 654 591
5632	31 71 94 24	178 643 796 968
5633	31 73 06 89	178 738 971 137
5634	31 74 19 56	178 834 180 104
5635	31 75 32 25	178 929 422 875
5636	31 76 44 96	179 024 699 456
5637	31 77 57 69	179 120 009 853
5638	31 78 70 44	179 215 354 072
5639	31 79 83 21	179 310 732 119
5640	31 80 96 00	179 406 144 000
5641	31 82 08 81	179 501 589 721
5642	31 83 21 64	179 597 069 288
5643	31 84 34 49	179 692 582 707
5644	31 85 47 36	179 788 129 984
5645	31 86 60 25	179 883 711 125
5646	31 87 73 16	179 979 326 136
5647	31 88 86 09	180 074 975 023
5648	31 89 99 04	180 170 657 792
5649	31 91 12 01	180 266 374 449
5650	31 92 25 00	180 362 125 000

Racines.	Quarrés.	Cubes.
5651	31 93 38 01	180 457 909 451
5652	31 94 51 04	180 553 727 808
5653	31 95 64 09	180 649 580 077
5654	31 96 77 16	180 745 466 264
5655	31 97 90 25	180 841 386 375
5656	31 99 03 36	180 937 340 416
5657	32 00 16 49	181 033 328 393
5658	32 01 29 64	181 129 350 312
5659	32 02 42 81	181 225 406 179
5660	32 03 56 00	181 321 496 000
5661	32 04 69 21	181 417 619 781
5662	32 05 82 44	181 513 777 528
5663	32 06 95 69	181 609 969 247
5664	32 08 08 96	181 706 194 944
5665	32 09 22 25	181 802 454 625
5666	32 10 35 56	181 898 748 296
5667	32 11 48 89	181 995 075 963
5668	32 12 62 24	182 091 437 632
5669	32 13 75 61	182 187 833 309
5670	32 14 89 00	182 284 263 000
5671	32 16 02 41	182 380 726 711
5672	32 17 15 84	182 477 224 448
5673	32 18 29 29	182 573 756 217
5674	32 19 42 76	182 670 322 024
5675	32 20 56 25	182 766 921 875
5676	32 21 69 76	182 863 555 776
5677	32 22 83 29	182 960 223 733
5678	32 23 96 84	183 056 925 752
5679	32 25 10 41	183 153 661 839
5680	32 26 24 00	183 250 432 000
5681	32 27 37 61	183 347 236 241
5682	32 28 51 24	183 444 074 568
5683	32 29 64 89	183 540 946 987
5684	32 30 78 56	183 637 853 504
5685	32 31 92 25	183 734 794 125
5686	32 33 05 96	183 831 768 856
5687	32 34 19 69	183 928 777 703
5688	32 35 33 44	184 025 820 672
5689	32 36 47 21	184 122 897 769
5690	32 37 61 00	184 220 009 000
5691	32 38 74 81	184 317 154 371
5692	32 39 88 64	184 414 333 888
5693	32 41 02 49	184 511 547 557
5694	32 42 16 36	184 608 795 384
5695	32 43 30 25	184 706 077 375
5696	32 44 44 16	184 803 393 536
5697	32 45 58 09	184 900 743 873
5698	32 46 72 04	184 998 128 392
5699	32 47 86 01	185 095 547 099
5700	32 49 00 00	185 193 000 000

Racines.	Quarrés.	Cubes.	Racines.	Quarrés.	Cubes.
5701	32 50 14 01	185 200 487 101	5751	33 07 4001	190 208 579 751
5702	32 51 28 04	185 388 008 408	5752	33 08 5504	190 307 819 008
5703	32 52 42 09	185 485 563 927	5753	33 09 7009	190 407 092 777
5704	32 53 56 16	185 583 153 664	5754	33 10 8516	190 506 401 064
5705	32 54 70 25	185 680 777 625	5755	33 12 0025	190 605 743 875
5706	32 55 84 36	185 778 435 816	5756	33 13 1536	190 705 121 216
5707	32 56 98 49	185 876 128 243	5757	33 14 3049	190 804 533 093
5708	32 58 12 64	185 973 854 912	5758	33 15 4564	190 903 979 512
5709	32 59 26 81	186 071 615 829	5759	33 16 6081	191 003 460 479
5710	32 60 41 00	186 169 411 000	5760	33 17 7600	191 102 976 000
5711	32 61 55 21	186 267 240 431	5761	33 18 9121	191 202 526 081
5712	32 62 69 44	186 365 104 128	5762	33 20 0644	191 302 110 728
5713	32 63 83 69	186 463 002 097	5763	33 21 2169	191 401 720 947
5714	32 64 97 96	186 560 934 344	5764	33 22 3696	191 501 335 744
5715	32 66 12 25	186 658 900 875	5765	33 23 5225	191 601 072 125
5716	32 67 26 56	186 756 901 696	5766	33 24 6756	191 700 795 096
5717	32 68 40 89	186 854 936 813	5767	33 25 8289	191 800 552 663
5718	32 69 55 24	186 953 006 232	5768	33 26 9824	191 900 344 832
5719	32 70 69 61	187 051 109 959	5769	33 28 1361	192 000 171 609
5720	32 71 84 00	187 149 248 000	5770	33 29 2900	192 100 033 000
5721	32 72 98 41	187 247 420 361	5771	33 30 4441	192 199 929 011
5722	32 74 12 84	187 345 627 048	5772	33 31 5984	192 299 859 848
5723	32 75 27 29	187 443 868 067	5773	33 32 7529	192 399 824 917
5724	32 76 41 76	187 542 143 424	5774	33 33 9076	192 499 824 824
5725	32 77 56 25	187 640 453 125	5775	33 35 0625	192 599 859 375
5726	32 78 70 76	187 738 797 176	5776	33 36 2176	192 699 928 576
5727	32 79 85 29	187 837 175 583	5777	33 37 3729	192 800 032 433
5728	32 80 99 84	187 935 588 352	5778	33 38 5284	192 900 170 952
5729	32 82 14 41	188 034 035 489	5779	33 39 6841	193 000 344 139
5730	32 83 29 00	188 132 517 000	5780	33 40 8400	193 100 552 000
5731	32 84 43 61	188 231 032 891	5781	33 41 9961	193 200 794 541
5732	32 85 58 24	188 329 583 168	5782	33 43 1524	193 301 071 768
5733	32 86 72 89	188 428 167 837	5783	33 44 3089	193 401 383 687
5734	32 87 87 56	188 526 786 904	5784	33 45 4656	193 501 730 304
5735	32 89 02 25	188 625 440 375	5785	33 46 6225	193 602 111 625
5736	32 90 16 96	188 724 128 256	5786	33 47 7796	193 702 527 656
5737	32 91 31 69	188 822 850 553	5787	33 48 9369	193 802 978 403
5738	32 92 46 44	188 921 607 272	5788	33 50 0944	193 903 463 872
5739	32 93 61 21	189 020 398 419	5789	33 51 2521	194 003 984 069
5740	32 94 76 00	189 119 224 000	5790	33 52 4100	194 104 539 000
5741	32 95 90 81	189 218 084 021	5791	33 53 5681	194 205 128 671
5742	32 97 05 64	189 316 978 488	5792	33 54 7264	194 305 753 088
5743	32 98 20 49	189 415 907 407	5793	33 55 8849	194 406 412 257
5744	32 99 35 36	189 514 870 784	5794	33 57 0436	194 507 106 184
5745	33 00 50 25	189 613 868 625	5795	33 58 2025	194 607 834 875
5746	33 01 65 16	189 712 900 936	5796	33 59 3616	194 708 598 336
5747	33 02 80 09	189 811 967 723	5797	33 60 5209	194 809 396 573
5748	33 03 95 04	189 911 068 992	5798	33 61 6804	194 910 229 592
5749	33 05 10 01	190 010 204 749	5799	33 62 8401	195 011 097 399
5750	33 06 25 00	190 109 375 000	5800	33 64 0000	195 112 000 000

5750

5800

Racines.	Quarrés.	Cubes.	Racines.	Quarrés.	Cubes.
5801	33 65 16 01	195 212 937 401	5851	34 23 42 01	200 304 310 051
5802	33 66 32 04	195 313 909 608	5852	34 24 59 04	200 407 030 208
5803	33 67 48 09	195 414 916 627	5853	34 25 76 09	200 509 785 477
5804	33 68 64 16	195 515 958 464	5854	34 26 93 16	200 612 575 864
5805	33 69 80 25	195 617 035 125	5855	34 28 10 25	200 715 401 375
5806	33 70 96 36	195 718 146 616	5856	34 29 27 36	200 818 262 016
5807	33 72 12 49	195 819 292 943	5857	34 30 44 49	200 921 157 793
5808	33 73 28 64	195 920 474 112	5858	34 31 61 64	201 024 088 712
5809	33 74 44 81	196 021 690 129	5859	34 32 78 81	201 127 054 779
5810	33 75 61 00	196 122 941 000	5860	34 33 96 00	201 230 056 000
5811	33 76 77 21	196 224 226 731	5861	34 35 13 21	201 333 092 381
5812	33 77 93 44	196 325 547 528	5862	34 36 30 44	201 436 163 928
5813	33 79 09 69	196 426 902 797	5863	34 37 47 69	201 539 270 647
5814	33 80 25 96	196 528 293 144	5864	34 38 64 96	201 642 412 544
5815	33 81 42 25	196 629 718 375	5865	34 39 82 25	201 745 589 625
5816	33 82 58 56	196 731 178 496	5866	34 40 99 56	201 848 801 896
5817	33 83 74 89	196 832 673 513	5867	34 42 16 89	201 952 049 363
5818	33 84 91 24	196 934 203 432	5868	34 43 34 24	202 055 332 032
5819	33 86 07 61	197 035 768 259	5869	34 44 51 61	202 158 649 909
5820	33 87 24 00	197 137 368 000	5870	34 45 69 00	202 262 003 000
5821	33 88 40 41	197 239 002 661	5871	34 46 86 41	202 365 391 311
5822	33 89 56 84	197 340 672 248	5872	34 48 03 84	202 468 814 418
5823	33 90 73 29	197 442 376 767	5873	34 49 21 29	202 572 273 617
5824	33 91 89 76	197 544 116 224	5874	34 50 38 76	202 675 767 624
5825	33 93 06 25	197 645 890 625	5875	34 51 56 25	202 779 296 875
5826	33 94 22 76	197 747 699 976	5876	34 52 73 76	202 882 861 376
5827	33 95 39 29	197 849 544 283	5877	34 53 91 29	202 986 461 133
5828	33 96 55 84	197 951 423 552	5878	34 55 08 84	203 090 096 152
5829	33 97 72 41	198 053 337 789	5879	34 56 26 41	203 193 766 439
5830	33 98 89 00	198 155 287 000	5880	34 57 44 00	203 297 472 000
5831	34 00 05 61	198 257 271 191	5881	34 58 61 61	203 401 212 841
5832	34 01 22 24	198 359 290 368	5882	34 59 79 24	203 504 988 968
5833	34 02 38 89	198 461 344 537	5883	34 60 96 89	203 608 800 387
5834	34 03 55 56	198 563 433 704	5884	34 62 14 56	203 712 647 104
5835	34 04 72 25	198 665 557 875	5885	34 63 32 25	203 816 529 125
5836	34 05 88 96	198 767 717 056	5886	34 64 49 96	203 920 446 456
5837	34 07 05 69	198 869 911 253	5887	34 65 67 69	204 024 399 103
5838	34 08 22 44	198 972 140 472	5888	34 66 85 44	204 128 387 072
5839	34 09 39 21	199 074 404 719	5889	34 68 03 21	204 232 410 369
5840	34 10 56 00	199 176 704 000	5890	34 69 21 00	204 336 469 000
5841	34 11 72 81	199 279 038 321	5891	34 70 38 81	204 440 562 971
5842	34 12 89 64	199 381 407 688	5892	34 71 56 64	204 544 692 288
5843	34 14 06 49	199 483 812 107	5893	34 72 74 49	204 648 856 957
5844	34 15 23 36	199 586 251 584	5894	34 73 92 36	204 753 056 984
5845	34 16 40 25	199 688 726 125	5895	34 75 10 25	204 857 292 375
5846	34 17 57 16	199 791 235 736	5896	34 76 28 16	204 961 563 136
5847	34 18 74 09	199 893 780 423	5897	34 77 46 09	205 065 869 273
5848	34 19 91 04	199 996 360 192	5898	34 78 64 04	205 170 210 792
5849	34 21 08 01	200 098 975 049	5899	34 79 82 01	205 274 587 699
5850	34 22 25 00	200 201 625 000	5900	34 81 00 00	205 379 000 000

5850   5900

Ra-cines	Quarrés.	Cubes.		Ra-cines	Quarrés.	Cubes.
5901	34 82 18 01	205 483 447 701		5951	35 41 44 01	210 751 100 351
5902	34 83 36 04	205 587 930 808		5952	35 42 63 04	210 857 361 408
5903	34 84 54 09	205 692 419 327		5953	35 43 82 09	210 963 658 177
5904	34 85 72 16	205 797 003 264		5954	35 45 01 16	211 069 990 664
5905	34 86 90 25	205 901 592 625		5955	35 46 20 25	211 176 358 875
5906	34 88 08 36	206 006 217 416		5956	35 47 39 36	211 282 762 816
5907	34 89 26 49	206 110 877 643		5957	35 48 58 49	211 389 202 493
5908	34 90 44 64	206 215 573 312		5958	35 49 77 64	211 495 677 912
5909	34 91 62 81	206 320 304 429		5959	35 50 96 81	211 602 189 079
5910	34 92 81 00	206 425 071 000		5960	35 52 16 00	211 708 736 000
5911	34 93 99 21	206 529 873 031		5961	35 53 35 21	211 815 318 681
5912	34 95 17 44	206 634 710 528		5962	35 54 54 44	211 921 937 128
5913	34 96 35 69	206 739 583 497		5963	35 55 73 69	212 028 591 347
5914	34 97 53 96	206 844 491 944		5964	35 56 92 96	212 135 281 344
5915	34 98 72 25	206 949 435 875		5965	35 58 12 25	212 242 007 125
5916	34 99 90 56	207 054 415 296		5966	35 59 31 56	212 348 768 696
5917	35 01 08 89	207 159 430 213		5967	35 60 50 89	212 455 566 063
5918	35 02 27 24	207 264 480 632		5968	35 61 70 24	212 562 399 232
5919	35 03 45 61	207 369 566 559		5969	35 62 89 61	212 669 268 209
5920	35 04 64 00	207 474 688 000		5970	35 64 09 00	212 776 173 000
5921	35 05 82 41	207 579 844 961		5971	35 65 28 41	212 883 113 611
5922	35 07 00 84	207 685 037 448		5972	35 66 47 84	212 990 090 048
5923	35 08 19 29	207 790 265 467		5973	35 67 67 29	213 097 102 317
5924	35 09 37 76	207 895 529 024		5974	35 68 86 76	213 204 150 424
5925	35 10 56 25	208 000 828 125		5975	35 70 06 25	213 311 234 375
5926	35 11 74 76	208 106 162 776		5976	35 71 25 76	213 418 354 176
5927	35 12 93 29	208 211 532 983		5977	35 72 45 29	213 525 509 833
5928	35 14 11 84	208 316 938 752		5978	35 73 64 84	213 632 701 352
5929	35 15 30 41	208 422 380 089		5979	35 74 84 41	213 739 928 739
5930	35 16 49 00	208 527 857 000		5980	35 76 04 00	213 847 192 000
5931	35 17 67 61	208 633 369 491		5981	35 77 23 61	213 954 491 141
5932	35 18 86 24	208 738 917 568		5982	35 78 43 24	214 061 826 168
5933	35 20 04 89	208 844 501 237		5983	35 79 62 89	214 169 197 087
5934	35 21 23 56	208 950 120 504		5984	35 80 82 56	214 276 603 904
5935	35 22 42 25	209 055 775 375		5985	35 82 02 25	214 384 046 625
5936	35 23 60 96	209 161 465 856		5986	35 83 21 96	214 491 525 256
5937	35 24 79 69	209 267 191 953		5987	35 84 41 69	214 599 039 803
5938	35 25 98 44	209 372 953 672		5988	35 85 61 44	214 706 590 272
5939	35 27 17 21	209 478 751 019		5989	35 86 81 21	214 814 176 669
5940	35 28 36 00	209 584 584 000		5990	35 88 01 00	214 921 799 000
5941	35 29 54 81	209 690 452 621		5991	35 89 20 81	215 029 457 271
5942	35 30 73 64	209 796 356 888		5992	35 90 40 64	215 137 151 488
5943	35 31 92 49	209 902 296 807		5993	35 91 60 49	215 244 881 657
5944	35 33 11 36	210 008 272 384		5994	35 92 80 36	215 352 647 784
5945	35 34 30 25	210 114 283 625		5995	35 94 00 25	215 460 449 875
5946	35 35 49 16	210 220 330 536		5996	35 95 20 16	215 568 287 936
5947	35 36 68 09	210 326 413 123		5997	35 96 40 09	215 676 161 973
5948	35 37 87 04	210 432 531 392		5998	35 97 60 04	215 784 071 992
5949	35 39 06 01	210 538 685 349		5999	35 98 80 01	215 892 017 999
5950	35 40 25 00	210 644 875 000		6000	36 00 00 00	216 000 000 000

5950

6000

Racines.	Quarres.	Cubes.	Racines.	Quarrés.	Cubes.
6001	36 01 20 01	216 108 018 001	6051	36 61 46 01	221 555 950 651
6002	36 02 40 04	216 216 072 008	6052	36 62 67 04	221 664 812 608
6003	36 03 60 09	216 324 162 027	6053	36 63 88 09	221 774 710 877
6004	36 04 80 16	216 432 288 064	6054	36 65 09 16	221 884 645 464
6005	36 06 00 25	216 540 450 125	6055	36 66 30 25	221 994 616 375
6006	36 07 20 36	216 648 648 216	6056	36 67 51 36	222 104 623 616
6007	36 08 40 49	216 756 882 343	6057	36 68 72 49	222 214 667 193
6008	36 09 60 64	216 865 152 512	6058	36 69 93 64	222 324 747 112
6009	36 10 80 81	216 973 458 729	6059	36 71 14 81	222 434 863 379
6010	36 12 01 00	217 081 801 000	6060	36 72 36 00	222 545 016 000
6011	36 13 21 21	217 190 179 331	6061	36 73 57 21	222 655 204 981
6012	36 14 41 44	217 298 593 728	6062	36 74 78 44	222 765 430 328
6013	36 15 61 69	217 407 044 197	6063	36 75 99 69	222 875 692 047
6014	36 16 81 96	217 515 530 744	6064	36 77 20 96	222 985 990 144
6015	36 18 02 25	217 624 053 375	6065	36 78 42 25	223 096 324 625
6016	36 19 22 56	217 732 612 096	6066	36 79 63 56	223 206 695 496
6017	36 20 42 89	217 841 206 913	6067	36 80 84 89	223 317 102 763
6018	36 21 63 24	217 949 837 832	6068	36 82 06 24	223 427 546 432
6019	36 22 83 61	218 058 504 859	6069	36 83 27 61	223 538 026 509
6020	36 24 04 00	218 167 208 000	6070	36 84 49 00	223 648 543 000
6021	36 25 24 41	218 275 947 261	6071	36 85 70 41	223 759 095 911
6022	36 26 44 84	218 384 722 648	6072	36 86 91 84	223 869 685 248
6023	36 27 65 29	218 493 533 167	6073	36 88 13 29	223 980 311 017
6024	36 28 85 76	218 602 381 824	6074	36 89 34 76	224 090 973 224
6025	36 30 06 25	218 711 265 625	6075	36 90 56 25	224 201 671 875
6026	36 31 26 76	218 820 185 576	6076	36 91 77 76	224 312 406 976
6027	36 32 47 29	218 929 111 683	6077	36 93 99 29	224 423 178 533
6028	36 33 67 84	219 038 133 952	6078	36 94 20 84	224 533 986 552
6029	36 34 88 41	219 147 162 389	6079	36 95 42 41	224 644 831 039
6030	36 36 09 00	219 256 227 000	6080	36 96 64 00	224 755 712 000
6031	36 37 29 61	219 365 327 791	6081	36 97 85 61	224 866 629 441
6032	36 38 50 24	219 474 464 768	6082	36 99 07 24	224 977 583 368
6033	36 39 70 89	219 583 637 937	6083	37 00 28 89	225 088 573 787
6034	36 40 91 56	219 692 847 304	6084	37 01 50 56	225 199 600 704
6035	36 42 12 25	219 802 092 875	6085	37 02 72 25	225 310 664 125
6036	36 43 33 96	219 911 374 656	6086	37 03 93 96	225 421 764 056
6037	36 44 55 69	220 020 692 653	6087	37 05 15 69	225 532 900 503
6038	36 45 74 44	220 130 046 872	6088	37 06 37 44	225 644 073 472
6039	36 46 95 21	220 239 437 319	6089	37 07 59 21	225 755 282 969
6040	36 48 16 00	220 348 864 000	6090	37 08 81 00	225 866 529 000
6041	36 49 36 81	220 458 326 921	6091	37 10 02 81	225 977 811 571
6042	36 50 57 64	220 567 826 088	6092	37 11 24 64	226 089 130 688
6043	36 51 78 49	220 677 361 507	6093	37 12 46 49	226 200 486 357
6044	36 52 99 36	220 786 935 184	6094	37 13 68 36	226 311 878 584
6045	36 54 20 25	220 896 541 125	6095	37 14 90 25	226 423 307 375
6046	36 55 41 16	221 006 185 336	6096	37 16 12 16	226 534 772 736
6047	36 56 62 09	221 115 865 823	6097	37 17 34 09	226 646 274 673
6048	36 57 83 04	221 225 582 592	6098	37 18 56 04	226 757 813 192
6049	36 59 04 01	221 335 335 649	6099	37 19 78 01	226 869 388 299
6050	36 60 25 00	221 445 125 000	6100	37 21 00 00	226 981 000 000

6050   6100

Racines.	Quarrés.	Cubes.	Racines.	Quarrés.	Cubes.
6101	37 22 22 01	227 092 648 301	6151	37 83 48 01	232 721 860 951
6102	37 23 44 04	227 204 333 208	6152	37 84 71 04	232 835 383 808
6103	37 24 66 09	227 316 054 727	6153	37 85 94 09	232 948 943 577
6104	37 25 88 16	227 427 812 864	6154	37 87 17 16	233 062 540 264
6105	37 27 10 25	227 539 607 625	6155	37 88 40 25	233 176 173 875
6106	37 28 32 36	227 651 439 016	6156	37 89 63 36	233 289 844 416
6107	37 29 54 49	227 763 307 043	6157	37 90 86 49	233 403 551 893
6108	37 30 76 64	227 875 211 712	6158	37 92 09 64	233 517 296 312
6109	37 31 98 81	227 987 153 029	6159	37 93 32 81	233 631 077 679
6110	37 33 21 00	228 099 131 000	6160	37 94 56 00	233 744 896 000
6111	37 34 43 21	228 211 145 631	6161	37 95 79 21	233 858 751 281
6112	37 35 65 44	228 323 196 928	6162	37 97 02 44	233 972 643 528
6113	37 36 87 69	228 435 284 897	6163	37 98 25 69	234 086 572 747
6114	37 38 09 96	228 547 409 544	6164	37 99 48 96	234 200 538 944
6115	37 39 32 25	228 659 570 875	6165	38 00 72 25	234 314 542 125
6116	37 40 54 56	228 771 768 896	6166	38 01 95 56	234 428 582 296
6117	37 41 76 89	228 884 003 613	6167	38 03 18 89	234 542 659 463
6118	37 42 99 24	228 996 275 032	6168	38 04 42 24	234 656 773 632
6119	37 44 21 61	229 108 583 159	6169	38 05 65 61	234 770 924 809
6120	37 45 44 00	229 220 928 000	6170	38 06 89 00	234 885 113 000
6121	37 46 66 41	229 333 309 561	6171	38 08 12 41	234 999 338 211
6122	37 47 88 84	229 445 727 848	6172	38 09 35 84	235 113 600 448
6123	37 49 11 29	229 558 182 867	6173	38 10 59 29	235 227 899 717
6124	37 50 33 76	229 670 674 624	6174	38 11 82 76	235 342 236 024
6125	37 51 56 25	229 783 203 125	6175	38 13 06 25	235 456 609 375
6126	37 52 78 76	229 895 768 376	6176	38 14 29 76	235 571 019 776
6127	37 54 01 29	230 008 370 383	6177	38 15 53 29	235 685 467 233
6128	37 55 23 84	230 121 009 152	6178	38 16 76 84	235 799 951 752
6129	37 56 46 41	230 233 684 689	6179	38 18 00 41	235 914 473 339
6130	37 57 69 00	230 346 397 000	6180	38 19 24 00	236 029 032 000
6131	37 58 91 61	230 459 146 091	6181	38 20 47 61	236 143 627 741
6132	37 60 14 24	230 571 931 968	6182	38 21 71 24	236 258 260 568
6133	37 61 36 89	230 684 754 637	6183	38 22 94 89	236 372 930 487
6134	37 62 59 56	230 797 614 104	6184	38 24 18 56	236 487 637 504
6135	37 63 82 25	230 910 510 375	6185	38 25 42 25	236 602 381 625
6136	37 65 04 96	231 023 443 456	6186	38 26 65 96	236 717 162 856
6137	37 66 27 69	231 136 413 353	6187	38 27 89 69	236 831 981 203
6138	37 67 50 44	231 249 420 072	6188	38 29 13 44	236 946 836 672
6139	37 68 73 21	231 362 463 619	6189	38 30 37 21	237 061 729 269
6140	37 69 96 00	231 475 544 000	6190	38 31 61 00	237 176 659 000
6141	37 71 18 81	231 588 661 221	6191	38 32 84 81	237 291 625 871
6142	37 72 41 64	231 701 815 288	6192	38 34 08 64	237 406 629 888
6143	37 73 64 49	231 815 006 207	6193	38 35 32 49	237 521 671 057
6144	37 74 87 36	231 928 233 984	6194	38 36 56 36	237 636 749 384
6145	37 76 10 25	232 041 498 625	6195	38 37 80 25	237 751 864 875
6146	37 77 33 16	232 154 800 136	6196	38 39 04 16	237 867 017 536
6147	37 78 56 09	232 268 138 523	6197	38 40 28 09	237 982 207 373
6148	37 79 79 04	232 381 513 792	6198	38 41 52 04	238 097 434 392
6149	37 81 02 01	232 494 925 949	6199	38 42 76 01	238 212 698 599
6150	37 82 25 00	232 608 375 000	6200	38 44 00 00	238 328 000 000

6150

6200

Racines.	Quarrés.	Cubes.	Racines.	Quarrés.	Cubes.
6201	38 45 27 01	238 415 338 601	6251	39 07 50 01	244 257 831 251
6202	38 46 48 04	238 528 714 408	6252	39 08 75 04	244 375 075 008
6203	38 47 72 09	238 673 127 427	6253	39 10 00 09	244 492 356 277
6204	38 48 96 16	238 785 577 664	6254	39 11 25 16	244 609 675 064
6205	38 50 20 25	238 935 065 125	6255	39 12 50 25	244 727 031 375
6206	38 51 44 36	239 020 589 816	6256	39 13 75 36	244 844 425 216
6207	38 52 68 49	239 136 151 743	6257	39 15 00 49	244 961 856 593
6208	38 53 92 64	239 251 750 912	6258	39 16 25 64	245 079 325 512
6209	38 55 16 81	239 367 387 029	6259	39 17 50 81	245 196 831 979
6210	38 56 41 00	239 483 061 000	6260	39 18 76 00	245 314 375 000
6211	38 57 65 21	239 598 771 931	6261	39 20 01 21	245 431 957 581
6212	38 58 89 44	239 714 520 128	6262	39 21 26 44	245 549 576 728
6213	38 60 13 69	239 830 305 597	6263	39 22 51 69	245 667 233 447
6214	38 61 37 96	239 946 128 344	6264	39 23 76 96	245 784 927 744
6215	38 62 62 25	240 061 988 375	6265	39 25 02 25	245 902 659 625
6216	38 63 86 56	240 177 885 696	6266	39 26 27 56	246 020 429 096
6217	38 65 10 89	240 293 820 513	6267	39 27 52 89	246 138 236 163
6218	38 66 35 24	240 409 792 232	6268	39 28 78 24	246 256 080 832
6219	38 67 59 61	240 525 801 459	6269	39 30 03 61	246 373 963 109
6220	38 68 84 00	240 641 848 000	6270	39 31 29 00	246 491 883 000
6221	38 70 08 41	240 757 931 861	6271	39 32 54 41	246 609 840 511
6222	38 71 32 84	240 874 053 048	6272	39 33 79 84	246 727 835 648
6223	38 72 57 29	240 990 211 567	6273	39 35 05 29	246 845 868 417
6224	38 73 81 76	241 106 407 424	6274	39 36 30 76	246 963 938 824
6225	38 75 06 25	241 222 640 625	6275	39 37 56 25	247 082 046 875
6226	38 76 30 76	241 338 911 176	6276	39 38 81 76	247 200 192 576
6227	38 77 55 29	241 455 219 083	6277	39 40 07 29	247 318 375 933
6228	38 78 79 84	241 571 564 352	6278	39 41 32 84	247 436 596 952
6229	38 80 04 41	241 687 946 989	6279	39 42 58 41	247 554 855 639
6230	38 81 29 00	241 804 367 000	6280	39 43 84 00	247 673 152 000
6231	38 82 53 61	241 920 824 591	6281	39 45 09 61	247 791 486 041
6232	38 83 78 24	242 037 319 168	6282	39 46 35 24	247 909 857 768
6233	38 85 02 89	242 153 851 337	6283	39 47 60 89	248 028 267 187
6234	38 86 27 56	242 270 420 904	6284	39 48 86 56	248 146 714 304
6235	38 87 52 25	242 387 027 875	6285	39 50 12 25	248 265 199 125
6236	38 88 76 96	242 503 672 256	6286	39 51 37 96	248 383 721 656
6237	38 90 01 69	242 620 354 053	6287	39 52 63 69	248 502 281 903
6238	38 91 26 44	242 737 073 272	6288	39 53 89 44	248 620 879 872
6239	38 92 51 21	242 853 829 919	6289	39 55 15 21	248 739 515 569
6240	38 93 76 00	242 970 624 000	6290	39 56 41 00	248 858 189 000
6241	38 95 00 81	243 087 455 521	6291	39 57 66 81	248 976 900 171
6242	38 96 25 64	243 204 324 488	6292	39 58 92 64	249 095 649 088
6243	38 97 50 49	243 321 230 907	6293	39 60 18 49	249 214 435 757
6244	38 98 75 36	243 438 174 784	6294	39 61 44 36	249 333 260 184
6245	39 00 00 25	243 555 156 125	6295	39 62 70 25	249 452 122 375
6246	39 01 25 16	243 672 174 936	6296	39 63 96 16	249 571 022 336
6247	39 02 50 09	243 789 231 223	6297	39 65 22 09	249 689 960 073
6248	39 03 75 04	243 906 324 992	6298	39 66 48 04	249 808 935 592
6249	39 05 00 01	244 023 456 249	6299	39 67 74 01	249 927 948 899
6250	39 06 25 00	244 140 625 000	6300	39 69 00 00	250 047 000 000

Racines.	Quarrés.	Cubes.	Racines.	Quarrés.	Cubes.
6301	39 70 26 01	250 166 088 901	6351	40 33 52 01	256 168 861 551
6302	39 71 52 04	250 285 215 608	6352	40 34 79 04	256 289 886 208
6303	39 72 78 09	250 404 380 127	6353	40 36 06 09	256 410 948 977
6304	39 74 04 16	250 523 582 464	6354	40 37 33 16	256 532 049 864
6305	39 75 30 25	250 642 822 625	6355	40 38 60 25	256 653 188 875
6306	39 76 56 36	250 762 100 616	6356	40 39 87 36	256 774 366 016
6307	39 77 82 49	250 881 416 443	6357	40 41 14 49	256 895 581 293
6308	39 79 08 64	251 000 770 112	6358	40 42 41 64	257 016 834 712
6309	39 80 34 81	251 120 161 629	6359	40 43 68 81	257 138 126 279
6310	39 81 61 00	251 239 591 000	6360	40 44 96 00	257 259 456 000
6311	39 82 87 21	251 359 058 231	6361	40 46 23 21	257 380 823 881
6312	39 84 13 44	251 478 563 328	6362	40 47 50 44	257 502 229 928
6313	39 85 39 69	251 598 106 297	6363	40 48 77 69	257 623 674 147
6314	39 86 65 96	251 717 687 144	6364	40 50 04 96	257 745 156 544
6315	39 87 92 25	251 837 305 875	6365	40 51 32 25	257 866 677 125
6316	39 89 18 56	251 956 962 496	6366	40 52 59 56	257 988 235 896
6317	39 90 44 89	252 076 657 013	6367	40 53 86 89	258 109 832 863
6318	39 91 71 24	252 196 389 432	6368	40 55 14 24	258 231 468 032
6319	39 92 97 61	252 316 159 759	6369	40 56 41 61	258 353 141 409
6320	39 94 24 00	252 435 968 000	6370	40 57 69 00	258 474 853 000
6321	39 95 50 41	252 555 814 161	6371	40 58 96 41	258 596 602 811
6322	39 96 76 84	252 675 698 248	6372	40 60 23 84	258 718 390 848
6323	39 98 03 29	252 795 620 267	6373	40 61 51 29	258 840 217 117
6324	39 99 29 76	252 915 580 224	6374	40 62 78 76	258 962 081 624
6325	40 00 56 25	253 035 578 125	6375	40 64 06 25	259 083 984 375
6326	40 01 82 76	253 155 613 976	6376	40 65 33 76	259 205 925 376
6327	40 03 09 29	253 275 687 783	6377	40 66 61 29	259 327 904 833
6328	40 04 35 84	253 395 799 552	6378	40 67 88 84	259 449 922 152
6329	40 05 62 41	253 515 949 289	6379	40 69 16 41	259 571 977 939
6330	40 06 89 00	253 636 137 000	6380	40 70 44 00	259 694 072 000
6331	40 08 15 61	253 756 362 691	6381	40 71 71 61	259 816 204 341
6332	40 09 42 24	253 876 626 368	6382	40 72 99 24	259 938 374 968
6333	40 10 68 89	253 996 928 037	6383	40 74 26 89	260 060 583 887
6334	40 11 95 56	254 117 267 704	6384	40 75 54 56	260 182 831 104
6335	40 13 22 25	254 237 645 375	6385	40 76 82 25	260 305 116 625
6336	40 14 48 96	254 358 061 056	6386	40 78 09 96	260 427 440 456
6337	40 15 75 69	254 478 514 753	6387	40 79 37 69	260 549 802 603
6338	40 17 02 44	254 599 006 472	6388	40 80 65 44	260 672 203 072
6339	40 18 29 21	254 719 536 219	6389	40 81 93 21	260 794 641 869
6340	40 19 56 00	254 840 104 000	6390	40 83 21 00	260 917 119 000
6341	40 20 82 81	254 960 709 821	6391	40 84 48 81	261 039 634 471
6342	40 22 09 64	255 081 353 688	6392	40 85 76 64	261 162 188 288
6343	40 23 36 49	255 202 035 607	6393	40 87 04 49	261 284 780 457
6344	40 24 63 36	255 322 755 584	6394	40 88 32 36	261 407 410 984
6345	40 25 90 25	255 443 513 625	6395	40 89 60 25	261 530 079 875
6346	40 27 17 16	255 564 309 736	6396	40 90 88 16	261 652 787 136
6347	40 28 44 09	255 685 143 923	6397	40 92 16 09	261 775 532 773
6348	40 29 71 04	255 806 016 192	6398	40 93 44 04	261 898 316 792
6349	40 30 98 01	255 926 926 549	6399	40 94 72 01	262 021 139 199
6350	40 32 25 00	256 047 875 000	6400	40 96 00 00	262 144 000 000

6350   6400

Racines.	Quarrés.	Cubes.	Racines.	Quarrés.	Cubes.
6401	40 97 28 01	262 266 899 201	6451	41 61 54 01	268 460 951 851
6402	40 98 56 04	262 389 836 808	6452	41 62 83 04	268 585 817 408
6403	40 99 84 09	262 576 842 827	6453	41 64 12 09	268 710 721 677
6404	41 01 12 16	262 635 827 264	6454	41 65 41 16	268 835 664 664
6405	41 02 40 25	262 758 880 125	6455	41 66 70 25	268 960 646 375
6406	41 03 68 36	262 881 971 416	6456	41 67 99 36	269 085 666 816
6407	41 04 96 49	263 005 101 143	6457	41 69 28 49	269 210 725 993
6408	41 06 24 64	263 128 269 312	6458	41 70 57 64	269 335 823 912
6409	41 07 52 81	263 251 475 929	6459	41 71 86 81	269 460 960 579
6410	41 08 81 00	263 374 721 000	6460	41 73 16 00	269 586 136 000
6411	41 10 09 21	263 498 004 531	6461	41 74 45 21	269 711 350 181
6412	41 11 37 44	263 621 326 528	6462	41 75 74 44	269 836 603 128
6413	41 12 65 69	263 744 686 997	6463	41 77 03 69	269 961 894 847
6414	41 13 93 96	263 868 085 944	6464	41 78 32 96	270 087 225 344
6415	41 15 22 25	263 991 523 375	6465	41 79 62 25	270 212 594 625
6416	41 16 50 56	264 114 999 296	6466	41 80 91 56	270 338 002 696
6417	41 17 78 89	264 238 513 713	6467	41 82 20 89	270 463 449 563
6418	41 19 07 24	264 362 066 632	6468	41 83 50 24	270 588 935 232
6419	41 20 35 61	264 485 658 059	6469	41 84 79 61	270 714 459 709
6420	41 21 64 00	264 609 288 000	6470	41 86 09 00	270 840 023 000
6421	41 22 92 41	264 732 956 461	6471	41 87 38 41	270 965 625 111
6422	41 24 20 84	264 856 663 448	6472	41 88 67 84	271 091 266 048
6423	41 25 49 29	264 980 408 967	6473	41 89 97 29	271 216 945 817
6424	41 26 77 76	265 104 193 024	6474	41 91 26 76	271 342 664 424
6425	41 28 06 25	265 228 015 625	6475	41 92 56 25	271 468 421 875
6426	41 29 34 76	265 351 876 776	6476	41 93 85 76	271 594 218 176
6427	41 30 63 29	265 475 776 483	6477	41 95 15 29	271 720 053 333
6428	41 31 91 84	265 599 714 752	6478	41 96 44 84	271 845 927 352
6429	41 33 20 41	265 723 691 589	6479	41 97 74 41	271 971 840 239
6430	41 34 49 00	265 847 707 000	6480	41 99 04 00	272 097 792 000
6431	41 35 77 61	265 971 760 991	6481	42 00 33 61	272 223 782 641
6432	41 37 06 24	266 095 853 568	6482	42 01 63 24	272 349 812 168
6433	41 38 34 89	266 219 984 737	6483	42 02 92 89	272 475 880 587
6434	41 39 63 56	266 344 154 504	6484	42 04 22 56	272 601 987 904
6435	41 40 92 25	266 468 362 875	6485	42 05 52 25	272 728 134 125
6436	41 42 20 96	266 592 609 856	6486	42 06 81 96	272 854 319 256
6437	41 43 49 69	266 716 895 453	6487	42 08 11 69	272 980 543 303
6438	41 44 78 44	266 841 219 672	6488	42 09 41 44	273 106 806 272
6439	41 46 07 21	266 965 582 519	6489	42 10 71 21	273 233 108 169
6440	41 47 36 00	267 089 984 000	6490	42 12 01 00	273 359 449 000
6441	41 48 64 81	267 214 424 121	6491	42 13 30 81	273 485 828 771
6442	41 49 93 64	267 338 902 888	6492	42 14 60 64	273 612 247 488
6443	41 51 22 49	267 463 420 307	6493	42 15 90 49	273 738 705 157
6444	41 52 51 36	267 587 976 384	6494	42 17 20 36	273 865 201 784
6445	41 53 80 25	267 712 571 125	6495	42 18 50 25	273 991 737 375
6446	41 55 09 16	267 837 204 536	6496	42 19 80 16	274 118 311 936
6447	41 56 38 09	267 961 876 623	6497	42 21 10 09	274 244 925 473
6448	41 57 67 04	268 086 587 392	6498	42 22 40 04	274 371 577 992
6449	41 58 96 01	268 211 336 849	6499	42 23 70 01	274 498 269 499
6450	41 60 25 00	268 336 125 000	6500	42 25 00 00	274 625 000 000

Racines.	Quarrés.	Cubes.	Racines.	Quarrés.	Cubes.
6501	42 26 30 01	274 751 769 501	6551	42 91 56 01	281 140 102 151
6502	42 27 60 04	274 878 578 008	6552	42 92 87 04	281 268 868 608
6503	42 28 90 09	275 005 425 527	6553	42 94 18 09	281 397 674 377
6504	42 30 20 16	275 132 312 064	6554	42 95 49 16	281 526 519 464
6505	42 31 50 25	275 259 237 625	6555	42 96 80 25	281 655 403 875
6506	42 32 80 36	275 386 202 216	6556	42 98 11 36	281 784 327 616
6507	42 34 10 49	275 513 205 843	6557	42 99 42 49	281 913 290 693
6508	42 35 40 64	275 640 248 512	6558	43 00 73 64	282 042 293 112
6509	42 36 70 81	275 767 330 229	6559	43 02 04 81	282 171 334 879
6510	42 38 01 00	275 894 451 000	6560	43 03 36 00	282 300 416 000
6511	42 39 31 21	276 021 610 831	6561	43 04 67 21	282 429 536 481
6512	42 40 61 44	276 148 809 728	6562	43 05 98 44	282 558 696 328
6513	42 41 91 69	276 276 047 697	6563	43 07 29 69	282 687 895 547
6514	42 43 21 96	276 403 324 744	6564	43 08 60 96	282 817 134 144
6515	42 44 52 25	276 530 640 875	6565	43 09 92 25	282 946 412 125
6516	42 45 82 56	276 657 996 096	6566	43 11 23 56	283 075 729 496
6517	42 47 12 89	276 785 391 413	6567	43 12 54 89	283 205 086 263
6518	42 48 43 24	276 912 823 832	6568	43 13 86 24	283 334 482 432
6519	42 49 73 61	277 040 296 359	6569	43 15 17 61	283 463 918 009
6520	42 51 04 00	277 167 808 000	6570	43 16 49 00	283 593 393 000
6521	42 52 34 41	277 295 358 761	6571	43 17 80 41	283 722 907 411
6522	42 53 64 84	277 422 948 648	6572	43 19 11 84	283 852 461 248
6523	42 54 95 29	277 550 577 667	6573	43 20 43 29	283 982 054 517
6524	42 56 25 76	277 678 245 824	6574	43 21 74 76	284 111 686 624
6525	42 57 56 25	277 805 953 125	6575	43 23 06 25	284 241 359 375
6526	42 58 86 76	277 933 699 576	6576	43 24 37 76	284 371 070 976
6527	42 60 17 29	278 061 485 183	6577	43 25 69 29	284 500 822 033
6528	42 61 47 84	278 189 309 952	6578	43 27 00 84	284 630 612 552
6529	42 62 78 41	278 317 173 889	6579	43 28 32 41	284 760 442 539
6530	42 64 09 00	278 445 077 000	6580	43 29 64 00	284 890 312 000
6531	42 65 39 61	278 573 019 291	6581	43 30 95 61	285 020 220 941
6532	42 66 70 24	278 701 000 768	6582	43 32 27 24	285 150 169 368
6533	42 68 00 89	278 829 021 437	6583	43 33 58 89	285 280 157 287
6534	42 69 31 56	278 957 081 304	6584	43 34 90 56	285 410 184 704
6535	42 70 62 25	279 085 180 375	6585	43 36 22 25	285 540 251 625
6536	42 71 92 96	279 213 318 656	6586	43 37 53 96	285 670 358 056
6537	42 73 23 69	279 341 496 153	6587	43 38 85 69	285 800 504 003
6538	42 74 54 44	279 469 712 872	6588	43 40 17 44	285 930 689 472
6539	42 75 85 21	279 597 968 819	6589	43 41 49 21	286 060 914 469
6540	42 77 16 00	279 726 264 000	6590	43 42 81 00	286 191 179 000
6541	42 78 46 81	279 854 598 421	6591	43 44 12 81	286 321 483 071
6542	42 79 77 64	279 982 972 088	6592	43 45 44 64	286 451 826 688
6543	42 81 08 49	280 111 385 007	6593	43 46 76 49	286 582 209 857
6544	42 82 39 36	280 239 837 184	6594	43 48 08 36	286 712 632 584
6545	42 83 70 25	280 368 328 625	6595	43 49 40 25	286 843 094 875
6546	42 85 01 16	280 496 859 336	6596	43 50 72 16	286 973 596 736
6547	42 86 32 09	280 625 429 323	6597	43 52 04 09	287 104 138 173
6548	42 87 63 04	280 754 038 592	6598	43 53 36 04	287 234 719 192
6549	42 88 94 01	280 882 687 149	6599	43 54 68 01	287 365 339 799
6550	42 90 25 00	281 011 375 000	6600	43 56 00 00	287 496 000 000

6550

6600

Racines.	Quarrés.	Cubes.	Racines.	Quarrés.	Cubes.
6601	43 57 32 01	287 626 679 801	6651	44 23 58 01	294 212 312 451
6602	43 58 64 04	287 757 439 208	6652	44 24 91 04	294 345 039 808
6603	43 59 96 09	287 888 218 227	6653	44 26 24 09	294 477 807 077
6604	43 61 28 16	288 019 036 864	6654	44 27 57 16	294 610 614 264
6605	43 62 60 25	288 149 895 125	6655	44 28 90 25	294 743 461 375
6606	43 63 92 36	288 280 793 016	6656	44 30 23 36	294 876 348 416
6607	43 65 24 49	288 411 730 543	6657	44 31 56 49	295 009 275 393
6608	43 66 56 64	288 542 707 712	6658	44 32 89 64	295 142 242 312
6609	43 67 88 81	288 673 724 529	6659	44 34 22 81	295 275 249 179
6610	43 69 21 00	288 804 781 000	6660	44 35 56 00	295 408 296 000
6611	43 70 53 21	288 935 877 131	6661	44 36 89 21	295 541 382 781
6612	43 71 85 44	289 067 012 928	6662	44 38 22 44	295 674 509 528
6613	43 73 17 69	289 198 188 397	6663	44 39 55 69	295 807 676 247
6614	43 74 49 96	289 329 403 544	6664	44 40 88 96	295 940 882 944
6615	43 75 82 25	289 460 658 375	6665	44 42 22 25	296 074 129 625
6616	43 77 14 56	289 591 952 896	6666	44 43 55 56	296 207 416 296
6617	43 78 46 89	289 723 287 113	6667	44 44 88 89	296 340 742 963
6618	43 79 79 24	289 854 661 032	6668	44 46 22 24	296 474 109 632
6619	43 81 11 61	289 986 074 659	6669	44 47 55 61	296 607 516 309
6620	43 82 44 00	290 117 528 000	6670	44 48 89 00	296 740 963 000
6621	43 83 76 41	290 249 021 061	6671	44 50 22 41	296 874 449 711
6622	43 85 08 84	290 380 553 848	6672	44 51 55 84	297 007 976 448
6623	43 86 41 29	290 512 126 367	6673	44 52 89 29	297 141 543 217
6624	43 87 73 76	290 643 738 624	6674	44 54 22 76	297 275 150 024
6625	43 89 06 25	290 775 390 625	6675	44 55 56 25	297 408 796 875
6626	43 90 38 76	290 907 082 376	6676	44 56 89 76	297 542 483 776
6627	43 91 71 29	291 038 813 883	6677	44 58 23 29	297 676 210 733
6628	43 93 03 84	291 170 585 152	6678	44 59 56 84	297 809 977 752
6629	43 94 36 41	291 302 396 189	6679	44 60 90 41	297 943 784 839
6630	43 95 69 00	291 434 247 000	6680	44 62 24 00	298 077 632 000
6631	43 97 01 61	291 566 137 591	6681	44 63 57 61	298 211 519 241
6632	43 98 34 24	291 698 067 968	6682	44 64 91 24	298 345 446 568
6633	43 99 66 89	291 830 038 137	6683	44 66 24 89	298 479 413 987
6634	44 00 99 56	291 962 048 104	6684	44 67 58 56	298 613 421 504
6635	44 02 32 25	292 094 097 875	6685	44 68 92 25	298 747 469 125
6636	44 03 64 96	292 226 187 456	6686	44 70 25 96	298 881 556 856
6637	44 04 97 69	292 358 316 853	6687	44 71 59 69	299 015 684 703
6638	44 06 30 44	292 490 486 072	6688	44 72 93 44	299 149 852 672
6639	44 07 63 21	292 622 695 119	6689	44 74 27 21	299 284 060 769
6640	44 08 96 00	292 754 944 000	6690	44 75 61 00	299 418 309 000
6641	44 10 28 81	292 887 232 721	6691	44 76 94 81	299 552 597 371
6642	44 11 61 64	293 019 561 288	6692	44 78 28 64	299 686 925 888
6643	44 12 94 49	293 151 929 707	6693	44 79 62 49	299 821 294 557
6644	44 14 27 36	293 284 337 984	6694	44 80 96 36	299 955 703 384
6645	44 15 60 25	293 416 786 125	6695	44 82 30 25	300 090 152 375
6646	44 16 93 16	293 549 274 136	6696	44 83 64 16	300 224 641 536
6647	44 18 26 09	293 681 802 023	6697	44 84 98 09	300 359 170 873
6648	44 19 59 04	293 814 369 792	6698	44 86 32 04	300 493 740 392
6649	44 20 92 01	293 946 977 449	6699	44 87 66 01	300 628 350 099
6650	44 22 25 00	294 079 625 000	6700	44 89 00 00	300 763 000 000

6650

6700

Ra-cines.	Quarrés.	Cubes.	Ra-cines.	Quarrés.	Cubes.
6701	44 90 34 01	301 847 690 101	6751	45 57 60 01	307 683 582 751
6702	44 91 68 04	301 982 420 408	6752	45 58 95 04	307 820 331 008
6703	44 93 02 09	301 167 190 927	6753	45 60 30 09	307 957 119 777
6704	44 94 36 16	301 302 001 664	6754	45 61 65 16	308 093 949 064
6705	44 95 70 25	301 436 852 625	6755	45 63 00 25	308 230 818 875
6706	44 97 04 36	301 571 743 816	6756	45 64 35 36	308 367 729 216
6707	44 98 38 49	301 706 675 213	6757	45 65 70 49	308 504 680 093
6708	44 99 72 64	301 841 646 912	6758	45 67 05 64	308 641 671 512
6709	45 01 06 81	301 976 658 829	6759	45 68 40 81	308 778 703 479
6710	45 02 41 00	302 111 711 000	6760	45 69 76 00	308 915 775 000
6711	45 03 75 21	302 246 803 431	6761	45 71 11 21	309 052 889 081
6712	45 05 09 44	302 281 936 128	6762	45 72 46 44	309 190 043 728
6713	45 06 43 69	302 517 109 097	6763	45 73 81 69	309 327 236 947
6714	45 07 77 96	302 652 322 344	6764	45 75 16 96	309 464 471 744
6715	45 09 12 25	302 787 575 875	6765	45 76 52 25	309 601 747 125
6716	45 10 46 56	302 922 849 696	6766	45 77 87 56	309 739 063 096
6717	45 11 80 89	303 058 203 813	6767	45 79 22 89	309 876 419 663
6718	45 13 15 24	303 193 578 232	6768	45 80 58 24	310 013 816 832
6719	45 14 49 61	303 328 992 959	6769	45 81 93 61	310 151 254 609
6720	45 15 84 00	303 464 448 000	6770	45 83 29 00	310 288 733 000
6721	45 17 18 41	303 599 943 361	6771	45 84 64 41	310 426 252 011
6722	45 18 52 84	303 735 479 048	6772	45 85 99 84	310 563 811 648
6723	45 19 87 29	303 871 055 067	6773	45 87 35 29	310 701 411 917
6724	45 21 21 76	304 006 671 424	6774	45 88 70 76	310 839 052 824
6725	45 22 56 25	304 142 328 125	6775	45 90 06 25	310 976 734 375
6726	45 23 90 76	304 278 025 176	6776	45 91 41 76	311 114 456 576
6727	45 25 25 29	304 413 762 583	6777	45 92 77 29	311 252 219 433
6728	45 26 59 84	304 549 540 352	6778	45 94 12 84	311 390 022 952
6729	45 27 94 41	304 685 358 489	6779	45 95 48 41	311 527 867 139
6730	45 29 29 00	304 821 217 000	6780	45 96 84 00	311 665 752 000
6731	45 30 63 61	304 957 115 891	6781	45 98 19 61	311 803 677 541
6732	45 31 98 24	305 093 055 168	6782	45 99 55 24	311 941 643 768
6733	45 33 32 89	305 229 034 837	6783	46 00 90 89	312 079 650 687
6734	45 34 67 56	305 365 054 904	6784	46 02 26 56	312 217 698 304
6735	45 36 02 25	305 501 115 375	6785	46 03 62 25	312 355 786 625
6736	45 37 36 96	305 637 216 256	6786	46 04 97 96	312 493 915 656
6737	45 38 71 69	305 773 357 553	6787	46 06 33 69	312 632 085 403
6738	45 40 06 44	305 909 539 272	6788	46 07 69 44	312 770 295 872
6739	45 41 41 21	306 045 761 419	6789	46 09 05 21	312 908 547 069
6740	45 42 76 00	306 182 024 000	6790	46 10 41 00	313 046 839 000
6741	45 44 10 81	306 318 327 021	6791	46 11 76 81	313 185 171 671
6742	45 45 45 64	306 454 670 488	6792	46 13 12 64	313 323 545 088
6743	45 46 80 49	306 591 054 407	6793	46 14 48 49	313 461 959 257
6744	45 48 15 36	306 727 478 784	6794	46 15 84 36	313 600 414 184
6745	45 49 50 25	306 863 943 625	6795	46 17 20 25	313 738 909 875
6746	45 50 85 16	307 000 448 936	6796	46 18 56 16	313 877 446 336
6747	45 52 20 09	307 136 994 723	6797	46 19 92 09	314 016 023 573
6748	45 53 55 04	307 273 580 992	6798	46 21 28 04	314 154 641 592
6749	45 54 90 01	307 410 207 749	6799	46 22 64 01	314 293 300 399
6750	45 56 25 00	307 546 875 000	6800	46 24 00 00	314 432 000 000

6750

6800

Racines.	Quarrés.	Cubes.	Racines.	Quarrés.	Cubes.
6801	46 25 34 01	314 570 740 401	6851	46 93 62 01	321 909 913 651
6802	46 26 72 04	314 707 721 608	6852	46 94 99 04	321 700 742 208
6803	46 28 c8 09	314 8 8 813 627	6853	46 96 36 09	321 841 512 477
6804	46 29 44 16	314 987 205 464	6854	46 97 73 16	321 982 523 864
6805	46 30 80 25	315 126 110 125	6855	46 99 10 25	322 123 476 375
6806	46 32 16 36	315 265 054 616	6856	47 00 47 36	322 264 470 016
6807	46 33 52 49	315 404 039 943	6857	47 01 84 49	322 405 504 793
6808	46 34 88 64	315 543 066 112	6858	47 03 21 64	322 546 580 712
6809	46 36 24 81	315 682 133 129	6859	47 04 58 81	322 687 697 779
6810	46 37 61 00	315 831 241 000	6860	47 05 96 00	322 828 856 000
6811	46 38 97 21	315 960 389 731	6861	47 07 33 21	322 970 055 381
6812	46 40 33 44	316 099 579 528	6862	47 08 70 44	323 111 295 928
6813	46 41 69 69	316 238 809 797	6863	47 10 07 69	323 252 577 647
6814	46 43 05 96	316 378 081 144	6864	47 11 44 96	323 393 900 544
6815	46 44 42 25	316 517 393 375	6865	47 12 82 25	323 535 264 625
6816	46 45 78 56	316 656 746 496	6866	47 14 19 56	323 676 669 896
6817	46 47 14 89	316 796 140 513	6867	47 15 56 89	323 818 116 363
6818	46 48 51 24	316 935 575 432	6868	47 16 94 24	323 959 604 032
6819	46 49 87 61	317 075 051 259	6869	47 18 31 61	324 101 132 909
6820	46 51 24 00	317 214 568 000	6870	47 19 69 00	324 242 703 000
6821	46 52 60 41	317 354 125 661	6871	47 21 06 41	324 384 314 311
6822	46 53 96 84	317 493 724 248	6872	47 22 43 84	324 525 966 848
6823	46 55 33 29	317 633 363 767	6873	47 23 81 29	324 667 660 617
6824	46 56 69 76	317 773 044 224	6874	47 25 18 76	324 809 395 624
6825	46 58 06 25	317 912 765 625	6875	47 26 56 25	324 951 171 875
6826	46 59 42 76	318 052 527 976	6876	47 27 93 76	325 092 989 376
6827	46 60 79 29	318 192 331 283	6877	47 29 31 29	325 234 848 133
6828	46 62 15 84	318 332 175 552	6878	47 30 68 84	325 376 748 152
6829	46 63 52 41	318 472 060 789	6879	47 32 06 41	325 518 689 439
6830	46 64 89 00	318 611 987 000	6880	47 33 44 00	325 660 672 000
6831	46 66 25 61	318 751 954 191	6881	47 34 81 61	325 802 695 841
6832	46 67 62 23	318 891 962 368	6882	47 36 19 24	325 944 7 0 968
6833	46 68 98 89	319 032 011 537	6883	47 37 56 89	326 086 867 287
6834	46 70 35 56	319 172 101 704	6884	47 38 94 56	326 229 015 104
6835	46 71 72 25	319 312 232 875	6885	47 40 32 25	326 371 204 125
6836	46 73 08 96	319 452 405 056	6886	47 41 69 96	326 513 434 456
6837	46 74 45 69	319 592 618 253	6887	47 43 07 69	326 655 706 103
6838	46 75 82 44	319 732 872 472	6888	47 44 45 44	326 798 019 072
6839	46 77 19 21	319 873 167 719	6889	47 45 83 21	326 940 373 369
6840	46 78 56 00	320 013 504 000	6890	47 47 21 00	327 082 769 000
6841	46 79 92 81	320 153 881 321	6891	47 48 58 81	327 225 205 971
6842	46 81 29 64	320 294 299 688	6892	47 49 96 64	327 367 684 288
6843	46 82 66 49	320 434 759 107	6893	47 51 34 49	327 510 203 957
6844	46 84 03 36	320 575 259 584	6894	47 52 72 36	327 652 764 984
6845	46 85 40 25	320 715 801 125	6895	47 54 10 25	327 795 357 375
6846	46 86 77 16	320 856 383 736	6896	47 55 48 16	327 938 011 136
6847	46 88 14 09	320 997 007 423	6897	47 56 86 09	328 080 696 273
6848	46 89 51 04	321 137 672 192	6898	47 58 24 04	328 223 422 792
6849	46 90 88 01	321 278 378 049	6899	47 59 62 01	328 366 190 699
6850	46 92 25 00	321 419 125 000	6900	47 61 00 00	328 509 000 000

6850

6900

Racines.	Quarrés.	Cubes.	Racines.	Quarrés.	Cubes.
6901	47 62 38 11	328 651 800 701	6951	48 31 64 01	335 847 303 351
6902	47 63 76 04	328 794 742 808	6952	48 33 03 04	335 992 273 408
6903	47 65 13 09	328 937 676 327	6953	48 34 42 09	336 137 285 177
6904	47 66 52 16	329 080 651 264	6954	48 35 81 16	336 282 338 664
6905	47 67 90 25	329 223 657 625	6955	48 37 20 25	336 427 433 875
6906	47 69 28 36	329 366 725 416	6956	48 38 59 36	336 572 570 816
6907	47 70 66 49	329 509 824 643	6957	48 39 98 49	336 717 749 493
6908	47 72 04 64	329 652 955 312	6958	48 41 37 64	336 862 969 912
6909	47 73 42 81	329 796 147 429	6959	48 42 76 81	337 008 232 079
6910	47 74 81 00	329 939 371 000	6960	48 44 16 00	337 153 536 000
6911	47 76 19 21	330 082 636 031	6961	48 45 55 21	337 298 881 681
6912	47 77 57 44	330 225 942 528	6962	48 46 94 44	337 444 269 128
6913	47 78 95 69	330 369 290 497	6963	48 48 33 69	337 589 698 347
6914	47 80 33 96	330 512 679 944	6964	48 49 73 96	337 735 169 344
6915	47 81 72 25	330 656 110 875	6965	48 51 12 25	337 880 682 125
6916	47 83 10 56	330 799 583 296	6966	48 52 51 56	338 026 236 696
6917	47 84 48 89	330 943 097 213	6967	48 53 90 89	338 171 833 063
6918	47 85 87 24	331 086 652 632	6968	48 55 30 24	338 317 471 232
6919	47 87 25 61	331 230 249 559	6969	48 56 69 61	338 463 151 209
6920	47 88 64 00	331 373 888 000	6970	48 58 09 00	338 608 873 000
6921	47 90 02 41	331 517 567 961	6971	48 59 48 41	338 754 636 611
6922	47 91 40 84	331 661 289 448	6972	48 60 87 84	338 900 412 048
6923	47 92 79 29	331 805 052 467	6973	48 62 27 29	339 046 289 317
6924	47 94 17 76	331 948 857 024	6974	48 63 66 76	339 192 178 424
6925	47 95 56 25	332 092 703 125	6975	48 65 06 25	339 338 109 375
6926	47 96 94 76	332 236 590 776	6976	48 66 45 76	339 484 082 176
6927	47 98 33 29	332 380 519 983	6977	48 67 85 29	339 630 096 833
6928	47 99 71 84	332 524 490 752	6978	48 69 24 84	339 776 153 352
6929	48 01 10 41	332 668 503 089	6979	48 70 64 41	339 922 252 739
6930	48 02 49 00	332 812 557 000	6980	48 72 04 00	340 068 393 000
6931	48 03 87 61	332 956 652 491	6981	48 73 43 61	340 214 574 141
6932	48 05 26 24	333 100 789 568	6982	48 74 83 24	340 360 798 168
6933	48 06 64 89	333 244 968 237	6983	48 76 22 89	340 507 064 087
6934	48 08 03 56	333 389 188 504	6984	48 77 62 56	340 653 371 904
6935	48 09 42 25	333 533 450 375	6985	48 79 02 25	340 799 721 625
6936	48 10 80 96	333 677 753 856	6986	48 80 41 96	340 946 113 256
6937	48 12 19 69	333 822 098 953	6987	48 81 81 69	341 092 546 803
6938	48 13 58 44	333 966 485 672	6988	48 83 21 44	341 239 022 272
6939	48 14 97 21	334 110 914 019	6989	48 84 61 21	341 385 539 669
6940	48 16 36 00	334 255 384 000	6990	48 86 01 00	341 532 099 000
6941	48 17 74 81	334 399 895 621	6991	48 87 40 81	341 678 700 271
6942	48 19 13 64	334 544 448 888	6992	48 88 80 64	341 825 343 438
6943	48 20 52 49	334 689 043 807	6993	48 90 20 49	341 972 028 657
6944	48 21 91 36	334 833 680 384	6994	48 91 60 36	342 118 755 784
6945	48 23 30 25	334 978 358 625	6995	48 93 00 25	342 265 524 875
6946	48 24 69 16	335 123 078 536	6996	48 94 40 16	342 412 335 936
6947	48 26 08 09	335 267 840 123	6997	48 95 80 09	342 559 188 973
6948	48 27 47 04	335 412 643 392	6998	48 97 20 04	342 706 083 992
6949	48 28 86 01	335 557 488 349	6999	48 98 60 01	342 853 020 999
6950	48 30 25 00	335 702 375 000	7000	49 00 00 00	343 000 000 000

6950   7000

Racines.	Quarrés.	Cubes.	Racines.	Quarrés.	Cubes.
7001	49 01 40 01	343 147 021 001	7051	49 71 66 01	350 551 753 651
7002	49 02 80 04	343 294 084 008	7052	49 73 07 04	350 700 924 608
7003	49 04 20 09	343 441 183 027	7053	49 74 48 09	350 850 137 877
7004	49 05 60 16	343 588 336 064	7054	49 75 89 16	350 999 393 464
7005	49 07 00 25	343 735 525 125	7055	49 77 30 25	351 148 691 375
7006	49 08 40 36	343 882 756 216	7056	49 78 71 36	351 298 031 616
7007	49 09 80 49	344 030 023 343	7057	49 80 12 49	351 447 414 193
7008	49 11 20 64	344 177 344 512	7058	49 81 53 64	351 596 839 112
7009	49 12 60 81	344 324 701 729	7059	49 82 94 81	351 746 306 379
7010	49 14 01 00	344 472 101 000	7060	49 84 36 00	351 895 816 000
7011	49 15 41 21	344 619 542 331	7061	49 85 77 21	352 045 367 981
7012	49 16 81 44	344 767 025 728	7062	49 87 18 44	352 191 962 328
7013	49 18 21 69	344 914 551 197	7063	49 88 59 69	352 344 599 047
7014	49 19 61 96	345 062 118 744	7064	49 90 00 96	352 497 278 144
7015	49 21 02 25	345 209 728 375	7065	49 91 42 25	352 649 999 625
7016	49 22 42 56	345 357 380 096	7066	49 92 83 56	352 793 763 496
7017	49 23 82 89	345 505 073 913	7067	49 94 24 89	352 946 569 563
7018	49 25 23 24	345 652 809 832	7068	49 95 66 24	353 079 413 632
7019	49 26 63 61	345 800 587 859	7069	49 97 07 61	353 252 320 709
7020	49 28 04 00	345 948 408 000	7070	49 98 49 00	353 393 243 000
7021	49 29 44 41	346 096 270 261	7071	49 99 90 41	353 543 218 911
7022	49 30 84 84	346 244 174 648	7072	50 01 31 84	353 696 237 248
7023	49 32 25 29	346 392 121 167	7073	50 02 73 29	353 849 298 017
7024	49 33 65 76	346 540 109 824	7074	50 04 14 76	353 999 401 224
7025	49 35 06 25	346 688 140 625	7075	50 05 56 25	354 143 546 875
7026	49 36 46 76	346 836 213 576	7076	50 06 97 76	354 293 734 976
7027	49 37 87 29	346 984 328 683	7077	50 08 39 29	354 443 965 533
7028	49 39 27 84	347 132 485	7078	50 09 80 84	354 594 238 552
7029	49 40 68 41	347 280 685 589	7079	50 11 22 41	354 744 554 639
7030	49 42 09 00	347 428 927 000	7080	50 12 64 00	354 894 912 000
7031	49 43 49 61	347 577 210 791	7081	50 14 05 61	355 045 312 441
7032	49 44 90 24	347 725 536 768	7082	50 15 47 24	355 195 755 368
7033	49 46 30 89	347 873 904 937	7083	50 16 88 89	355 346 242 787
7034	49 47 71 56	348 022 315	7084	50 18 30 56	355 496 768 704
7035	49 49 12 25	348 170 767 875	7085	50 19 72 25	355 647 339 125
7036	49 50 52 96	348 319 262 656	7086	50 21 13 96	355 797 953 056
7037	49 51 93 69	348 467 799 653	7087	50 22 55 69	355 948 618 503
7038	49 53 34 44	348 616 378 872	7088	50 23 97 44	356 099 302 472
7039	49 54 75 21	348 765 000 319	7089	50 25 39 21	356 250 696 969
7040	49 56 16 00	348 913 664 000	7090	50 26 81 00	356 400 829 000
7041	49 57 56 81	349 062 369 921	7091	50 28 22 81	356 551 664 571
7042	49 58 97 64	349 211 118 088	7092	50 29 64 64	356 702 521 688
7043	49 60 38 49	349 359 908 507	7093	50 31 06 49	356 853 405 357
7044	49 61 79 36	349 508 741 184	7094	50 32 48 36	357 004 385 584
7045	49 63 20 25	349 657 616 125	7095	50 33 90 25	357 155 382 375
7046	49 64 61 16	349 806 533 336	7096	50 35 32 16	357 306 420 736
7047	49 66 02 09	349 955 492 823	7097	50 36 74 09	357 457 501 673
7048	49 67 43 04	350 104 494 592	7098	50 38 16 04	357 608 625 192
7049	49 68 84 01	350 253 538 649	7099	50 39 58 01	357 759 791 ...
7050	49 70 25 00	350 402 625 000	7100	50 41 00 00	357 911 000 000

Ra- cines.	Quarrés.	Cubes.	Ra- cines.	Quarrés.	Cubes.
7101	50 42 42 01	358 062 251 301	7151	51 13 68 01	365 679 263 951
7102	50 43 84 04	358 213 545 208	7152	51 15 11 04	365 832 695 808
7103	50 45 26 09	358 364 881 727	7153	51 16 54 09	365 986 170 577
7104	50 46 68 16	358 516 260 864	7154	51 17 97 16	366 139 688 264
7105	50 48 10 25	358 667 682 625	7155	51 19 40 25	366 293 248 875
7106	50 49 52 36	358 819 147 016	7156	51 20 83 36	366 446 852 416
7107	50 50 94 49	358 970 654 043	7157	51 22 26 49	366 600 498 893
7108	50 52 36 64	359 122 203 712	7158	51 23 69 64	366 754 188 312
7109	50 53 78 81	359 273 796 029	7159	51 25 12 81	366 907 920 679
7110	50 55 21 00	359 425 431 000	7160	51 26 56 00	367 061 696 000
7111	50 56 63 21	359 577 108 651	7161	51 27 99 21	367 215 514 281
7112	50 58 05 44	359 728 828 928	7162	51 29 42 44	367 369 375 528
7113	50 59 47 69	359 880 591 897	7163	51 30 85 69	367 523 279 747
7114	50 60 89 96	360 032 397 544	7164	51 32 28 96	367 677 226 944
7115	50 62 32 25	360 184 245 875	7165	51 33 72 25	367 831 217 125
7116	50 63 74 56	360 336 136 896	7166	51 35 15 56	367 985 250 296
7117	50 65 16 89	360 488 070 613	7167	51 36 58 89	368 139 326 463
7118	50 66 59 24	360 640 047 032	7168	51 38 02 24	368 293 445 632
7119	50 68 01 61	360 792 066 159	7169	51 39 45 61	368 447 607 809
7120	50 69 44 00	360 944 128 000	7170	51 40 89 00	368 601 813 000
7121	50 70 86 41	361 096 232 561	7171	51 42 32 41	368 756 061 211
7122	50 72 28 84	361 248 379 848	7172	51 43 75 84	368 910 352 448
7123	50 73 71 29	361 400 569 867	7173	51 45 19 29	369 064 686 717
7124	50 75 13 76	361 552 802 624	7174	51 46 62 76	369 219 064 024
7125	50 76 56 25	361 705 078 125	7175	51 48 06 25	369 373 484 375
7126	50 77 98 76	361 857 396 376	7176	51 49 49 76	369 527 947 776
7127	50 79 41 29	362 009 757 383	7177	51 50 93 29	369 682 454 233
7128	50 80 83 84	362 162 161 152	7178	51 52 36 84	369 837 003 752
7129	50 82 26 41	362 314 607 689	7179	51 53 80 41	369 991 596 339
7130	50 83 69 00	362 467 097 000	7180	51 55 24 00	370 146 232 000
7131	50 85 11 61	362 619 629 091	7181	51 56 67 61	370 300 910 741
7132	50 86 54 24	362 772 203 968	7182	51 58 11 24	370 455 632 568
7133	50 87 96 89	362 924 821 637	7183	51 59 54 89	370 610 397 487
7134	50 89 39 56	363 077 482 104	7184	51 60 98 56	370 765 205 504
7135	50 90 82 25	363 230 185 375	7185	51 62 42 25	370 920 056 625
7136	50 92 24 96	363 382 931 456	7186	51 63 85 96	371 074 950 856
7137	50 93 67 69	363 535 720 353	7187	51 65 29 69	371 229 888 203
7138	50 95 10 44	363 688 552 072	7188	51 66 73 44	371 384 868 672
7139	50 96 53 21	363 841 426 619	7189	51 68 17 21	371 539 892 269
7140	50 97 96 00	363 994 344 000	7190	51 69 61 00	371 694 959 000
7141	50 99 38 81	364 147 304 221	7191	51 71 04 81	371 850 068 871
7142	51 00 81 64	364 300 307 288	7192	51 72 48 64	372 005 221 888
7143	51 02 24 49	364 453 353 207	7193	51 73 92 49	372 160 418 057
7144	51 03 67 36	364 606 441 984	7194	51 75 36 36	372 315 657 384
7145	51 05 10 25	364 759 573 625	7195	51 76 80 25	372 470 939 875
7146	51 06 53 16	364 912 748 136	7196	51 78 24 16	372 626 265 536
7147	51 07 96 09	365 065 965 523	7197	51 79 68 09	372 781 634 373
7148	51 09 39 04	365 219 225 792	7198	51 81 12 04	372 937 046 392
7149	51 10 82 01	365 372 528 949	7199	51 82 56 01	373 092 501 599
7150	51 12 25 00	365 525 875 000	7200	51 84 00 00	373 248 000 000

7150

7200

Racines.	Quarrés.	Cubes.
7201	51 85 44 01	373 403 541 601
7202	51 86 88 04	373 559 126 408
7203	51 88 32 09	373 714 754 427
7204	51 89 76 16	373 870 425 664
7205	51 91 20 25	374 026 140 125
7206	51 92 64 36	374 181 897 816
7207	51 94 08 49	374 337 698 743
7208	51 95 52 64	374 493 542 912
7209	51 96 96 81	374 649 430 329
7210	51 98 41 00	374 805 361 000
7211	51 99 85 21	374 961 334 931
7212	52 01 29 44	375 117 352 128
7213	52 02 73 69	375 273 412 597
7214	52 04 17 96	375 429 516 344
7215	52 05 62 25	375 585 663 375
7216	52 07 06 56	375 741 853 696
7217	52 08 50 89	375 898 087 313
7218	52 09 95 24	376 054 364 232
7219	52 11 39 61	376 210 684 459
7220	52 12 84 00	376 367 048 000
7221	52 14 28 41	376 523 454 861
7222	52 15 72 84	376 679 905 048
7223	52 17 17 29	376 836 398 567
7224	52 18 61 76	376 992 935 424
7225	52 20 06 25	377 149 515 625
7226	52 21 50 76	377 306 139 176
7227	52 22 95 29	377 462 806 083
7228	52 24 39 84	377 619 516 352
7229	52 25 84 41	377 776 269 989
7230	52 27 29 00	377 933 067 000
7231	52 28 73 61	378 089 907 391
7232	52 30 18 24	378 246 791 168
7233	52 31 62 89	378 403 718 337
7234	52 33 07 56	378 560 688 904
7235	52 34 52 25	378 717 702 875
7236	52 35 96 96	378 874 760 256
7237	52 37 41 69	379 031 861 053
7238	52 38 86 44	379 189 005 272
7239	52 40 31 21	379 346 192 919
7240	52 41 76 00	379 503 424 000
7241	52 43 20 81	379 660 698 521
7242	52 44 65 64	379 818 016 488
7243	52 46 10 49	379 975 377 907
7244	52 47 55 36	380 132 782 784
7245	52 49 00 25	380 290 231 125
7246	52 50 45 16	380 447 722 936
7247	52 51 90 09	380 605 258 223
7248	52 53 35 04	380 762 836 992
7249	52 54 80 01	380 920 459 249
7250	52 56 25 00	381 078 125 000

7250

Racines.	Quarrés.	Cubes.
7251	52 57 70 01	381 235 834 251
7252	52 59 15 04	381 393 587 008
7253	52 60 60 09	381 551 383 277
7254	52 62 05 16	381 709 223 064
7255	52 63 50 25	381 867 106 375
7256	52 64 95 36	382 025 033 216
7257	52 66 40 49	382 183 003 593
7258	52 67 85 64	382 341 017 512
7259	52 69 30 81	382 499 074 979
7260	52 70 76 00	382 657 176 000
7261	52 72 21 21	382 815 320 581
7262	52 73 66 44	382 973 508 728
7263	52 75 11 69	383 131 740 447
7264	52 76 56 96	383 290 015 744
7265	52 78 02 25	383 448 334 625
7266	52 79 47 56	383 606 697 096
7267	52 80 92 89	383 765 103 163
7268	52 82 38 24	383 923 552 832
7269	52 83 83 61	384 082 046 109
7270	52 85 29 00	384 240 583 000
7271	52 86 74 41	384 399 163 511
7272	52 88 19 84	384 557 787 648
7273	52 89 65 29	384 716 455 417
7274	52 91 10 76	384 875 166 824
7275	52 92 56 25	385 033 921 875
7276	52 94 01 76	385 192 720 576
7277	52 95 47 29	385 351 562 933
7278	52 96 92 84	385 510 448 952
7279	52 98 38 41	385 669 378 639
7280	52 99 84 00	385 828 352 000
7281	53 01 29 61	385 987 369 041
7282	53 02 75 24	386 146 429 768
7283	53 04 20 89	386 305 534 187
7284	53 05 66 56	386 464 682 304
7285	53 07 12 25	386 623 874 125
7286	53 08 57 96	386 783 109 656
7287	53 10 03 69	386 942 388 903
7288	53 11 49 44	387 101 711 872
7289	53 12 95 21	387 261 078 569
7290	53 14 41 00	387 420 489 000
7291	53 15 86 81	387 579 943 171
7292	53 17 32 64	387 739 441 088
7293	53 18 78 49	387 898 982 757
7294	53 20 24 36	388 058 568 184
7295	53 21 70 25	388 218 197 375
7296	53 23 16 16	388 377 870 336
7297	53 24 62 09	388 537 587 073
7298	53 26 08 04	388 697 347 592
7299	53 27 54 01	388 857 151 899
7300	53 29 00 00	389 017 000 000

7300

Racines.	Quarrés.	Cubes.	Racines.	Quarrés.	Cubes.
7301	53 30 46 01	389 176 891 901	7351	54 03 72 01	397 227 464 551
7302	53 31 92 04	389 336 827 608	7352	54 05 19 04	397 389 598 208
7303	53 33 38 09	389 496 807 127	7353	54 06 66 09	397 551 775 977
7304	53 31 84 16	389 656 830 264	7354	54 08 13 16	397 713 997 864
7305	53 36 30 25	389 816 897 625	7355	54 09 60 25	397 876 263 875
7306	53 37 76 36	389 977 008 616	7356	54 11 07 36	398 038 574 016
7307	53 39 22 49	390 137 163 443	7357	54 12 54 49	398 200 928 293
7308	53 40 68 64	390 297 362 112	7358	54 14 01 64	398 363 326 712
7309	53 42 14 81	390 457 604 629	7359	54 15 48 81	398 525 769 279
7310	53 43 61 00	390 617 891 000	7360	54 16 96 00	398 688 256 000
7311	53 45 07 21	390 778 221 231	7361	54 18 43 21	398 850 786 881
7312	53 46 53 44	390 938 595 328	7362	54 19 90 44	399 013 361 928
7313	53 47 99 69	391 099 013 297	7363	54 21 37 69	399 175 981 147
7314	53 49 45 96	391 259 475 144	7364	54 22 84 96	399 338 644 544
7315	53 50 92 25	391 419 980 875	7365	54 24 32 25	399 501 352 125
7316	53 52 38 56	391 580 530 496	7366	54 25 79 56	399 664 103 896
7317	53 53 84 89	391 741 124 013	7367	54 27 26 89	399 826 899 863
7318	53 55 31 24	391 901 761 432	7368	54 28 74 24	399 989 740 032
7319	53 56 77 61	392 062 442 759	7369	54 30 21 61	400 152 624 409
7320	53 58 24 00	392 223 168 000	7370	54 31 69 00	400 315 553 000
7321	53 59 70 41	392 383 937 161	7371	54 33 16 41	400 478 525 811
7322	53 61 16 84	392 544 750 248	7372	54 34 63 84	400 641 542 848
7323	53 62 63 29	392 705 607 267	7373	54 36 11 29	400 804 604 117
7324	53 64 09 76	392 866 508 224	7374	54 37 58 76	400 967 709 624
7325	53 65 56 25	393 027 453 125	7375	54 39 06 25	401 130 859 375
7326	53 67 02 76	393 188 441 976	7376	54 40 53 76	401 294 053 376
7327	53 68 49 29	393 349 474 783	7377	54 42 01 29	401 457 291 633
7328	53 69 95 84	393 510 551 552	7378	54 43 48 84	401 620 574 152
7329	53 71 42 41	393 671 672 289	7379	54 44 96 41	401 783 900 939
7330	53 72 89 00	393 832 837 000	7380	54 46 44 00	401 947 272 000
7331	53 74 35 61	393 994 045 691	7381	54 47 91 61	402 110 687 341
7332	53 75 82 24	394 155 298 368	7382	54 49 39 24	402 274 146 968
7333	53 77 28 89	394 316 595 037	7383	54 50 86 89	402 437 650 887
7334	53 78 75 56	394 477 935 704	7384	54 52 34 56	402 601 199 104
7335	53 80 22 25	394 639 320 375	7385	54 53 82 25	402 764 791 625
7336	53 81 69 96	394 800 749 056	7386	54 55 29 96	402 928 428 456
7337	53 83 15 69	394 962 221 753	7387	54 56 77 69	403 092 109 603
7338	53 84 62 44	395 123 738 472	7388	54 58 25 44	403 255 835 072
7339	53 86 09 21	395 285 299 219	7389	54 59 73 21	403 419 604 869
7340	53 87 56 00	395 446 904 000	7390	54 61 21 00	403 583 419 000
7341	53 89 02 81	395 608 552 821	7391	54 62 68 81	403 747 277 471
7342	53 90 49 64	395 770 245 688	7392	54 64 16 64	403 911 180 288
7343	53 91 96 49	395 931 982 607	7393	54 65 64 49	404 075 127 457
7344	53 93 43 36	396 093 763 584	7394	54 67 12 36	404 239 118 984
7345	53 94 90 25	396 255 588 625	7395	54 68 60 25	404 403 154 875
7346	53 96 37 16	396 417 457 736	7396	54 70 08 16	404 567 235 136
7347	53 97 84 09	396 579 370 923	7397	54 71 56 09	404 731 359 773
7348	53 99 31 04	396 741 328 192	7398	54 73 04 04	404 895 528 792
7349	54 00 78 01	396 903 329 549	7399	54 74 52 01	405 059 742 199
7350	54 02 25 00	397 065 375 000	7400	54 76 00 00	405 224 000 000

7350   7400

Racines.	Quarres.	Cubes.	Racines.	Quarés.	Cubes.
7401	54 77 48 01	405 383 3c2 201	7451	55 51 74 01	413 660 153 851
7402	54 78 96 04	405 552 628 8c8	7452	55 53 23 04	413 826 729 408
7403	54 80 44 09	405 717 o3y 827	7453	55 54 72 09	413 993 348 677
7404	54 81 92 16	405 881 475 264	7454	55 56 21 16	414 160 012 664
7405	54 83 40 25	406 045 955 125	7455	55 57 70 25	414 326 721 375
7406	54 84 88 36	406 210 479 416	7456	55 59 19 36	414 493 474 816
7407	54 86 36 49	406 375 048 143	7457	55 60 68 49	414 660 272 993
7408	54 87 84 64	406 539 661 312	7458	55 62 17 64	414 827 115 912
7409	54 89 32 81	406 704 318 929	7459	55 63 66 81	414 994 003 579
7410	54 90 81 00	406 869 021 000	7460	55 65 16 00	415 160 936 000
7411	54 92 29 21	407 033 767 531	7461	55 66 65 21	415 327 913 181
7412	54 93 77 44	407 198 558 528	7462	55 68 14 44	415 494 935 128
7413	54 95 25 69	407 363 393 997	7463	55 69 63 69	415 662 001 847
7414	54 96 73 96	407 528 273 944	7464	55 71 12 96	415 829 113 344
7415	54 98 22 25	407 693 198 375	7465	55 72 62 25	415 996 269 625
7416	54 99 70 56	407 858 167 296	7466	55 74 11 56	416 163 470 696
7417	55 01 18 89	408 023 180 713	7467	55 75 60 89	416 330 716 563
7418	55 02 67 24	408 188 238 632	7468	55 77 10 24	416 498 007 232
7419	55 04 15 61	408 353 341 c59	7469	55 78 59 61	416 665 342 709
7420	55 05 64 00	408 518 488 000	7470	55 80 09 00	416 832 723 000
7421	55 07 12 41	408 683 679 561	7471	55 81 58 41	417 000 148 111
7422	55 08 60 84	408 848 915 548	7472	55 83 07 84	417 167 618 048
7423	55 10 09 29	409 014 195 967	7473	55 84 57 29	417 335 132 817
7424	55 11 57 76	409 179 521 024	7474	55 86 06 76	417 502 692 424
7425	55 13 06 25	409 344 890 625	7475	55 87 56 25	417 670 296 875
7426	55 14 54 76	409 510 304 776	7476	55 89 05 76	417 837 946 176
7427	55 16 03 29	409 675 763 483	7477	55 90 55 29	418 005 640 333
7428	55 17 51 84	409 841 256 752	7478	55 92 04 84	418 173 379 352
7429	55 19 00 41	410 006 814 589	7479	55 93 54 41	418 341 163 239
7430	55 20 49 00	410 172 407 000	7480	55 95 04 00	418 508 992 000
7431	55 21 97 61	410 338 043 991	7481	55 96 53 61	418 676 865 641
7432	55 23 46 24	410 503 725 568	7482	55 98 03 24	418 844 784 168
7433	55 24 94 89	410 669 451 737	7483	55 99 52 89	419 012 747 587
7434	55 26 43 56	410 835 222 504	7484	56 01 02 56	419 180 755 904
7435	55 27 92 25	411 001 037 875	7485	56 02 52 25	419 348 809 125
7436	55 29 40 96	411 166 897 856	7486	56 04 01 96	419 516 907 256
7437	55 30 89 69	411 332 802 453	7487	56 05 51 69	419 685 050 303
7438	55 32 38 44	411 498 751 672	7488	56 07 01 44	419 853 238 272
7439	55 33 87 21	411 664 745 519	7489	56 08 51 21	420 021 471 169
7440	55 35 36 00	411 830 784 000	7490	56 10 01 00	420 189 749 000
7441	55 36 84 81	411 996 867 121	7491	56 11 50 81	420 358 071 771
7442	55 38 33 64	412 163 994 888	7492	56 13 00 64	420 526 439 488
7443	55 39 82 49	412 329 167 307	7493	56 14 50 49	420 694 852 157
7444	55 41 31 36	412 495 384 384	7494	56 16 00 36	420 863 309 784
7445	55 42 80 25	412 661 646 125	7495	56 17 50 25	421 031 812 375
7446	55 44 29 16	412 827 952 536	7496	56 19 00 16	421 200 359 936
7447	55 45 78 09	412 994 303 623	7497	56 20 50 09	421 368 952 473
7448	55 47 27 04	413 160 699 392	7498	56 22 00 04	421 537 589 992
7449	55 48 76 01	413 327 139 849	7499	56 23 50 01	421 706 272 499
7450	55 50 25 00	413 493 625 000	7500	56 25 00 00	421 875 000 000

7450

7500

Ra- cines.	Quarrés.	Cubes.	Ra- cines.	Quarrés.	Cubes.
7501	56 26 50 01	422 043 772 501	7551	57 01 76 01	430 539 905 151
7502	56 28 00 04	422 212 590 008	7552	57 03 27 04	430 710 980 608
7503	56 29 50 09	422 381 452 527	7553	57 04 78 09	430 882 101 377
7504	56 31 00 16	422 550 360 064	7554	57 06 29 16	431 053 267 464
7505	56 32 50 25	422 719 312 625	7555	57 07 80 25	431 224 478 875
7506	56 34 00 36	422 888 310 216	7556	57 09 31 36	431 395 735 616
7507	56 35 50 49	423 057 352 843	7557	57 10 82 49	431 567 037 693
7508	56 37 00 64	423 226 440 512	7558	57 12 33 64	431 738 385 112
7509	56 38 50 81	423 395 573 229	7559	57 13 84 81	431 909 777 879
7510	56 40 01 00	423 564 751 000	7560	57 15 36 00	432 081 216 000
7511	56 41 51 21	423 733 973 831	7561	57 16 87 21	432 252 699 481
7512	56 43 01 44	423 903 241 728	7562	57 18 38 44	432 424 228 328
7513	56 44 51 69	424 072 554 697	7563	57 19 89 69	432 595 802 547
7514	56 46 01 96	424 241 912 744	7564	57 21 40 96	432 767 422 144
7515	56 47 52 25	424 411 315 875	7565	57 22 92 25	432 939 087 125
7516	56 49 02 56	424 580 764 096	7566	57 24 43 56	433 110 797 496
7517	56 50 52 89	424 750 257 413	7567	57 25 94 89	433 282 553 263
7518	56 52 03 24	424 919 795 832	7568	57 27 46 24	433 454 354 432
7519	56 53 53 61	425 089 379 359	7569	57 28 97 61	433 626 201 009
7520	56 55 04 00	425 259 008 000	7570	57 30 49 00	433 798 093 000
7521	56 56 54 41	425 428 681 761	7571	57 32 00 41	433 970 030 411
7522	56 58 04 84	425 598 400 648	7572	57 33 51 84	434 142 013 248
7523	56 59 55 29	425 768 164 667	7573	57 35 03 29	434 314 041 517
7524	56 61 05 76	425 937 973 824	7574	57 36 54 76	434 486 115 224
7525	56 62 56 25	426 107 828 125	7575	57 38 06 25	434 658 234 375
7526	56 64 06 76	426 277 727 576	7576	57 39 57 76	434 830 398 976
7527	56 65 57 29	426 447 672 183	7577	57 41 09 29	435 002 609 033
7528	56 67 07 84	426 617 661 952	7578	57 42 60 84	435 174 864 552
7529	56 68 58 41	426 787 696 889	7579	57 44 12 41	435 347 165 539
7530	56 70 09 00	426 957 777 000	7580	57 45 64 00	435 519 512 000
7531	56 71 59 61	427 127 902 291	7581	57 47 15 61	435 691 903 941
7532	56 73 10 24	427 298 073 768	7582	57 48 67 24	435 864 341 368
7533	56 74 60 89	427 468 288 437	7583	57 50 18 89	436 036 824 287
7534	56 76 11 56	427 638 549 304	7584	57 51 70 56	436 209 352 704
7535	56 77 62 25	427 808 855 375	7585	57 53 22 25	436 381 926 625
7536	56 79 12 96	427 979 206 656	7586	57 54 73 96	436 554 546 056
7537	56 80 63 69	428 149 603 153	7587	57 56 25 69	436 727 211 003
7538	56 82 14 44	428 320 044 872	7588	57 57 77 44	436 899 921 472
7539	56 83 65 21	428 490 531 819	7589	57 59 29 21	437 072 677 469
7540	56 85 16 00	428 661 064 000	7590	57 60 81 00	437 245 479 000
7541	56 86 66 81	428 831 641 421	7591	57 62 32 81	437 418 326 071
7542	56 88 17 64	429 002 264 088	7592	57 63 84 64	437 591 218 688
7543	56 89 68 49	429 173 932 007	7593	57 65 36 49	437 764 156 857
7544	56 91 19 36	429 343 645 184	7594	57 66 88 36	437 937 140 584
7545	56 92 70 25	429 514 403 625	7595	57 68 40 25	438 110 169 875
7546	56 94 21 16	429 685 207 336	7596	57 69 92 16	438 283 244 736
7547	56 95 72 09	429 856 056 323	7597	57 71 44 09	438 456 365 173
7548	56 97 23 04	430 026 950 592	7598	57 72 96 04	438 629 531 192
7549	56 98 74 01	430 197 890 149	7599	57 74 48 01	438 802 742 799
7550	57 00 25 00	430 368 875 000	7600	57 76 00 00	438 976 000 000

7550

7600

Racines.	Quarrés.	Cubes.
7601	57 77 52 01	439 149 302 801
7602	57 79 01 04	439 322 651 208
7603	57 80 50 09	439 496 045 227
7604	57 82 08 16	439 669 484 864
7605	57 85 60 25	439 842 970 125
7606	57 85 12 36	440 016 501 016
7607	57 86 64 49	440 190 077 543
7608	57 88 16 64	440 363 699 712
7609	57 89 68 81	440 537 367 929
7610	57 91 21 00	440 711 081 000
7611	57 92 73 21	440 884 840 131
7612	57 94 25 44	441 058 644 928
7613	57 95 77 69	441 232 495 397
7614	57 97 29 96	441 406 391 544
7615	57 98 82 25	441 580 333 375
7616	58 00 34 56	441 754 320 896
7617	58 01 86 89	441 928 354 113
7618	58 03 39 24	442 102 433 032
7619	58 04 91 61	442 276 557 659
7620	58 06 44 00	442 450 728 000
7621	58 07 96 41	442 624 944 061
7622	58 09 48 84	442 799 205 848
7623	58 11 01 29	442 973 513 367
7624	58 12 53 76	443 147 866 624
7625	58 14 06 25	443 322 265 625
7626	58 15 58 76	443 496 710 376
7627	58 17 11 29	443 671 200 883
7628	58 18 63 84	443 845 737 152
7629	58 20 16 41	444 020 319 189
7630	58 21 69 00	444 194 947 000
7631	58 23 21 61	444 369 620 591
7632	58 24 74 24	444 544 339 968
7633	58 26 26 89	444 719 105 137
7634	58 27 79 56	444 893 916 104
7635	58 29 32 25	445 068 772 875
7636	58 30 84 96	445 243 675 456
7637	58 32 37 69	445 418 623 853
7638	58 33 90 44	445 593 618 072
7639	58 35 43 21	445 768 658 119
7640	58 36 96 00	445 943 744 000
7641	58 38 48 81	446 118 875 721
7642	58 40 01 64	446 294 053 288
7643	58 41 54 49	446 469 276 707
7644	58 43 07 36	446 644 545 984
7645	58 44 60 25	446 819 861 125
7646	58 46 13 16	446 995 222 136
7647	58 47 66 09	447 170 629 023
7648	58 49 19 04	447 346 081 792
7649	58 50 72 01	447 521 580 449
7650	58 52 25 00	447 697 125 000

7650

Racines.	Quarrés.	Cubes.
7651	58 53 78 01	447 872 715 451
7652	58 55 31 04	448 048 351 808
7653	58 56 84 09	448 224 034 077
7654	58 58 37 16	448 399 762 264
7655	58 59 90 25	448 575 536 375
7656	58 61 43 36	448 751 356 416
7657	58 62 96 49	448 927 222 393
7658	58 64 49 64	449 103 134 312
7659	58 66 02 81	449 279 092 179
7660	58 67 56 00	449 455 096 000
7661	58 69 09 21	449 631 145 781
7662	58 70 62 44	449 807 241 528
7663	58 72 15 69	449 983 383 247
7664	58 73 68 96	450 159 570 944
7665	58 75 22 25	450 335 804 625
7666	58 76 75 56	450 512 084 296
7667	58 78 28 89	450 688 409 963
7668	58 79 82 24	450 864 781 632
7669	58 81 35 61	451 041 199 309
7670	58 82 89 00	451 217 663 000
7671	58 84 42 41	451 394 172 711
7672	58 85 95 84	451 570 728 448
7673	58 87 49 29	451 747 330 217
7674	58 89 02 76	451 923 978 024
7675	58 90 56 25	452 100 671 875
7676	58 92 09 76	452 277 411 776
7677	58 93 63 29	452 454 197 733
7678	58 95 16 84	452 631 029 752
7679	58 96 70 41	452 807 907 839
7680	58 98 24 00	452 984 831 000
7681	58 99 77 61	453 161 801 241
7682	59 01 31 24	453 338 818 568
7683	59 02 84 89	453 515 880 987
7684	59 04 38 56	453 692 989 504
7685	59 05 92 25	453 870 144 125
7686	59 07 45 96	454 047 344 856
7687	59 08 99 69	454 224 591 703
7688	59 10 53 44	454 401 884 672
7689	59 12 07 21	454 579 223 769
7690	59 13 61 00	454 756 609 000
7691	59 15 14 81	454 934 040 371
7692	59 16 68 64	455 111 517 888
7693	59 18 22 49	455 289 041 557
7694	59 19 76 36	455 466 611 384
7695	59 21 30 25	455 644 227 375
7696	59 22 84 16	455 821 889 536
7697	59 24 38 09	455 999 597 873
7698	59 25 92 04	456 177 352 392
7699	59 27 46 01	456 355 153 099
7700	59 29 00 00	456 533 000 000

7700

Racines.	Quarrés.	Cubes.	Racines.	Quarrés.	Cubes.
7701	59 30 54 01	456 710 895 101	7751	60 07 80 01	465 664 585 751
7702	59 32 08 04	456 888 852 408	7752	60 09 35 04	465 844 843 008
7703	59 33 62 09	457 066 817 927	7753	60 10 90 09	466 025 146 777
7704	59 35 16 16	457 244 849 664	7754	60 12 45 16	466 205 497 064
7705	59 36 70 25	457 422 927 625	7755	60 14 00 25	466 385 893 875
7706	59 38 24 36	457 601 051 816	7756	60 15 55 36	466 566 337 216
7707	59 39 78 49	457 779 222 243	7757	60 17 10 49	466 746 827 093
7708	59 41 32 64	457 957 438 912	7758	60 18 65 64	466 927 363 512
7709	59 42 86 81	458 135 701 829	7759	60 20 20 81	467 107 946 479
7710	59 44 41 00	458 314 011 000	7760	60 21 76 00	467 288 576 000
7711	59 45 95 21	458 492 366 431	7761	60 23 31 21	467 469 252 081
7712	59 47 49 44	458 670 768 128	7762	60 24 86 44	467 649 974 728
7713	59 49 03 69	458 849 216 097	7763	60 26 41 69	467 830 743 947
7714	59 50 57 96	459 027 710 344	7764	60 27 96 96	468 011 559 744
7715	59 52 12 25	459 206 250 875	7765	60 29 52 25	468 192 422 125
7716	59 53 66 56	459 384 837 696	7766	60 31 07 56	468 373 331 096
7717	59 55 20 89	459 563 470 813	7767	60 32 62 89	468 554 286 663
7718	59 56 75 24	459 742 150 232	7768	60 34 18 24	468 735 288 832
7719	59 58 29 61	459 920 875 959	7769	60 35 73 61	468 916 337 609
7720	59 59 84 00	460 099 648 000	7770	60 37 29 00	469 097 433 000
7721	59 61 38 41	460 278 466 361	7771	60 38 84 41	469 278 575 011
7722	59 62 92 84	460 457 331 048	7772	60 40 39 84	469 459 763 648
7723	59 64 47 29	460 636 242 067	7773	60 41 95 29	469 640 998 917
7724	59 66 01 76	460 815 199 424	7774	60 43 50 76	469 822 280 824
7725	59 67 56 25	460 994 203 125	7775	60 45 06 25	470 003 609 375
7726	59 69 10 76	461 173 253 176	7776	60 46 61 76	470 184 984 576
7727	59 70 65 29	461 352 349 583	7777	60 48 17 29	470 366 406 433
7728	59 72 19 84	461 531 492 352	7778	60 49 72 84	470 547 874 952
7729	59 73 74 41	461 710 681 489	7779	60 51 28 41	470 729 390 139
7730	59 75 29 00	461 889 917 000	7780	60 52 84 00	470 910 952 000
7731	59 76 83 61	462 069 198 891	7781	60 54 39 61	471 092 560 541
7732	59 78 38 44	462 248 527 168	7782	60 55 95 24	471 274 215 768
7733	59 79 92 89	462 427 901 837	7783	60 57 50 89	471 455 917 687
7734	59 81 47 56	462 607 322 904	7784	60 59 06 56	471 637 666 304
7735	59 83 02 25	462 786 790 375	7785	60 60 62 25	471 819 461 625
7736	59 84 56 96	462 966 304 256	7786	60 62 17 96	472 001 303 656
7737	59 86 11 69	463 145 864 553	7787	60 63 73 69	472 183 192 403
7738	59 87 66 44	463 325 471 272	7788	60 65 29 44	472 365 127 872
7739	59 89 21 21	463 505 124 419	7789	60 66 85 21	472 547 110 069
7740	59 90 76 00	463 684 824 000	7790	60 68 41 00	472 729 139 000
7741	59 92 30 81	463 864 570 021	7791	60 69 96 81	472 911 214 671
7742	59 93 85 64	464 044 362 488	7792	60 71 52 64	473 093 337 088
7743	59 95 40 49	464 224 201 407	7793	60 73 08 49	473 275 506 257
7744	59 96 95 36	464 404 086 784	7794	60 74 64 36	473 457 722 184
7745	59 98 50 25	464 584 018 625	7795	60 76 20 25	473 639 984 875
7746	60 00 05 16	464 763 996 936	7796	60 77 76 16	473 822 294 336
7747	60 01 60 09	464 944 021 723	7797	60 79 32 09	474 004 650 573
7748	60 03 15 04	465 124 092 992	7798	60 80 88 04	474 187 053 592
7749	60 04 70 01	465 304 210 749	7799	60 82 44 01	474 369 503 399
7750	60 06 25 00	465 484 375 000	7800	60 84 00 00	474 552 000 000

7750

7800

Racines.	Quarrés.	Cubes.	Racines.	Quarrés.	Cubes.
7801	60 85 56 01	474 734 513 401	7851	61 63 82 01	483 921 516 051
7802	60 87 11 04	474 917 153 608	7852	61 65 39 04	484 106 454 208
7803	60 88 68 09	475 099 770 627	7853	61 66 96 09	484 291 439 477
7804	60 90 25 16	475 282 354 464	7854	61 68 53 16	484 476 471 864
7805	60 91 80 25	475 465 185 125	7855	61 70 10 25	484 661 551 375
7806	60 93 36 36	475 647 962 616	7856	61 71 67 36	484 846 678 016
7807	60 95 92 49	475 830 786 913	7857	61 73 24 49	485 031 851 793
7808	60 96 48 64	476 013 658 112	7858	61 74 81 64	485 217 072 712
7809	60 98 04 81	476 196 576 729	7859	61 76 38 81	485 402 340 779
7810	60 99 61 00	476 379 541 000	7860	61 77 96 00	485 587 656 000
7811	61 01 17 21	476 562 552 731	7861	61 79 53 21	485 773 018 381
7812	61 02 73 44	476 745 611 528	7862	61 81 10 44	485 958 427 928
7813	61 04 29 69	476 928 716 797	7863	61 82 67 69	486 143 884 647
7814	61 05 85 96	477 111 869 144	7864	61 84 24 96	486 329 388 544
7815	61 07 42 25	477 295 058 375	7865	61 85 82 25	486 514 939 625
7816	61 08 98 56	477 478 314 496	7866	61 87 39 56	486 700 537 896
7817	61 10 54 89	477 661 607 513	7867	61 88 96 89	486 836 183 363
7818	61 12 11 24	477 844 947 432	7868	61 90 54 24	487 071 876 032
7819	61 13 67 61	478 028 334 259	7869	61 92 11 61	487 257 615 909
7820	61 15 24 00	478 211 768 000	7870	61 93 69 00	487 443 403 000
7821	61 16 80 41	478 395 248 661	7871	61 95 26 41	487 629 237 311
7822	61 18 36 84	478 578 775 248	7872	61 96 83 84	487 815 118 848
7823	61 19 93 29	478 762 350 767	7873	61 98 41 29	488 001 047 617
7824	61 21 49 76	478 945 972 224	7874	61 99 98 76	488 187 023 624
7825	61 23 06 25	479 129 640 625	7875	62 01 56 25	488 373 046 875
7826	61 24 62 76	479 313 355 976	7876	62 03 13 76	488 559 117 376
7827	61 26 19 29	479 497 118 283	7877	62 04 71 29	488 745 235 133
7828	61 27 75 84	479 680 927 552	7878	62 06 28 84	488 931 400 152
7829	61 29 32 41	479 864 783 789	7879	62 07 86 41	489 117 612 439
7830	61 30 89 00	480 048 687 000	7880	62 09 44 00	489 303 871 000
7831	61 32 45 61	480 232 637 191	7881	62 11 01 61	489 490 178 841
7832	61 34 02 24	480 416 634 368	7882	62 12 59 24	489 676 532 968
7833	61 35 58 89	480 600 678 537	7883	62 14 16 89	489 862 935 387
7834	61 37 15 56	480 784 769 704	7884	62 15 74 56	490 049 383 104
7835	61 38 72 25	480 968 907 875	7885	62 17 32 25	490 235 879 125
7836	61 40 28 96	481 153 093 056	7886	62 18 89 96	490 422 422 456
7837	61 41 85 69	481 337 325 253	7887	62 20 47 69	490 609 013 103
7838	61 43 42 44	481 521 604 472	7888	62 22 05 44	490 795 651 072
7839	61 44 99 21	481 705 930 719	7889	62 23 63 21	490 982 336 369
7840	61 46 56 00	481 890 304 000	7890	62 25 21 00	491 169 069 000
7841	61 48 12 81	482 074 724 321	7891	62 26 78 81	491 355 848 771
7842	61 49 69 64	482 259 191 688	7892	62 28 36 64	491 542 676 288
7843	61 51 26 49	482 443 706 107	7893	62 29 94 49	491 729 550 957
7844	61 52 83 36	482 628 267 584	7894	62 31 52 36	491 916 472 984
7845	61 54 40 25	482 812 876 125	7895	62 33 10 25	492 103 442 375
7846	61 55 97 16	482 997 531 736	7896	62 34 68 16	492 290 459 136
7847	61 57 54 09	483 182 234 423	7897	62 36 26 09	492 477 523 273
7848	61 59 11 04	483 366 984 192	7898	62 37 84 04	492 664 634 792
7849	61 60 68 01	483 551 781 049	7899	62 39 42 01	492 851 793 699
7850	61 62 25 00	483 736 625 000	7900	62 41 00 00	493 039 000 000

Racines.	Quarrés.	Cubes.	Racines.	Quarrés.	Cubes.
7901	62 42 58 01	493 225 253 701	7951	63 21 84 01	502 649 506 351
7902	62 44 16 04	493 413 554 808	7952	63 23 43 04	502 839 185 408
7903	62 45 74 09	493 600 090 327	7953	63 25 02 09	503 028 912 177
7904	62 47 32 16	493 788 299 264	7954	63 26 61 16	503 218 686 664
7905	62 48 90 25	493 975 742 625	7955	63 28 20 25	503 408 508 875
7906	62 50 48 36	494 163 233 416	7956	63 29 79 36	503 598 378 816
7907	62 52 06 49	494 350 771 643	7957	63 31 38 49	503 788 296 493
7908	62 53 64 64	494 538 357 312	7958	63 32 97 64	503 978 261 912
7909	62 55 22 81	494 725 990 429	7959	63 34 56 81	504 168 275 079
7910	62 56 81 00	494 913 671 000	7960	63 36 16 00	504 358 336 000
7911	62 58 39 21	495 101 399 031	7961	63 37 75 21	504 548 444 681
7912	62 59 97 44	495 289 174 528	7962	63 39 34 44	504 738 601 128
7913	62 61 55 69	495 476 997 497	7963	63 40 93 69	504 928 805 347
7914	62 63 13 96	495 664 867 944	7964	63 42 52 96	505 119 057 344
7915	62 64 72 25	495 852 785 875	7965	63 44 12 25	505 309 357 125
7916	62 66 30 56	496 040 751 296	7966	63 45 71 56	505 499 704 696
7917	62 67 88 89	496 228 764 213	7967	63 47 30 89	505 690 100 063
7918	62 69 47 24	496 416 824 632	7968	63 48 90 24	505 880 543 232
7919	62 71 05 61	496 604 932 559	7969	63 50 49 61	506 071 034 209
7920	62 72 64 00	496 793 088 000	7970	63 52 09 00	506 261 573 000
7921	62 74 22 41	496 981 290 961	7971	63 53 68 41	506 452 159 611
7922	62 75 80 84	497 169 541 448	7972	63 55 27 84	506 642 794 048
7923	62 77 39 29	497 357 839 267	7973	63 56 87 29	506 833 476 317
7924	62 78 97 76	497 546 185 024	7974	63 58 46 76	507 024 206 424
7925	62 80 56 25	497 734 578 125	7975	63 60 06 25	507 214 984 375
7926	62 82 14 76	497 923 018 776	7976	63 61 65 76	507 405 810 176
7927	62 83 73 29	498 111 506 983	7977	63 63 25 29	507 596 683 833
7928	62 85 31 84	498 300 042 752	7978	63 64 84 84	507 787 605 352
7929	62 86 90 41	498 488 626 089	7979	63 66 44 41	507 978 574 739
7930	62 88 49 00	498 677 257 000	7980	63 68 04 00	508 169 592 000
7931	62 90 07 61	498 865 935 491	7981	63 69 63 61	508 360 657 141
7932	62 91 66 24	499 054 661 568	7982	63 71 23 24	508 551 770 168
7933	62 93 24 89	499 243 435 237	7983	63 72 82 89	508 742 931 087
7934	62 94 83 56	499 432 256 504	7984	63 74 42 56	508 934 139 904
7935	62 96 42 25	499 621 125 375	7985	63 76 02 25	509 125 396 625
7936	62 98 00 96	499 810 041 856	7986	63 77 61 96	509 316 701 256
7937	62 99 59 69	499 999 005 953	7987	63 79 21 69	509 508 053 803
7938	63 01 18 44	500 188 017 672	7988	63 80 81 44	509 699 454 272
7939	63 02 77 21	500 377 077 019	7989	63 82 41 21	509 890 902 669
7940	63 04 36 00	500 566 184 000	7990	63 84 01 00	510 082 399 000
7941	63 05 94 81	500 755 338 621	7991	63 85 60 81	510 273 943 271
7942	63 07 53 64	500 944 540 888	7992	63 87 20 64	510 465 535 488
7943	63 09 12 49	501 133 790 807	7993	63 88 80 49	510 657 175 657
7944	63 10 71 36	501 323 088 384	7994	63 90 40 36	510 848 863 784
7945	63 12 30 25	501 512 433 625	7995	63 92 00 25	511 040 599 875
7946	63 13 89 16	501 701 826 536	7996	63 93 60 16	511 232 383 936
7947	63 15 48 09	501 891 267 123	7997	63 95 20 09	511 424 215 973
7948	63 17 07 04	502 080 755 392	7998	63 96 80 04	511 616 095 992
7949	63 18 66 01	502 270 291 349	7999	63 98 40 01	511 808 023 999
7950	63 20 25 00	502 459 875 000	8000	64 00 00 00	512 000 000 000

7950

8000

Racines	Quarrés.	Cubes.	Racines	Quarrés.	Cubes.
8001	64 01 60 01	512 192 023 001	8051	64 81 86 01	521 854 556 651
8002	64 03 20 04	512 384 096 008	8052	64 83 47 04	522 049 036 608
8003	64 04 80 09	512 576 216 027	8053	64 85 08 09	522 243 564 877
8004	64 06 40 16	512 768 384 064	8054	64 86 69 16	522 438 141 464
8005	64 08 00 25	512 960 600 125	8055	64 88 30 25	522 632 765 375
8006	64 09 60 36	513 152 864 216	8056	64 89 91 36	522 827 439 616
8007	64 11 20 49	513 345 176 343	8057	64 91 52 49	523 022 161 193
8008	64 12 80 64	513 537 536 512	8058	64 93 13 64	523 216 931 112
8009	64 14 40 81	513 729 944 729	8059	64 94 74 81	523 411 749 379
8010	64 16 01 00	513 922 401 000	8060	64 96 36 00	523 606 616 000
8011	64 17 61 21	514 114 905 331	8061	64 97 97 21	523 801 530 981
8012	64 19 21 44	514 307 457 728	8062	64 99 58 44	523 996 494 328
8013	64 20 81 69	514 500 058 197	8063	65 01 19 69	524 191 565 047
8014	64 22 41 96	514 692 706 744	8064	65 02 80 96	524 386 546 143
8015	64 24 02 25	514 885 403 375	8065	65 04 42 25	524 581 674 625
8016	64 25 62 56	515 078 148 096	8066	65 06 03 56	524 776 831 496
8017	64 27 22 89	515 270 940 913	8067	65 07 64 89	524 972 036 763
8018	64 28 83 24	515 463 781 832	8068	65 09 26 24	525 167 290 432
8019	64 30 43 61	515 656 670 859	8069	65 10 87 61	525 362 592 509
8020	64 32 04 00	515 849 608 000	8070	65 12 49 00	525 557 943 000
8021	64 33 64 41	516 042 593 261	8071	65 14 10 41	525 753 341 911
8022	64 35 24 84	516 235 636 648	8072	65 15 71 84	525 948 789 248
8023	64 36 85 29	516 428 728 167	8073	65 17 33 29	526 144 285 017
8024	64 38 45 76	516 621 837 824	8074	65 18 94 76	526 339 829 224
8025	64 40 06 25	516 815 015 625	8075	65 20 56 25	526 535 421 875
8026	64 41 66 76	517 008 241 576	8076	65 22 17 76	526 731 062 976
8027	64 43 27 29	517 201 515 683	8077	65 23 79 29	526 926 752 533
8028	64 44 87 84	517 394 837 952	8078	65 25 40 84	527 122 490 552
8029	64 46 48 41	517 588 208 389	8079	65 27 02 41	527 318 277 039
8030	64 48 09 00	517 781 627 000	8080	65 28 64 00	527 514 112 000
8031	64 49 69 61	517 975 093 791	8081	65 30 25 61	527 709 995 411
8032	64 51 30 24	518 168 603 768	8082	65 31 87 24	527 905 927 368
8033	64 52 90 89	518 362 171 937	8083	65 33 48 89	528 101 907 787
8034	64 54 51 56	518 555 788 304	8084	65 35 10 56	528 297 935 704
8035	64 56 12 25	518 749 442 875	8085	65 36 72 25	528 494 014 125
8036	64 57 72 96	518 943 150 656	8086	65 38 33 96	528 690 140 056
8037	64 59 33 69	519 136 906 653	8087	65 39 95 69	528 886 314 503
8038	64 60 94 44	519 330 710 872	8088	65 41 57 44	529 082 537 472
8039	64 62 55 21	519 524 563 319	8089	65 43 19 21	529 278 808 969
8040	64 64 16 00	519 718 464 000	8090	65 44 81 00	529 475 129 000
8041	64 65 76 81	519 912 412 921	8091	65 46 42 81	529 671 497 571
8042	64 67 37 64	520 106 410 088	8092	65 48 04 64	529 867 914 688
8043	64 68 98 49	520 300 455 507	8093	65 49 66 49	530 064 380 357
8044	64 70 59 36	520 494 549 184	8094	65 51 28 36	530 260 894 584
8045	64 72 20 25	520 688 691 125	8095	65 52 90 25	530 457 457 375
8046	64 73 81 16	520 882 881 336	8096	65 54 52 16	530 654 068 736
8047	64 75 42 09	521 077 119 823	8097	65 56 14 09	530 850 728 673
8048	64 77 03 04	521 271 406 592	8098	65 57 76 04	531 047 437 192
8049	64 78 64 01	521 465 711 649	8099	65 59 38 01	531 244 194 299
8050	64 80 25 00	521 660 125 000	8100	65 61 00 00	531 441 000 000

Racines.	Quarrés.	Cubes.	Racines.	Quarres.	Cubes.
8101	65 62 62 01	531 637 854 301	8151	66 43 88 01	541 542 666 951
8102	65 64 24 04	531 834 757 208	8152	66 45 51 04	541 742 007 808
8103	65 65 86 09	532 031 705 727	8153	66 47 14 09	541 941 397 577
8104	65 67 48 16	532 228 708 864	8154	66 48 77 16	542 140 836 264
8105	65 69 10 25	532 425 757 625	8155	66 50 40 25	542 340 323 875
8106	65 70 72 36	532 622 855 016	8156	66 52 03 36	542 539 860 416
8107	65 72 34 49	532 820 001 043	8157	66 53 66 49	542 739 445 893
8108	65 73 96 64	533 017 195 712	8158	66 55 29 64	542 939 080 312
8109	65 75 58 81	533 214 439 029	8159	66 56 92 81	543 138 763 679
8110	65 77 21 00	533 411 731 000	8160	66 58 56 00	543 338 496 000
8111	65 78 83 21	533 609 071 631	8161	66 60 19 21	543 538 277 281
8112	65 80 45 44	533 806 460 928	8162	66 61 82 44	543 738 107 528
8113	65 82 07 69	534 003 898 897	8163	66 63 45 69	543 937 986 747
8114	65 83 69 96	534 201 385 544	8164	66 65 08 96	544 137 914 944
8115	65 85 32 25	534 398 920 875	8165	66 66 72 25	544 337 892 125
8116	65 86 94 56	534 596 504 896	8166	66 68 35 56	544 537 918 296
8117	65 88 56 89	534 794 137 513	8167	66 69 98 89	544 737 993 463
8118	65 90 19 24	534 991 819 032	8168	66 71 62 24	544 938 117 632
8119	65 91 81 61	535 189 549 159	8169	66 73 25 61	545 138 290 809
8120	65 93 44 00	535 387 328 000	8170	66 74 89 00	545 338 513 000
8121	65 95 06 41	535 585 155 561	8171	66 76 52 41	545 538 784 211
8122	65 96 68 84	535 783 031 848	8172	66 78 15 84	545 739 104 448
8123	65 98 31 29	535 980 956 867	8173	66 79 79 29	545 939 473 717
8124	65 99 93 76	536 178 930 624	8174	66 81 42 76	546 139 892 024
8125	66 01 56 25	536 376 953 125	8175	66 83 06 25	546 340 360 375
8126	66 03 18 76	536 575 024 376	8176	66 84 69 76	546 540 875 776
8127	66 04 81 29	536 773 144 383	8177	66 86 33 29	546 741 441 233
8128	66 06 43 84	536 971 313 152	8178	66 87 96 84	546 942 055 752
8129	66 08 06 41	537 169 530 689	8179	66 89 60 41	547 142 719 339
8130	66 09 69 00	537 367 797 000	8180	66 91 24 00	547 343 434 000
8131	66 11 31 61	537 566 112 091	8181	66 92 87 61	547 544 193 741
8132	66 12 94 24	537 764 475 968	8182	66 94 51 24	547 745 004 568
8133	66 14 56 89	537 962 888 637	8183	66 96 14 89	547 945 864 487
8134	66 16 19 56	538 161 352 104	8184	66 97 78 56	548 146 773 504
8135	66 17 82 25	538 359 866 375	8185	66 99 42 25	548 347 731 625
8136	66 19 44 96	538 558 419 456	8186	67 01 05 96	548 548 738 856
8137	66 21 07 69	538 757 027 353	8187	67 02 69 69	548 749 795 203
8138	66 22 70 44	538 955 684 072	8188	67 04 33 44	548 950 900 672
8139	66 24 33 21	539 154 389 619	8189	67 05 97 21	549 152 055 269
8140	66 25 96 00	539 353 144 000	8190	67 07 61 00	549 353 259 000
8141	66 27 58 81	539 551 947 221	8191	67 09 24 81	549 554 511 871
8142	66 29 21 64	539 750 799 288	8192	67 10 88 64	549 755 813 888
8143	66 30 84 49	539 949 700 207	8193	67 12 52 49	549 957 165 057
8144	66 32 47 36	540 148 649 984	8194	67 14 16 36	550 158 565 384
8145	66 34 10 25	540 347 648 625	8195	67 15 80 25	550 360 014 875
8146	66 35 73 16	540 546 696 136	8196	67 17 44 16	550 561 513 536
8147	66 37 36 09	540 745 792 523	8197	67 19 08 09	550 763 061 373
8148	66 38 99 04	540 944 937 792	8198	67 20 72 04	550 964 658 392
8149	66 40 62 01	541 144 131 949	8199	67 22 36 01	551 166 304 599
8150	66 42 25 00	541 343 375 000	8200	67 24 00 00	551 368 000 000

8150

8200

Racines.	Quarrés.	Cubes.	Racines.	Quarrés.	Cubes.
8201	67 25 64 01	551 569 714 601	8251	68 07 90 01	561 719 837 251
8202	67 27 28 04	551 771 513 408	8252	68 09 55 04	561 924 099 008
8203	67 28 92 09	551 973 381 427	8253	68 11 20 09	562 128 410 277
8204	67 30 56 16	552 175 273 664	8254	68 12 85 16	562 332 771 064
8205	67 32 20 25	552 377 215 125	8255	68 14 50 25	562 537 181 375
8206	67 33 84 36	552 579 205 816	8256	68 16 15 36	562 741 641 216
8207	67 35 48 49	552 781 245 743	8257	68 17 80 49	562 946 150 593
8208	67 37 12 64	552 983 334 912	8258	68 19 45 64	563 150 709 512
8209	67 38 76 81	553 185 473 329	8259	68 21 10 81	563 355 317 979
8210	67 40 41 00	553 387 661 000	8260	68 22 76 00	563 559 976 000
8211	67 42 05 21	553 589 897 931	8261	68 24 41 21	563 764 683 581
8212	67 43 69 44	553 792 184 128	8262	68 26 06 44	563 969 440 728
8213	67 45 33 69	553 994 519 597	8263	68 27 71 69	564 174 247 447
8214	67 46 97 96	554 196 904 344	8264	68 29 36 96	564 379 103 744
8215	67 48 62 25	554 399 338 375	8265	68 31 02 25	564 584 009 625
8216	67 50 26 56	554 601 821 696	8266	68 32 67 56	564 788 965 096
8217	67 51 90 89	554 804 354 313	8267	68 34 32 89	564 993 970 163
8218	67 53 55 24	555 006 936 232	8268	68 35 98 24	565 199 024 832
8219	67 55 19 61	555 209 567 459	8269	68 37 63 61	565 404 129 109
8220	67 56 84 00	555 412 248 000	8270	68 39 29 00	565 609 283 000
8221	67 58 48 41	555 614 977 861	8271	68 40 94 41	565 814 486 511
8222	67 60 12 84	555 817 757 048	8272	68 42 59 84	566 019 739 648
8223	67 61 77 29	556 020 585 567	8273	68 44 25 29	566 225 042 417
8224	67 63 41 76	556 223 463 424	8274	68 45 90 76	566 430 394 824
8225	67 65 06 25	556 426 390 625	8275	68 47 56 25	566 635 796 875
8226	67 66 70 76	556 629 367 176	8276	68 49 21 76	566 841 248 576
8227	67 68 35 29	556 832 393 083	8277	68 50 87 29	567 046 749 933
8228	67 69 99 84	557 035 468 352	8278	68 52 52 84	567 252 300 952
8229	67 71 64 41	557 238 592 989	8279	68 54 18 41	567 457 901 639
8230	67 73 29 00	557 441 767 000	8280	68 55 84 00	567 663 552 000
8231	67 74 93 61	557 644 990 391	8281	68 57 49 61	567 869 252 041
8232	67 76 58 24	557 848 263 168	8282	68 59 15 24	568 075 001 768
8233	67 78 22 89	558 051 585 337	8283	68 60 80 89	568 280 801 187
8234	67 79 87 56	558 254 956 904	8284	68 62 46 56	568 486 650 304
8235	67 81 52 25	558 458 377 875	8285	68 64 12 25	568 692 549 125
8236	67 83 16 96	558 661 848 256	8286	68 65 77 96	568 898 497 656
8237	67 84 81 69	558 865 368 053	8287	68 67 43 69	569 104 495 903
8238	67 86 46 44	559 068 937 272	8288	68 69 09 44	569 310 543 872
8239	67 88 11 21	559 272 555 919	8289	68 70 75 21	569 516 641 569
8240	67 89 76 00	559 476 224 000	8290	68 72 41 00	569 722 789 000
8241	67 91 40 81	559 679 941 521	8291	68 74 06 81	569 928 986 171
8242	67 93 05 64	559 883 708 488	8292	68 75 72 64	570 135 233 088
8243	67 94 70 49	560 087 524 907	8293	68 77 38 49	570 341 529 757
8244	67 96 35 36	560 291 390 784	8294	68 79 04 36	570 547 876 184
8245	67 98 00 25	560 495 306 125	8295	68 80 70 25	570 754 272 375
8246	67 99 65 16	560 699 270 936	8296	68 82 36 16	570 960 718 336
8247	68 01 30 09	560 903 285 223	8297	68 84 02 09	571 167 214 073
8248	68 02 95 04	561 107 348 992	8298	68 85 68 04	571 373 759 592
8249	68 04 60 01	561 311 462 249	8299	68 87 34 01	571 580 354 899
8250	68 06 25 00	561 515 625 000	8300	68 89 00 00	571 787 000 000

8250

8300

Racines.	Quarrés.	Cubes.	Racines.	Quarrés.	Cubes.
8301	68 90 66 01	571 995 694 901	8351	69 73 92 01	582 392 067 551
8302	68 92 32 04	572 200 439 608	8352	69 75 59 04	582 601 310 708
8303	68 93 98 09	572 407 234 127	8353	69 77 26 09	582 810 602 977
8304	68 95 64 16	572 614 078 464	8354	69 78 93 16	583 019 945 864
8305	68 97 30 25	572 820 972 625	8355	69 80 60 25	583 229 338 875
8306	68 98 96 36	573 027 916 616	8356	69 82 27 36	583 438 782 016
8307	69 00 62 49	573 234 910 443	8357	69 83 94 49	583 648 275 293
8308	69 02 28 64	573 441 954 112	8358	69 85 61 64	583 857 818 712
8309	69 03 94 81	573 649 047 629	8359	69 87 28 81	584 067 412 279
8310	69 05 61 00	573 856 191 000	8360	69 88 96 00	584 277 056 000
8311	69 07 27 21	574 063 384 231	8361	69 90 63 21	584 486 749 881
8312	69 08 93 44	574 270 627 328	8362	69 92 30 44	584 696 493 928
8313	69 10 59 69	574 477 920 297	8363	69 93 97 69	584 906 288 147
8314	69 12 25 96	574 685 263 144	8364	69 95 64 96	585 116 132 544
8315	69 13 92 25	574 892 655 875	8365	69 97 32 25	585 326 027 125
8316	69 15 58 56	575 100 098 496	8366	69 98 99 56	585 535 971 896
8317	69 17 24 89	575 307 591 013	8367	70 00 66 89	585 745 966 863
8318	69 18 91 24	575 515 133 432	8368	70 02 34 24	585 956 012 032
8319	69 20 57 61	575 722 725 759	8369	70 04 01 61	586 166 107 409
8320	69 22 24 00	575 930 368 000	8370	70 05 69 00	586 376 253 000
8321	69 23 90 41	576 138 060 161	8371	70 07 36 41	586 586 448 811
8322	69 25 56 84	576 345 802 248	8372	70 09 03 84	586 796 694 848
8323	69 27 23 29	576 553 594 267	8373	70 10 71 29	587 006 991 117
8324	69 28 89 76	576 761 436 224	8374	70 12 38 76	587 217 337 624
8325	69 30 56 25	576 969 328 125	8375	70 14 06 25	587 427 734 375
8326	69 32 22 76	577 177 269 976	8376	70 15 73 76	587 638 181 376
8327	69 33 89 29	577 385 261 783	8377	70 17 41 29	587 848 678 633
8328	69 35 55 84	577 593 303 552	8378	70 19 08 84	588 059 226 152
8329	69 37 22 41	577 801 395 289	8379	70 20 76 41	588 269 823 939
8330	69 38 89 00	578 009 537 000	8380	70 22 44 00	588 480 472 000
8331	69 40 55 61	578 217 728 691	8381	70 24 11 61	588 691 170 341
8332	69 42 22 24	578 425 970 368	8382	70 25 79 24	588 901 918 968
8333	69 43 88 89	578 634 262 037	8383	70 27 46 89	589 112 717 887
8334	69 45 55 56	578 842 603 704	8384	70 29 14 56	589 323 567 104
8335	69 47 22 25	579 050 995 375	8385	70 30 82 25	589 534 466 625
8336	69 48 88 96	579 259 437 056	8386	70 32 49 96	589 745 416 456
8337	69 50 55 69	579 467 928 753	8387	70 34 17 69	589 956 416 603
8338	69 52 22 44	579 676 470 472	8388	70 35 85 44	590 167 467 072
8339	69 53 89 21	579 885 062 219	8389	70 37 53 21	590 378 567 869
8340	69 55 56 00	580 093 704 000	8390	70 39 21 00	590 589 719 000
8341	69 57 22 81	580 302 395 821	8391	70 40 88 81	590 800 920 471
8342	69 58 89 64	580 511 137 688	8392	70 42 56 64	591 012 172 288
8343	69 60 56 49	580 719 929 607	8393	70 44 24 49	591 223 474 457
8344	69 62 23 36	580 928 771 584	8394	70 45 92 36	591 434 826 984
8345	69 63 90 25	581 137 663 625	8395	70 47 60 25	591 646 229 875
8346	69 65 57 16	581 346 605 736	8396	70 49 28 16	591 857 683 136
8347	69 67 24 09	581 555 597 923	8397	70 50 96 09	592 069 186 773
8348	69 68 91 04	581 764 640 192	8398	70 52 64 04	592 280 740 792
8349	69 70 58 01	581 973 732 549	8399	70 54 32 01	592 492 345 199
8350	69 72 25 00	582 182 875 000	8400	70 56 00 00	592 703 000 000

8350   8400

Racines.	Quarrés.	Cubes.	Racines.	Quarrés.	Cubes.
8401	70 57 68 01	593 915 700 201	8451	71 41 94 01	603 565 357 851
8402	70 59 36 04	593 127 460 808	8452	71 43 63 04	603 779 641 408
8403	70 61 04 09	593 339 266 827	8453	71 45 32 09	603 993 975 677
8404	70 62 72 16	593 551 123 264	8454	71 47 01 16	604 208 360 664
8405	70 64 40 25	593 763 030 125	8455	71 48 70 25	604 422 796 375
8406	70 66 08 36	593 974 987 416	8456	71 50 39 36	604 637 282 816
8407	70 67 76 49	594 186 995 143	8457	71 52 08 49	604 851 819 993
8408	70 69 44 64	594 399 053 312	8458	71 53 77 64	605 066 407 912
8409	70 71 12 81	594 611 161 929	8459	71 55 46 81	605 281 046 579
8410	70 72 81 00	594 823 321 000	8460	71 57 16 00	605 495 736 000
8411	70 74 49 21	595 035 530 531	8461	71 58 85 21	605 710 476 181
8412	70 76 17 44	595 247 790 528	8462	71 60 54 44	605 925 267 128
8413	70 77 85 69	595 460 100 997	8463	71 62 23 69	606 140 108 847
8414	70 79 53 96	595 672 461 944	8464	71 63 92 96	606 355 001 344
8415	70 81 22 25	595 884 873 375	8465	71 65 62 25	606 569 944 625
8416	70 82 90 56	596 097 335 296	8466	71 67 31 56	606 784 938 696
8417	70 84 58 89	596 309 847 713	8467	71 69 00 89	606 999 983 563
8418	70 86 27 24	596 522 410 632	8468	71 70 70 24	607 215 079 232
8419	70 87 95 61	596 735 024 059	8469	71 72 39 61	607 430 225 709
8420	70 89 64 00	596 947 688 000	8470	71 74 09 00	607 645 423 000
8421	70 91 32 41	597 160 402 461	8471	71 75 78 41	607 860 671 111
8422	70 93 00 84	597 373 167 448	8472	71 77 47 84	608 075 970 048
8423	70 94 69 29	597 585 982 967	8473	71 79 17 29	608 291 319 817
8424	70 96 37 76	597 798 849 024	8474	71 80 86 76	608 506 720 424
8425	70 98 06 25	598 011 765 625	8475	71 82 56 25	608 722 171 875
8426	70 99 74 76	598 224 732 776	8476	71 84 25 76	608 937 674 176
8427	71 01 43 29	598 437 750 483	8477	71 85 95 29	609 153 227 333
8428	71 03 11 84	598 650 818 752	8478	71 87 64 84	609 368 831 352
8429	71 04 80 41	598 863 937 589	8479	71 89 34 41	609 584 486 239
8430	71 06 49 00	599 077 107 000	8480	71 91 04 00	609 800 192 000
8431	71 08 17 61	599 290 325 991	8481	71 92 73 61	610 015 948 641
8432	71 09 86 24	599 503 597 568	8482	71 94 43 24	610 231 755 168
8433	71 11 54 89	599 716 918 737	8483	71 96 12 89	610 447 614 587
8434	71 13 23 56	599 930 290 504	8484	71 97 82 56	610 663 523 904
8435	71 14 92 25	600 143 712 875	8485	71 99 52 25	610 879 484 125
8436	71 16 60 96	600 357 185 856	8486	72 01 21 96	611 095 495 256
8437	71 18 29 69	600 570 709 453	8487	72 03 91 69	611 311 557 303
8438	71 19 98 44	600 784 283 672	8488	72 04 61 44	611 527 670 272
8439	71 21 67 21	600 997 908 519	8489	72 06 31 21	611 743 834 169
8440	71 23 36 00	601 211 584 000	8490	72 08 01 00	611 960 049 000
8441	71 25 04 81	601 425 310 121	8491	72 09 70 81	612 176 314 771
8442	71 26 73 64	601 639 086 888	8492	72 11 40 64	612 392 631 488
8443	71 28 42 49	601 852 914 307	8493	72 13 10 49	612 608 999 157
8444	71 30 11 36	602 066 792 384	8494	72 14 80 36	612 825 417 784
8445	71 31 80 25	602 280 721 125	8495	72 16 50 25	613 041 887 375
8446	71 33 49 16	602 494 700 536	8496	72 18 20 16	613 258 407 936
8447	71 35 18 09	602 708 730 623	8497	72 19 90 09	613 474 979 473
8448	71 36 87 04	602 922 811 392	8498	72 21 60 04	613 691 601 992
8449	71 38 56 01	603 136 942 849	8499	72 23 30 01	613 908 275 499
8450	71 40 25 00	603 351 125 000	8500	72 25 00 00	614 125 000 000

8450

8500

Racines.	Quarrés.	Cubes.	Racines.	Quarrés.	Cubes.
8501	72 26 70 01	614 321 773 001	8551	73 11 96 01	625 245 708 151
8502	72 28 40 04	614 558 602 008	8552	73 13 67 04	625 465 092 608
8503	72 30 10 09	614 775 479 527	8553	73 15 38 09	625 684 528 377
8504	72 31 80 16	614 992 308 064	8554	73 17 09 16	625 904 015 464
8505	72 33 50 25	615 209 387 625	8555	73 18 80 25	626 123 553 875
8506	72 35 20 36	615 426 418 216	8556	73 20 51 36	626 343 143 616
8507	72 36 90 49	615 643 499 843	8557	73 22 22 49	626 562 784 693
8508	72 38 60 64	615 860 632 512	8558	73 23 93 64	626 782 477 112
8509	72 40 30 81	616 077 816 229	8559	73 25 64 81	627 002 220 879
8510	72 42 01 00	616 295 051 000	8560	73 27 36 00	627 222 016 000
8511	72 43 71 21	616 512 336 831	8561	73 29 07 21	627 441 862 481
8512	72 45 41 44	616 729 673 728	8562	73 30 78 44	627 661 760 328
8513	72 47 11 69	616 947 061 697	8563	73 32 49 69	627 881 709 547
8514	72 48 81 96	617 164 502 744	8564	73 34 20 96	628 101 710 144
8515	72 50 52 25	617 381 990 875	8565	73 35 92 25	628 321 762 125
8516	72 52 22 56	617 599 532 096	8566	73 37 63 56	628 541 865 496
8517	72 53 92 89	617 817 124 413	8567	73 39 34 89	628 762 020 263
8518	72 55 63 24	618 034 767 832	8568	73 41 06 24	628 982 225 432
8519	72 57 33 61	618 252 462 359	8569	73 42 77 61	629 202 484 009
8520	72 59 04 00	618 470 208 000	8570	73 44 49 00	629 422 793 000
8521	72 60 74 41	618 688 004 761	8571	73 46 32 41	629 643 153 411
8522	72 62 44 84	618 905 852 648	8572	73 47 91 84	629 863 563 248
8523	72 64 15 29	619 123 751 667	8573	73 49 63 29	630 084 038 517
8524	72 65 85 76	619 341 701 824	8574	73 51 34 76	630 304 543 224
8525	72 67 56 25	619 559 703 125	8575	73 53 06 25	630 525 109 375
8526	72 69 26 76	619 777 755 576	8576	73 54 77 76	630 745 726 976
8527	72 70 97 29	619 995 859 183	8577	73 56 49 29	630 966 396 033
8528	72 72 67 84	620 214 013 952	8578	73 58 20 84	631 187 116 552
8529	72 74 38 41	620 432 219 889	8579	73 59 92 41	631 407 888 539
8530	72 76 09 00	620 650 477 000	8580	73 61 64 00	631 628 712 000
8531	72 77 79 61	620 868 785 291	8581	73 63 35 61	631 849 586 941
8532	72 79 50 24	621 087 144 768	8582	73 65 07 24	632 070 513 568
8533	72 81 20 89	621 305 555 437	8583	73 66 78 89	632 291 491 287
8534	72 82 91 56	621 524 017 304	8584	73 68 50 56	632 512 520 704
8535	72 84 62 25	621 742 530 375	8585	73 70 22 25	632 733 601 625
8536	72 86 32 96	621 961 094 656	8586	73 71 93 96	632 954 734 056
8537	72 88 03 69	622 179 710 153	8587	73 73 65 69	633 175 918 003
8538	72 89 74 44	622 398 376 872	8588	73 75 37 44	633 397 153 472
8539	72 91 45 21	622 617 094 819	8589	73 77 09 21	633 618 440 469
8540	72 93 16 00	622 835 864 000	8590	73 78 81 00	633 839 779 000
8541	72 94 86 81	623 054 684 421	8591	73 80 52 81	634 061 169 071
8542	72 96 57 64	623 273 556 088	8592	73 82 24 64	634 282 610 688
8543	72 98 28 49	623 492 479 007	8593	73 83 96 49	634 504 103 857
8544	72 99 99 36	623 711 453 184	8594	73 85 68 36	634 725 648 584
8545	73 01 70 25	623 930 478 625	8595	73 87 40 25	634 947 244 875
8546	73 03 41 16	624 149 555 336	8596	73 89 12 16	635 168 892 736
8547	73 05 12 09	624 368 683 323	8597	73 90 84 09	635 390 592 173
8548	73 06 83 04	624 587 862 592	8598	73 92 56 04	635 612 343 192
8549	73 08 54 01	624 807 093 149	8599	73 94 28 01	635 834 145 799
8550	73 10 25 00	625 026 375 000	8600	73 96 00 00	636 056 000 000

8550   8600

Ra-cines.	Quarrés.	Cube.	Ra-cines.	Quarrés.	Cubes.
8601	73 97 72 01	636 277 955 801	8651	74 83 98 01	647 439 118 451
8602	73 99 44 01	636 499 863 208	8652	74 85 71 04	647 663 663 808
8603	74 01 16 09	636 721 872 227	8653	74 87 44 09	647 888 261 077
8604	74 02 88 16	636 943 932 864	8654	74 89 17 16	648 112 910 264
8605	74 04 60 25	637 166 045 125	8655	74 90 90 25	648 337 611 375
8606	74 06 32 36	637 388 209 016	8656	74 92 63 36	648 562 364 416
8607	74 08 04 49	637 610 424 543	8657	74 94 36 49	648 787 169 393
8608	74 09 76 64	637 832 691 712	8658	74 96 09 64	649 012 026 312
8609	74 11 48 81	638 055 010 529	8659	74 97 82 81	649 236 935 179
8610	74 13 21 00	638 277 331 000	8660	74 99 56 00	649 451 896 000
8611	74 14 93 21	638 499 803 131	8661	75 01 29 21	649 686 908 781
8612	74 16 65 44	638 722 276 928	8662	75 03 02 44	649 911 973 528
8613	74 18 37 69	638 944 802 397	8663	75 04 75 69	650 137 090 247
8614	74 20 09 96	639 167 379 544	8664	75 06 48 96	650 362 258 944
8615	74 21 82 25	639 390 008 375	8665	75 08 22 25	650 587 479 625
8616	74 23 54 56	639 612 688 896	8666	75 09 95 56	650 812 752 296
8617	74 25 26 89	639 835 421 113	8667	75 11 68 89	651 038 076 963
8618	74 26 99 24	640 058 205 032	8668	75 13 42 24	651 263 453 632
8619	74 28 71 61	640 281 040 659	8669	75 15 15 61	651 488 882 309
8620	74 30 44 00	640 503 928 000	8670	75 16 89 00	651 714 363 000
8621	74 32 16 41	640 726 867 061	8671	75 18 62 41	651 939 895 711
8622	74 33 88 84	640 949 857 848	8672	75 20 35 84	652 165 480 448
8623	74 35 61 29	641 172 900 367	8673	75 22 09 29	652 391 117 217
8624	74 37 33 76	641 395 993 624	8674	75 23 82 76	652 616 806 024
8625	74 39 06 25	641 619 140 625	8675	75 25 56 25	652 842 546 875
8626	74 40 78 76	641 842 338 376	8676	75 27 29 76	653 068 339 776
8627	74 42 51 29	642 065 587 883	8677	75 29 03 29	653 294 184 733
8628	74 44 23 84	642 288 889 152	8678	75 30 76 84	653 520 081 752
8629	74 45 96 41	642 512 242 189	8679	75 32 50 41	653 746 030 839
8630	74 47 69 00	642 735 647 000	8680	75 34 24 00	653 972 032 000
8631	74 49 41 61	642 959 103 591	8681	75 35 97 61	654 198 085 241
8632	74 51 14 24	643 182 611 968	8682	75 37 71 24	654 424 190 568
8633	74 52 86 89	643 406 172 137	8683	75 39 44 89	654 650 347 987
8634	74 54 59 56	643 629 784 104	8684	75 41 18 56	654 876 557 504
8635	74 56 32 25	643 853 447 875	8685	75 42 92 25	655 102 819 125
8636	74 58 04 96	644 077 163 456	8686	75 44 65 96	655 329 131 856
8637	74 59 77 69	644 300 930 853	8687	75 46 39 69	655 555 498 703
8638	74 61 50 44	644 524 750 072	8688	75 48 13 44	655 781 916 672
8639	74 63 23 21	644 748 621 119	8689	75 49 87 21	656 008 386 769
8640	74 64 96 00	644 972 544 000	8690	75 51 61 00	656 234 909 000
8641	74 66 68 81	645 196 518 721	8691	75 53 34 81	656 461 483 371
8642	74 68 41 64	645 420 545 288	8692	75 55 08 64	656 688 109 888
8643	74 70 14 49	645 644 623 707	8693	75 56 82 49	656 914 788 557
8644	74 71 87 36	645 868 753 984	8694	75 58 56 36	657 141 519 384
8645	74 73 60 25	646 092 936 125	8695	75 60 30 25	657 368 302 375
8646	74 75 33 16	646 317 170 136	8696	75 62 04 16	657 595 137 536
8647	74 77 06 09	646 541 456 023	8697	75 63 78 09	657 822 024 873
8648	74 78 79 04	646 765 793 792	8698	75 65 52 04	658 049 964 392
8649	74 80 52 01	646 990 183 449	8699	75 67 26 01	658 277 956 099
8650	74 82 25 00	647 214 625 000	8700	75 69 00 00	658 503 000 000

Racines	Quarrés	Cubes	Racines	Quarrés	Cubes
8701	75 70 74 01	658 700 696 101	8751	76 58 00 01	670 151 588 751
8702	75 72 48 04	658 957 243 408	8752	76 59 75 04	670 381 355 008
8703	75 74 22 09	659 184 444 927	8753	76 61 50 09	670 611 173 777
8704	75 75 96 16	659 411 697 664	8754	76 63 25 16	670 841 045 064
8705	75 77 70 25	659 639 002 625	8755	76 65 00 25	671 070 968 875
8706	75 79 44 36	659 866 359 816	8756	76 66 75 36	671 300 945 216
8707	75 81 18 49	660 093 769 093	8757	76 68 50 49	671 530 974 093
8708	75 82 92 64	660 321 230 912	8758	76 70 25 64	671 761 055 512
8709	75 84 66 81	660 548 744 829	8759	76 72 00 81	671 991 189 479
8710	75 86 41 00	660 776 311 000	8760	76 73 76 00	672 221 376 000
8711	75 88 15 21	661 003 929 431	8761	76 75 51 21	672 451 615 081
8712	75 89 89 44	661 231 600 128	8762	76 77 26 44	672 681 906 728
8713	75 91 63 69	661 459 323 097	8763	76 79 01 69	672 912 250 947
8714	75 93 37 96	661 687 098 344	8764	76 80 76 96	673 142 647 744
8715	75 95 12 25	661 914 925 875	8765	76 82 52 25	673 373 097 125
8716	75 96 86 56	662 142 805 696	8766	76 84 27 56	673 603 599 096
8717	75 98 60 89	662 370 737 813	8767	76 86 02 89	673 834 153 563
8718	76 00 35 24	662 598 722 232	8768	76 87 78 24	674 064 760 832
8719	76 02 09 61	662 826 758 959	8769	76 89 53 61	674 295 420 609
8720	76 03 84 00	663 054 848 000	8770	76 91 29 00	674 526 133 000
8721	76 05 58 41	663 282 989 361	8771	76 93 04 41	674 756 898 011
8722	76 07 32 84	663 511 183 048	8772	76 94 79 84	674 987 715 648
8723	76 09 07 29	663 739 429 067	8773	76 96 55 29	675 218 585 917
8724	76 10 81 76	663 967 727 424	8774	76 98 30 76	675 449 508 824
8725	76 12 56 25	664 196 078 125	8775	77 00 06 25	675 680 484 375
8726	76 14 30 76	664 424 481 176	8776	77 01 81 76	675 911 512 576
8727	76 16 05 29	664 652 936 583	8777	77 03 57 29	676 142 593 433
8728	76 17 79 84	664 881 444 352	8778	77 05 32 84	676 373 726 952
8729	76 19 54 41	665 110 004 489	8779	77 07 08 41	676 604 913 139
8730	76 21 29 00	665 338 617 000	8780	77 08 84 00	676 836 152 000
8731	76 23 03 61	665 567 281 891	8781	77 10 59 61	677 067 443 541
8732	76 24 78 24	665 795 999 168	8782	77 12 35 24	677 298 787 768
8733	76 26 52 89	666 024 768 837	8783	77 14 10 89	677 530 184 687
8734	76 28 27 56	666 253 590 904	8784	77 15 86 56	677 761 633 304
8735	76 30 02 25	666 482 465 375	8785	77 17 62 25	677 993 136 625
8736	76 31 76 96	666 711 392 256	8786	77 19 37 96	678 224 691 656
8737	76 33 51 69	666 940 371 553	8787	77 21 13 69	678 456 299 453
8738	76 35 26 44	667 169 403 272	8788	77 22 89 44	678 687 959 872
8739	76 37 01 21	667 398 487 419	8789	77 24 65 21	678 919 673 069
8740	76 38 76 00	667 627 623 000	8790	77 26 41 00	679 151 439 000
8741	76 40 50 81	667 856 813 021	8791	77 28 16 81	679 383 257 671
8742	76 42 25 64	668 086 054 488	8792	77 29 92 64	679 615 129 088
8743	76 44 00 49	668 315 348 407	8793	77 31 68 49	679 847 053 257
8744	76 45 75 36	668 544 694 784	8794	77 33 44 36	680 079 030 184
8745	76 47 50 25	668 774 093 625	8795	77 35 20 25	680 311 059 875
8746	76 49 25 16	669 003 544 936	8796	77 36 96 16	680 543 142 336
8747	76 51 00 09	669 233 048 723	8797	77 38 72 09	680 775 277 573
8748	76 52 75 04	669 462 604 992	8798	77 40 48 04	681 007 465 592
8749	76 54 50 01	669 692 213 749	8799	77 42 24 01	681 239 706 399
8750	76 56 25 00	669 921 875 000	8800	77 44 00 00	681 472 000 000

8750

8800

Racines.	Quarrés.	Cubes.	Racines.	Quarrés.	Cubes.
8801	77 45 76 01	681 704 346 401	8851	78 34 02 01	693 389 119 051
8802	77 47 52 04	681 936 745 608	8852	78 35 79 04	693 624 166 208
8803	77 49 28 09	682 169 197 627	8853	78 37 56 09	693 859 266 477
8804	77 51 04 16	682 402 702 444	8854	78 39 33 16	694 094 419 864
8805	77 52 80 25	682 634 260 125	8855	78 41 10 25	694 329 626 375
8806	77 54 56 36	682 865 870 616	8856	78 42 87 36	694 564 886 016
8807	77 56 32 49	683 099 533 943	8857	78 44 64 49	694 800 198 793
8808	77 58 08 64	683 332 250 112	8858	78 46 41 64	695 035 564 712
8809	77 59 84 81	683 565 019 129	8859	78 48 18 81	695 270 933 779
8810	77 61 61 00	683 797 841 000	8860	78 49 96 00	695 506 456 000
8811	77 63 37 21	684 030 715 731	8861	78 51 73 21	695 741 981 381
8812	77 65 13 44	684 263 643 328	8862	78 53 50 44	695 977 559 928
8813	77 66 89 69	684 496 623 797	8863	78 55 27 69	696 213 191 647
8814	77 68 65 96	684 729 657 144	8864	78 57 04 96	696 448 876 544
8815	77 70 42 25	684 962 743 375	8865	78 58 82 25	696 684 614 625
8816	77 72 18 56	685 195 882 496	8866	78 60 59 56	696 920 405 896
8817	77 73 94 89	685 429 074 513	8867	78 62 36 89	697 156 250 363
8818	77 75 71 24	685 662 319 432	8868	78 64 14 24	697 392 148 032
8819	77 77 47 61	685 895 617 259	8869	78 65 91 61	697 628 098 909
8820	77 79 24 00	686 128 968 000	8870	78 67 69 00	697 864 103 000
8821	77 81 00 41	686 362 371 661	8871	78 69 46 41	698 100 160 311
8822	77 82 76 84	686 595 828 248	8872	78 71 23 84	698 336 270 848
8823	77 84 53 29	686 829 337 767	8873	78 73 01 29	698 572 434 617
8824	77 86 29 76	687 062 900 224	8874	78 74 78 76	698 808 651 624
8825	77 88 06 25	687 296 515 625	8875	78 76 56 25	699 044 921 875
8826	77 89 82 76	687 530 183 976	8876	78 78 33 76	699 281 245 376
8827	77 91 59 29	687 763 905 283	8877	78 80 11 29	699 517 622 133
8828	77 93 35 84	687 997 679 552	8878	78 81 88 84	699 754 052 152
8829	77 95 12 41	688 231 506 789	8879	78 83 66 41	699 990 535 439
8830	77 96 89 00	688 465 387 000	8880	78 85 44 00	700 227 072 000
8831	77 98 65 61	688 699 320 191	8881	78 87 21 61	700 463 661 841
8832	78 00 42 24	688 933 306 368	8882	78 88 99 24	700 700 304 968
8833	78 02 18 89	689 167 345 537	8883	78 90 76 89	700 937 001 387
8834	78 03 95 56	689 401 437 704	8884	78 92 54 56	701 173 751 104
8835	78 05 72 25	689 635 582 875	8885	78 94 32 25	701 410 554 125
8836	78 07 48 96	689 869 781 056	8886	78 96 09 96	701 647 410 456
8837	78 09 25 69	690 104 032 253	8887	78 97 87 69	701 884 320 103
8838	78 11 02 44	690 338 336 472	8888	78 99 65 44	702 121 283 072
8839	78 12 79 21	690 572 693 719	8889	79 01 43 21	702 358 299 369
8840	78 14 56 00	690 807 104 000	8890	79 03 21 00	702 595 369 000
8841	78 16 32 81	691 041 567 321	8891	79 04 98 81	702 832 491 971
8842	78 18 09 64	691 276 083 688	8892	79 06 76 64	703 069 668 288
8843	78 19 86 49	691 510 653 107	8893	79 08 54 49	703 306 897 957
8844	78 21 63 36	691 745 275 584	8894	79 10 32 36	703 544 180 984
8845	78 23 40 25	691 979 951 125	8895	79 12 10 25	703 781 517 375
8846	78 25 17 16	692 214 679 736	8896	79 13 88 16	704 018 907 136
8847	78 26 94 09	692 449 461 423	8897	79 15 66 09	704 256 350 273
8848	78 28 71 04	692 684 296 192	8898	79 17 44 04	704 493 846 792
8849	78 30 48 01	692 919 184 049	8899	79 19 22 01	704 731 396 699
8850	78 32 25 00	693 154 125 000	8900	79 21 00 00	704 969 000 000

Racines.	Quarrés.	Cubes.	Racines.	Quarrés.	Cubes.
8901	79 22 78 01	705 266 656 701	8951	80 12 04 01	717 157 709 551
8902	79 24 56 04	705 444 366 808	8952	80 13 83 04	717 398 097 408
8903	79 26 34 09	705 682 130 327	8953	80 15 62 09	717 638 539 177
8904	79 28 12 16	705 919 937 264	8954	80 17 41 16	717 879 034 664
8905	79 29 90 25	706 157 817 625	8955	80 19 20 25	718 119 583 875
8906	79 31 68 36	706 395 741 416	8956	80 20 99 36	718 360 186 816
8907	79 33 46 49	706 633 718 643	8957	80 22 78 49	718 600 843 493
8908	79 35 24 64	706 871 749 312	8958	80 24 57 64	718 841 553 912
8909	79 37 02 81	707 109 833 429	8959	80 26 36 81	719 082 318 079
8910	79 38 81 00	707 347 971 000	8960	80 28 16 00	719 323 136 000
8911	79 40 59 21	707 586 162 031	8961	80 29 95 21	719 564 007 681
8912	79 42 37 44	707 824 406 528	8962	80 31 74 44	719 804 933 128
8913	79 44 15 69	708 062 704 497	8963	80 33 53 69	720 045 912 347
8914	79 45 93 96	708 301 055 944	8964	80 35 32 96	720 286 945 344
8915	79 47 72 25	708 539 460 875	8965	80 37 12 25	720 528 032 125
8916	79 49 50 56	708 777 919 296	8966	80 38 91 56	720 769 172 696
8917	79 51 28 89	709 015 431 213	8967	80 40 70 89	721 010 367 063
8918	79 53 07 24	709 254 996 632	8968	80 42 50 24	721 251 615 232
8919	79 54 85 61	709 493 615 559	8969	80 44 29 61	721 492 917 209
8920	79 56 64 00	709 732 288 000	8970	80 46 09 00	721 734 273 000
8921	79 58 42 41	709 971 013 961	8971	80 47 88 41	721 975 682 611
8922	79 60 20 84	710 209 793 448	8972	80 49 67 84	722 217 146 048
8923	79 61 99 29	710 448 626 467	8973	80 51 47 29	722 458 663 517
8924	79 63 77 76	710 687 513 024	8974	80 53 26 76	722 700 234 424
8925	79 65 56 25	710 926 453 125	8975	80 55 06 25	722 941 859 375
8926	79 67 34 76	711 165 446 776	8976	80 56 85 76	723 183 538 176
8927	79 69 13 29	711 404 493 983	8977	80 58 65 29	723 425 270 833
8928	79 70 91 84	711 643 594 752	8978	80 60 44 84	723 667 057 352
8929	79 72 70 41	711 882 749 089	8979	80 62 24 41	723 908 897 739
8930	79 74 49 00	712 121 957 000	8980	80 64 04 00	724 150 792 000
8931	79 76 27 61	712 361 218 491	8981	80 65 83 61	724 392 740 141
8932	79 78 06 24	712 600 533 568	8982	80 67 63 24	724 634 742 168
8933	79 79 84 89	712 839 902 237	8983	80 69 42 89	724 876 798 087
8934	79 81 63 56	713 079 324 504	8984	80 71 22 56	725 118 907 904
8935	79 83 42 25	713 318 800 375	8985	80 73 02 25	725 361 071 625
8936	79 85 20 96	713 558 329 856	8986	80 74 81 96	725 603 289 256
8937	79 86 99 69	713 797 912 953	8987	80 76 61 69	725 845 560 803
8938	79 88 78 44	714 037 549 672	8988	80 78 41 44	726 087 886 272
8939	79 90 57 21	714 277 240 019	8989	80 80 21 21	726 330 265 669
8940	79 92 36 00	714 516 984 000	8990	80 82 01 00	726 572 699 000
8941	79 94 14 81	714 756 781 621	8991	80 83 80 81	726 815 186 271
8942	79 95 93 64	714 996 632 888	8992	80 85 60 64	727 057 727 488
8943	79 97 72 49	715 236 537 807	8993	80 87 40 49	727 300 322 657
8944	79 99 51 36	715 476 496 384	8994	80 89 20 36	727 543 971 784
8945	80 01 30 25	715 716 508 625	8995	80 91 00 25	727 785 674 875
8946	80 03 09 16	715 956 574 536	8996	80 92 80 16	728 028 431 936
8947	80 04 88 09	716 196 694 123	8997	80 94 60 09	728 271 242 973
8948	80 06 67 04	716 436 867 392	8998	80 96 40 04	728 514 107 992
8949	80 08 46 01	716 677 094 349	8999	80 98 20 01	728 757 026 999
8950	80 10 25 00	716 917 375 000	9000	81 00 00 00	729 000 000 000

8950

9000

Racines.	Quarrés.	Cubes.	Racines.	Quarrés.	Cubes.
9001	81 01 80 01	729 243 027 001	9051	81 92 06 01	741 463 359 651
9002	81 03 60 04	729 486 108 008	9052	81 93 87 04	741 709 148 608
9003	81 05 40 09	729 729 243 027	9053	81 95 68 09	741 954 991 877
9004	81 07 20 16	729 972 432 064	9054	81 97 49 16	742 200 889 464
9005	81 09 00 25	730 215 675 125	9055	81 99 30 25	742 446 841 375
9006	81 10 80 36	730 458 972 216	9056	82 01 11 36	742 692 847 616
9007	81 12 60 49	730 702 323 343	9057	82 02 92 49	742 938 908 193
9008	81 14 40 64	730 945 728 512	9058	82 04 73 64	743 185 023 112
9009	81 16 20 81	731 189 187 729	9059	82 06 54 81	743 431 192 379
9010	81 18 01 00	731 432 701 000	9060	82 08 36 00	743 677 416 000
9011	81 19 81 21	731 676 268 331	9061	82 10 17 21	743 923 693 981
9012	81 21 61 44	731 919 889 728	9062	82 11 98 44	744 170 026 328
9013	81 23 41 69	732 163 565 197	9063	82 13 79 69	744 416 413 047
9014	81 25 21 96	732 407 294 744	9064	82 15 60 96	744 662 854 144
9015	81 27 02 25	732 651 078 375	9065	82 17 42 25	744 909 349 625
9016	81 28 82 56	732 894 916 096	9066	82 19 23 56	745 155 879 496
9017	81 30 62 89	733 138 807 913	9067	82 21 04 89	745 402 503 763
9018	81 32 43 24	733 382 753 832	9068	82 22 86 24	745 649 162 432
9019	81 34 23 61	733 626 753 859	9069	82 24 67 61	745 895 875 509
9020	81 36 04 00	733 870 808 000	9070	82 26 49 00	746 142 643 000
9021	81 37 84 41	734 114 916 261	9071	82 28 30 41	746 389 464 911
9022	81 39 64 84	734 359 078 648	9072	82 30 11 84	746 636 341 248
9023	81 41 45 29	734 603 295 167	9073	82 31 93 29	746 883 272 017
9024	81 43 25 76	734 847 565 824	9074	82 33 74 76	747 130 257 224
9025	81 45 06 25	735 091 890 625	9075	82 35 56 25	747 377 296 875
9026	81 46 86 76	735 336 269 576	9076	82 37 37 76	747 624 390 976
9027	81 48 67 29	735 580 702 683	9077	82 39 19 29	747 871 539 533
9028	81 50 47 84	735 825 189 952	9078	82 41 00 84	748 118 742 552
9029	81 52 28 41	736 069 731 389	9079	82 42 82 41	748 366 000 239
9030	81 54 09 00	736 314 327 000	9080	82 44 64 00	748 613 312 000
9031	81 55 89 61	736 558 976 791	9081	82 46 45 61	748 860 678 441
9032	81 57 70 24	736 803 680 768	9082	82 48 27 24	749 108 099 368
9033	81 59 50 89	737 048 438 937	9083	82 50 08 89	749 355 574 787
9034	81 61 31 56	737 293 251 304	9084	82 51 90 56	749 603 104 704
9035	81 63 12 25	737 538 117 875	9085	82 53 72 25	749 850 689 125
9036	81 64 93 96	737 783 038 656	9086	82 55 53 96	750 098 328 056
9037	81 66 73 69	738 028 013 653	9087	82 57 35 69	750 346 021 503
9038	81 68 54 44	738 273 042 872	9088	82 59 17 44	750 593 769 472
9039	81 70 35 21	738 518 126 319	9089	82 60 99 21	750 841 571 969
9040	81 72 16 00	738 763 264 000	9090	82 62 81 00	751 089 429 000
9041	81 73 96 81	739 008 455 921	9091	82 64 62 81	751 337 340 571
9042	81 75 77 64	739 253 702 088	9092	82 66 44 64	751 585 306 688
9043	81 77 58 49	739 499 002 507	9093	82 68 26 49	751 833 327 357
9044	81 79 39 36	739 744 357 184	9094	82 70 08 36	752 081 402 584
9045	81 81 20 25	739 989 766 125	9095	82 71 90 25	752 329 532 375
9046	81 83 01 16	740 235 229 336	9096	82 73 72 16	752 577 716 736
9047	81 84 82 09	740 480 746 823	9097	82 75 54 09	752 825 955 673
9048	81 86 63 04	740 726 318 592	9098	82 77 36 04	753 074 249 192
9049	81 88 44 01	740 971 944 649	9099	82 79 18 01	753 322 597 299
9050	81 90 25 00	741 217 625 000	9100	82 81 00 00	753 571 000 000

9050

9100

Racines.	Quarrés.	Cubes.	Racines.	Quarrés.	Cubes.
9101	82 82 82 01	753 819 457 301	9151	83 74 08 01	766 312 069 951
9102	82 84 64 04	754 067 969 208	9152	83 75 91 04	766 563 319 808
9103	82 86 46 09	754 316 535 727	9153	83 77 74 09	766 814 624 577
9104	82 88 28 16	754 565 156 864	9154	83 79 57 16	767 066 984 264
9105	82 90 10 25	754 813 832 625	9155	83 81 40 25	767 317 398 875
9106	82 91 92 36	755 062 563 016	9156	83 83 23 36	767 563 868 416
9107	82 93 74 49	755 311 348 043	9157	83 85 06 49	767 820 392 843
9108	82 95 56 64	755 560 187 712	9158	83 86 89 64	768 071 972 312
9109	82 97 38 81	755 809 082 029	9159	83 88 72 81	768 323 606 679
9110	82 99 21 00	756 058 031 000	9160	83 90 56 00	768 575 296 000
9111	83 01 03 21	756 307 034 631	9161	83 92 39 21	768 827 040 281
9112	83 02 85 44	756 556 092 928	9162	83 94 22 44	769 078 839 528
9113	83 04 67 69	756 805 205 897	9163	83 96 05 69	769 330 693 747
9114	83 06 49 96	757 054 373 544	9164	83 97 88 96	769 582 602 944
9115	83 08 32 25	757 303 595 875	9165	83 99 72 25	769 834 567 125
9116	83 10 14 56	757 552 872 896	9166	84 01 55 56	770 036 586 296
9117	83 11 96 89	757 802 204 613	9167	84 03 38 89	770 338 660 463
9118	83 13 79 24	758 051 591 032	9168	84 05 22 24	770 590 789 632
9119	83 15 61 61	758 301 032 159	9169	84 07 05 61	770 842 973 809
9120	83 17 44 00	758 550 528 000	9170	84 08 89 00	771 095 213 000
9121	83 19 26 41	758 832 078 561	9171	84 10 72 41	771 347 507 211
9122	83 21 08 84	759 049 683 848	9172	84 12 55 84	771 599 855 448
9123	83 22 91 29	759 299 343 867	9173	84 14 39 29	771 852 260 717
9124	83 24 73 76	759 549 058 624	9174	84 16 22 76	772 104 720 024
9125	83 26 56 25	759 798 828 125	9175	84 18 06 25	772 357 234 375
9126	83 28 38 76	760 048 652 376	9176	84 19 89 76	772 609 803 776
9127	83 30 21 29	760 298 531 383	9177	84 21 73 29	772 862 428 233
9128	83 32 03 84	760 548 465 152	9178	84 23 56 84	773 115 107 752
9129	83 33 86 41	760 798 453 689	9179	84 25 40 41	773 367 842 339
9130	83 35 69 00	761 048 497 000	9180	84 27 24 00	773 620 632 000
9131	83 37 51 61	761 298 595 091	9181	84 29 07 61	773 873 476 741
9132	83 39 34 24	761 548 747 968	9182	84 30 91 24	774 126 376 568
9133	83 41 16 89	761 798 955 637	9183	84 32 74 89	774 379 331 487
9134	83 42 99 56	762 049 218 104	9184	84 34 58 56	774 632 341 504
9135	83 44 82 25	762 299 535 375	9185	84 36 42 25	774 885 406 625
9136	83 46 64 96	762 549 907 456	9186	84 38 25 96	775 138 526 856
9137	83 48 47 69	762 800 334 353	9187	84 40 09 69	775 391 702 203
9138	83 50 30 44	763 050 816 072	9188	84 41 93 44	775 644 932 672
9139	83 52 13 21	763 301 352 619	9189	84 43 77 21	775 898 218 269
9140	83 53 96 00	763 551 944 000	9190	84 45 61 00	776 151 559 000
9141	83 55 78 81	763 802 590 221	9191	84 47 44 81	776 404 954 871
9142	83 57 61 64	764 053 291 288	9192	84 49 28 64	776 658 405 888
9143	83 59 44 49	764 304 047 207	9193	84 51 12 49	776 911 912 057
9144	83 61 27 36	764 554 857 984	9194	84 52 96 36	777 165 473 384
9145	83 63 10 25	764 805 723 625	9195	84 54 80 25	777 419 089 875
9146	83 64 93 16	765 056 644 136	9196	84 56 64 16	777 672 761 536
9147	83 66 76 09	765 307 619 523	9197	84 58 48 09	777 926 488 373
9148	83 68 59 04	765 558 649 792	9198	84 60 32 04	778 180 270 392
9149	83 70 42 01	765 809 734 949	9199	84 62 16 01	778 434 107 599
9150	83 72 25 00	766 060 875 000	9200	84 64 00 00	778 688 000 000

Racines.	Quarrés.	Cubes.	Racines.	Quarrés.	Cubes.
9201	84 65 84 01	778 991 927 601	9251	85 58 10 01	791 709 840 251
9202	84 67 68 04	779 195 956 408	9252	85 59 95 04	791 966 611 008
9203	84 69 52 09	779 450 008 427	9253	85 61 80 09	792 223 437 277
9204	84 71 36 16	779 764 121 664	9254	85 63 65 16	792 480 319 064
9205	84 73 20 25	779 958 293 125	9255	85 65 50 25	792 737 256 375
9206	84 75 04 56	780 212 513 816	9256	85 67 35 36	792 994 249 216
9207	84 76 88 49	780 466 792 743	9257	85 69 20 49	793 251 297 503
9208	84 78 72 64	780 721 125 912	9258	85 71 05 64	793 508 401 512
9209	84 80 56 81	780 975 516 329	9259	85 72 90 81	793 765 560 979
9210	84 82 41 00	781 229 961 000	9260	85 74 76 00	794 022 776 000
9211	84 84 25 21	781 484 460 931	9261	85 76 61 21	794 280 046 581
9212	84 86 09 44	781 739 016 128	9262	85 78 46 44	794 537 372 728
9213	84 87 93 69	781 993 625 597	9263	85 80 31 69	794 794 754 447
9214	84 89 77 96	782 248 292 344	9264	85 82 16 96	795 052 191 744
9215	84 91 62 25	782 503 013 375	9265	85 84 02 25	795 309 684 625
9216	84 93 46 56	782 757 789 696	9266	85 85 87 56	795 567 233 096
9217	84 95 30 89	783 012 621 313	9267	85 87 72 89	795 824 837 163
9218	84 97 15 24	783 267 508 232	9268	85 89 58 24	796 082 496 832
9219	84 99 99 61	783 522 450 459	9269	85 91 43 61	796 340 212 109
9220	85 00 84 00	783 777 448 000	9270	85 93 29 00	796 597 983 000
9221	85 02 68 41	784 032 500 861	9271	85 95 14 41	796 855 809 511
9222	85 04 52 84	784 287 609 048	9272	85 96 99 84	797 113 691 648
9223	85 06 37 29	784 542 772 567	9273	85 98 85 29	797 371 629 417
9224	85 08 21 76	784 797 991 424	9274	86 00 70 76	797 629 622 824
9225	85 10 06 25	785 053 265 625	9275	86 02 56 25	797 887 671 875
9226	85 11 90 76	785 308 595 176	9276	86 04 41 76	798 145 776 576
9227	85 13 75 29	785 563 980 083	9277	86 06 27 29	798 403 936 933
9228	85 15 59 84	785 819 420 352	9278	86 08 12 84	798 662 152 952
9229	85 17 44 41	786 074 915 989	9279	86 09 98 41	798 920 424 639
9230	85 19 29 00	786 330 467 000	9280	86 11 84 00	799 178 752 000
9231	85 21 13 61	786 586 073 391	9281	86 13 69 61	799 437 135 041
9232	85 22 98 24	786 841 735 168	9282	86 15 55 24	799 695 573 768
9233	85 24 82 89	787 097 452 337	9283	86 17 40 89	799 954 068 187
9234	85 26 67 56	787 353 224 904	9284	86 19 26 56	800 212 618 304
9235	85 28 52 25	787 609 052 875	9285	86 21 12 25	800 471 224 125
9236	85 30 36 96	787 864 936 256	9286	86 22 97 96	800 729 885 656
9237	85 32 21 69	788 120 875 053	9287	86 24 83 69	800 988 602 903
9238	85 34 06 44	788 376 869 272	9288	86 26 69 44	801 247 375 872
9239	85 35 91 21	788 632 918 919	9289	86 28 55 21	801 506 204 569
9240	85 37 76 00	788 889 024 000	9290	86 30 41 00	801 765 089 000
9241	85 39 60 81	789 145 184 521	9291	86 32 26 81	802 024 029 171
9242	85 41 45 64	789 401 400 488	9292	86 34 12 64	802 283 025 088
9243	85 43 30 49	789 657 671 907	9293	86 35 98 49	802 542 076 757
9244	85 45 15 36	789 913 998 784	9294	86 37 84 36	802 801 184 184
9245	85 47 00 25	790 170 381 125	9295	86 39 70 25	803 060 347 375
9246	85 48 85 16	790 426 818 936	9296	86 41 56 16	803 319 566 336
9247	85 50 70 09	790 683 311 223	9297	86 43 42 09	803 578 841 073
9248	85 52 55 04	790 939 860 992	9298	86 45 28 04	803 838 171 592
9249	85 54 40 01	791 196 465 249	9299	86 47 14 01	804 097 557 899
9250	85 56 25 00	791 453 125 000	9300	86 49 00 00	804 357 000 000

9250.

9300

Ra-cines	Quarrés.	Cubes.	Ra-cines	Quarrés.	Cubes.
9301	86 50 86 01	804 616 277 901	9351	87 44 12 01	817 662 670 551
9302	86 52 72 04	804 876 051 608	9352	87 45 99 04	817 925 022 208
9303	86 54 58 09	805 135 661 127	9353	87 47 86 09	818 187 429 977
9304	86 56 44 16	805 395 326 464	9354	87 49 73 16	818 449 894 864
9305	86 58 30 25	805 655 047 625	9355	87 51 60 25	818 712 413 875
9306	86 60 16 36	805 914 824 616	9356	87 53 47 36	818 974 990 016
9307	86 62 02 49	806 174 657 443	9357	87 55 34 49	819 237 623 293
9308	86 63 88 64	806 434 546 112	9358	87 57 21 64	819 500 310 712
9309	86 65 74 81	806 694 490 629	9359	87 59 08 81	819 763 055 279
9310	86 67 61 00	806 954 491 000	9360	87 60 96 00	820 025 856 000
9311	86 69 47 21	807 214 547 231	9361	87 62 83 21	820 288 712 881
9312	86 71 33 44	807 474 659 328	9362	87 64 70 44	820 551 625 928
9313	86 73 19 69	807 734 827 297	9363	87 66 57 69	820 814 595 147
9314	86 75 05 96	807 995 051 144	9364	87 68 44 96	821 077 620 544
9315	86 76 92 25	808 255 330 875	9365	87 70 32 25	821 340 702 125
9316	86 78 78 56	808 515 666 496	9366	87 72 19 56	821 603 839 896
9317	86 80 64 89	808 776 058 013	9367	87 74 06 89	821 867 033 863
9318	86 82 51 24	809 036 505 432	9368	87 75 94 24	822 130 284 032
9319	86 84 37 61	809 297 008 759	9369	87 77 81 61	822 393 591 409
9320	86 86 24 00	809 557 568 000	9370	87 79 69 00	822 656 955 000
9321	86 88 10 41	809 818 183 161	9371	87 81 56 41	822 920 371 811
9322	86 89 96 84	810 078 854 248	9372	87 83 43 84	823 184 846 848
9323	86 91 83 29	810 339 584 267	9373	87 85 31 29	823 447 378 117
9324	86 93 69 76	810 600 364 224	9374	87 87 18 76	823 710 965 624
9325	86 95 56 25	810 861 203 125	9375	87 89 06 25	823 974 609 375
9326	86 97 42 76	811 122 097 976	9376	87 90 93 76	824 238 309 376
9327	86 99 29 29	811 383 048 783	9377	87 92 81 29	824 502 065 633
9328	87 01 15 84	811 644 056 552	9378	87 94 68 84	824 765 878 152
9329	87 03 02 41	811 905 118 289	9379	87 96 56 41	825 029 746 939
9330	87 04 89 00	812 166 237 000	9380	87 98 44 00	825 293 672 000
9331	87 06 75 61	812 427 411 691	9381	88 00 31 61	825 557 653 341
9332	87 08 62 24	812 688 642 368	9382	88 02 19 24	825 821 690 968
9333	87 10 48 89	812 949 929 037	9383	88 04 06 89	826 085 784 887
9334	87 12 35 56	813 211 271 704	9384	88 05 94 56	826 349 935 104
9335	87 14 22 25	813 472 670 375	9385	88 07 82 25	826 614 141 625
9336	87 16 08 96	813 734 125 056	9386	88 09 69 96	826 878 404 456
9337	87 17 95 69	813 995 635 753	9387	88 11 57 69	827 142 723 603
9338	87 19 82 44	814 257 202 472	9388	88 13 45 44	827 407 099 072
9339	87 21 69 21	814 518 825 219	9389	88 15 33 21	827 671 530 869
9340	87 23 56 00	814 780 504 000	9390	88 17 21 00	827 936 019 000
9341	87 25 42 81	815 042 238 821	9391	88 19 08 81	828 200 563 471
9342	87 27 29 64	815 304 029 688	9392	88 20 96 64	828 465 164 288
9343	87 29 16 49	815 565 876 607	9393	88 22 84 49	828 729 821 457
9344	87 31 03 36	815 827 779 584	9394	88 24 72 36	828 994 534 984
9345	87 32 90 25	816 089 738 625	9395	88 26 60 25	829 259 304 875
9346	87 34 77 16	816 351 753 736	9396	88 28 48 16	829 524 131 136
9347	87 36 64 09	816 613 824 923	9397	88 30 36 09	829 789 013 773
9348	87 38 51 04	816 875 952 192	9398	88 32 24 04	830 053 952 792
9349	87 40 38 01	817 138 135 549	9399	88 34 12 01	830 318 948 199
9350	87 42 25 00	817 400 375 000	9400	88 36 00 00	830 584 000 000

9350

9400

Racines	Quarrés	Cubes	Racines	Quarrés	Cubes
9401	88 37 88 01	830 849 108 201	9451	89 32 14 01	844 176 560 851
9402	88 39 76 04	831 114 272 808	9452	89 34 03 04	844 444 553 408
9403	88 41 64 09	831 379 493 827	9453	89 35 92 09	844 712 602 677
9404	88 43 52 16	831 644 771 264	9454	89 37 81 16	844 980 708 664
9405	88 45 40 25	831 910 105 125	9455	89 39 70 25	845 248 871 375
9406	88 47 28 36	832 175 495 416	9456	89 41 59 36	845 517 090 816
9407	88 49 16 49	832 440 942 143	9457	89 43 48 49	845 785 366 993
9408	88 51 04 64	832 706 445 312	9458	89 45 37 64	846 053 699 912
9409	88 52 92 81	832 972 004 929	9459	89 47 26 81	846 322 089 579
9410	88 54 81 00	833 237 621 000	9460	89 49 16 00	846 590 536 000
9411	88 56 69 21	833 503 293 531	9461	89 51 05 21	846 859 039 181
9412	88 58 57 44	833 769 022 528	9462	89 52 94 44	847 127 599 128
9413	88 60 45 69	834 034 807 997	9463	89 54 83 69	847 396 215 847
9414	88 62 33 96	834 300 649 944	9464	89 56 72 96	847 664 889 344
9415	88 64 22 25	834 566 548 375	9465	89 58 62 25	847 933 619 625
9416	88 66 10 56	834 832 503 296	9466	89 60 51 56	848 202 406 696
9417	88 67 98 89	835 098 514 713	9467	89 62 40 89	848 471 250 563
9418	88 69 87 24	835 364 582 632	9468	89 64 30 24	848 740 151 632
9419	88 71 75 61	835 630 707 059	9469	89 66 19 61	849 009 108 709
9420	88 73 64 00	835 896 888 000	9470	89 68 09 00	849 278 123 000
9421	88 75 52 41	836 163 125 461	9471	89 69 98 41	849 547 194 111
9422	88 77 40 84	836 429 419 448	9472	89 71 87 84	849 816 322 048
9423	88 79 29 29	836 695 769 967	9473	89 73 77 29	850 085 506 817
9424	88 81 17 76	836 962 177 024	9474	89 75 66 76	850 354 748 424
9425	88 83 06 25	837 228 640 625	9475	89 77 56 25	850 624 046 875
9426	88 84 94 76	837 495 160 776	9476	89 79 45 76	850 893 402 176
9427	88 86 83 29	837 761 737 483	9477	89 81 35 29	851 162 814 333
9428	88 88 71 84	838 028 370 752	9478	89 83 24 84	851 432 283 352
9429	88 90 60 41	838 295 060 589	9479	89 85 14 41	851 701 809 239
9430	88 92 49 00	838 561 807 000	9480	89 87 04 00	851 971 392 000
9431	88 94 37 61	838 828 609 991	9481	89 88 93 61	852 241 031 641
9432	88 96 26 24	839 095 469 568	9482	89 90 83 24	852 510 728 168
9433	88 98 14 89	839 362 385 737	9483	89 92 72 89	852 780 481 587
9434	89 00 03 56	839 629 358 504	9484	89 94 62 56	853 050 291 904
9435	89 01 92 25	839 896 387 875	9485	89 96 52 25	853 320 159 125
9436	89 03 80 96	840 163 473 856	9486	89 98 41 96	853 590 083 256
9437	89 05 69 69	840 430 616 453	9487	90 00 31 69	853 860 064 303
9438	89 07 58 44	840 697 815 672	9488	90 02 21 44	854 130 102 272
9439	89 09 47 21	840 965 071 519	9489	90 04 11 21	854 400 197 169
9440	89 11 36 00	841 232 384 000	9490	90 06 01 00	854 670 349 000
9441	89 13 24 81	841 499 753 121	9491	90 07 90 81	854 940 557 771
9442	89 15 13 64	841 767 178 888	9492	90 09 80 64	855 210 823 488
9443	89 17 02 49	842 034 661 307	9493	90 11 70 49	855 481 146 157
9444	89 18 91 36	842 302 200 384	9494	90 13 60 36	855 751 525 784
9445	89 20 80 25	842 569 796 125	9495	90 15 50 25	856 021 962 375
9446	89 22 69 16	842 837 448 536	9496	90 17 40 16	856 292 455 936
9447	89 24 58 09	843 105 157 623	9497	90 19 30 09	856 563 006 473
9448	89 26 47 04	843 372 923 392	9498	90 21 20 04	856 833 613 992
9449	89 28 36 01	843 640 745 849	9499	90 23 10 01	857 104 278 499
9450	89 30 25 00	843 908 625 000	9500	90 25 00 00	857 375 000 000

Racines.	Quarrés.	Cubes.	Racines.	Quarrés.	Cubes.
9501	90 26 00 01	857 645 778 501	9551	91 22 16 01	871 257 511 151
9502	90 28 80 04	857 916 611 008	9552	91 24 07 04	871 531 204 608
9503	90 30 70 09	858 187 526 527	9553	91 25 98 09	871 804 955 377
9504	90 32 60 16	858 458 456 064	9554	91 27 89 16	872 078 763 464
9505	90 34 50 25	858 729 462 625	9555	91 29 80 25	872 352 628 875
9506	90 36 40 36	859 000 526 216	9556	91 31 71 36	872 626 551 616
9507	90 38 30 49	859 271 646 843	9557	91 33 62 49	872 900 531 693
9508	90 40 20 64	859 542 824 512	9558	91 35 53 64	873 174 569 112
9509	90 42 10 81	859 814 059 229	9559	91 37 44 81	873 448 663 879
9510	90 44 01 00	860 085 351 000	9560	91 39 36 00	873 722 816 000
9511	90 45 91 21	860 356 699 831	9561	91 41 27 21	873 997 025 481
9512	90 47 81 44	860 628 105 728	9562	91 43 18 44	874 271 292 328
9513	90 49 71 69	860 899 568 697	9563	91 45 09 69	874 545 616 547
9514	90 51 61 96	861 171 088 744	9564	91 47 00 96	874 819 998 144
9515	90 53 52 25	861 442 665 875	9565	91 48 92 25	875 094 437 125
9516	90 55 42 56	861 714 300 096	9566	91 50 83 56	875 368 933 496
9517	90 57 32 89	861 985 991 413	9567	91 52 74 89	875 643 487 263
9518	90 59 23 24	862 257 739 832	9568	91 54 66 24	875 918 098 432
9519	90 61 13 61	862 529 545 359	9569	91 56 57 61	876 192 767 009
9520	90 63 04 00	862 801 408 000	9570	91 58 49 00	876 467 493 000
9521	90 64 94 41	863 073 327 761	9571	91 60 40 41	876 742 276 411
9522	90 66 84 84	863 345 304 648	9572	91 62 31 84	877 017 117 248
9523	90 68 75 29	863 617 338 667	9573	91 64 23 29	877 292 015 517
9524	90 70 65 76	863 889 429 824	9574	91 66 14 76	877 566 971 224
9525	90 72 56 25	864 161 578 125	9575	91 68 06 25	877 841 984 375
9526	90 74 46 76	864 433 783 576	9576	91 69 97 76	878 117 054 976
9527	90 76 37 29	864 706 046 183	9577	91 71 89 29	878 392 183 033
9528	90 78 27 84	864 978 365 952	9578	91 73 80 84	878 667 368 552
9529	90 80 18 41	865 250 742 889	9579	91 75 72 41	878 942 611 539
9530	90 82 09 00	865 523 177 000	9580	91 77 64 00	879 217 912 000
9531	90 83 99 61	865 795 668 291	9581	91 79 55 61	879 493 269 941
9532	90 85 90 24	866 068 216 768	9582	91 81 47 24	879 768 685 368
9533	90 87 80 89	866 340 822 437	9583	91 83 38 89	880 044 158 287
9534	90 89 71 56	866 613 485 304	9584	91 85 30 56	880 319 688 704
9535	90 91 62 25	866 886 205 375	9585	91 87 22 25	880 595 276 625
9536	90 93 52 96	867 158 982 656	9586	91 89 13 96	880 870 922 056
9537	90 95 43 69	867 431 817 153	9587	91 91 05 69	881 146 625 003
9538	90 97 34 44	867 704 708 872	9588	91 92 97 44	881 422 385 472
9539	90 99 25 21	867 977 657 819	9589	91 94 89 21	881 698 203 469
9540	91 01 16 00	868 250 664 000	9590	91 96 81 00	881 974 079 000
9541	91 03 06 81	868 523 727 421	9591	91 98 72 81	882 250 012 071
9542	91 04 97 64	868 796 848 088	9592	92 00 64 64	882 526 002 688
9543	91 06 88 49	869 070 026 007	9593	92 02 56 49	882 802 050 857
9544	91 08 79 36	869 343 261 184	9594	92 04 48 36	883 078 155 584
9545	91 10 70 25	869 616 553 625	9595	92 06 40 25	883 354 319 875
9546	91 12 61 16	869 889 903 336	9596	92 08 32 16	883 630 540 736
9547	91 14 52 09	870 163 310 323	9597	92 10 24 09	883 906 819 173
9548	91 16 43 04	870 436 774 592	9598	92 12 16 04	884 183 155 192
9549	91 18 34 01	870 710 296 149	9599	92 14 08 01	884 459 548 799
9550	91 20 25 00	870 983 875 000	9600	92 16 00 00	884 736 000 000

9550   9600

Racines.	Quarrés.	Cubes.	Racines.	Quarrés.	Cubes.
9601	92 17 92 01	885 012 208 801	9651	93 14 18 01	898 911 521 451
9602	92 19 81 04	885 289 075 208	9652	93 16 11 04	899 190 975 808
9603	92 21 76 09	885 565 639 227	9653	93 18 04 09	899 470 488 077
9604	92 23 68 16	885 842 300 864	9654	93 19 97 16	899 750 058 264
9605	92 25 60 25	886 119 120 125	9655	93 21 90 25	900 029 636 375
9606	92 27 52 36	886 395 417 016	9656	93 23 83 36	900 309 372 416
9607	92 29 44 49	886 672 371 343	9657	93 25 76 49	900 589 116 393
9608	92 31 36 64	886 949 683 712	9658	93 27 69 64	900 868 918 312
9609	92 33 28 81	887 226 653 529	9659	93 29 62 81	901 148 778 179
9610	92 35 21 00	887 503 681 000	9660	93 31 56 00	901 428 696 000
9611	92 37 13 21	887 780 766 131	9661	93 33 49 21	901 708 671 781
9612	92 39 05 44	888 057 908 928	9662	93 35 42 44	901 988 705 528
9613	92 40 97 69	888 335 109 397	9663	93 37 35 69	902 268 797 247
9614	92 42 89 96	888 612 367 544	9664	93 39 28 96	902 548 946 944
9615	92 44 82 25	888 889 683 375	9665	93 41 22 25	902 829 154 625
9616	92 46 74 56	889 167 056 896	9666	93 43 15 56	903 109 420 296
9617	92 48 66 89	889 444 488 113	9667	93 45 08 89	903 389 743 963
9618	92 50 59 24	889 721 977 032	9668	93 47 02 24	903 670 125 632
9619	92 52 51 61	889 999 523 659	9669	93 48 95 61	903 950 565 309
9620	92 54 44 00	890 277 128 000	9670	93 50 89 00	904 231 063 000
9621	92 56 36 41	890 554 790 061	9671	93 52 82 41	904 511 618 711
9622	92 58 28 84	890 832 509 848	9672	93 54 75 84	904 792 232 448
9623	92 60 21 29	891 110 287 367	9673	93 56 69 29	905 072 904 217
9624	92 62 13 76	891 388 122 624	9674	93 58 62 76	905 353 634 024
9625	92 64 06 25	891 666 015 625	9675	93 60 56 25	905 634 421 875
9626	92 65 98 76	891 943 966 376	9676	93 62 49 76	905 915 267 776
9627	92 67 91 29	892 221 974 883	9677	93 64 43 29	906 196 171 733
9628	92 69 83 84	892 500 041 152	9678	93 66 36 84	906 477 133 752
9629	92 71 76 41	892 778 165 189	9679	93 68 30 41	906 758 153 839
9630	92 73 69 00	893 056 347 000	9680	93 70 24 00	907 039 232 000
9631	92 75 61 61	893 334 586 591	9681	93 72 17 61	907 320 368 241
9632	92 77 54 24	893 612 883 968	9682	93 74 11 24	907 601 562 568
9633	92 79 46 89	893 891 239 137	9683	93 76 04 89	907 882 814 987
9634	92 81 39 56	894 169 652 104	9684	93 77 98 56	908 164 125 504
9635	92 83 32 25	894 448 122 875	9685	93 79 92 25	908 445 494 125
9636	92 85 24 96	894 726 651 456	9686	93 81 85 96	908 726 920 856
9637	92 87 17 69	895 005 237 853	9687	93 83 79 69	909 008 405 703
9638	92 89 10 44	895 283 882 072	9688	93 85 73 44	909 289 948 672
9639	92 91 03 21	895 562 584 119	9689	93 87 67 21	909 571 519 769
9640	92 93 96 00	895 841 344 000	9690	93 89 61 00	909 853 209 000
9641	92 94 88 81	896 120 161 721	9691	93 91 54 81	910 134 926 371
9642	92 96 81 64	896 399 037 288	9692	93 93 48 64	910 416 701 838
9643	92 98 74 49	896 677 970 707	9693	93 95 42 49	910 698 535 557
9644	93 00 67 36	896 956 961 984	9694	93 97 36 36	910 980 427 384
9645	93 02 60 25	897 236 011 125	9695	93 99 30 25	911 262 377 375
9646	93 04 53 16	897 515 118 136	9696	94 01 24 16	911 544 385 536
9647	93 06 46 09	897 794 283 023	9697	94 03 18 09	911 826 451 873
9648	93 08 39 04	898 073 505 792	9698	94 05 12 04	912 108 576 392
9649	93 10 32 01	898 352 786 449	9699	94 07 06 01	912 390 759 099
9650	93 12 25 00	898 632 125 000	9700	94 09 00 00	912 673 000 000

Racines.	Quarrés.	Cubes.	Racines.	Quarrés.	Cubes.
9701	94 10 94 01	912 955 299 101	9751	95 08 20 01	927 144 591 751
9702	94 12 88 04	913 237 656 408	9752	95 10 15 04	927 429 867 008
9703	94 14 82 09	913 520 071 927	9753	95 12 10 09	927 715 200 777
9704	94 16 76 16	913 802 545 664	9754	95 14 05 16	928 000 593 064
9705	94 18 70 25	914 075 372 625	9755	95 16 00 25	928 286 043 875
9706	94 20 64 36	914 367 667 816	9756	95 17 95 36	928 571 553 216
9707	94 22 58 49	914 650 316 243	9757	95 19 90 49	928 857 121 093
9708	94 24 52 64	914 933 022 912	9758	95 21 85 64	929 142 747 512
9709	94 26 46 81	915 215 787 829	9759	95 23 80 81	929 428 432 479
9710	94 28 41 00	915 498 611 000	9760	95 25 76 00	929 714 176 000
9711	94 30 35 21	915 781 492 431	9761	95 27 71 21	929 999 978 081
9712	94 32 29 44	916 064 432 128	9762	95 29 66 44	930 285 838 728
9713	94 34 23 69	916 347 430 097	9763	95 31 61 69	930 571 757 947
9714	94 36 17 96	916 630 486 344	9764	95 33 56 96	930 857 735 744
9715	94 38 12 25	916 913 600 875	9765	95 35 52 25	931 143 772 125
9716	94 40 06 56	917 196 773 696	9766	95 37 47 56	931 429 867 096
9717	94 42 00 89	917 480 004 813	9767	95 39 42 89	931 716 020 663
9718	94 43 95 24	917 763 294 232	9768	95 41 38 24	932 002 232 832
9719	94 45 89 61	918 046 641 959	9769	95 43 33 61	932 288 503 609
9720	94 47 84 00	918 330 048 000	9770	95 45 29 00	932 574 833 000
9721	94 49 78 41	918 613 512 361	9771	95 47 24 41	932 861 221 011
9722	94 51 72 84	918 897 035 048	9772	95 49 19 84	933 147 667 648
9723	94 53 67 29	919 180 616 067	9773	95 51 15 29	933 434 172 917
9724	94 55 61 76	919 464 255 424	9774	95 53 10 76	933 720 736 824
9725	94 57 56 25	919 747 953 125	9775	95 55 06 25	934 007 359 375
9726	94 59 50 76	920 031 709 176	9776	95 57 01 76	934 294 040 576
9727	94 61 45 29	920 315 523 583	9777	95 58 97 29	934 580 780 433
9728	94 63 39 84	920 599 396 352	9778	95 60 92 84	934 867 578 952
9729	94 65 34 41	920 883 327 489	9779	95 62 88 41	935 154 436 139
9730	94 67 29 00	921 167 317 000	9780	95 64 84 00	935 441 352 000
9731	94 69 23 61	921 451 364 891	9781	95 66 79 61	935 728 326 541
9732	94 71 18 24	921 735 471 168	9782	95 68 75 24	936 015 359 768
9733	94 73 12 89	922 019 635 837	9783	95 70 70 89	936 302 451 687
9734	94 75 07 56	922 303 858 904	9784	95 72 66 56	936 589 602 304
9735	94 77 02 25	922 588 140 375	9785	95 74 62 25	936 876 811 625
9736	94 78 96 96	922 872 480 256	9786	95 76 57 96	937 164 079 656
9737	94 80 91 69	923 156 878 553	9787	95 78 53 69	937 451 406 403
9738	94 82 86 44	923 441 335 272	9788	95 80 49 44	937 738 791 872
9739	94 84 81 21	923 725 850 419	9789	95 82 45 21	938 026 236 069
9740	94 86 76 00	924 010 424 000	9790	95 84 41 00	938 313 739 000
9741	94 88 70 81	924 295 056 021	9791	95 86 36 81	938 601 300 671
9742	94 90 65 64	924 579 746 488	9792	95 88 32 64	938 888 921 088
9743	94 92 60 49	924 864 495 407	9793	95 90 28 49	939 176 600 257
9744	94 94 55 36	925 149 302 784	9794	95 92 24 36	939 464 338 184
9745	94 96 50 25	925 434 168 625	9795	95 94 20 25	939 752 134 875
9746	94 98 45 16	925 719 092 936	9796	95 96 16 16	940 039 990 336
9747	95 00 40 09	926 004 075 723	9797	95 98 12 09	940 327 904 573
9748	95 02 35 04	926 289 116 992	9798	96 00 08 04	940 615 877 592
9749	95 04 30 01	926 574 216 749	9799	96 02 04 01	940 903 909 399
9750	95 06 25 00	926 859 375 000	9800	96 04 00 00	941 192 000 000

9750

9800

Ra- cines.	Quarrés.	Cubes.	Ra- cines.	Quarrés.	Cubes.
9801	96 05 96 01	941 480 119 401	9851	97 04 22 01	955 962 722 051
9802	96 07 92 04	941 768 357 608	9852	97 06 19 04	956 253 878 208
9803	96 09 88 09	942 056 624 627	9853	97 08 16 09	956 545 293 477
9804	96 11 84 16	942 344 930 464	9854	97 10 13 16	956 836 367 864
9805	96 13 80 25	942 633 335 125	9855	97 12 10 25	957 127 701 375
9806	96 15 76 36	942 921 778 616	9856	97 14 07 36	957 419 094 016
9807	96 17 72 49	943 210 261 943	9857	97 16 04 49	957 710 545 793
9808	96 19 68 64	943 498 812 112	9858	97 18 01 64	958 002 056 712
9809	96 21 64 81	943 787 462 129	9859	97 19 98 81	958 293 628 779
9810	96 23 61 00	944 076 141 000	9860	97 21 96 00	958 585 256 000
9811	96 25 57 21	944 364 878 731	9861	97 23 93 21	958 876 944 381
9812	96 27 53 44	944 653 675 328	9862	97 25 90 44	959 168 691 928
9813	96 29 49 69	944 942 530 797	9863	97 27 87 69	959 460 448 647
9814	96 31 45 96	945 231 445 144	9864	97 29 84 96	959 752 264 544
9815	96 33 42 25	945 520 418 375	9865	97 31 82 25	960 044 289 625
9816	96 35 38 56	945 809 450 496	9866	97 33 79 56	960 336 273 896
9817	96 37 34 89	946 098 541 513	9867	97 35 76 89	960 628 317 363
9818	96 39 31 24	946 387 691 432	9868	97 37 74 24	960 920 420 032
9819	96 41 27 61	946 676 900 259	9869	97 39 71 61	961 212 581 909
9820	96 43 24 00	946 966 168 000	9870	97 41 69 00	961 504 803 000
9821	96 45 20 41	947 255 494 661	9871	97 43 66 41	961 777 083 311
9822	96 47 16 84	947 544 880 248	9872	97 45 63 84	962 089 422 848
9823	96 49 13 29	947 834 324 767	9873	97 47 61 29	962 381 821 617
9824	96 51 09 76	948 123 828 224	9874	97 49 58 76	962 674 279 624
9825	96 53 06 25	948 413 390 625	9875	97 51 56 25	962 966 796 875
9826	96 55 02 76	948 703 011 976	9876	97 53 53 76	963 259 373 376
9827	96 56 99 29	948 992 692 283	9877	97 55 51 29	963 552 009 133
9828	96 58 95 84	949 282 431 552	9878	97 57 48 84	963 844 704 152
9829	96 60 92 41	949 572 229 789	9879	97 59 46 41	964 137 458 439
9830	96 62 89 00	949 862 087 000	9880	97 61 44 00	964 430 272 000
9831	96 64 85 61	950 152 003 191	9881	97 63 41 61	964 723 144 841
9832	96 66 82 24	950 441 978 368	9882	97 65 39 24	965 016 076 068
9833	96 68 78 89	950 732 012 537	9883	97 67 36 89	965 309 068 587
9834	96 70 75 56	951 022 105 704	9884	97 69 34 56	965 602 119 104
9835	96 72 72 25	951 312 257 875	9885	97 71 32 25	965 895 229 125
9836	96 74 68 96	951 602 469 056	9886	97 73 29 96	966 188 398 456
9837	96 76 65 69	951 892 739 253	9887	97 75 27 69	966 484 627 103
9838	96 78 62 44	952 183 068 472	9888	97 77 25 44	966 774 915 072
9839	96 80 59 21	952 473 456 719	9889	97 79 23 21	967 068 262 369
9840	96 82 56 00	952 763 904 000	9890	97 81 21 00	967 361 669 000
9841	96 84 52 81	953 054 410 321	9891	97 83 18 81	967 655 134 971
9842	96 86 49 64	953 344 975 688	9892	97 85 16 64	967 948 660 288
9843	96 88 46 49	953 635 600 107	9893	97 87 14 49	968 242 244 957
9844	96 90 43 36	953 926 283 584	9894	97 89 12 36	968 535 888 984
9845	96 92 40 25	954 217 026 125	9895	97 91 10 25	968 829 592 375
9846	96 94 37 16	954 507 827 736	9896	97 93 08 16	969 123 355 136
9847	96 96 34 09	954 798 688 423	9897	97 95 06 09	969 417 177 273
9848	96 98 31 04	955 089 608 192	9898	97 97 04 04	969 711 058 792
9849	97 00 28 01	955 380 587 049	9899	97 99 02 01	970 004 999 699
9850	97 02 25 00	955 671 625 000	9900	98 01 00 00	970 299 000 000

9850

9900

Racines.	Quarrés.	Cubes.	Racines.	Quarrés.	Cubes.
9901	98 02 98 01	970 593 059 701	9951	99 02 24 01	985 371 912 351
9902	98 04 96 04	970 887 178 808	9952	99 04 23 04	985 669 009 408
9903	98 06 94 09	971 181 357 327	9953	99 06 22 09	985 966 166 177
9904	98 08 92 16	971 475 595 264	9954	99 08 21 16	986 263 382 664
9905	98 10 90 25	971 769 892 625	9955	99 10 20 25	986 560 658 875
9906	98 12 88 36	972 064 249 416	9956	99 12 19 36	986 857 994 816
9907	98 14 86 49	972 358 665 643	9957	99 14 18 49	987 155 390 493
9908	98 16 84 64	972 653 141 312	9958	99 16 17 64	987 452 845 912
9909	98 18 82 81	972 947 676 429	9959	99 18 16 81	987 750 361 079
9910	98 20 81 00	973 242 271 000	9960	99 20 16 00	988 047 936 000
9911	98 22 79 21	973 536 925 031	9961	99 22 15 21	988 345 570 681
9912	98 24 77 44	973 831 638 528	9962	99 24 14 44	988 643 265 128
9913	98 26 75 69	974 126 411 497	9963	99 26 13 69	988 941 019 347
9914	98 28 73 96	974 421 243 944	9964	99 28 12 96	989 238 833 344
9915	98 30 72 25	974 716 135 875	9965	99 30 12 25	989 536 707 125
9916	98 32 70 56	975 011 087 296	9966	99 32 11 56	989 834 640 696
9917	98 34 68 89	975 306 098 213	9967	99 34 10 89	990 132 634 063
9918	98 36 67 24	975 601 168 632	9968	99 36 10 24	990 430 687 232
9919	98 38 65 61	975 896 298 559	9969	99 38 09 61	990 728 800 209
9920	98 40 64 00	976 191 488 000	9970	99 40 09 00	991 026 973 000
9921	98 42 62 41	976 486 736 961	9971	99 42 08 41	991 325 205 611
9922	98 44 60 84	976 782 045 448	9972	99 44 07 84	991 623 498 048
9923	98 46 59 29	977 077 413 467	9973	99 46 07 29	991 921 850 317
9924	98 48 57 76	977 372 841 024	9974	99 48 06 76	992 220 262 424
9925	98 50 56 25	977 668 328 125	9975	99 50 06 25	992 518 734 375
9926	98 52 54 76	977 963 874 776	9976	99 52 05 76	992 817 266 176
9927	98 54 53 29	978 259 480 983	9977	99 54 05 29	993 115 857 833
9928	98 56 51 84	978 555 146 752	9978	99 56 04 84	993 414 509 352
9929	98 58 50 41	978 850 872 089	9979	99 58 04 41	993 713 220 739
9930	98 60 49 00	979 146 657 000	9980	99 60 04 00	994 011 992 000
9931	98 62 47 61	979 442 501 491	9981	99 62 03 61	994 310 823 141
9932	98 64 46 24	979 738 405 568	9982	99 64 03 24	994 609 714 168
9933	98 66 44 89	980 034 369 237	9983	99 66 02 89	994 908 665 087
9934	98 68 43 56	980 330 392 504	9984	99 68 02 56	995 207 675 904
9935	98 70 42 25	980 626 475 375	9985	99 70 02 25	995 506 746 625
9936	98 72 40 96	980 923 617 856	9986	99 72 01 96	995 805 877 256
9937	98 74 39 69	981 218 819 953	9987	99 74 01 69	996 105 067 803
9938	98 76 38 44	981 515 081 672	9988	99 76 01 44	996 404 318 272
9939	98 78 37 21	981 811 403 019	9989	99 78 01 21	996 703 628 669
9940	98 80 36 00	982 107 784 000	9990	99 80 01 00	997 002 999 000
9941	98 82 34 81	982 404 224 621	9991	99 82 00 81	997 302 429 271
9942	98 84 33 64	982 700 724 888	9992	99 84 00 64	997 601 919 488
9943	98 86 32 49	982 997 284 807	9993	99 86 00 49	997 901 469 657
9944	98 88 31 36	983 293 904 384	9994	99 88 00 36	998 201 079 784
9945	98 90 30 25	983 590 583 625	9995	99 90 00 25	998 500 749 875
9946	98 92 29 16	983 887 322 536	9996	99 92 00 16	998 800 479 936
9947	98 94 28 09	984 184 121 123	9997	99 94 00 09	999 100 269 973
9948	98 96 27 04	984 480 979 392	9998	99 96 00 04	999 400 119 992
9949	98 98 26 01	984 777 897 349	9999	99 98 00 01	999 700 029 999
9950	99 00 25 00	985 074 875 000	10000	100 00 00 00	1000 000 000 000

9950   1000   FIN.

APPROBATION.

J'ai lu, par ordre de Monseigneur le Garde des Sceaux, un manuscrit ayant pour titre *Manuel d'architecture, ou Principes des opérations primitives de cet art*, par M. Seguin, Entrepreneur. Le grand nombre d'exemples des différentes especes de toisés des surfaces et des solides, dans lesquels l'Auteur est entré, me fait croire que cet Ouvrage sera utile à tous ceux qui s'occupent de cette partie de l'architecture.

Au Vieux-Louvre, ce 30 novembre 1785. MAUDUIT, Lecteur et Professeur Royal, et Professeur de l'Académie Royale d'Architecture.

PRIVILEGE DU ROI.

Louis, par la grace de Dieu, Roi de France et de Navarre, à nos amés et féaux Conseillers, les Gens tenans nos Cours de Parlement, Maîtres des Requêtes ordinaires de notre Hôtel, Grand-Conseil, Prévôt de Paris, Baillis, Sénéchaux, leurs Lieutenants-Civils, et autres nos Justiciers qu'il appartiendra : SALUT. Notre amé le sieur SEGUIN, Entrepreneur, Nous a fait exposer qu'il desireroit faire imprimer et donner au Public le *Manuel d'architecture*, ou *Principes des opérations primitives de cet art, etc.* s'il nous plaisoit lui accorder nos Lettres de privilege pour ce nécessaires. A CES CAUSES, voulant favorablement traiter l'Exposant, nous lui avons permis et permettons par ces Présentes de faire imprimer ledit Ouvrage autant de fois que bon lui semblera, et de le vendre, faire vendre et débiter par tout notre Royaume : voulons qu'il jouisse de l'effet du présent Privilege pour lui et ses hoirs à perpétuité, pourvu qu'il ne le rétrocede à personne ; et si cependant il jugeoit à propos d'en faire une cession, l'acte qui la contiendra sera enregistré en la Chambre Syndicale de Paris, à peine de nullité, tant du Privilege que de la cession ; et alors, par le fait seul de la cession enregistrée, la durée du présent Privilege sera réduite à celle de la vie de l'Exposant, ou à celle de dix années, à compter de ce jour, si l'Exposant decede avant l'expiration desdites dix années ; le tout conformément aux articles IV et V de l'Arrêt du Conseil du 30 août 1777, portant Réglement sur la durée des Privileges en Librairie. FAISONS défenses à tous Imprimeurs,

Libraires et autres personnes de quelque qualité et condition qu'elles soient, d'en introduire d'impression étrangere dans aucun lieu de notre obéissance; comme aussi d'imprimer ou faire imprimer, vendre, faire vendre, débiter ni contrefaire ledit Ouvrage, sous quelque prétexte que ce puisse être, sans la permission expresse et par écrit dudit Exposant, ou de celui qui le représentera, à peine de saisie et de confiscation des Exemplaires contrefaits, de six mille livres d'amende, qui ne pourra être modérée pour la premiere fois, de pareille amende et de déchéance d'état en cas de récidive, et de tous dépens, dommages et intérêts, conformément à l'Arrêt du Conseil du 30 août 1777, concernant les contrefaçons: A LA CHARGE que ces Présentes seront enregistrées tout au long sur le Registre de la Communauté des Imprimeurs et Libraires de Paris, dans trois mois de la date d'icelles; que l'impression dudit Ouvrage sera faite dans notre Royaume et non ailleurs, en beau papier et beaux caracteres, conformément aux Réglemens de la Librairie, à peine de déchéance du présent Privilege; qu'avant de l'exposer en vente, le manuscrit qui aura servi de copie à l'impression dudit Ouvrage sera remis dans le même état où l'approbation y aura été donnée ès mains de notre très cher et féal Chevalier, Garde des Sceaux de France, le Sieur HUE DE MIROMESNIL, Commandeur de nos Ordres; qu'il en sera ensuite remis deux Exemplaires dans notre Bibliotheque publique, un dans celle de notre Château du Louvre, un dans celle de notre très-cher et féal Chevalier, Chancelier de France, le Sieur DE MAUPEOU, et un dans celle dudit Sieur HUE DE MIROMESNIL: le tout à peine de nullité des Présentes; DU CONTENU desquelles vous MANDONS et enjoignons de faire jouir ledit Exposant et ses hoirs, pleinement et paisiblement, sans souffrir qu'il lui soit fait aucun trouble ou empêchement. VOULONS que la copie des Présentes, qui sera imprimée tout au long au commencement ou à la fin dudit Ouvrage, soit tenue pour dûment signifiée, et qu'aux copies collationnées par l'un de nos amés et féaux Conseillers Secrétaires foi soit ajoutée comme à l'original. COMMANDONS au premier notre Huissier ou Sergent sur ce requis, de faire, pour l'exécution d'icelles, tous actes requis et nécessaires, sans demander autre permission, et nonobstant clameur de Haro, Charte Normande, et Lettres à ce contraires. Car tel est notre plaisir. Donné à Versailles le trente-unieme jour du mois de décembre l'an de grace mil sept cent quatre-vingt-cinq, et de notre regne le douzieme. PAR LE ROI, EN SON CONSEIL.

LE BEGUE.

Registré sur le Registre XXII de la Chambre Royale et Syndicale des Libraires et Imprimeurs de Paris, n. 526, fol. 524, conformément aux dispositions énoncées dans le présent privilege; et à la charge de remettre à ladite Chambre les neuf exemplaires prescrits par l'Arrêt du Conseil du 16 avril 1785. A Paris, le 17 janvier 1785. LECLERC, Syndic.